U0362538

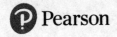

教育治理与领导力丛书　王定华 总主编

［美］

卡尔·D.格里克曼
Carl D . Glickman

斯蒂芬·P.戈登
Stephen P . Gordon

乔维塔·M.罗斯–戈登
Jovita M . Ross-Gordon

著

任文

译

教育督导学：
一种发展性视角

Supervision and Instructional Leadership :
A Developmental Approach

(Tenth Edition)

第10版

华东师范大学出版社
ECNUP
全国百佳图书出版单位

图书在版编目(CIP)数据

教育督导学:一种发展性视角:第 10 版/(美)卡尔·D.格里克曼等著;
任文译.一上海:华东师范大学出版社,2020
(教育治理与领导力丛书)
ISBN 978 - 7 - 5760 - 0687 - 2

Ⅰ.①教… Ⅱ.①卡… ②任… Ⅲ.①教育视导 Ⅳ.①G464

中国版本图书馆 CIP 数据核字(2020)第 145574 号

教育治理与领导力丛书
教育督导学:一种发展性视角(第 10 版)

丛书总主编　王定华
著　　　者　卡尔·D.格里克曼
　　　　　　斯蒂芬·P.戈登
　　　　　　乔维塔·M.罗斯-戈登
译　　　者　任　文
策 划 编 辑　王　焰
责 任 编 辑　曾　睿
责 任 校 对　朱雪婷
装 帧 设 计　膏泽文化

出 版 发 行　华东师范大学出版社
社　　　址　上海市中山北路 3663 号　邮编　200062
网　　　址　www. ecnupress. com. cn
电　　　话　021 - 60821666　行政传真　021 - 62572105
客 服 电 话　021 - 62865537
门市(邮购)电话　021 - 62869887
地　　　址　上海市中山北路 3663 号华东师范大学校内先锋路口
网　　　店　http://hdsdcbs. tmall. com
印 刷 者　青岛双星华信印刷有限公司
开　　　本　170mm×240mm　16 开
印　　　张　27
字　　　数　440 千字
版　　　次　2021 年 1 月第 1 版
印　　　次　2021 年 1 月第 1 次
书　　　号　ISBN 978 - 7 - 5760 - 0687 - 2
定　　　价　98.00 元

出 版 人　王　焰

(如发现本版图书有印订质量问题,请寄回本社客服中心调换或电话 021 - 62865537 联系)

上海市版权局著作权合同登记　图字:09 – 2018 – 034 号

总　序

王定华

人类社会进入 21 世纪第 3 个十年后,国际政治巨变不已,科技革命加深加广,人工智能扑面而来,工业 4.0 时代渐成现实,各种思想思潮交流交融交锋,人们的学习方式、工作方式和生活方式发生很大变化。中国正在日益走进世界舞台中央,华夏儿女应该放眼世界,胸怀全局,不忘本来,吸收外来,继往开来,创造未来。只是,2020 年在全球蔓延的新冠肺炎疫情,波及范围之广、影响领域之深,历史罕见,给人类生命安全和身体健康带来巨大威胁,给我国和各国的经济社会发展带来巨大挑战,对世界经济与全球治理造成重大干扰。教育作为其中的重要领域,也受到剧烈冲击。这是一次危机,也是一次大考。教育部门、各类学校、出版行业必须化危为机,抓住机遇,迎接挑战,与各国同行、国际组织良性互动,把教育治理及各项工作做得更好。

一切生命都需要新陈代谢,否则必然灭亡;任何文明都应当交流互鉴,否则就会僵化。一种文明只有同其他文明取长补短,才能保持旺盛活力。[1]习近平总书记深刻指出:"改革开放已走过千山万水,但仍需跋山涉水,摆在全党全国各族人民面前的使命更光荣、任务更艰巨、挑战更严峻、工作更伟大。……必须坚持扩大开放,不断推动共建人类命运共同体。……我们必须高举和平、发展、合作、共赢的旗帜,……维护国际公平正义。"[2]这些重要指示为新时代各行各业改革发展、砥砺前行、建功立业指明方向、提供遵循。

---

①习近平:《深化文明交流借鉴 共建亚洲命运共同体——在亚洲文明对话开幕式上的主旨演讲》,光明日报,2019 年 5 月 16 日。

②习近平:《在庆祝改革开放 40 周年大会上的讲话》,新华网,2018 年 12 月 18 日。

在我国深化教育改革和改进学校治理过程中，必须立足中国、自力更生、锐意进取、创新实践，同时也应当放眼世界、知己知彼、相互学习、实现超越。我国教育治理的优势和不足有哪些？我国中小学校长如何提升办学治校能力、打造高品质学校？① 美国等西方国家的教育是如何治理的？其管理部门、督导机构、各类学校的权利与义务情况如何？西方国家的中小学校长、社区、家长是如何相互配合的？其教师、教材、教法、学生、学习是怎样协调统一的？诸如此类的问题，值得以广阔的国际视野，全面观察、逐步聚焦、深入研究；值得用中华民族的情怀，去粗取精、厚德载物、悦己达人；值得用现代法治精神，正视剖析、见微知著、发现规律。

现代法治精神与传统法治精神、西方法治精神既有相通之处，又有不同之点。现代法治精神是传统法治精神的现代化，同时也是西方法治精神的中国化。在新时代，现代法治精神包括丰富内涵：第一，全面依法治国。就是各行各业都要树立法治精神，严格依法办事；就是无论官民都要守法，官要带头，民要自觉，人人敬畏法律、了解法律、遵守法律，全体人民都成为法治的忠实崇尚者、自觉遵守者、坚定捍卫者，人民权益靠法律保障，法律权威靠人民维护；就要做到有法可依、有法必依、违法必究、执法必严，自觉守法，遇事找法，解决问题靠法。第二，彰显宪法价值。宪法是全国人民共同意志的体现，也是执政党治国理政的基本制度依托和最高行为准则，具有至高法律效力。严格遵循宪法是建设社会主义法治国家的首要任务和基础性工作。第三，体现人文品质。法律是治国之重器，良法是善治之前提。法治依据的法律应是良法，维护大多数人利益，照顾弱势群体权益，符合社会发展方向；执法的行为应当连贯，注重依法行政的全局性、整体性和系统性；法律、法规、政策的关系应当妥处，既严格依法办事，又适当顾及基本国情。第四，具有中国特色。坚定不移地走中国特色社会主义法治道路，坚持党的领导、人民当家作主、依法治国有机统一，不断促进国家治理体系和治理能力

---

① 2018年1月《中共中央国务院关于全面深化新时代教师队伍建设改革的意见》提出"提升校长办学治校能力，打造高品质学校"。

现代化,为实现"两个一百年"奋斗目标、实现中华民族伟大复兴的中国梦提供有力法治保障。第五,做到与时俱进。顺应时代潮流,根据现代化建设需要,总结我国历史上和新中国成立后法治的经验教训,参照其他国家法治的有益做法,及时提出立、改、废、释的意见建议,促进物质、精神、政治、社会、生态等五个文明建设,调整公共权力与公民权利的关系结构,约束、规范公共权力,维护、保障公民权利。

树立现代法治精神,必须切实用法治精神推进社会治理创新。过去人们强调管理(Management),现在更提倡治理(Governance)。强调管理时,一般体现为自上而下用权,发指示,提要求;而强调治理,则主要期冀调动方方面面积极性,讲协同,重引领。治理是各种公共的或私人的机构,或者个人管理其共同事务的许多方式的总和,是使相互冲突的或不同的利益得以调和并且采取联合行动的持续过程。① 治理的实质是建立在市场原则、公共利益和认同之上的合作。它所拥有的管理机制不单是依靠政府的权威,还依赖合作网络的权威,其权力是多元的、相互的,而非单一或自上而下。② 治理是公共利益最大化的社会管理过程,其最终目的是实现善治,本质是政府和公民对社会公共生活的合作管理,体现政府、社会组织与公民的新型关系。

政府部门改作风、转职能,实质上都是完善治理体系、提高治理能力。在完善治理体系中,应优先完善公共服务的治理体系;在提高治理能力时,须着力提升公共事务的治理能力。教育是重要的公共事物,基础教育又是其重中之重。基础教育作为法定的基本国民教育,面向全体适龄儿童少年,关乎国民素质提升,关乎中华民族伟大复兴,是国家亟须以现代法治精神引领的最重要的公共服务,是政府亟待致力于治理创新的最基本的公共事务。

创新社会治理的体系方式、实现基础教育的科学治理,就是要实行基础

---

①李阳春:《治理创新视阈下政府与社会的新型关系》,中共中央党校学报,2014年第5期。

②Anthony R. T. et al. *Governance as a trialogue: government-society-science in transition.* Berlin:The Springer Press, 2007:29.

教育的善治，其特点是合法性、透明性、责任性、适切性和稳定性，实现基础教育治理体系和治理能力现代化。实行善治有一些基本要求，每项要求均可对改善基础教育治理以一定启迪。一是形成正确社会治理理念，解决治理为了谁的问题。基础教育为的是全体适龄儿童少年的现在和未来，让他们享受到公平而有质量的教育，实现全面发展和健康成长。二是强化政府主导服务功能，解决过与不及的问题。基础教育阶段要处理好政府、教育部门、学校之间的关系，各级政府依法提供充分保障，教育部门依法制定有效政策，学校依法开展自主办学，各方履职应恰如其分、相得益彰，过与不及都会欲速不达、事倍功半。三是建好社区公共服务平台，解决部分时段或部分群体无人照料的问题。可依托城乡社区构建课后教育与看护机制，关心进城随迁子女，照顾农村留守儿童。还可运用信息技术、人工智能，助力少年儿童安全保护。四是培育相关社会支撑组织，解决社会治理缺乏资源的问题。根据情况采取政府委托、购买、补贴方式，发挥社会组织对中小学校的支撑作用或辅助配合和拾遗补缺作用，也可让其参与民办学校发展，为家长和学生提供一定教育选择。五是吸纳各方相关人士参加，解决不能形成合力的问题。中小学校在外部应普遍建立家长委员会，发挥其参谋、监督、助手作用；在内部应调动教师、学生的参加，听其意见，为其服务。总之，要加快实现从等级制管理向网络化治理的转变，从把人当作资源和工具向把人作为参与者的转变，从命令式信号发布向协商合作转变，在加快推进教育现代化进程中形成我国基础教育治理的可喜局面。

2019年初，中共中央、国务院印发了《中国教育现代化2035》。作为亲身参与这个重要文献起草的教育工作者，我十分欣慰，深受鼓舞。《中国教育现代化2035》提出推进教育现代化的指导思想：以习近平新时代中国特色社会主义思想为指导，全面贯彻党的十九大和十九届二中、三中全会精神，坚定实施科教兴国战略、人才强国战略，紧紧围绕统筹推进"五位一体"总体布局和协调推进"四个全面"战略布局，坚定"四个自信"，在党的坚强领导下，全面贯彻党的教育方针，坚持马克思主义指导地位，坚持中国特色社会主义教育发展道路,坚持社会主义办学方向,立足基本国情,遵循教育规律,坚持改革创新,以凝聚人心、完善人格、开发人力、培育人才、造福人民为工作目标,培养德、智、体、美、劳全面发展的社会主义建设者和接班人,加快推进教育现代化、建设教育强国、办好人民满意的教育。将服务中华民族伟大复兴作为教育的重要使命,坚持教育为人民服务、为中国共产党治国理政服务、为巩固和发展中国特色社会主义制度服务、为改革开放和社会主义现代化建设服务,优先发展教育,大力推进教育理念、体系、制度、内容、方法、治理现代化,着力提高教育质量,促进教育公平,优化教育结构,为决胜全面建成小康社会、实现新时代中国特色社会主义发展的奋斗目标提供有力支撑。

《中国教育现代化2035》提出了推进教育现代化的八大基本理念:更加注重以德为先,更加注重全面发展,更加注重面向人人,更加注重终身学习,更加注重因材施教,更加注重知行合一,更加注重融合发展,更加注重共建共享。明确了推进教育现代化的基本原则:坚持党的领导、坚持中国特色、坚持优先发展、坚持服务人民、坚持改革创新、坚持依法治教、坚持统筹推进。

《中国教育现代化2035》提出,到2035年,我国将总体实现教育现代化,迈入教育强国,推动我国成为学习大国、人力资源强国和人才强国,为到本世纪中叶建成富强、民主、文明、和谐、美丽的社会主义现代化强国奠定坚实基础。建成服务全民终身学习的现代教育体系、普及有质量的学前教育、实现优质均衡的义务教育、全面普及高中阶段教育、职业教育服务能力显著提升、高等教育竞争力明显提升、残疾儿童少年享有适合的教育、形成全社会共同参与的教育治理新格局。

立足新时代、推进教育治理体系和治理能力现代化,应当积极推进教育治理方式变革,加快形成现代化的教育管理与监测体系,推进管理精准化和决策科学化。提高教育法治化水平,构建完备的教育法律法规体系,健全学校办学法律支持体系。健全教育法律实施和监管机制。提升政府综合运用法律、标准、信息服务等现代治理手段的能力和水平。健全教育督导体制机制,提高教育督导的权威性和实效性。提高学校自主管理能力,完善学校治理结构。鼓励民办学校按照非营利性和营利性两种组织属性开展现代学校制度改革创新。推动社会参与教育治理常态化,建立健全社会参与学校管理和教育评价监管机制。要开创教育对外开放新格局。全面提升国际交流合作水平,推动我国同其他国家学历学位互认、标准互通、经验互鉴。扎实推进"一带一路"教育行动,加强与联合国教科文组织等国际组织和多边组织的合作,提升中外合作办学质量。完善教育质量标准体系,制定覆盖全学段、体现世界先进水平、符合不同层次类型教育特点的教育质量标准,明确学生发展核心素养要求。优化出国留学服务。实施留学中国计划,建立并完善来华留学教育质量保障机制,全面提升来华留学质量。推进中外高级别人文交流机制建设,拓展人文交流领域,促进中外民心相通和文明交流互鉴,鼓励大胆探索、积极改革创新,形成充满活力、富有效率、更加开放、有利于高质量发展的教育体制机制。

立足新时代、推进教育治理体系和治理能力现代化,应当全面落实立德树人根本任务。广泛开展理想信念教育,厚植爱国主义情怀,加强品德修养,增长知识见识,培养奋斗精神,不断提高学生思想水平、政治觉悟、道德品质、文化素养。树立健康第一理念,防范新冠病毒和各种传染病;强化学校体育,增强学生体质;加强学校美育,提高审美素养;确立劳动教育地位,凝练劳动教育方略,强化学生劳动精神陶冶和动手实践能力培养。① 建立健全中小学各学科学业质量标准和体质健康标准。加强课程教材体系建设,科学规划大中小学课程,分类制定课程标准,充分利用现代信息技术,丰富创新课程形式。创新人才培养方式,推行启发式、探究式、参与式、合作式等教学方式,培养学生创新精神与实践能力。建设新型智能校园,提炼网络教学经验,统筹建设一体化智能化教学、管理与服务平台。利用现代技术加快推动人才培养模式改革,实现规模化教育与个性化培养的有机结合。创新

---

① 王定华:《试论新时代劳动教育的意蕴与方略》,课程·教材·教法,2020 年第 5 期。

教育服务业态,建立数字教育资源共建共享机制,完善利益分配机制、知识产权保护制度和新型教育服务监管制度。

立足新时代、推进教育治理体系和治理能力现代化,应当特别关注广大教师的成长诉求。百年大计,教育为本;教育大计,教师为本。教师是人类灵魂的工程师,是时代进步的先行者,承担着传播知识、传播思想、传播真理的历史使命,肩负着塑造灵魂、塑造生命、塑造新人的时代重任,是教育改革发展的第一资源,是实现中华民族伟大复兴的重要基石。当前,工业化、信息化、新型城镇化、农业现代化迅速发展,国际竞争日趋激烈,国家经济社会发展对高素质人才的渴求愈发迫切,人民群众对"上好学"的需求更加旺盛,教育发展、国家繁荣、民族振兴,亟须一批又一批的好教师。所以,必须从战略高度充分认识教师工作的极端重要性,优先规划,优先投入,优先保障,创新教师治理体系,解决编制、职称、待遇的制约,真正加强教师队伍建设,造就师德高尚、业务精湛、结构合理、充满活力的高素质专业化创新型教师队伍。广大教师和教育工作者需要学习了解西方教育发达国家的新的教育理念和教育思想,并应当在此基础上敢于超越、善于创新。校长是教师中的关键少数。各方应加强统筹,加强中小学校长队伍建设,努力造就一支政治过硬、品德高尚、业务精湛、治校有方的校长队伍。

"教育治理与领导力丛书"是华东师范大学出版社为适应中国教育改革和创新的要求、推动中国教育现代化进程,而重点打造的旨在提高教师必备职业素养的精品图书。为了做好丛书的引进、翻译、编辑,华东师大出版社相关同志做了大量扎实有效的工作。首先,精心论证选题。会同培生教育出版集团(Pearson Education)共同邀约中外专家,精心论证选题。所精选的教育学原著均为培生教育出版集团和国内外学术机构推荐图书,享有较高学术声誉,被200多所国际知名大学广泛采用,曾被译为十多种语言。丛书每一本皆为权威著作,引进都是原作最新版次。其次,认真组织翻译。好的版权书,加上好的翻译,方可珠联璧合。参加丛书翻译的同志主要来自北京大学、北京外国语大学、北京师范大学、华东师范大学、浙江大学、南京大学等"双一流"高校，他们均对教育理论或实践有一定研究，具备深厚学术造诣，这为图书翻译质量提供了切实保障。再次，诚聘核稿专家。聘请国内相关专业的专家学者组建丛书审定委员会，囊括了部分学术界名家、出版界编审、一线教研员，以保证这套丛书的学术水准和编校质量。"教育治理与领导力丛书"起始于翻译，又不止于翻译，这套丛书是开放式的。西方优秀教育译作诚然助力我国教育治理改进，而本国优秀教育创作亦将推动我国学校领导力增强。

华东师范大学出版社王焰社长、曾睿编辑邀请我担任丛书主编，而我因学识有限、工作又忙，故而一度犹豫，最终好意难却、接受邀约。在丛书翻译、统校过程中，我和相关同志主观上尽心尽力、不辱使命，客观上可能仍未避免书稿瑕疵。如读者发现错误，请不吝赐教，我们当虚心接受，仔细订正。同时，我们深信，这套丛书力求以其现代化教育思维、前瞻性学术理念、创新性研究视角和多样化表述方式，展示教育治理与领导力的理论和实践，是教育现代化进程中广大教师、校长和教育工作者所需要的，值得大家参阅。

王定华

2020 年夏于北京

（王定华，北京外国语大学党委书记，国际教育学院教授、博士生导师，国家督学、国家教师教育专家咨询委员会副主任委员，曾任教育部基础教育一司司长、教育部教师工作司司长、中国驻纽约总领事馆教育领事。）

目 录

第一部分　绪　论

第一章 成功学校里的督导

本章学习目标

阅读完本章后,你应当能够:

1. 比较适意式学校(Congenial School)、传统式学校(Conventional School)和合议式学校(Collegial School)。

2. 列出教师领导的五大目标。

3. 解释督导的道德目的。

请阅读本章,并思考以下问题:

1. 作者在本章描述了三所迥然不同的学校:芬尼泰勒高中(Finnie Tyler High School)、日耳曼多小学(Germando Elementary)和精进中学(Progress Middle School)。你是否曾任教于或观察过与这三所学校的教学环境类似的学校? 若有,这种环境对教师和学生分别产生了何种影响?

2. 作者的"教学督导"概念,哪里让你感到惊奇? 你是否同意作者对这一概念的阐释?

3. 教师实施的教学督导能否和作者的定义保持一致? 是否有必要这么做?

4. 你是否参与过表1.1中的教学领导活动? 在你任教或熟悉的学校中,你认为最适宜进行哪些新活动?

5. 第一章中,作者展示了本书的内容和结构安排(图1.1)。你最想阅读和探讨图中的哪些话题?

请大家跟我来。我们的第一站是芬尼泰勒高中。该校位于城市的一个中下层社区,共有1200名学生。入口的告示牌指示所有来访者去办公室报到。在学校大厅，我们可以看到，学生们在自由活动，三五成群地交谈着。情侣手牵着手，有一对还浪漫地依偎在角落里。上课铃响了，学生们匆忙地赶去下一个课堂。我们来到学校办公室，秘书和校长正在等待，我们自我介绍后，校方表示欢迎，并允许我们参观学校，与学生和教职工聊天。校方之前就已知晓此次来访，也了解我们此行的目的在于观摩芬尼泰勒高中的运作模式。校长说，我们会发现芬尼泰勒高中是令人愉悦的地方。我们带着教室和其他设施的平面图，继续参观。

校长所言不虚。学生们笑容洋溢，无拘无束，即使在课堂上也可随意交流。师生间有说有笑，彼此并不拘束。教员休息室里，笑声此起彼伏。一些教师告诉我们，每周五课后在当地比萨店会有教职工聚会，教师和管理人员都可以在那里小酌几杯，开怀畅谈。

每个教学课堂都各有特色，任课教师可以按照自己的想法授课。多数教师站在教室前授课、进行互动及布置课堂作业。不过，有些教师会采取非结构化教学法，安排学生独立学习或组织小组学习。这所学校氛围悠闲，学生们从容不迫，常有课堂不按时上课。同一学科的教师虽然使用同种教材，但在教学上具有自主性。该校一位具有7年教龄的资深教师总结道："我们学校的情况非常不错，同事们彼此关爱，行政管理部门也不会过多干预。教师考核一年一次，教职工会议每月一次。我很喜欢我的同事，大家相处融洽。孩子们也都挺好的，并不是说他们成绩有多优秀，但学校为他们提供了良好的学习环境。我都不想去其他学校教书了。"

接下来我们开车穿过小镇，来到日耳曼多小学。这所学校位于市郊富人区，有600名学生。同样，我们根据指示牌前往办公室。有几个学生在教室门口面壁罚站，除了他们，走廊空无一人，寂静一片，所有教室门都关着。校长办公室里，两名学生眼泪汪汪，非常害怕校长稍后找他们谈话。校长对我们的到来表示欢迎，并递给我们一份预先准备的教师访谈时间表，让我们不要在上课期间去任何教室听课。她说："我想你们会发现我管理严格，师生都对校纪校规和惩处措施了然于胸。教师负责教书，我负责监督教学。"

沿着走廊继续前行，整齐划一的教室让我们震惊：桌子成排摆放得整整齐齐，教师一律站在教室前面授课，校规都贴在黑板右边。第一节课下课后，学生们蜂拥至操场。我们本以为教员休息室会有许多教师，却惊讶地看到休息室只有两位教师，一位在织毛衣，另一位在泡咖啡。其他教师留在教室，或独自一人，或有另一位教师作陪。

课间休息后,考察继续进行。我们发现每年级教师不仅使用同一本教科书,连教学进度也都保持一致。问及原因,一位教师回答,校长已经把整个课程标准化了,能够每时每刻掌控每间教室里的所有教学内容。在 8 月份首次教师大会上,校长公布中心办公室设定的教材、课表和校历。当我们问及校长是如何具体执行这些安排时,教师回答道:"校长要求每周制订课程计划,至少每两周来我们办公室一次,还会委派中心办公室的人探访教师并向她汇报。"

教室里,大部分学生普遍安静但却是焦虑的。部分学生会专心听讲,不认真听课的学生会被管束。教师工作有条不紊,对待学生的态度或热情和蔼,或严肃平淡。考察最后,我们分别采访了三位教师。在日耳曼多小学,教学似乎被视为一种强制性的工作。不管你喜欢与否,都必须遵守学校的规章制度。教师们还说,哪怕他们想适度改变教学,学校也会要求他们放弃改变,继续贯彻学校的计划。三位教师都谈到,该校去年有一位教师因拒绝按照学校的阅读教材上课而被强令辞职。

芬尼泰勒高中和日耳曼多小学都展现了真实学校的情况。哪一所算得上是成功的学校呢?哪一所出勤率更高、教风学风更好、成绩更出色?都不是!两者都效率低下、平庸无奇。同一体系下,成功的学校与这两所学校大相径庭。我们的第一个结论是,两所学校各有不同。芬尼泰勒高中缺少教学督导,而日耳曼多小学监督过度。根据本书对教学督导的定义,两所学校都缺乏有效的教学督导。芬尼泰勒高中注重满足教师的个人需求,而日耳曼多小学则把焦点放在满足校长设定的组织目标上。然而,成功的学校通过实现组织目标来满足个人需求,两所学校都并未如此。最后,两所学校的工作环境看似截然不同,但一番观察后,我们发现其工作环境大同小异。

我们参观的最后一站是精进中学,首先我们去了办公室。学校秘书说,校长下课后才能接待我们。校长此时在上西蒙斯老师的课,而西蒙斯老师在旁听另一位老师的课,这是很多教师参与的一项同侪指导活动。秘书让我们在休息室耐心等候,那里还有几位教师正在备课。我们喝苏打水时,聆听了他们对跨学科教学单元的热烈讨论。教师们还进行了头脑风暴,提出可供本单元采纳的备选教学及评估策略,讨论如何将这些策略与单元主题相结合。

没过多久,校长来与我们会面,陪同我们参观学校。参观过程中,我们注意到该校的课堂环境以教学工作为导向，同时不失温暖与支持。在一些教室里，学生们全身心参与探究活动，其他教室的学生在进行合作式学习。还有些教师会提出难度较大的问题，引导学生参与教学主题讨论，从而帮助学生反思课堂内容。所有课堂教学的共同点是，学生参与主动学习，教师给予教学反馈，提供多元学习机会，特别关注学习困难的学生。

放学后，我们参加了校领导委员会会议，参会者大多为教师。委员会讨论了教职工联络小组所提出的行动研究计划，每项计划都专注于完善课程和改进教学。委员会成员的讨论大多关注研究计划是否有助于促成全体教职员两年前提出的愿景、使命和目标。讨论还时不时进入白热化。可见，委员会对待决策极为慎重。校长在校委会中拥有投票权，但对委员会决策没有否决权，因为决策遵循少数服从多数原则。

日耳曼多小学是传统式学校——特点是从属性、等级性以及职业孤立性。芬尼泰勒学校是一所适意式学校——特点是友好的社交氛围和职业孤立性。像精进中学这样的成功学校则为合议式学校——特点为教职工互动目标明确，都是改善教与学。在此类学校中，教职工彼此坦诚地讨论议题，认为异议是变革的重要部分并接受异议，尊重所有人的意见和关怀，从而为学生制定教育决策。由此可见，职业尊重也是成功学校的一大特色。

合议式学校为所有学生制定的学习目标都与民主社会中的教育责任保持一致。此类学校一直致力于探究教与学、确定事务轻重缓急、做出内部变化及资源分配决策和评估对学生学习的影响（Sergiovanni，2006）。此类学校的驱动力为：(1)学习盟约——使命、愿景和目标；(2)全校民主决策章程；(3)为全面决策和行为研究进行批判性研讨（Glickman，1993；2003）。事实上，成功学校创造了以民主形式产生和研究的教学"督导（Super Vision）"＊，指出了通往成人世界的目标和方向。

＊"Super Vision"一词在本书中一语双关，有"超凡愿景（super vision）"和"监督、督导（supervision）"的双重含义，大写字母"S"和"V"表示强调。但在中文里很难同时表达这双重含义。考虑到本书的主旨在于教学督导，故保留"督导"这层意思，但读者应了解作者在使用这个词的同时也蕴含"通过恰当教学督导可达理想愿景"之意。

督导：新范式、新名称

与学校一样，督导可以是传统式、适意式或合议式的。纵观历史，大部分督导活动由传统范式（世界观）指导，目的是控制教师的教学行为（Nolan & Hoover，2010；Sullivan & Glanz，2009）。根据成功学校的特点，现在是时候从传统式学校（仍在美国居于主导地位）和适意式学校（普遍性更低，但在全美仍有分布）转变为合议式学校（数量和成功案例都在不断攀升）了。合议式范式要想成功，就必须从传统或适意监督转变为合议督导。合议督导的概念包括以下几点：

1. 教师与正式任命的督导者为合议关系，而非等级关系；

2. 督导既是教师的责任，也是督导者的责任；

3. 专注教师成长而非教师顺从；

4. 促进教师在改善教学中相互协作；

5. 教师持续参与反思性探究（Gordon，1997：116；Fallon & Barnett，2009；Kohm & Nance，2009；Snow-Gerono，2008）。

乔·布拉泽（Jo Blase）道出了这一新型合议督导方法的精髓，具体描述如下：

> 教师都有领导力，这体现在教师指导、反思、合议探究、小组学习、未知领域探究和解决问题的过程中。这种督导与职位高低无关，其精髓是扩展性督导，而非传统性监督。此种督导理念鼓励集思广益，而非下达指令或直接批评。此外，学习社群为学生提供专业的——事实上是道德的——服务。
>
> （引自 Gordon，1995；另参见 Printy，Marks，& Bowers，2009）

由此可见，合议督导与传统监督截然不同（Zepeda，2005）。

 视频案例

在视频访谈中，督导者谈及自己在担任校长第一年期间与教师们共事的体会。在数字1到10的评分中，1代表零投入，10代表完全投入，你会给校长的投入度打多少分？视频中哪些信息能够佐证你的评分？

从前，监督的作用一直都是审查与控制，也难怪教师大多很难将监督与合议联系到一起。教师对"教学督导"这一术语的联想大多数都是消极的。如下列表所示（Gordon，1997：118）：

控制	指令
按部就班	无关的
缺乏创造力	浪费时间
缺乏自由选择权	限制
评估	规则
消极的	作秀
不存在的	专制独裁
费尽力气	恐吓
无聊的	时刻被监视
书面工作	焦虑
官僚	老板
监控教学	压力
测试指南	详细的课程计划
权威	微观管理
不现实的	恶心！

　　字典中对督导的定义包括"看守"、"指导"、"监管"、"管理"。教学督导也历来被看作是控制教师的工具。新教师和经验丰富的教育工作者离职的部分原因在于工作中的外部控制（Lavié，2006）。因此，有必要引入新的术语来阐释合议式教学领导模式。所以，本书新版标题第一个词便是"督导"。该术语表现了特定督导者、教师和学校社区的其他成员共同提出的教与学愿景。这一术语还意味着，以上各方将共同合作，达成愿景——即建立基于道德准则的民主学习社区，所有学生能够接受教育、生活美满，成为民主社会的贡献者（Lavié，2006）。＊

　　＊为避免歧义，后文中我们将仅在个别标题处采用"Super Vision"这一拼写形式，但需要注意的是，"督导"和"教育领导力（instructional leadership）"这两个概念是一体的、可互换的。

督导是成功学校的 "黏合剂"

我们可以认为,督导是成功学校的黏合剂。督导的功能在于将教学效果的离散要素汇集到整个学校的活动中。换言之,只有当教师接受学生的共同目标以补充各自教学,督导者与教师的共事方式与教师和学生的合作方式达成一致时,学校才能实现目标。不管学校的分数跨度有多大,社会经济环境或物理特征如何,成功的学校都有共同的黏合剂将教师团结在一起,使学校各元素一致。可见,黏合剂指的是个体或群组将教师需求与组织目标相联系,学校内所有个体得以协调一致,努力实现学校愿景的过程。

有效的督导需要知识、人际交往技巧和技术技能。这些知识和技能应用于直接协助教师、课程建设、职业发展、团体发展和行为研究的技术监督任务以及促进改革、处理多样性问题和建设社区的文化任务。这一黏合剂结合组织目标与教师需求,促进学生学习。

督导者与教师的新职责

上文已提出,教师与督导者应建立合议关系,督导既是教师责任的一部分,也是督导者的责任,大家应彼此协作,共同提高教学水平。然而,在很多学校,作为教学领导的教师和督导者在进行充分合作之前,两方都需要改变自己对领导力和教学督导的认识。

许多督导者在教育领导力储备计划中被当成个人英雄来栽培。博戈(Bogotch,2002:148)认为个人英雄指的是"一根筋地不断追求自己的愿景,远离与自己愿景不和的人"。为了让教师充分发挥教学领导作用,督导者需要摆脱个人英雄主义,转向社区领导。如弗曼(Furman,2004:222)所言,社区领导"将道德载体的关注点转向整个社区"。社区领导应用于教学督导中意味着督导者可以发挥促进实践社区的作用,并通过协作探究、反思、对话的方式,构建教与学的集体愿景,探索前进道路,评估当前进度,最终实现长足进步。社区监督对象包括学校社区的所有专业人员,他们都接受为提升全体学生学习而改善教学的道德责任。

鼓励教师参与教学领导，原因何在？为何不让督导者专心执行监督任务，教师负责教学工作呢？哈特（Hart，1995）提出的教师领导五大目标道出此中深意。教师领导需要：

1. 推进民主学校和民主教育；

2. 允许学校充分利用教师经验与专长；

3. 帮助学校聘任并留任优秀教师；

4. 鼓励教师接受课程创新和教学创新，因为教师本身也是设计创新的一分子；

5. 形成更专业的工作环境。

哈特对教师领导的阐释极其有力。然而，由于诸多学校历来都采用高度集中式监督，尽管督导者鼓励教师参与教学领导，诸多文献也描述了教师领导的益处，但都不能确保教师会接受教学领导职责。欧姆（Kohm）和南斯（Nance，2009；72）还警告，如果教师未曾参与过全校的教学决策，"教师会认为，出了问题是别人的错，要解决也是别人的责任"。督导者若希望将习惯于传统监督的教师转变为社区、合议监督的参与者，首先可以与教师进行双向沟通，了解学校教学的优缺点、教师们对最优教学环境的设想以及对实现设想的看法。重要的是，沟通的目的不仅仅是陈述愿景，而是在开放性、反思性、持续性的讨论中，共同探索学校社区如何通过改善学校和课堂教学而提升学生学习。若达成的共同愿景不能提升教与学，那么这一愿景应灵活可变。

我们认为，全体教师都有关心学校社区所有学生的道德义务，在某种程度上，这一义务还包括成为教学领导。问责制的普及，加之教育工作者越发认识到督导者不再能够包揽一切，全国各地的学校纷纷指派教师担任领导角色。教师兼领导模式若想成功推广，学区和学校必须为承担正式领导角色的教师提供基本支持。例如：

- 向所有利益相关方明确界定督导者及教师领导的作用和责任。

- 提高专业能力，为履行教师领导责任做好充分准备。其中包括提升综合领导能力，例如沟通、协作、规划、组织、时间管理、小组进程、技术和数据分析技能，以及促进提升成人的学习技能、反思性探究和文化回应技能。学区和学校也应当为教师领导提供差异化的职业培养路径，帮助习得必要领导技能，如指导、同侪指导、小组演讲、课程建设和行为研究等。

- 来自督导者和教师的精神支持。即便是最优秀的教师领导也无法孤军奋战。他们需要同事间彼此信任、鼓励和协作。

●为领导活动、教师会面及项目工作等给予充分筹备时间。但即便如此，教师还是有可能超额承担领导任务。因此，妥善分配工作量很有必要。

●持续讨论。讨论有多种形式，例如督导者或经验丰富的教师领导指导新教师、组织提升领导能力的研讨会以及组织校外净友共同研讨。

●提供必要的资源和材料，如书籍、软件、课程材料、研讨用品等。

●奖励措施，如增加工资或津贴、为教师深造提供补助、加入相关教育协会或教师领导相关的网络以及公众认可。事实上，教师领导的奖励主要是内在的，而外在奖励仍是学区和学校表达对教师领导概念的支持以及对工作认可的一种方式（Gordon，2011；Gordon，Jacobs，& Solis，2013；Jacobs，Gordon，& Solis，2013）。

并非所有教师都愿意担任教师领导。新手教师和一些资深教师在成为教师领导前应注重提升教学能力。尽管教师领导都应是专业教师，但专业教师并非都具备领导潜质。如果这些教师可以继续全身心地投入教学中，对学生来说他们会具有更大价值。有些教师只想关注教学，不愿意担任正式领导角色，这些教师也应受到尊重。即便如此，所有教师还是应该根据自身情况、兴趣和才能，在不同层面担任非正式的教师领导角色。

教师可在学校、团队或课堂等不同层面担任非正式领导角色。教师可以在校级委员会中任职，参加校级需求评估及目标制定，协助学校改革，帮助学校与社区沟通等。在团队层面，非正式教师领导包括同侪指导、协作学习、加入专业学习社区、参与课程建设团队、开展团队行为研究等。课堂层面的教师领导的形式包括教学自评、自主提升、民主教学、社会公平公正教育、基于课堂的课程建设、与家长和社区成员合作、课堂行为研究以及将课堂建设成道德探究共同体。

可以看出，上述所讨论的社区督导并不意味着每个人的领导角色和责任都是相同的。社区督导工作可分配给指定的督导者、教师领导和非正式教师领导，他们的职责和作用各不相同。但这并不是说监督结构分三个层级。相反，这一模式倡导社区成员地位平等，领导和教学责任不尽相同，齐心协力，为彼此、学生及教与学愿景共同努力。

社区督导中，督导者不需孤军奋战，他是教学领导中的协调者。我们需要认识到，这一模式下的教师领导具有流动性。通常情况下，教师领导不对所有活动负有责任，不同教师领导承担不同领导责任，教师领导的角色和职责也会一直改变。例如,担任了几年专业指导的教师领导可能最终领导课程建设团队。担任正式教师领导几年后,教师可能回归从事全职教学和非正式教师领导。然而,成功的非正式教师领导也有可能被任命为正式教师领导。教师领导存在多种形式,社区督导的工作分配方式亦是多种多样。不论是指定督导者、正式或非正式教师领导,不管活动如何分配,这些活动都应该:(1)聚焦全校对教与学的集体愿景;(2)相辅相成,形成连贯的教学领导体系。表1.1提供了指定督导者、正式和非正式教师领导在9种督导任务中的教学领导活动安排。

 视频案例

视频中,校长试图摆脱传统监督模式。你认为该校的社区督导体现在哪些方面？校长是如何提升社区督导属性的？又是如何给教师分配教学领导任务的？

表1.1　社区监督的教学领导任务分配

工作任务	指定督导者	指定教师领导	非正式教师领导
直接帮助	•提供临床督导 •协调、支持、督导整个学校的同侪指导 •指导新任导师、有抱负的导师、教师领导和有抱负的教师领导 •领导合作学习巡访 •和教师分享新教法、新资源和新材料	•提供专业同侪指导 •协调同侪指导团队 •指导资深教师、新任教师领导、有抱负的教师领导、初级教师或新教师 •协作教学 •领导合作学习巡访 •与教师分享新教法、新资源和新材料	•参与互惠性同侪指导 •指导新晋教师和学校的新教师 •协作教学 •参与合作学习巡访 •与教师分享新教法、新资源和新材料
教学评估	•为教师和学生提供帮助 •进行形成性教师评估* •进行终结性教师评估* •协调教学团队的形成性评估 •协调学校层面的教学形成性评估	•进行形成性教学自我评估 •进行其他教师的形成性评估 •协助教学团队的形成性自我评估 •协助学校层面的教学形成性评估	•进行形成性教学自我评估 •参与和其他教师的共同形成性评估 •参加教学团队的形成性自我评估 •参加学校层面的教学形成性评估

＊形成性评估和终结性评估应分别进行(详见第十六章)。

工作任务	指定督导者	指定教师领导	非正式教师领导
团队发展	●根据利益相关者意见，需要时组建新团队 ●建立成功促成合议团体的模型 ●支持和督导全校的合议团体 ●协调团队沟通、协作和一致	●促进正式团体发展 ●担任正式团体间以及正式团体和学校领导之间的联络人	●促进非正式团体发展 ●担任非正式团体间以及非正式团体和学校领导之间的联络人
职业发展	●致力于自身职业发展 ●协调职业发展需求评估 ●根据利益相关者意见，引入并规划职业发展 ●协调、支持和督导职业发展 ●实现职业发展 ●促进培养转化学习的校园文化 ●协调职业发展评估	●提出职业发展需求意见，协助职业发展需求评估 ●协助规划职业发展 ●参与教师领导和教师职业发展 ●实现职业发展 ●参与职业发展评估	●提出职业发展需求意见 ●协助规划职业发展 ●参与职业发展 ●实现职业发展 ●参与职业发展评估
课程建设	●部署课程建设团队和领导团队 ●引入创新想法，进行课程研究 ●推进全校范围对课程目的、内容、组织和形式的决策 ●帮助全校制定更具文化回应性的课程 ●协调课程建设，确保课程循序渐进、连贯统一、范围得当、平衡一体 ●协调对课程实施和教学结果的监测及评估	●帮助团队对课程目标、内容、组织与形式的讨论 ●引入创新性概念和课程研究 ●参与学校课程设计 ●协调和参与团队课程设计 ●帮助团队制定更具文化回应性的课程 ●收集和分析与课程相关的指定数据 ●在课堂上试行、评估和修改课程	●参与决策课程目标、课程内容、课程设计、课程组织与方式 ●参与文化回应性课程建设 ●参与学校和团队层面的课程设计 ●在课堂上试行、评估和修改课程
活动调查	●研究个人行动 ●推进学校行动研究委员会工作 ●协调、支持并督导行动研究联络组及工作组 ●支持并监督行动研究项目和结果评估 ●帮助教职工进行探究性思考	●研究个人行动 ●担任学校行动研究委员会的成员 ●成为行动研究联络组和工作组的一员 ●参与全校范围的行动研究 ●协调教学团队的行动研究 ●促进教职工进行探究性思考	●研究个人行动 ●担任学校行动研究委员会的成员 ●成为行动研究联络组和工作组的一员 ●参与教学团队的行动研究 ●参与全校范围的行动研究 ●运用学生行动研究指导教学

工作任务	指定督导者	指定教师领导	非正式教师领导
促进变革	•专注提升变革能力 •寻求所有利益相关者对于必要变革的支持 •发展伙伴关系以促变革 •改进不断完善的校园文化中现有规范 •推进变革举措的连贯性 •协调和支持变革举措 •与抵制改革者进行公开且相互尊重的对话 •协调收集和分析数据,监控和评估变革举措	•专注提升变革能力 •协助收集利益相关者对于必要变革的反馈 •参与必要变革的决策 •就全校变革与其他教师领导和督导者协作 •在教学团队和班级层面推动变革 •与抵制改革者进行开放且相互尊重的对话 •协助收集和分析数据,监控和评估变革举措	•参与必要变革的决策 •与其他教师合作实施学校和团队变革 •寻求家长和学生支持,进行课堂层面的变革 •使课堂教学适应全校和教学团队的变革 •参与课堂层面的自主变革 •提供课堂数据,协助监测和评估变革举措
注重多样性	•学习借鉴其他文化 •开发文化回应性教学和领导能力 •与利益相关者合作,制定对各群体一视同仁的政策 •建立良好的人际关系 •打造文化回应性课程 •协调和分担全校的公平性审查 •协调全校力量,提升教职人员的文化回应性 •与利益相关者合作,发展校际规模架构及程序,促进平等和社会公正 •协调发展全校文化回应性课程、促进教学和学生评估 •与家人、社区合作以促进平等和社会公正	•学习借鉴其他文化 •提升文化回应性教学和领导能力 •建立良好的人际关系 •建立文化回应性模式 •帮助协调全校公平审查工作 •协调全校力量,促进平等和社会公正 •协调和分担子团体的公平性审查 •协调教学团队与家长和社区的工作,促进平等公正 •协调教学团队的工作,以发展文化回应性课程、促进教学和评估 •与各个教师合作,提高文化回应能力	•学习借鉴其他文化 •培养文化回应性教学技能 •建立良好的人际关系 •建立文化回应性模式 •参与全校公平性审查工作 •参与全校促进平等和社会公正的工作 •参与子团体的公平性审查 •参与教学团队以促平等公正 •执行和分担课堂和学生个人的公平性审查 •在课堂教学中识别与运用社区、家庭和学生的多元文化资源 •采取文化回应性教学和学生评估策略

工作任务	指定督导者	指定教师领导	非正式教师领导
构建社区	• 将学校打造成接受民主价值观、关系和治理方法的民主社区 • 支持民主式教学法 • 践行道德社区原则 • 领导学校成为道德社区 • 带领学校成为专业学习社区,并培育子团体成为专业学习社区 • 带领学校成为探究型社区 • 建立伙伴关系,领导更大社区 • 协调以学校为基础的或与学校相联系的社区服务 • 带领社区发展 • 促进基于社区的学习	• 支持学校成为民主社区,领导教学团队成为民主社群 • 践行和支持民主式教学 • 践行道德共同体原则 • 支持学校成为道德共同体,领导教学团队成为道德共同体 • 领导并参与专业学习型社区 • 在探究中领导教学团队 • 帮助协调以学校为基础的和与学校相关的社区服务 • 参与社区发展 • 协调基于社区的学习	• 参与学校和团队层面的民主社区 • 践行民主式教学 • 践行道德共同体原则 • 教授学生道德准则 • 参加专业学习社区 • 通过探究与其他教师协同作业 • 使教室成为探究型社区 • 促进并协调以学校为基础和与学校相关的社区服务 • 参与社区发展 • 打造社区学习氛围

督导与道德目的

要实行基于道德目的的督导,学校首先要思考两个大问题:

1. 我们理想中的社会是什么样子的?

2. 督导要促进哪种教育环境才能实现理想中的社会?

就算第一个问题的部分答案会是人人平等的民主社会,第二个问题的答案也必须涉及为学生创造能使其成为民主社会一员的教育环境。具体而言,就是建立一所反映理想民主社会的学校。

我们将本书植根于学校的"超凡愿景",即学校须实现其教育承诺——促进人人共享的民主(Glickman, 2003；Lavié, 2006)。为此,我们不能把自己定位成小学一年级教师、高中数学教师、中学辅导员、中心办公室专家、高中校长或负责人。职位名称只反映工作地点,不反映内心和思想。教育工作者是民主精神的主要拥护者。群策群力比孤军奋战的作用大得多(Glickman, 1998；Lavié, 2006)。

推进民主教育改革的运动，持续得到来自全国各地的教师、家长、行政人员和普通民众的响应——规模之庞大达历史之最。然而，尽管这些人具有远见卓识，但其所在的学校仍然处在边缘。要将广泛的民主定义作为公共教育的指导原则，这是巨大的挑战（Glickman，1998）。我们可能会重蹈覆辙。然而，无论这一运动取得成功或是只有精神留存下来，我们都要让今后的教育工作者和公民知道，这场斗争事关重大，推动着学生的民主教育，从而建立民主公正的社会。

本书结构

图1.1展示了本文的内容和结构。督导者改善学生学习的挑战在于，将特定知识、人际交往技能和技术技能应用于技术任务（直接协助、教学评估、小组发展、课程建设、职业发展、行动研究）以及文化任务（促进变革、注重多样性、构建社区）中，从而使教师结合组织目标和自身需求，以一种集体式、目的性强的方式组织教学。如果督导者可以让教师更自由地控制其职业生活，那么学校的学习环境就会愈发充满活力。

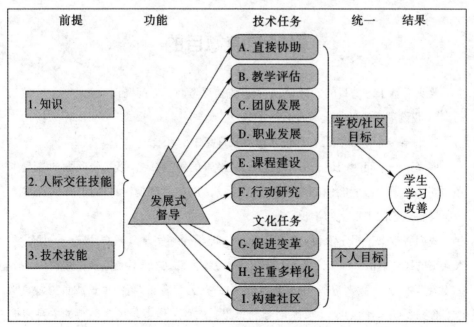

图1.1　督导与成功的学校

为了促进集体教学的完善,督导者须具备一定先决条件。第一,知识储备丰富。督导者须了解例外——教师和学校会是什么样,以及与之相反的常态——教师和学校通常是什么样。他们要明白成人知识、教师发展和其他的督导措施是如何帮助学校摆脱平庸常态的。第二,掌握一定人际交往技能。督导者须知道自己的人际交往行为如何影响其他个体和教师团体,研究可能带来更多积极的、变革导向型关系的一系列个人行为。第三,拥有观察、计划、评估、实施和评估教学改进的技术技能。知识、人际交往技能和技术能力是作为发展职能的督导工作三个相辅相成的部分。

督导者可以支配某些教育任务,使教师能够评估和改进教学。规划任务时,督导者需要给出具体方法让教师以更专业的方式进行成功教学。可能影响教师发展的技术督导任务包括直接协助、教学评估、小组发展、职业发展、课程建设和行动研究。直接协助(A)指与教师经常私下接触以观察和协助课堂教学。教学评估(B)指个人、团队和学校层面的教学评估。小组发展(C)指教师们就关注的教学问题共商决策。职业发展(D)指学校和学校系统为教师提供学习机会或支持。课程建设(E)指修改和调整课堂教学内容、教学计划和教材。行动研究(F)指教师为改善学习,系统性研究课堂和学校情况。促进学校和教师发展的文化性任务包括促进变革、注重多样性以及构建社区。促进变革(G)指促进创新,提升学校和教师适应环境变化的能力。注重多样性(H)意味着提高教师和学校的文化回应性,促进人人公平。构建社区(I)指在校内推行民主、道德活动、专业学习和探究氛围,同时与更大的社区合作并参与其中,改善学校和社区。

通过了解教师在支持性和挑战性并存的环境中如何最优成长,督导者可以在规划督导任务时结合学校社区目标和教师需求并适时调整。在"超越个人的事业"中统一教师个人需求与组织目标已证实能够提升教学效果,促进学生学习。

由此,本文的组织结构如图1.1所示。本书第二部分将详述其中的核心知识;第三部分阐述人际交往技巧;第四部分概述督导者所需的技术技能;第五部分探究这些知识和技能在技术性督导任务中的应用;第六部分介绍督导的文化任务,阐释督导如何整合个人需求与学校社区目标以改善学校、教学和学习。

思考题

巩固练习1.0

检查自己对本章核心概念的掌握情况。

反思练习1.0

假设你最近被任命为某学区一所学校的校长，主要负责学校的教学督导工作。面试时，你已明确向学区教育长说明你将采取合议督导的方式，包括培养教师成为教学领导。

距离正式上任只剩几星期，你今天接到了学区教育长打来的电话，她告诉你刚收到州政府年度高风险成就测试(high-stakes achievement test)的结果，你将任职的学校并未通过该测试。学区教育长表示，虽然她大体同意你合议督导的想法，但是认为担任校长的第一年并不是推行此方案的最佳时机。她还说，考虑到该校考试成绩有所下降，下一学年要把重心放在学生考试成绩上，还要密切督导教师教学，保证重点关注本州测试目标。虽然你仍希望推行合议督导，但也不愿因与主管在教学督导方法上的冲突影响此次任职。作为校长兼教学督导者，你将如何处理学区教育长的关切？在下一学年，你将如何与教师一同改进教与学呢？

第二部分 知 识

　　第二部分介绍督导的必备知识。第二章将讨论负面现象——为什么学校普遍成效不佳？原因可追溯至教学生涯和学校环境。第三章将阐释积极现象——动力型学校的特征。第四章将阐明成人学习与督导发展的相关性。第五章将探讨教育理念与督导理念是如何为督导奠定基础的。从负面现象到积极现象，再到现实情况，这些都是富有争议的话题。目前的研究启发我们重新思考督导实践，随之我们也必将感到喜悦、愤怒、悲伤、希望和分歧。

第二章　规范：传统式学校之缘起

本章学习目标

阅读完本章后,你应当能够:

1. 阐释教师心理隔离的长期影响。

2. 解释如何在同一所学校内应对不同的文化。

3. 描述原子论的牛顿范式在传统式学校中的体现。

请阅读本章,并思考以下问题:

1. 解决教师心理隔离问题的方法有哪些?

2. 如果你现在或曾经是一名教师,请回想你第一年的教学经历。你是否遇到过本章提到的新教师面临的问题? 你是否曾得到其他教育工作者的支持,帮助你应对教学第一年的挑战?

3. 低收入的学校社区如何吸引和留任优秀教师?

4. 在你熟悉的学校中,有哪些不同的文化是彼此孤立或相互冲突的? 依你所见,原因何在?

5. 本章的最后一节描述了传统式学校体现牛顿范式的几种表象。传统式学校还有哪些方面可以反映牛顿世界观?

我们在回顾学校、教师和领导力的历史时,必须慎之又慎。我们必须承认,想要持续提高教学质量,改变传统校园文化势在必行。

工作环境/校园文化：单室学校的传承

组织的价值观、信仰、神话、仪式、象征、英雄、巫蛊或讲述者的相关研究都有详实的文献记录（Bolman & Deal，2002）。在专业背景中应用"文化"一词看似不妥，因为该术语出自对尚未发现和孤立的群体的人类学研究。然而，文化的概念有助于我们重新审视学校，视其为富有独特历史和故事的人类社群所在地。把学校的潜在价值理解为工作环境时，我们可以有意识地将组织重塑为目的明确的个体集合。这些个体相信，学校为学生、学习和发展服务，而不是孤立、自我保护和自满。

只讨论学校当前的工作环境而不探讨单室学校，就如同探讨西方民主问题而不承认大宪章一样。现今对于学校的理念和期望可追溯至拓荒时期田园风格的隔板式单室学校。教师既要负责所有学生的教学，还要维护建筑物、给火炉添柴和扫地。虽然收入微薄、工作艰苦，但教师这份职业非常光荣，地位仅次于有威望的传教士。

麦克米伦（McMillan）和普赖斯（Price）描述了当时西部教师的工作环境：

> 西部的教室通常就设在草皮盖成的防空洞里，几乎没有家具。单室学校最多容纳 20 名学生，学生年龄从 5 岁到 22 岁不等。书籍和资源由家长提供，这些材料的使用也有问题，教师是根据现有的教学工具调整课程的。西部的女教师虽面临着资金匮乏、校舍破烂不堪、供给不足、鼓励稀缺的窘境，但仍然认为自己的职位非常崇高……往日和现今大同小异，教室拥挤不堪，教师待遇欠佳，教学资源稀缺，学校资金不足。然而，教师一如当初，仍然坚守在这神圣的岗位上。（2005：146）

单室学校的教师要负责教室里发生的一切。因此，校内采取集体行动也是自然。教师对课程和教学所采取的所有行为就是学校的行为。如今，这种教学独立、隔离和私有化的现象在许多学校中仍然存在。尽管现在已经不是分隔教室的单室学校，但是学校走廊上相邻的一个个教室，都已成为单室学校。教师负责自己教室内的学生，就像一个个独立学校。虽然老式的单室学校已不复存在，但仍然支配着许多教师和学校的思想和行为。

认为教室是私人场所的观念与改善学校常态的相关研究背道而驰："大量研究表明，学生取得的优异成绩与教师在专业学习社区中互相协作的工作氛围密切相

关。"(DuFour, 2011:59)

拓荒时期的单室学校使教育工作者产生了根深蒂固的制度性观念,其特点为孤立性、心理困境和挫败感、程序化、对新教师指导不足、不公平、职业生涯不分阶段、缺乏教学对话、不积极参与学校决策以及保守主义。许多教育工作者认为这些特征仅仅是校园文化的一部分,但这些特征早已深入大多数教师和管理者的思想观念中。当需要基于学校、学生和教学目标明确的集体理念,推行新型文化时,教学领导者就会质疑过去理念和实践在当今的适用性。请看以下源起于单室学校的当今教育特征。

孤立性

所有主要的教师工作环境研究都提到了教师的孤立性与个人主义。杜富尔(DuFour)指出:

> 教师工作时彼此孤立。他们将教室视为个人区域,很少听到同事的建议或策略。比起与同事或校长打交道,他们更喜欢独来独往。教师的职业实践被笼罩在隐私和个人自主的面纱中,不会被拿来集体讨论或分析。此外,学校也没有基础设施可以支持协作或持续改进。事实上,学校架构是维持现状的强大根基。
>
> (2011: 57)

由此一来,教师难以得到督导,也无法得到他人反馈或与他人协作。在工作日,教师从早上走到教室,到吃午餐、课间休息(约20分钟),直至走出教学楼的这段时间里,也就与几个成人交谈几句。在教学过程中,教师也彼此孤立,无法知晓其他教师开展的教学活动。

物理空间的隔离将导致教师心理隔离:"在隔离文化中,教师与自身焦虑情绪作斗争时,也不免感到沮丧、无趣和疲惫(Chang, 2009:193)。"长期心理隔离的教师往往会认为自己的工作环境只是自己的教室、学生和教学。尽管隔离一开始是非自愿的,但随着时间的推移,他们已经接受并适应了隔离(Brooks, Hughes, & Brooks, 2008; Price & Collett, 2012)。现在,他们会抵制与其他教师的职业对话与合作。

心理困境和挫败感

持续的心理互动是教师工作环境的特点。观察课堂几分钟就可以看到,教师抛出一个问题,然后对学生的回答报以微笑,接着对不专心的学生皱眉头,责令吵嚷的学生保持安静,之后把手搭在学生的肩膀上,正式开始上课。一天下来,教师会有数千次的心理互动(Grayson & Alvarez, 2008)。一个眼神、一次耸肩、一个词语,对教师和学生来说都富有深意。

一位小学教师每天大概与 25 至 35 名学生相处约六个半小时。中学教师每天与 100 至 150 名学生相处 5 到 7 节课的时间(每节课 50 分钟)。所有这些互动都发生在一间 80 多平方米的教室内,教师在这里教学、管理、管束、强化、社交以及处理各种事务。职业生活繁忙,教师们也希望问题少一些、班级规模小一点,减少不断决策带来的心理挑战(Chang, 2009; Pietarinen, Pyhalto, Soini, & Salmela – Aro, 2013; Van Droogenbroeck, Spruyt, & Vanroelen, 2014)。

学生会带病上学:头痛、呼吸系统疾病和骨折等。如今还会出现更为严重的疾病。学校要求教师关怀患有自闭症、注意力缺陷障碍和胎儿酒精综合征的学生。此外,课堂环境也在发生变化。45 名学生挤在只能容纳 30 人的教室里,很多商业、法律或医疗人士都无法忍受学生和教师的工作环境。随着预算减少和建筑老化,恶劣的环境将愈加恶化,对学生的日常学习产生负面影响。

(Garrett, 2006:12)

教师要面对超负荷的心理互动,还无法在有限的管制环境中照顾到每一位学生的心理需求,为了保持理智,教师的课堂活动都是一样的。例如,科学教师让学生先听 20 分钟的报告,然后进行 10 分钟问答,最后留 20 分钟做课堂作业。一位小学教师可能会同时为三个阅读小组上课,每组 15 分钟,每组大声朗读、回答问题以及完成作业。不变的课堂流程让教师免受做许多决策的辛苦。教师承受着教育大量学生的责任所带来的心理压力,也明白自己会忽略学生的个人需求,而教学程序化确实可以使教师避开这一内在矛盾。在人际关系方面,教学与临床心理学非常相似,只是学校的场景更类似于工厂生产。

程序化

教学日的安排是根据行政命令、校董事会政策和州指导方针制定的。所有教师须在学生进校前到校,学生离校后才可离校。小学或中学教师有规定的休息和午餐时间,每门课的授课时间也大致相同(例如,阅读 45 分钟,数学 30 分钟,每周两次社会研究课,每节30分钟)。学校给每位教师分配一定数量的学生,教师整日和整学年都负责这些学生。除课间休息、午餐或特殊课程外,教师在教学日都需要待在教室中。除了教学任务,教师们还需要安排学生午餐、休息和解散。初高中的上学日安排虽与小学不同,但流程也是固定的。例如,教师每天在固定时间给4到7个不同班级的学生上课(持续11、18或36周)。同样,教师要按时上下课,承担除教学工作以外的其他职责(例如检查餐厅、礼堂或洗手间)。

无论教哪个年级,教师都无法自行安排课程,也不能决定学生数量或类型。与那些更为自由的职业不同,教师不能像他们一样也在门上挂个牌子,要求客户事先预约,或者选择周三上午不营业。教师无权更改教学安排。很难想象教师让学校秘书在课表上空出几个小时的时间去做其他的事情。教学一直在进行,一直有学生来上学,上下课铃一直在响,教师就不能按照个人需求对教学安排作出丝毫调整。

诚然,中小学教师如今可以调整时间分配、课堂活动、学生数量和教学安排。然而,教学时长是固定的。开始和结束时间、学生数量、教学地点和额外任务都有规定,教师无权更改。学校作为工作地点制定的固定流程更像是工厂的硬性规定,而不是对教师这种崇高职业的规定。也许在校门口不容易看到上下班打卡机,但它确实存在。张(Chang, 2009)指出,"教学只肤浅地关注日常,与他人隔绝,少有反思的机会"。

对新教师指导不足*

教师这一职业中,最缺乏经验的新教师,却面临最大挑战和最重的责任——这的确是一种奇怪的现象!很多学校的新教师都面临着来自外界环境的诸多困难:资源匮乏、任务困难、期望不明、成败心态以及现实冲击(Anhorn, 2008;Colley, 2002;Gordon & Maxey, 2000;Johnson & Kardos, 2002;McCann & Johannesen, 2004)。看到以下的困难时,希望你也可以回想自己入职第一年的情况,思考这些经历是否有助于你的成长。

＊本节的部分内容改编自 Stephen P. Gordon 和 Susan Maxey 所著《如何帮助新教师获得成功》(第二版)(*How to Help Beginning Teachers Succeed*(2nd ed.), pp. 1—8. 经弗吉尼亚州亚历山大市督导与课程建设协会许可转载。自2000年起,版权归督导课程建设协会所有,侵权必究。

资源匮乏　如果一位教师表明自己学期末即将离职,那么该学期结束后,其他教师会到这位教师之前的教室拿走有用的东西。他们带走的不止教学材料,还包括桌椅!教师还会将那些用不到的物品和桌椅家具弃置在空教室里。此外,他们兴许还会在学校里再转一圈,选择更加宽敞明亮的教室。这样一来,经验最少的新教师只能使用条件最差的教室,家具和设备是挑剩下的,教学材料也不多。

任务困难　经验丰富的教职工和行政人员通常会把所谓的问题学生和/或成绩最差的学生分配给新教师。新教师分配到的课程还往往是最无趣、难度最大的(Angelle, 2006; Hoigaard, Giske, & Sundsli, 2012; Johnson, 2001; Stansbury, 2001)。新教师的班级规模更大,责任也比资深教师更重(Birkeland & Johnson, 2002; Gallant & Riley, 2014; Imig & Imig, 2006)。

期望不明　第一年教学的教师都会抱怨不知道他人期望自己成为何种专业人员(Gallant & Riley, 2014; Johnson & Kardos, 2002; Maistre & Paré, 2010)。管理者、其他教师、家长和学生对新教师的期望多有冲突,令新教师非常困惑到底该达到谁的期望。

成败心态　出于种种原因,新教师只能自主"沉浮"(成败)。行政人员和资深教师则倾向于认为教学的第一年是教师必不可少的"试炼",所有新手都必须通过这场考验。许多资深教师不愿意帮助新教师。一些资深教师认为,只有让新教师也经历他们当年的考验和磨难才算公平。有些则认为这个过程可以淘汰不合格的教师,只有能力强的教师才能留下。当然,校园文化中盛行的个人主义和隐私意识也是资深教师不愿伸出援手的原因。

新教师遇到管理或教学问题时,一般不愿向校长或同事寻求帮助,因为只有在教师这一行业中,新手要承担与资深教师相同(甚至比资深教师更多)的责任。新手教师不求外援的另一个原因是他们担心别人会质疑自己的专业能力。事实上,新手教师经常尽力隐瞒自己的课堂问题(Buchanan, Prescott, Schuck, Aubusson, & Burke, 2013; Cherubini, 2009; Gallant & Riley, 2014; Schaefer, 2013)。

现实冲击　维恩曼(Veenman, 1984:143)认为,现实冲击指的是"面对残酷冰冷的现实课堂生活,教师在培训中形成的使命理念崩塌"。每位教师在教学伊始都带着理想化的愿景。然而,课堂管理问题、学生学习障碍和前文提到的学校环境困境很快摧毁了他们的愿景。此外,新教师还会麻木地意识到他们没有准备好应对教学的残酷现实。这一意识导致了幻想破灭和职业麻痹(Chubbuck, Clift, & Alland, 2001;Gallant & Riley, 2014)。

环境困境的影响 上文提到的学校环境问题会造成巨大压力,最终导致生理和情感问题。新教师第一年教学结束时对自身、教学、职业以及学生的态度往往比开始时更为消极(Craig, 2013;Gordon & Maxey, 2000;Mitchell, Reilly, & Logue, 2009;Scherff, Ollis, & Rosencrans, 2006)。33%至50%的教师在执教的前七年内就会辞职(DeAngelis & Presley, 2011;Henry, Fortner, & Bastian, 2012;Imig & Imig, 2006;Ingersoll & Smith, 2003),前两年每年都有高达15%的教师离开(Darling-Hammond, 2006;Kaiser, 2011)。许多有前途的教师都早早离开了教师岗位(Fantilli & McDougall, 2009;Feiman-Nemser, 2003)。最后,经过了前几年的消极经历,许多留任的教师仅求生存,教法单一,拒绝实验和抵制改变,这种态度可能会贯穿整个教学生涯(Collie, Shapka, & Perry, 2012;Gordon & Maxey, 2000;Hoy & Spero, 2005)。

不公平

传统学区和学校不仅仅只有新教师和资深教师间的不公平。低收入社区的学校往往得不到与同一学区其他学校相同的资源。这类学校的基础设施年久失修,甚至存在健康和安全风险。此外,其班级规模也比中上层阶级学校更大,教科书和教材要么陈旧不堪,要么毫无踪影。低收入学校的人力资源也更加匮乏,学校的教师都会在校外教课(Achinstein, Ogawa, & Speiglman, 2004;Desimone & Long, 2010;Haycock & Hanushek, 2010;Ingersoll, 2002)。新教师待在低收入学校只是为了有朝一日有资格调去其他学校,这影响了教职工队伍和学校的稳定。对于低收入学校的人事问题,我们往往归咎于教师教授后进生时所遭遇的挫败感,但其实主要原因在于各学区没有提供足够资源和激励手段来吸引优秀教师,也没有足够的支持来留住优秀教师。

在学生多样的传统学校,对低收入、少数种族/人种以及高危学生的不公同样也会产生问题。大多数来自低收入家庭的学生只能接受补救教育,无法得到其他学生那样内容更丰富、层次更高的课程(Bass & Gerstl-Pepin, 2011;Gomez & Futrell, 2008;Lleras, 2008;Welton, 2013)。传统式学校设计课程、选择教材或备课时很少或根本不考虑少数群体学生的文化或学习方式(Rios et al.，2009)。更糟糕的是，一些学校无意或有意的种族主义问题均未能得到督导者和教师的及时纠正。要传统式学校的教育工作者批判性地审视不公平现象可能并非易事，但承认问题的存在是解决问题的第一步。

职业生涯不分阶段

威望较高的职业从业者一般会避免从学生到职业人士的身份突变。医生、律师、工程师和科学家一般都做过几年过渡期的学徒、实习生或初级员工，之后他们才会可以享有职业的全部权利，承担全部责任。

这造成了教师职业的负面特征，也是教师与其他职业最显著的区别——职业生涯不分阶段。更具声望的职业有严格的筛选程序和要求。此外，从业者还需经历过渡期或试炼阶段。只有从业者的能力获得前辈认可时才能进入职业生涯的下一阶段，获得更广阔的职业发展前景，应对更大挑战，升职加薪，承担起督导和审查后辈的责任。例如，法学院的毕业生必须先通过司法考试才能成为律师事务所的职员、法律助理或初级律师，通常是做上级交代的幕后写作和研究工作，逐渐证明了自己的能力后，便可以成为律所合伙人、检察官、辩护人或独立律师。这一发展途径提供了职业发展前景和地位，还可以让业内前辈有权安排新手做挑战性低、稍显枯燥的工作进行历练。

另一方面，教师职业自始至终都未划分阶段。以教育专业的大学生为例，从考上大学、接受教育、担任实习教师、大学毕业，到立足三尺讲坛成为一名真正的教师。在此之后，不管他们教多少年，都无法进入下一阶段。20年教龄的教师和新手教师的教室一样大、学生一样多、教学要求也一样。此外，教龄每增加一年，教师的涨薪幅度与其他具有同等工作经验的教师相同。

缺乏教学对话

教师在学校一般不怎么讨论教学工作(Kohm & Nance，2009；Morrison，2013；Shuck et al.，2011)。相反，成功学校的教师经常以解决问题或以行动为导向的方式讨论教学工作(David，2009；Morrison，2013；Shuck et al.，2011)。讨论的场合包括教师及委员会会议、教学工作坊、教学观摩和研讨以及教员休息室和其他非正式场合。讨论具有特殊性质：学生的教与学。当然，所有学校的教师都可互相交流，但聊天内容更具社会性——主要说的是学生、家长、管理人员、社区和学校活动的逸闻轶事。

很多学校鲜有教师与他人经常且严肃地讨论自己工作的核心——教学和课程。时间安排未考虑这一部分。教职工大会仅仅是上传下达,若有人反映学校问题,通常话题会偏离至非教学事务,如时间表安排、学区政策、课外责任和建筑物维护。

公立学校作为工作场所具有独特之处,因为在同一环境下,许多成年人可以被聘任为专业人员,共同承担为同一群客户(学生)提供服务的责任,但一般不会频繁集中讨论如何改善自身服务。同样,单室学校将孤立、隐私和缺乏职业发展阶段视作教学常态,这种遗留下来的风气也是导致公立学校缺乏沟通交流的原因之一。

　视频案例

　　教职工大会上,大家正在讨论学生写作分数的进步情况。大多数学校都缺乏教学对话,该会议是如何强调其重要性的?主持会议的督导者可以如何提升对话质量?

不积极参与学校决策

教师彼此见不了面,不讨论工作,只关心自己班上的情况,这也难怪学校不给他们机会、时间和期望参与学校教学和课程决策。大多数学校的常态是,学校不会寄希望于教师来分享经验、知识或想法来参与教育学生这一共同利益的决策。

　　与那些教学成果颇丰的欧亚学校相反,美国工厂式的学校没有提供机会去长期深入了解学生,教师也没有时间与其他同事共同开发课程、组织课程、观察讨论教学策略以及切实评估学生学业。

(Darling-Hammond, 2006:302)

保守主义

上文提到的所有传统式学校的特点都导致了教师的保守主义思想。保守主义一方面表现为教学方法受限,以教师为中心。除依赖传统教学方法之外,保守主义更不明显的表现仍存在于大多学校,其中包括:

- 强调短期目标而非长期教学目标。
- 只满足于某节课、某个学生表现以及某个项目的成功,而非注重所有学生的持续发展。

- 教学仅凭个人经验,而非教学研究。
- 教师自愿参与的合议和合作形式单一、程度较低。
- 反射性抵制课程或教学创新。

鉴于传统式学校存在的孤立与心理困境,保守主义的出现也是意料中的事。讽刺的是,保守主义在很大程度上归咎于我们所述的其他环境问题,但保守主义也是我们解决这些问题的拦路虎!

文化中的文化

本文谈论的校园文化有几点需要注意。显然,传统式学校文化确实存在,但是根据学校服务的社区以及各校师生的独特组合,每所学校具有独特的文化特质。此外,每所学校内部的文化也多种多样。多样性文化应是任何学校的优势,然而传统式学校的标准、架构以及惯例传统会使文化相互孤立或彼此冲突。

- 当然,每所学校既有成人文化也有学生文化。传统式学校以教师为中心的教学模式往往会忽略学生的校外生活、个人兴趣以及积极参与学习过程的需求,不理解或不关照学生文化将影响师生关系发展,有损教与学质量。

- 任何学校的学生群体中都存在多样的文化。不同的文化是由于不同种族或社会经济地位而产生的。然而,即便学生来自同一种族,地位都相同,学生间仍然存在性别、性取向、宗教差异。第二十二章将着重探讨多元文化,而本章强调传统式学校既不注重理解和满足不同学生文化的需求,也不帮助不同文化背景的学生一起学习。若忽视各种学生文化间的差异,一些学生会认为学校并不欢迎自己,从而感到沮丧,学生间、师生间还会产生冲突。这些都会形成消极的师生教育环境。

- 教师也属于学校不同文化群体的一员。不同的学科部门、教学小组和年级小组都可能成为校内的专业组织,组内成员彼此协作,但组间又相互孤立。在资源稀缺的时代,不同的学科小组可能视其他小组为抢夺现有资源的竞争者,从而引起组间冲突。此外,处于不同年龄段或职业发展阶段的教师们也可能组成一组,从学校的大社区中分离出来。人数较少的教师组能极大改善教与学。然而,各组教师彼此孤立,认为自己隶属的小组比其他小组重要,这也不利于全校范围的合议或改善。

　　所有学校都有多种文化与亚文化。问题在于,传统监督往往会忽略这些异质文化,对所有教师都是一样,还期望教师以同样的方式对待所有学生。这会引发文化冲突和道德问题,阻碍改善教学的集体行动。因此,对待多元文化的正确方式是理解多元文化,构建起多元文化间的桥梁,从而找出文化的共同目标,齐心协力提高教与学。第三章将探讨动力型的成功学校如何制定共同目标和采取集体行动。

深入探究：牛顿范式与传统学校

　　如前文所述,传统式学校给教师和学生都带来了负面影响,那为什么这种学校仍然存在? 诚然,所有组织都会抵制变革,但我们仍然要问,"这是为什么"? 解决这一问题的方式之一就是引入"范式"这一概念。这一概念最初在托马斯·库恩(Thomas Kuhn, 1970)的重要著作《科学革命的结构》(The Structure of Scientific Revolutions)中用于讨论科学范式。基尔曼(Kilmann, 2001:13)将范式定义为"认识宇宙和应对生活——主要为看待、思考和行为的连贯、内在一致的方法"。17世纪以来,牛顿范式主导西方科学与文化,影响力从物理学扩展到经济学、政治学、心理学、管理学以及组织发展,对教育学也产生了深远影响(Wheatley, 1994; Zohar, 1997)。下文将讨论促进传统式学校发展的牛顿范式特征。

原子论

　　原子论是传统式学校牛顿范式的特点之一。牛顿假设认为,宇宙是空洞,孤立的物体穿梭其中,类似于机器系统的一部分。的确,牛顿范式将系统以及整个宇宙隐喻成机器。与单个物体一样,各系统之间也相互隔离。

　　牛顿范式将包括学校在内的人类组织比作机器。学校出现问题,表明某些工作部门出现了问题。部门问题得到解决,整个学校将顺利运转。由于牛顿范式强调各部分的作用,因此学校倾向于将组织细分为各个部分。学校社区人员承担不同的角色,例如督导者负责领导、教师负责教学、学生负责学习。此外,各个部分又可以再细分。学生群体可分为"天赋异禀的学生"、"学习障碍的学生"、"母语非英语学生"和"少数群体学生"等。课程可分为"核心课程"和"特殊课程"。学校社区的个体也可以进行划分。教师要区分个人生活与职业生活，学生区分兴趣与学业。家长要担当起在家中的角色，不应被动接受学校政策，或顺从地接受孩子在校的评估结果。

牛顿范式不只指导角色分工。传统式学校的课程细分为多个科目，学年细分为学期，在校时间细分为学时。学校与其直接外部环境——服务的社区也区别甚大。学校通常被认为是可见部分的综合，但却忽略了各部分间的隐性关系。原子论的问题在于，学校人员和流程过度分散，学校与服务的社区和家长相互分离。此外，若教育工作者仅关注学校各部分及各部分间的直接影响，他们就难以掌握学校和社区的整体情况。

预测与控制

牛顿物理学认为，已知一个物体的位置与速度可以计算出该物体未来的位置。牛顿范式也可以准确预测运动中物体系统的活动：

> 一个更为复杂的动态系统有许多组成部分，它的活动并不一定局限于一维空间。然而，无论系统和系统中的活动有多么复杂，原则上都可以按照同种原理理解或预测系统动力。

(Tang, 2009: 2)

牛顿物理学认为，构成自然系统的物体根据可发现的定律进行运动并相互作用，一旦发现定律，就可以预测和控制物体及系统。同样，自然系统和部分像机器一样运作，可以检查和调节。

应用于学校的牛顿范式视学校组织为机器，人员、架构、政策、课程、教学和评估都是其中的部分。机器要高效工作，就必须控制好各部分。控制的第一步就是要了解机器是如何通过收集（通常为定量）数据进行工作的。数据决定机器能否高效运作。若效率不高，则需利用数据查明问题部分以便修复。牛顿型学校采用等级和官僚机制控制各个部分，从而顺利运作。等级制度中，指定人员（督导者、校长、教师）控制下级的同时，自身也受上级控制。官僚机制包括组织的特殊部分——架构、规则和程序——这些部分集成在整个系统中辅助控制。应用牛顿范式的学校认为学生家长及社区成员会威胁学校的控制，于是学校和外部环境划分了明确界限。虽然家长和社区成员可以来学校，但在来访活动和互动都由督导者和教师规定和严格控制。学校更注重传统公关策略，而不是学校和社区的合作。

遵循牛顿范式的学校可能有愿景，但仅仅是学校发展的预定目标（Wheatley，1994），并非基于根深蒂固的价值观和集体愿景。遵循牛顿范式的学校首先确立目标，之后寻求实现该目标最有效的方法。例如，目标可能是达到本州高风险成就测试的学校平均水平，而最有效的方法包括布置大量课堂练习、家庭作业、模拟测验、为"泡沫学生①"提供额外辅导、邀请校外专家进行备考和应试策略的激励演讲。

学校进步时采用的预测和控制方法仍然存在许多问题。首先，用等级和官僚机制保证控制可能会导致教育工作者消极工作或者跳槽到限制较少的工作单位。有些学生也可能抵制这种环境，出现长期的纪律问题。有些学生会消极学习，求知欲逐渐消失，慢慢厌倦学习。如果学校愿景单一且具体，那么学校不会考虑其他愿景或延伸愿景。如果学校孤注一掷，把所有资源都投在预先决定的路径上，那就会错失其他可能更好的途径（Zohar，1997）。最后，控制家长及社区贡献和参与的学校存在与学校服务群体相隔离的风险。

客观测量

牛顿物理学关注物体及其相互作用。牛顿的经典比喻是，这些就像是台球相互撞击。客观测量可用于确定物体当前的状态，预测未来的状态。学校中与其对应的理念为客观衡量教师、学生和学校绩效。与原子论、预测和控制一样，学校的客观测量也存在问题。首先，大多数参与过"客观"教师评估体系或审查过"客观"成绩测试结果的督导者和教师往往会质疑真正的客观性是否存在。第二，任何测量工具都只能测量教师教学、学生学习或学校表现的某些方面。那些可能至关重要却未被测量的方面应该怎么办？有人认为，完全客观的测量是一种错觉，传统测量工具也能反映原子论，也是预测和控制工具。

关联：牛顿范式与传统式学校环境

本章讨论的传统式学校特点惊人地反映了牛顿范式。尽管教师孤立的现象最初是由于单室学校的限制，但这一常态的延续显然与牛顿原子论是同步的。传统

---

①译者注："泡沫学生"（bubble students）指处在进步边缘的学生。"泡沫学生"可以是接近"良好"等级的非良好学生，也可以是接近"优秀"等级的良好学生。泡沫学生处在两个等级之间，无法跨越，所以需要教师的特别关注，帮助其越过障碍。

式学校的原子论特性意味着教师需要独立应付大量学生，由此产生了心理困境和挫败感，所以通过课堂活动程序化来实现牛顿式控制。州立法机构和学区规定日常教学工作，预先确定时间表和职责，这些显然是在维持对教师和学校的牛顿式控制。原子化学校环境会导致教师被迫孤立无援地摸索前行，这对于那些初为人师且未获得足够职业支持的年轻教师来说，伤害尤其严重。

基于牛顿范式的学校易产生不公平。来自边缘化群体的学生通常会接触到最为原子化的课程和教学。极为简单的学习材料被拆分彼此孤立的部分，与学生文化或外部世界相去甚远。传统式学校关注对种族、民族和经济弱势群体的牛顿式控制，这些群体的学生比主流群体受到的管束更为频繁，也更为严重。边缘群体学生的测量工具理论上是客观的，但实则存在文化偏见，给这类群体学生安排的补习课程过多，而资优和高级课程过少。

传统式学校中教师职业生涯不分阶段，教师专业能力提升（不仅仅只是经验增加），但职权、声望或薪水却未能得到相应提升，也无望晋升为正式领导。这意味着学校管理层对资深教师与新教师的控制是一样的。资深教师和新教师接受的教学表现"客观测量"也一模一样。传统式学校缺乏教学对话的部分原因是教师间的原子性隔离，另一部分原因在于，严格控制的教学时间表使教师没有时间互相讨论。此外，主导十二年制教育的高风险成就测试（客观测量）引导教师把重心放在应试准备上，不必讨论更高水平的教与学。传统式学校课程基于国家的强制标准、高风险成就测试或学区中心办公室制定的课程指南。这些课程外部控制导致教师不积极参与全校课程和教学决策。最后，传统式学校的教师因原子化组织结构与同事相隔离，同时又是预测和控制教师和学生行为系统的一部分，教师教学和学生学习还要接受客观测量。由此，保守主义在传统式学校中如此盛行的原因也就不言自明了。

跨越牛顿范式的必要性

三个多世纪以来，牛顿范式帮助人类积累了大量宇宙知识，且仍适用于当今物理学的诸多方面。20世纪初以来，量子物理学回答了牛顿物理学无法回答的次原子世界问题。牛顿范式是否能永远适用于教育行业值得商榷，但随着当今世界愈发复杂化、多样化和全球化，改变教育范式势在必行。下一章将讨论一种更适合21

世纪学校的新型范式。

思考题

巩固练习2.0

检查自己对本章核心概念的掌握情况。

反思练习2.0

假设你是一个外部团队的领导,你的任务是评估一所学校的工作环境,此前你都未曾到访过这所学校。在为期一周的访问中,你将接触到学校行政人员、教师、学生、家长、教室、公共区域,全校教职工会议,各种教师团体会议和学校档案记录。请思考:

• 评估小组会问行政人员、教师、学生以及家长哪些关于学校工作环境的问题?

• 你的团队在课堂观察中的主要关注点是什么? 公共区域,全校教职工会议,还是各种教师团体的会议?

• 你会查阅哪些学校记录? 你会从这些记录中收集哪些数据?

第三章 动力型学校

本章学习目标

阅读完本章后,你应当能够:

1. 了解"合议"的定义,解释合议如何改善学校。

2. 了解"超越个人的事业"的定义。

3. 明晰有效职业发展的特征。

4. 列举积极学习氛围的四个基本特征。

5. 说明学生和教师如何受益于真实课程、教学和评估。

6. 分别解释学校强民主氛围的三个基本特征:包容性、融合性和内化性。

7. 阐释督导者帮助教师进行集体行动研究的方式。

8. 描述一个文化回应性强的学校。

9. 举出学校伙伴关系和网络的例子,解释它们是如何促进改善学校的。

10. 用通俗语言概述量子范式中有关观察和测量的观点。

请阅读本章,并思考以下问题:

1. 本章的动力型学校环境与第二章中传统式学校有何不同?

2. 教师、校领导以及家长共同承担着改善学校这一"超越个人的事业",你是否熟悉这类学校? 若有,请定义"超越个人的事业"。

3. 如果你将要到一所不熟悉的学校访问一周,你会用何种指标来判断该校的课程、教学和评估是否真实?

4. 数据、反思和行动的关系是什么? 设计一套包含这三要素的学校革新方案。

5. 你认为本章讨论的量子范式与学校的相关性有多大?

第二章描述的传统式学校属于静态系统。静态组织无法成长发展也不能适应多变的环境。如今,世界的人口、技术和地缘政治飞速变化,采用静态系统的学校将越来越难以教育当今和未来的学生。与传统静态学校相反,动力型学校可以不断变化,满足学生、社区和社会的需要。诸多学者给出了不同的动力型学校定义。例如,拉利斯(Rallis)和戈德林(Goldring,2000)关注动力型学校校长的角色:促进者、平衡者、旗手和桥梁、探究者、学习者和领导者。卡尔(Carr)、赫尔曼(Herman)和哈里斯(Harris,2005)提出了创建动力型学校的合作形式,包括导师指导、辅导和学习小组。拉利斯及同事主要关注动力型学校的道德政策,解决包容、移民、英语学习者、全人教育和霸凌等问题(Rallis, Rossman, Cobb, Reagan, & Kuntz, 2008)。爱德华兹(Edwards)和查普曼(Chapman,2009)提出了"动力型学校六大支柱":沟通与联系、领导与赋权、规划与评估、协同与合作、义务与责任、一致与冗余。

首先,我们将概述动力型学校模型的动态系统,然后以这套系统作为展示成功学校相关理论和研究的框架。驱动力推动着学校,使动态系统按既定方式运作。动态系统的运作并非随机(虽看似如此),而是具有目的性。动态系统的驱动力还会激发和引导子系统为共同目标而运作。动态系统具有交互性。系统完全运作时,不同系统内的力量、结构或程序一致协作,系统得以保持平衡。较复杂的动态系统能够不断完善和发展。最复杂的系统与外部环境相互作用,使用反馈环适应多变环境,甚至与环境相互适应。动力型学校是动态系统,但这类学校有何教育特征? 接下来,本章将回答这一问题。本章介绍的动力型学校特征将在下文详细列出。

共享领导、合议、协作

共享领导的督导者明白,改善教学的知识和技能存在于学校社区的全体成员中(Larsen & Rieckhoff, 2014;Watson & Scribner, 2007;Youngs, 2014)。群策群力不仅可以做出更优决策,决策实施的可能性还会增加。共享教学领导指督导者为教师参与领导活动提供时间和资源,帮助疲于应付官僚工作而无法专注于教学领导的教师(Heck & Hallinger, 2014;Printy, Marks, & Bowers, 2009;Wahlstrom & Louis, 2008)。

共享教学领导通常由帮助教师共同合作改善教学的督导者组成。教师领导团队包括同侪指导团队、专业学习小组、行动研究团队、学习探究小组和课程建设团队。领导团队的优势之一为沃森(Watson)和斯克里布纳(Scribner,2007:257)描述的互惠影响,"个体在构思创新的想法时都曾借鉴学习过他人,因此个体在此过程中可以形成协同感"。希望提高教师协同作业的督导者须谨记,并非所有的协同作业都是在正式架构中开展的,大部分都是而非正式形式(Fairman & Mackenzie, 2015; Goddard, & Tschannen-Moran, 2007)。因此,正式或非正式的协同作业都应得到鼓励与支持。

共享领导与协同作业是通往合议式校园文化(如第一章所述)的桥梁。合议文化中,教师共同承担集体责任,互帮互助,促进自身和学生的成长与发展。除互相帮助外,专业社区还"拥有共同的价值观,共同关注学生学习,推动课程和教学发展合作,分享教学实践和进行反思对话"(Wahlstrom & Louis, 2008: 463)。合议取代了传统学校的孤立和个人主义。合议文化中,教师"精力、创造性思维、工作效率和友善程度皆获得提升,而那些阻碍改革的愤世嫉俗的态度和防御心理则会降低"(Kohm & Nance, 2009: 68)。此外,富兰(Fullan,2000:582)认为,"专业社区的发展必须成为改善学校的关键驱动力。如此,文化和结构才能实现更深层次的改革"。

超越个人的事业

追求"超越个人的事业"是成功学校的一大特征。动力型学校的教师认为其工作并不仅限于课堂教学,而是致力于更宏大的互相成就与合作的教育事业。因此,超越个人的事业是基于共同信念以及核心价值观的共同事业,我们可以称其为学校愿景。但要想准确地确定愿景,我们须了解愿景是如何发展的。本书认为愿景并不是督导者说服学校社区的其他成员"买账",也不是教师静思一天写下的声明。相反,真正的共同愿景是通过上文所提到的共同领导、协同作业和合议而逐渐形成的。

每所学校都是学生、成人和教育需求的独特结合体,学校还与所服务的社区相互作用,因此每所学校必须制定自己的愿景。然而,学校的共同事业最终要联系起所有学校的普遍目标:学生学习。盖达(Gajda)和科力巴(Koliba,2008:139)很好地阐明了这一点:"形成基于学校的社区实践中,最为重要的组织实践是系统性测验和教学改善,从而普遍提升学生成绩、参与程度和在校表现。"由于学生数量、师资状况和教育需求在不断变化,因此动力型学校可以——通过共享领导、合议以及协作——提升适应内部和外部变化的能力。

由于学校发展与社区发展密不可分,因此,学校—社区发展是动力型学校愿景的一部分。超越个人的事业转变为超越学校的事业。相互适应和发展的基础是共同事业和推动事业与时俱进的双向交流和反馈。

 视频案例

视频中,督导者正在领导学校走向"复兴"。学校社区成员是否拥有作者介绍的"超越个人的事业"?若有,你会如何描述这一事业?

职业发展

十二年制学校中的职业发展效果不佳。然而,高效的职业发展是动力型学校的关键。动力型学校的职业发展专注学校愿景,还结合了前文所述的共同领导、协同作业和合议。有效职业发展是一项根深蒂固、不断持续的工作。它包括教师参与规划、实现和评估学生学习活动,还为根据课堂情况实施新学习方法提供后续支持(Balan, Manko, & Phillips, 2011;Gordon,2004;Hansen-Thomas, Casey, & Grosso, 2013;Larsen & Rieckhoff, 2014)。

新教师协助计划是学校职业发展计划的重要组成部分。有效的协助计划包括但不限于帮助教师熟悉学校和社区,这一支持措施可以持续一至三年。对新教师的支持有多种形式,包括指派资深教师担任导师、提供技能培训以及开展研讨会等。研究显示,指定导师观察和讨论教学是强有力的支持手段(Gilles, Carrillo, Wang, Stegall, & Bumgarner, 2013;LoCasale-Crouch, Davis, Wiens, & Pianta, 2012;Wang, Odell, & Schwille, 2008)。回顾了十五项新教师协助计划的研究后,英格索尔(Ingersoll)与斯特朗(Strong, 2011)总结道,协助计划可以留住更多新教师、改善教学质量以及提升学生表现。新教师协助计划也可以帮助教师参与学校共享领导、合议以及协作以及与动力型学校相关的共同事业。

职业支持不仅限于新教师。所有教师在成人阶段、生命的各个周期、过渡性事件和角色发展过程中都会受到社会文化背景和成人学习风格的影响，这些都会影响教师的教学生涯。不同职业发展可以为处于不同职业阶段和拥有不同学习需求的教师提供多样化的帮助。

第四章将聚焦于成人和教师发展，第十八章将深入讨论职业发展。

积极的学习氛围

动力型学校为所有学生提供积极的学习氛围。这种氛围具有诸多特征（Allodi，2010；Cohen，2007；Cohen，McCabe，Michelli，& Pickeral，2009；Doll，2010；Gillen，Wright，& Spink，2011；Marshall，2004），大致可分为四类：环境安全、道德基调、人际关系和赋权意识。

环境安全：处在积极学习环境中的学生生理和心理都有安全感。学校设施干净整洁。纪律管束正面积极。反霸凌政策部署到位，严格执行。整个学校都有成人督导学生行为，提供相关帮助，且冲突管理措施也落实到位。

道德基调：在积极的学习氛围中，成人对学生关怀备至，致力于帮助学生成功，学生受到尊重和公平对待。成人还会倾听学生心声，严肃对待学生关心的顾虑。学生被视为独立的个体，教师会考虑每人独特的个人经历、需求和兴趣。同时，学生也是学习社区的一员，有义务彼此互帮互助。

人际关系：积极学习环境中的学生可以与同龄人、教师和学校领导发展关系。学生会感到自己与学校关系密切，被学校接纳，产生归属感。此外，有助于积极学习氛围的关系不仅影响学校，而且对家校以及学校和社区间的良好关系都会有所裨益。动力型学校的学生能够将学校、家庭和社区联系起来。

赋权意识：这一范畴包括诸多因素，自我效能便是其中之一。多尔（Doll）（2010：13）指出："效能期望充盈于绩优学校的社交和心理氛围中。自我效能指个人相信自己能够完成任务的信念。自我效能通常会变成自证预言。"自我效能和成就有时是周期性的。早期成就可以提高自我效能，进而促进实现更高水平的成就。允许学生参与决定学习环境、学习内容以及学习方式可以培养学生赋权意识。这种方式不仅可以提升学习相关性，还有助于培养责任感和自主性。此外，鼓励学生在学习过程和学习示范中表现创造力也是培养学生赋权意识的另一种方法。

视频案例

　　视频中呈现的是有关积极学习氛围的讨论，以及部分课堂教学活动。积极学习氛围的四个特征(环境安全、道德基调、人际关系和赋权意识)中有哪些存在于视频中？又是如何体现的？

真实课程、教学和评估

　　课程是有效学校和学校改善研究中"缺失的一环"。大多数研究使用标准化考试成绩作为衡量学校效果和改善的标准，不考虑学校课程情况或用考试衡量学习是否有价值。同样，近年来学校一直强调教授规定内容和准备应试，而非评估教学内容的价值或改进课程。从某种意义上说，目前的做法也有一定道理，因为外部规定的标准和高风险成就测试相当于为学校提供了现成的课程。然而，如果十二年制教育工作者允许外部规定完全取代本土课程，他们便放弃了参与重要道德决策的责任:学生到底应该学习什么？若每所学校的情况、服务的学生和家庭各不相同，那么某些课程确实需要根据当地和社区情况量身定制。此外，斯达瑞(Starratt)指出，学校的课程需要结合学生的自我理解过程:

　　　　……年轻人的道德心态一般为:自己有义务成为一个完整、真实、自主、进
　　　　取、真实表达、有所贡献、参与重要公众事务的人。然而，许多学校却忽视、漠
　　　　视、拒绝这些想法。相反，学生被迫为了课程的正确答案学习，而这些课程与自
　　　　我定义、自我承诺的过程关系甚微。

(2007:172)

　　要制定满足本地社区和学生个人需要的真实课程，解决外部规定无法体现的高层次学习问题，关键在于制定包含和超越外部规定的综合性课程。

　　纽曼(Newmann)及其同事(1996)提出了真实性教学的概念，近来也有学者研究这一概念(Dennis & O'Hair, 2010；Preus, 2012)并提出了适用于课程、评估以及教学的四项原则。原则一，高阶思维。学生利用这种思维辨别、整合、假设和产生新的意义。原则二，深度认知。即学生深度研究某一复杂主题，探究该主题各个方面之间的关系和相互作用。原则三，师生间或学生间的实质性对话。这种对话可以分

享知识与价值。原则四，将新知识与学生校外生活联系在一起。

真实性评价要求学生将新习得的知识应用于校外世界或模拟的外部世界。问题导向式学习、项目式学习、服务式学习、个人作品集、个人展示和课堂表现都可用于真实性评价。

真实性课程、教学和评估相互关联。由于学习设计变得更加连贯，学习内容、学习方式以及评估方式间的界限也变得更加模糊。

 视频案例

比较视频中所描述的真实性评估和纽曼及其同事提出的真实性教学四项原则。

 视频案例

视频讲述的是学生的个人作品集作为真实性评估的工具之一。请思考可以如何将纽曼及其同事所提出的四项原则融入到学生的个人作品集中。

民　主

民主型学校的支持者认为，民主学校社区可帮助学生为成为民主公民做好准备，促进学校持续进步和教师成长，最终提高学生的学习水平。本节将概述民主社区如何促进学校、教师和学生发展，后续章节将更深入地讨论民主学校。

讨论民主社区首先要区分戈登（Gordon）和布恩（Boone，2012）提出的弱民主和强民主概念。弱民主仅起表层作用，主要包括个人隐私和少数服从多数原则。相反，强民主则建立在社会道德、开放探究和相互依存的基础之上。弗曼和斯达瑞的民主社区定义体现了强民主：

> 民主社区具有程序性和道德性。民主社区是在解决本地和全球问题，维护共同利益的过程中，参与公开征求意见的流程规定。民主社区以社会道德为指导，这一道德承认个人价值和社区的社会价值（尽管很短暂），尊重差异、理解世界万物之间的实用性依存，也认为万物终将相互依存。

（Furman & Starratt，2002：116）

戈登和布恩(2012：51—52)指出了强民主的三个特征——包容、融合和内化。包容指讨论、调查、决策与服务要囊括所有群体。学校的包容意味着囊括教师、教育专家、学生、家长、社区团体、来自不同文化背景和持有不同观念的其他团体。融合指的是将民主融入学校和课堂生活的方方面面。

> 班级爆发冲突或出现严重纪律问题时,教师主持的班会不属于融合性民主。融合性民主应当是师生间、学生间日常互动的一部分,明显存在于课堂气氛中,贯穿于整个课程、教学、学习和学生评估中。
>
> (Gordon & Boone, 2012：51—52)

最后,民主与校园文化相交织时便会内化,"民主成为一种思想、人们与人交往和处理事务时的惯例、一种生活方式"(Gordon & Boone, 2012：52)。

民主社区能够提升学校、教师和学生的发展能力,还"对持续改善学校至关重要"(Mallory & Reavis, 2007：10)。此外,民主社区的教师更可能信任学校领导和同事,进而积极参与持续合作与职业学习(Kensler, Caskie, Barber, & White, 2009)。研究显示,民主社区学校的学生在标准化考试和其他成就测试中始终比对照组学生表现更佳(Glickman, 1993；1998)。

民主是动力型学校的重要组成部分。没有民主,学校社区及成员就无法获得道德、社会以及智力的最优发展。

第二十章将提出基于民主原则的学校治理模式,第二十三章将更详细讨论民主社区。

探　究

从广义层面看,探究可被视为一个循环。这一循环分为确定关注领域、收集并分析该领域的数据、反思数据和规划行动、贯彻和评估行动。探究可以是个人、团体或学校层面的,但合作探究是动力型学校的一大显著特征。盖达和科力巴(2008：145)强调探究行动至关重要:"若教师团队及成员做出了决策但不采取行动,那么探究循环和学校改善进程将会停滞不前。"

探究存在多种形式。行动研究是现如今学校中最为普遍的探究方式。传统的教育研究往往脱离了学校的改进活动,而行动研究则不然:

> 合作式行动研究结合研究和行动的方式和传统式研究多有不同。首先，行动研究将问题调查与解决问题合二为一。其次，行动研究的研究者和行动者是同一人。这就意味着最了解学习者和教育环境的人可以将自身知识和问题应用到研究中，在研究行动、研究影响时发挥核心作用。最后，研究和行动的背景相同，意味着研究可直接指导并验证行动。
>
> (Gordon, 2008：3—4)

督导者可以通过合作研究帮助教师。具体包括根据行动研究的目的和阶段提供职业发展和合作过程所需的专业发展技能，例如数据收集、数据分析、规划和解决问题等。督导者可帮助新接触行动研究的教师组织会议，或找校外"诤友"帮助教师早期的行动研究。与其他形式的教师合作一样，督导者最重要的支持莫过于提供充裕的合作研究时间。

学校中开展行动研究的主体一般为教师，但学生也可参与。学生可以进行个人行动研究，也可以在班级或学校范围内开展合作研究。例如，普雷布尔(Preble)和泰勒(Taylor, 2009)描述了改善校园氛围的合作性行动研究中的学生参与情况。在校园氛围下，学生协助调查成人和学生、检查数据、找出问题领域、向教师提交评估结果以及与教师和管理人员合作制定实施改进计划。参与研究的学校中有三分之二的校园氛围得到了改善，这些学校的学生成绩提升幅度远超过气氛未有改善的学校。

探究过程的最终目的就是培养学校的探究型文化。这样，探究就可以成为一种生活方式，在数据收集、反思对话、教师教学和学生学习行为改善中不断循环。在学校层面，探究"是持续性、非线性且重复性的，需要进行反思、行动和交流……学校改革计划是持续的实施过程，团队随时收集、评估和传播信息来督导改革进度，调整事项的优先次序"(Earl & Katz, 2006：108)。

第二十章将完整地介绍行动研究，第二十三章将解释社区构建背景下的探究。

文化回应性

动力型学校具有文化回应性，不仅尊重和鼓励多样文化，还不断发掘文化优势，促进学生发展。文化回应性学校的教职工真心实意地关怀所有学生，发展师生间友好关系,促进来自不同文化的学生之间关系积极发展。动力型学校相信所有的学生都能成功,不按能力分轨,而且学校决心让学生不仅掌握基本技能,还能够进行高阶学习。

文化回应性融合于动力型学校的课程中。不同学生和家庭的价值观、习俗和语言都囊括在课程中。不同文化背景的督导者、教师和学生可以了解彼此的文化、家庭以及校外生活。学生可以了解不同文化群体对社会问题的看法,并参与到服务式学习和社会行动的项目中。

文化回应性学校的教师了解其自身和学生的文化背景,还知道教室中需要处理的文化问题。教师会与学生沟通,了解其校外生活,认真倾听和严肃对待学生烦恼。动力型学校的教师在培养学生的同时,也会对学生抱有较高期望。文化回应性教师经常组织教室谈话、家长讨论和社区拜访,从而更好地理解学生的文化并运用到实际教学中。这些教师还会告知家长学生在校情况,和家长共同协作解决问题。

动力型学校利用文化敏感评估衡量学生的进步情况,找出学习问题。学生有多种机会和方式展示学习成果。重点在于用评估辅助学生学习而非给学生贴标签,也不是将学生置于有碍学业和社会发展的补救教育中。

第二十二章的主题为解决多样性的督导任务,涉及不同文化群体的成绩差距、文化冲突、文化回应性和公平问题。

伙伴关系与网络

数年前,本书作者(之一)走访了美国十四所学校,这些学校因其针对学校改善的职业发展示范项目而得到美国教育部乃至全国知名专家的认可。该作者惊讶的是(其实本不应该惊讶),这些学校都与外部伙伴合作,共促发展。此外,学校的合作伙伴关系包括中间单位、企业、非营利基金会和国家网络,但最常见的是附近的高等学府。动力型学校与合作伙伴间的联系是不容忽视的,该作者也开始相信伙伴关系的力量。

首先,我们要讨论和家庭密切相关的伙伴关系,即家校伙伴关系。普莱斯－米歇尔(Price-Mitchell,2009:13)指出,"家长参与"也叫家校伙伴关系,暗含了"共担角色,地位平等"。奥尔巴赫(Auerbach,2010:734)称最好的家校伙伴关系为"真正伙伴关系"，并将这一伙伴关系定义为"教育工作者、家庭和社区团体之间形成相互尊重的联盟，彼此重视关系构建、沟通谈话及权利共享，并认为这些是社会公正、民主学校的一部分"。

众所周知，家校伙伴关系中的家长参与有利于提高孩子的学习成绩（Anderson & Minke，2007；Auerbach，2010；DePlanty，Coulter-Kern，& Duchane，2007；Toren，2013；Wang & Sheikh-Khalil，2014）。那么，真正家校关系的形成需要哪些必要条件？如果学校邀请并鼓励家长参与，伙伴关系目标具体明确，家长直接参与伙伴关系活动，家长更有可能参与其中（Auerbach，2010；Evans & Radina，2014；Green，Walker，Hoover-Dempsey，& Sandler，2007；Mutsch & Collins，2012）。最有成效的家校伙伴关系中，教育工作者和家长建立了一种互惠关系。教育者帮家长寻找促进孩子学习的资源，教育者也能学习借鉴家长的经验（Biggam，2003）。总之，家长是学习者和领导者社区中的正式成员（Price-Mitchell，2009）。

学校—社区伙伴关系包括但不限于与家长的合作，合作对象还包括社区的其他利益相关者。桑德斯（Sanders，2001：20）把学校—社区伙伴关系定义为"学校、社区个人、组织和商业之间的联系，目的是促进学生社交、情感、身体和智力发展"。学校—社区合作有三个目的，三者内涵广泛且有所重叠，还都与学生学习有关：(1)改善学校；(2)学生与学校的互动、学生服务和学习社区；(3)社区发展。最后的目的影响学生学习，很明显不仅因为学生是社区成员，还因为社区和学习发展（以及学生学习）紧密相关，缺一不可。

安德森－布彻（Anderson-Butcher）及同事（2010）曾提出"学校—社区合作"模式。该模式提倡教育工作者、社工、家庭、社区服务机构、社区团体和其他利益相关者相互合作，共促学生健康发展和学术学习，强调校外的资源及支持。来自不同组织的代表组建成团队，分析学生成绩及相关数据，找出学校和学生成功的非学术障碍，确定学校改进措施的轻重缓急，设计与实施校外项目及服务，持续收集数据，提供项目进展反馈。各项目团队管理课后项目、服务性学习、家庭参与和支持、卫生与社会服务及其他服务，具有一定的权力和责任。第二十三章将给出学校—社区伙伴关系和合作的补充案例。

另一种伙伴关系为学区—学校伙伴关系。谈论区校伙伴关系可能有些奇怪。学校不是学区的下属机构吗？在组织结构图上学校不是在教育委员会和中心办公室下面吗? 这种想法可能就是问题所在。德博拉·梅尔(Deborah Meier)是一位当今最杰出的激进派校长和公共知识分子。她告诫我们,"学校选民的权力与中心系统的权力之间极不平等。毕竟校长对'中心'官员的责任要远超过对选民的责任"(Meier, 2009:24)。要解决这种现象,就要发展区校伙伴关系,更公平地分配权力,有区别地分配决策职责。格里克曼(Glickman)对教育委员会和学区的角色阐释如下:

> 教育委员会的作用是建立广泛政策并提供资源支持学校实现目标……教育委员会和学区部门的工作是明确本学区关于教与学的核心观念,提出受教育学生的目标和宗旨(成果),提供资金支持、技术服务和人工咨询,帮助学校了解如何完成这项工作和确认进展。
>
> (1993:112)

教育委员会、学区领导及各校代表(教育工作者、家长及其他社区成员)须制订区校合作的具体细节,共同决定学区、学校以及两者共担的决策权力和责任。尽管如此,学校自主做出以下决策也具有良好的组织和教学意义:

- 超过学区对教学成果一般规定的课程;
- 学生组织;
- 教学方案;
- 学校课程表;
- 学生纪律政策;
- 在学区内部协商的预算内购买和使用的教学资源和材料;
- 基于学校的职业发展;
- 学生评估;
- 在学区内部协商的人事预算内行政人员、教师、教育专家和后勤人员的构成和平衡;
- 教师和其他专业人员的评估。

真正的伙伴关系中,学校的自主程度是区校共同协商的结果。有些学校希望拥有更多自主权,而有些则恰恰相反。然而,伙伴关系的方向是提高学校的自主性,尤其是在课程、教学和学生评估方面的自主。如果学区似乎放弃了大量权力,那是因为学区从一开始就拥有许多权力。真正区校合作的优势对于学区和学校而言都是一样的,那就是提高学生学习。

大学—中小学伙伴关系为两方提供了自我改善的机会。大学不是关系中的"高级合作伙伴",两方应该是平等的。迈兰(Myran)、克拉姆(Crum)和克莱顿(Clayton, 2010)提出了大学—中小学伙伴关系的四大支柱:

- 专注于转型发展的发展性、迭代性和叠加性学校改革方法;
- 理论与实践的平衡;
- 合作伙伴间清晰有效的沟通;
- 注重教育领导力。

卡姆勒(Kamler)与同事(2009)根据参与过的"大学—中小学伙伴关系",描述了关系协调员三个方面的心得:协作、协商和决策。协作心得包括识别和解决参与者的需求,遇到问题时帮助调解,以此来表现关注;直接回复和跟进参与者,通过规划维持发展势头;为协作式学习创造机会。协商的心得是在保持伙伴关系愿景的同时达成妥协。决策的经验是共同决策,培养信任以及实现基于数据的灵活性。

大学—中小学伙伴关系的类型多种多样。教师入职培训、协同行动研究、学校改革项目和职业发展方案只是其中的几个例子。与所有伙伴关系一样,这一关系中的双方都应从合作中获益。大学的获益通常在于教授有机会参与其中,发表学术著作。然而,在真正的伙伴关系中,大学研究从不应优先于中小学及师生的发展。

校企合作伙伴关系是互惠互利的。但需要确立原则,从而保护学生、家庭和社区。我们认为,首要原则是学校不应从企业获取资源来促进学校商业化发展。此外,恩金(Engein)(2003)提出的务实原则包括共同价值观、支持企业及学校组织各层级的伙伴关系、合作目标双方受益、有特定预期的结果和成功的措施、角色和职责清晰明确以及在学校和企业场地联合举办活动,促进互动交流和文化互信。

商业伙伴的服务不应仅限于为学校提供资源,还可包括为教师或学生提供现场体验——例如跟随工作人员、实习或者参与暑期工作,学习商业知识、指导学生、帮助满足学生的校外需求以及为学校课程提出建议(Pillay, Watters, Hoff, & Flynn, 2014; Sammon & Becton, 2001)。哈波尔(Harpole)、克利(Kerley)、希尔弗耐尔(Silvernail)、基纳德(Kinard)以及布鲁克斯(Brooks, 2010)曾提出一个名为"造船厂中的科学(Science on the Shipyard)"的校企合作的案例,极具创造性和代表性。教师暑期在和学校合作的造船厂实习,学习如何将数学、科学和技术应用于造船业,让学生进行接线、焊接、船舶装配等实际操作,生产船舶产品并带回教室。教师们利用自己在实习中所学的技能开发课程,使学生能够学习科学、数学和技术,并将这些知识应用到实际项目中。

网络可以是地区、国内或国际的。网络的关注点单一且明确,但网络会围绕该关注点组织一系列活动,活动优先级通常由专业人士探讨确定。网络可由学校或教育工作者个人组成。网络组织和结构灵活,能适应不断变化的环境和成员。网络的关注点可能是特定学科、角色(督导者、教师、家长)、过程(行为研究、职业发展)、关切(社会公平、对新教师的支持)或学习方法(协作学习、学生探究)。网络活动可以是完全在线的,也可以是在线讨论加上每年、每半年或定期的线下见面会。

网络不仅可以促进个人职业发展,也能在成员分享资源、经验和创新想法的过程中实现合作与合议。网络成员可以拓宽视野,突破本地教育背景的限制还可以得到地区、国内乃至国际的领导机会。这种突破疆界、扩大机会的方式可以促进教育工作者和学校赋权。

网络可以形成成员的共同事业。这种共同事业结合成员权力和协作,将会给教育带来积极的变化。若没有网络的支持,变化不可能发生。最后,网络认可成员的个人和集体成就。

本章开篇讨论动力型系统时谈到,最复杂的动力型系统会与外部环境互动,相互适应。伙伴关系和网络就是典例,可以证明动力型学校如何通过与外部利益相关者相互影响和适应,不断提升自身完善的能力。

超越牛顿主义：量子范式与动力型学校

早在 20 世纪,物理学家就发现牛顿物理学不能解释亚原子实体的行为。正如唐(Tang)(2009:3)所指出的,"试图解释这些异常现象促进了量子论的发展,量子论为解释原子和亚原子世界力学以及电动力学提供了全新的方法"。与其他领域早期采用牛顿现实观一样,量子范式逐渐演变为更广阔的看待世界的范式。最终,量子范式多被应用于组织中(Kilmann, 2001；Wheatley, 1994；Zohar, 1997),尤其是学校中(Caine & Caine, 1997；Shaked & Schechter, 2013)。我们对动力型学校的探讨是以教育理论和研究为基础的。在深入研究量子范式时,读者需要思考动力型学校在多大程度上与量子范式相关,或者基于量子范式。我们所要讨论的是与学校最为相关的量子范式。

不确定性与潜能性

量子理论中的不确定性与潜能性意义重叠。与牛顿物理学原则相反,研究亚原子颗粒的科学家发现,尽管可以测量粒子的位置和动量,但这两者不能同时测量。因此,不确定性原则指无法精确预测粒子的轨迹。因为电子围绕原子核旋转没有固定的路线,而是以"电子云"的形式存在于原子核周围。量子实体没有固定轨道,也没有独立特性:"因为量子实体结构不定,且只有当不同量子间相互作用其特性才得以显现。这使得量子系统在自身定义上具有最大的灵活性,该系统与环境共生。"(Zohar, 1997:50)波尔金霍恩(Polkinghorne,2002:87)总结说,"量子物理研究的启示是这个世界总是充满惊喜"。因为量子世界是不确定的,量子范式关注的是概率,而不是牛顿理论关注的预测与控制。

接受适用于学校的不确定性原理会带来多方面的影响。首先,我们无法确切地预测任何教学或学校改进工作带来的后果。我们应该明白,改善措施及学校社区其他方面将共同演进,演进方式可能无法预测。因此,改善过程比精确的预设目标和计划更为重要。论其成因,首先是计划不适用于所有未知事件;再者,预设目标可能无法满足不断变化的学校社区的需要。不确定性指的是,在不断变化的学校和社区背景中,即使是成功的新举措,未来也是未知的。因此,改进过程必须持续不断、不断寻求反馈并做出适当改变。适应或至少包容不确定性应成为督导者和教师的基本素养,而灵活性和回应能力则是学校革新的重要先决条件。

潜能性概念与不确定性原则相关,基础事实是亚原子粒子虽然没有确定的位置和动量,但存在有确定位置或动量的可能性。因此,量子物理关注的是可能性而非现实性。这一概念对学校产生了巨大影响。严格意义上来说,潜能性意味着督导者与教师应在履行当前责任的情况下,尽可能花更多的精力去设想未来的可能性。例如:

- 什么是贴近学生现实需求的课程?
- 应该如何改进教学以吸引和激励所有学生?
- 何种评估能真正衡量出学生在真正重要领域的进步和发展?

潜能性要求鼓励教师分享未来设想,从而激发其想象力。具体而言,督导者遵循潜能性要求的表现为,提供反思和交流改善学校和课堂可能性的框架和时间。回顾和讨论外部文献及关于未来可能性的内部数据,访问成功进行创新的学校并听取各方意见,都可以促进潜能性发挥。除了督导者和教师,家长、社区成员和学生均能参与讨论各种可能性和将可能转化为现实多种潜在路径,做出重要贡献。学校社区中的所有群体都具有潜能,所有群体和个体潜能都应该得到尊重、培养和开发。

互补性

亚原子实体可以是粒子或波,具体取决于测量方式。如果实验的目的是测量粒子,那么实体将表现得像粒子。如果目的是测量波,那么这个实体就会像波。实体具有成为粒子或波的潜能,但只有被观测到时,它才会成为粒子或者波! 著名的物理学家尼尔斯·玻尔(Neils Bohr)得出结论,"对同一物体的完整解释可能需要不同的视角,不可仅做单一性描述"(Sokal, 1996:219)。另一位物理学家约翰·波金霍尔(John Polkinghorne, 2002:21)给出了不同的互补性定义:"量子理论中允许传统意义上相互排斥的状态融合在一起。"

互补性应用于学校有两方面的影响。其一,了解教室和学校情况需要多个观察者和多种观察方式、多种数据和数据分析以及多方观点。其二,学校中的许多二分法都是幻觉。认识到这一点是打破虚假对立的第一步,这些虚假对立有损于教学和学习,包括徒有其表的二分法,例如组织目标与个人目标的对立、学校与社区的对立、领导与教师的对立、情感与学术学习的对立、教师个人发展与职业发展的对立、有能力进行更高层次学习的学生与无法做到的学生的对立等。

量子纠缠

两个同时处于自旋向上和自旋向下状态的粒子相互作用然后分离。测量其中一个粒子,该粒子要么是上旋,要么是下旋。纠缠发生时,这种转换会立即传递给第二个粒子,使其改变自旋状态。假若第一个粒子为上旋,则另外一个粒子的自旋必定为下旋。假若第一个粒子为下旋,则另外一个粒子必定为上旋。此时,两个粒子已相互关联。无论两个粒子相距多远,两者之间的通讯和自旋变化几乎是瞬间发生的(比光速还要快)!

应用于学校时,量子纠缠意味着在学校任何地方发生的事件、经历或变化都会影响学校的其他方面。比如,某个领域课程内容的变更会影响其他内容领域。一个学生被调整到另一个能力分组会影响所有学生。教师改变教学策略会影响其他班级的课堂教学。纠缠还意味着,学生家庭中发生的事情影响着学校,学校中发生的事情也同样影响着家庭。父母在清晨的争吵可能会影响某些教师和学生一整天的校园生活。学生遭遇校园霸凌可能会影响被霸凌学生的家庭,甚至在霸凌事件发生后的几天还会影响其他家庭。广义来说,纠缠指学校的情况影响学校所服务的社区(包括孩子不在学校的社区成员),社区的情况也会影响学校。学校影响社区的典例为各州的高风险成就测试分数,这一分数不仅会影响房地产价格,还会影响社区整体形象。社区对学校的影响体现在当地经济状况、社区安全、住房质量、社区服务和医疗卫生服务类型以及社区文化资产。总之,学校和社群是相互"纠缠"的。

督导者与教师要想解决此类纠缠,其中一个办法就是要更清楚地意识到影响教学和学习的纠缠所在。不确定性原理表明,理解所有的纠缠非常困难,但许多重要的纠缠可以通过与利益相关者沟通发现。督导者与教师需要互相沟通,督导者和教师还要与学生、家长以及社区成员对话,讨论影响课堂、学校和社区生活的事件、经历或变化。量子范式认为,预测和控制所有的纠缠是不可能的,但利益相关者进行合作可以影响教学和学习的平衡点。督导需要建立框架与程序,让教师进入彼此的教室,在小组和全校的行动中共同努力,与家长和社区成员合作促进学校与社区的发展。由于家长和社区成员已经与学校纠缠在一起,因此他们需要与教育工作者一道推进学校和社区的"协同演化"。

量子观察与测量

量子范式认为,第一,客观观察和测量是不存在的;第二,观察会影响被测量的事物。亚原子实体,有成为粒子或波的潜能,但只有当它被观察到的时候,才会变成粒子或波！观测导致了实体变成粒子或波。在量子纠缠中,观测导致第一个粒子改变自旋并与第二个实体进行通讯,随后第二个实体改变自旋。在互补和纠缠中,实体似乎通过改变状态来回应观测,仿佛实体改变状态以达到观测者的要求！由此可得出两个结论:其一,不改变实体或系统,就无法测量该实体或系统;其二,我们在任何特定观察行为中所观察到的,或者在任何单一测量中所测量到的,只是更大现实的一部分。

对学校产生的可能影响是,我们所使用的教育测量方法不仅能测量部分现实情况,还会影响被观察学生或教师的行为。例如,高利害成就测试的目标在很大程度上决定了许多学校的课程设置和教师的教学实践。此外,学校的教师评价制度往往也会决定教师的行为,至少在终结性评价时观察教师期间如此。除非我们认识到任何单一的衡量方式都只能揭示部分现实,否则我们将忽视其他重要方面,用狭隘的视角评估教师和学生的表现。弗利纳(Fleener)重申了这一观点:

> 如果比奈(Binet)当初开发的智商测试强调的是力学和艺术能力而不是分析和语言能力,那会如何呢? 很多学生自认为"聪明",在学校享有特权,但是却发现自己只能在补习班! 在用艺术才能衡量智力的社会里,数学和语言艺术在课程中又处于何种地位?

(2002:68)

另一个影响是,无论教育工作者希望学习什么,学校都应采取多种措施使理解更具有真实性。学生和教师应共同参与衡量学生表现的指标以及衡量方法的决策制定。教师和督导者应共同参与衡量教师表现的决策。由于数据含义通常有多种解释,观察或测量的结果及其成因也有多种解读,所以测量结果分析也应是协作的过程。最后,督导者和教师应考虑观察和衡量以往没有被观察和衡量过的但他们认为重要的教学、学习和学校相关方面——我们需要拓展测量对象和方式的概念,同时承认任何测量方式都不是真正客观,也不会完全客观反映真实情况。

整体论

牛顿物理学认为单个物体在真空中运动。与此相反,量子物理学认为实体经由波状振动和只有通过统一效应才能察觉的不可见场而相互联结。正如罗萨多(Rosado)所言,"任何事物都是相互关联的"(2008:2080)。系统是相互作用的整体,整体大于各部分之和,各部分又反映整体。不仅系统的各个部分相互联结,而且系统还与所在的环境联系紧密。

如果将整体论应用于学校,那么学校社区成员之间的关系和互动就会比采用预设程序或通过短期努力解决单个问题更为重要。学校革新的能力基于全校成员的关系,而革新行为的组织能量来源于合作互动。惠特利(Wheatley,1994)认为,人类组织的连接领域为人际互动中形成的价值观和愿景。共同领导是整体性学校的特点,包括集体决策以及学校社区的不同成员在特定情况下共享领导力。谢克德(Shaked)和谢克特(Schechter,2013)认为,整体性领导力包括:(1)学校革新基于一个核心且统一的主题(价值观和愿景),而非谨小慎微的改变;(2)要认识到学校环境诸多方面的相互联系和影响;(3)思考学校问题的多种成因和方方面面,实行多样连贯的行动来解决这些问题;(4)注意影响整个学校社区的平衡点。整体性学校的改善依靠跨学科和垂直的团队、学校和社区联合发展以及与社区外影响学校也受学校影响的组织机构结盟。

结合量子范式与动力型学校

下面我们将回归到动力型学校的讨论,比较此类学校与量子范式。动力型学校的共享领导、合议以及协作与量子概念中的不确定性和潜能性密切相关,这是因为督导者很难预测共享领导发生在学校的地点——潜能性使预测与控制无法实现。共享领导、合议以及协同作业反映了互补性,因为它们打破了领导和教学的虚假对立。最终,共享领导、合议以及协作认识到整个学校中的纠缠,培育一种整体性的校园文化。

动力型学校中超越个人的事业反映了量子物理学中的不可见场,还将整个学校的人、框架和程序联系起来。包括学校服务的社区在内的超越个人的事业可以反映出学校和社区的量子纠缠。成功的职业发展基于学校愿景与价值观,所以它支持整体观,是持续深入的工作,让教师在保持潜能性的同时,为不断变化的工作(不确定性原则)做准备。

动力型学校中积极的学习氛围可视为联结教师、学生以及学习的场域,还有助于整体观量子概念的形成。积极的学习环境中的道德基调及赋权意识承认学校社区所有成员存在潜能性。此外,积极学习氛围的定义包含学校—家庭和学校—社区间的关系,这代表了学校与外部利益相关者间的纠缠以及消除虚假对立的互补性。

真实的课程、教学和评估在很多方面都与量子范式有关。首先,尽管重视真实性的学校无法准确地预测未来,但是真实性的四个原则——高阶思考、深层次知识、实质性对话以及与学生校外生活的联系——提供了巨大的潜能性。真实的课程和教学能够与思维互补,因为真实的课程与教学打破了外部政令和本地制定课程、掌握高阶学习的学生和只掌握"基础"课程的学生以及"学校学习"与学生校外世界的虚假对立。真实评估与量子观测和评估一致,承认任何评估都无法衡量学生学习的所有方面,而且学习内容、学习方法以及衡量学习的方法还相互影响。由于真实课程、教学和评估联系紧密,所以真实性也具有整体性。

民主如果足够深入,便会成为连接学校社区的不可见场域之一。尽管民主无法准确预测未来,但能提高信任、合作和学习的潜能性。探究与不确定性原则一致,因为督导者和教师不依赖外部生成的方案和对策,而是主动收集、反思数据,明确可能的改进方向并测试可能性。成功的探究活动可以反映量子观察与测量:督导者与教师明白,只探究一次无法认识到问题全貌,而且研究人员也会影响研究对象。因此,量子观察与测量的督导者与教师应收集多种数据,召集多位探究者以不同的方法分析数据。由于一次探究无法描述学校和课堂的所有情况,也没有一种基于探究的行动计划能确保解决所有问题,因此,探究便成为反复提问、收集数据、采取行动不断循环往复的持续过程,循环周期的每个阶段还有反思活动。督导者与教师的探究也涉及互补性,因为探究将研究者和实践者、研究和行动置于同一背景下。最后,持续探究可以形成探究文化,这一文化可以成为学校不同方面的联结场域,从而支持整体观。

文化回应性承认所有文化群体的学生都具有一定潜能性。回应性与互补性相关,原因有二。其一,文化回应性反对各群体之间学习能力、动机和行为的虚假对立;其二,文化回应性认可不同的学习方式及展示学习的途径。具有文化回应性的教师会考虑学生学习与文化背景、教学与学生家庭、社区和文化之间的紧密联系,体现了量子纠缠。文化回应性的教育工作者发展与学生的友好关系,促进学生中的积极关系,教导学生了解文化回应性,都反映了这类教师致力于建立以整体观为特点的人际关系。此外,给不同群体的学生采用具有文化敏感性的其他多种评估方法也与量子观察与测量理念相一致。

当然,与社区、学区以及邻近的学院或大学建立伙伴关系能够认可现有关系,还能发展双赢的伙伴关系。多重伙伴关系能够促进更大教育系统的整体观,这种整体观将反映在学校中,让学校从中受益。虽然商业不是教育系统的一部分,但学校与本地企业在很多方面纠缠在一起。适当地利用这种纠缠关系可以使双方受益。

网络促进个人发展,推进区域、国内或国际合作,为网络成员提供从网络中受益的机会,以及帮助其他成员。因此,网络包括互补性。尽管网络成员相距较远,但成员彼此间的相互影响却是量子纠缠的投射。网络的统一效应还反映出了整体观。

思考题

量子范式是其他领域用来比喻适应不断变化的世界所需的转型的亚原子实体吗? 还是说这背后有更深层、更广阔的原因? 科学是否因为具有先进性,所以才会最先发现并阐释科学领域外、具有普适性的存在? 根据量子范式传统,我们无法准确回答这一问题,但在此用于启发读者思考。

巩固练习3.0

检查自己对本章核心概念的掌握情况。

反思练习3.0

根据自己学校的具体情况找出一个全校性的需求。哪种合作伙伴关系(学校与至少两个外界合作伙伴)能够帮助你们学校满足这一需求? 请思考以下问题:

- 合作伙伴是谁?
- 合作目的是什么?
- 合作伙伴会有何贡献?
- 合作伙伴间应建立何种沟通与协调框架?
- 每位合作伙伴能得到何种益处?

第四章 校内成人及教师发展

本章学习目标

阅读完本章后,你应当能够:

1. 列出本章教学督导内容阐释的成人学习理论的影响。

2. 解释成人发展普遍模式受到质疑的原因。

3. 论述作者关于成人发展"兴衰"的含义。

请阅读本章,并思考以下问题:

1. 阅读本章时,仔细思考并学习以下概念:

● 成人教育;

● 转化学习;

● 自我导向学习;

● 体验式学习;

● 情境认知;

● 非正式学习。

2. 你认为成人与未成年人的思维有何差异? 原因为何?

3. 两位不同的教师在截然不同的方面可能会遇到同样的教学挑战。你认为
   成人发展可以如何解释这种现象?

4. 在阅读不同的成人发展模式时,哪些模式符合你的经验?

5. 你认为成人发展的知识可以从哪些方面运用到督导和教师职业发展中?

本章是在发展框架中思考和实践督导的核心。目前,我们将"超越个人的事业"视为衡量标准,区分集体意识强、思考能力强、独立自主、工作效率高的成功学校教师

和脱离群体、缺乏自省、效率低下的失败学校教师。理解教师如何成长为有能力的成人，是督导者的指导理念，用以提升个人和全体教职工的才智、能力和控制力，帮助他们成为真正的专业人员。了解了教师的变化情况后，督导者可规划直接帮助、教学评估、职业发展、课程建设、团队发展和适当的行动研究来激发教师成长，改善教学。

成人学习和发展的研究遍地开花。我们也曾试图提炼出能直接运用于督导行为或督导者中的相关知识。读者若想要了解更多细节，可参考本书引用的文献。现成的、丰富的人类成长知识对于与成人共事的人来说大有裨益。学校若想获得成功，督导必须视教师为不断变化的成人，做出相应调整。

成人学习者

当教师改善了关于学生、学习内容和教学的决策时，教学水平才能提升。教师改善决策的过程可以说就是成人学习过程。因此，成人学习研究和理论是教学督导理论基础中的重要组成部分。

智力与智慧

早期成人学习能力研究由两个问题驱动：学习能力是否会随着年龄增长而减弱？成人与儿童的学习过程有何差异？桑代克（Thorndike，1928）是该领域的先驱，他认为成人学习并不一定在青春期达到巅峰，也不一定在青春期后减弱（这是当时的普遍观点）。

霍恩（Horn）与卡特尔（Cattell，1967）认为智力有两种类型：流体智力与晶体智力。流体智力极大依赖于生理及神经容量，很早便达到了顶峰。这解释了为何青年人更擅长需要快速洞察、短时记忆、复杂交互的任务（Klauer & Phye, 2008；Merriam, Caffarella, &Baumgartner, 2007；Penta, Anghel, Talpos-Niculescu, Argesanu, & Stanca Muntianu, 2015）。晶体智力通过不定时地测量判断、知识和经历来评估，深受教育和经验的影响。因此，年长的人在此方面更具优势。辛姆普利奇（Zimprich）、阿伦曼德（Allenmand）与德兰波奇（Dellenbach,2009）探究了流体智力、晶体智力与中年人经验开放性这一人格特征的关系。研究表明：年龄更大的成人（1）经验开放性与晶体智力联系紧密；（2）对智力活动的兴趣与流体智力和晶体智力关系都紧密。

当代智力理论拓展了智力概念,认为智力由多个组成部分或因素组成。本文的大部分读者可能比较熟悉霍华德·加德纳(Howard Gardner)的多元智能理论(1999)。加德纳最初提出了七种智力类型(语言、数理逻辑、音乐、空间、肢体动觉、内省和人际)。他之后增加了自然智能,提出还可能存在其他形式的智能。加德纳的观点与督导相关。督导者协助教师改进教学时,可以认识并利用每个教师的学习长处。督导者也可以协助教师逐步扩充学习策略。

同样,斯腾伯格(Sternberg)也提出了有利于思考教师认知的智力理论(Sternberg, 1988;Sternberg, Kaufman, & Grigorenko, 2008)。该理论称为智力三元论,由三个子理论组成。第一个子理论为构成性智力亚理论,用于解释认知加工过程。该理论解决的是探究智力的传统问题。第二个子理论为经验性智力亚理论,主张评估智力不仅要考虑脑力,还要思考应用脑力的经验水平。斯腾伯格对新手和专家之间的差异兴趣颇深,认为经验既能提升个人对日常情况的自动反应能力,也能帮助个人有效处理新型情况。所以,新教师比资深教师更需要接受不同类型的督导。

虽然前两个子理论解决普遍过程,但斯腾伯格的第三个子理论——情境性智力亚理论关注受社会影响的能力。这一理论认为,个体可以通过适应环境、塑造环境或选择另一环境来应对生活中的挑战——全程受到个体文化传统和智力行为的影响。观察教师如何应对挑战时,情境性智力亚理论就显得格外重要。很显然,有些人比另一些人更能适应或改变教室和学校环境。适当的督导可以帮助教师提高适应能力,改变决策选择。正是这种实用智力激起了斯腾伯格和其他学者的兴趣。他们指出,通过识别与解决现实世界的问题所展现的成人智能亟待关注。

斯腾伯格(2001)等人探索了特殊形式的智力——后称为"智慧"。在智慧平衡理论中,斯腾伯格提出智慧是一种实用智力,关乎平衡个人内在利益(个人利益)、人际利益(他人利益)和个人外在利益(环境的各个方面,如社区或城市)。例如,根据这一理论,智慧型教师会考虑自己和家人的利益,决定顺应不良教学环境、塑造环境还是离开这一环境。约翰逊(Johnson,2005)引用了巴塞特(Bassett, 2005)对情感、精神和人际关系领域的智慧特征的观点,推测智慧可以促进这些领域的运转或发展。巴塞特参与了扎根理论研究,借鉴多学科文献,采访了四位"杰出人物"。他提出了应变智慧理论,认为智慧存在四个维度:识别(认知)、尊重(情感)、参与(主动)和转化(反思)。近期,库克(Cooke)和卡尔(Carr)检验了教师职业决策中实践智慧的建构及其与品德的关系。他们观察到教学"需要在复杂多变的环境中做出灵活的、适应具体环境的判断"（2014：95），比较了这种实际的思考与亚里士多德提出的实践智慧。

成人学习理论

随着研究逐渐解决成人是否需要持续学习的问题，研究重点转变成成人学习与儿童学习的区别。以下成人学习理论概述将聚焦近几十年来成人教育工作者特别关注和希望解答的问题。按时间顺序梳理相关文献可以详细说明这一理论概述的本意——从心理导向（Knowles，1980；Tough，1971）转为社会文化导向研究（Hansman，2008；Hayes & Flannery，2000）。

成人教育　马尔科姆·诺尔斯（Malcolm Knowles）提出了成人教育理论，受到美国国内的广泛认可，近年来成为了成人学习领域的著名理论之一。诺尔斯（Knowles，1980）提出了成人学习的四种基本设想：

1. 成人具有自我指导的心理需求；

2. 成人丰富的经验能够且应当运用到教学情境中；

3. 解决有关成人发展任务的现实问题的需求影响成人的学习准备程度；

4. 成人学习具有明确导向——希望能立刻学以致用。

随后，诺尔斯增加了第五个设想——成人学习主要依靠内部心理驱动（Knowles，1984）。然而，成人教育学理论如今已不再像以往那般被全盘接受，有人开始提出以下质疑：这些关于成人的假设在多大程度上是对的（Tennant，1986）？自我指导在何种程度上是成人学习者实际的偏好，而不是理想的偏好（Brookfield，2009）？成人教育学理论有哪些适用和不适用的情况（Rachal，2002）？这些设想是否具有文化属性（Sandlin，2005）？诺尔斯在1997年去世前就已承认成人学习者和儿童学习者的区别在于学习程度和情境，两者并不是简单粗暴的二元对立。即便如此，成人教育学理论由于为成人学习做出了基础性贡献，仍然为大众所认可（Merriam，2008；Meyer & Murrell，2014；Rose，Jeris，& Smith，2005；Taylor & Laros，2014）。

自我导向学习　尽管学习中的自我指导设想受到诸多挑战质疑，成人自我导向学习（Self-Directed Learning，简称"SDL"）理论研究结构仍在不断完善。艾伦·塔夫(Allen Tough,1971)被公认为全面描述自我导向学习的第一人。在这里,自我导向学习指的是成人每天系统性地参与学习,而没有教师的指导。长久以来,许多相关研究充斥着成人自我导向学习和测量这种学习类型的工具(Eneau,2008;Merriam,2008)。莱(Lai,2011)利用古利埃尔米诺(Guglielmino,1997)的自我导向学习准备度量表(Self-Directed Learning Readiness Scale,简称"SDLRS")研究台湾公务员在线专业学习的效率。研究显示,SDLRS能够显著预测个体的在线学习效率,其中主动学习分量表为最显著的指标。四个分量表占在线学习有效性方差的26%。此外,工作人员的年龄是预测学习热情——另一SDLRS分量表——最有力的依据,年龄越大,学习者的学习热情就越高。

对于希望通过发展督导来促进教师成长和发展的人来说,自我导向学习有多种启示。督导应将督导行为与教师自我指导的准备程度相结合,从而促进而不是阻碍自我导向学习。正如格罗(Grow,1991)建议教师将教学风格与成人学习者估计的自我导向阶段相匹配一样,高效的督导者也会根据教师在特定情境下的自我指导准备度来调整督导风格。另外,施泰因克(Steinke,2012)指出,文化可能会影响作为员工职业发展手段的SDL。她还引用了纳赫(Nah,1999)的观点,后者认为对于来自某些文化背景的员工,例如韩国成人,与SDL有关的独立性可能会与崇尚相互依存的文化相矛盾。

自主学习 布拉施克(Blaschke,2012)回顾了不断增加的自主学习文献。哈泽(Hase)和凯尼恩(Kenyon,2000)首次提出这一概念,认为自主学习是成人教育学和自我导向学习理论的延伸,专注于提高成人学习者在学习中的自主性。哈泽和凯尼恩(2000;2007)是自主学习的建构者,认可诺尔斯自我导向学习的观点,同意自我导向学习正在由教师驱动转变为以学习者为中心的成人教学学习模型。他们提出,自主学习是更适合21世纪的学习方式,希望能将焦点从在旁协助的教师(导师)转移到能够真正自主学习的学习者身上,而教师(导师)则多以顾问身份出现。那么,督导者或导师的目的就变成了协助学习者发展能力,原因在于:

> 有能力的人更有可能利用围绕自我效能的"全方位"能力,有效应对不断变化的生活环境。他们深谙学习创造之道,能够在新的或熟悉的环境中发挥才能,与他人合作。

> (Hase & Kenyon,2000,第10段)

这类学习者类似于坎迪（Candy，1991）描述的自主学习者。坎迪在早期自我导向型学习长篇著作中描述的成人学习者对自己的学习具有完全控制权，还会根据需要运用人力、媒介和其他资源。

转化学习　对于质疑成人教育法或自我导向学习理论是否仅适用于成人的人来说，杰克·梅齐罗（Jack Mezirow，2000）提出和完善的转化型学习理论可谓是另一颗具吸引力的选择。诚然，泰勒（Taylor，2007）总结道，转化学习已经取代成人教育法成为成人教育领域的标志性学习理论，也存在着过度简化和误用的风险（Newman，2012；Taylor & Laros，2014）。这一理论源自梅齐罗对重新接受高等教育女性的研究。他提出的转化学习定义如下：

> 转化学习是指将习以为常的参考架构（观点、思维习惯、思维模式）转变为更具包容性、辨别力、开放性、情感变化能力以及反思性的过程，从而帮助我们产生更为正确且合理的信念和观点以指导行动。

（Mezirow，2000：7—8）

基根（Kegan，2009）对比了转化学习（认识方式的改变）与信息学习（认识内容的改变），还说我们都经历过潜在的重大变化，但这些变化不会从根本上改变我们的参考架构。梅利亚姆（Merriam，2004）认为，较高的认知发展水平是对经验进行批判性反思的先决条件，而批判性反思正是转化学习的关键所在。另一方面，埃里克森（Erickson，2007）表示，尽管学习者的发展水平可能会影响转化过程的性质，但转化学习依然适用于处于不同发展水平的成人学习者。

视角转化通常由人生大事引发，梅齐罗称其为迷惘困境。视角转化也可能发生于引起反思或重新改变方向的小事中。此外，内部困境叠加而产生的幻灭感，也会造成视角转化（English，2005；Erickson，2007；Howie & Bagnall，2015；Mezirow，Taylor，et al. ，2009）。教师进行转化学习的动机可能非常明显，类似于在城市的新工作中首次遭遇失败的情况。动机也有可能很微妙，比如教师与同性恋学生谈论其他学生的"恐同"笑话对这一学生的学习产生的影响。

克兰顿（Cranton）建议教育工作者应批判地反思自己作为教育者的意义。她还描述了反思过程：

> 为了进一步发掘教育工作者的意义，教育工作者应增强自我意识感，实事求是，批判性反思自己的设想和观点，多与他人沟通交流，归纳出指导实践的

方法论。

(1994：214)

克兰顿指出,这一过程中的策略有很多,包括撰写期刊、观摩同事课堂教学、标准化分析成功或失败的做法、用实践来进行检验、收集学习者反馈以及咨询同事或交流意见。

情境学习和实践社区

成人学习和教育的众多概念可追溯至杜威(Dewey,1938)和林德曼(Lindeman,1926)。这些概念的核心为学习要围绕经验。诺尔斯(1980)的四个成人学习假设之一就涉及了成人经验(Gorard & Selwyn,2005)。科尔布(Kolb, 1984)提到的两个阶段(具体经验阶段和积极实验阶段)是成人学习周期四阶模型的一部分,也同样涉及成人经验。

随着成人学习研究逐渐开始应用情境认知,学习过程中经验的核心性呈现出了新的维度。许多学者引用布朗(Brown)、柯林斯(Collins)和杜圭(Duguid,1989)的研究,认为他们提出的情境认知理论具有开创性。布朗和同事(1989)以及其他一些学者都强调,认知学徒制是学习者作为实践社区参与者获得知识的一种手段(Cheng, 2014；Dennen, 2008；Hansman, 2008；Tilley & Callison, 2007)。温戈(Wenger,2009)描述了实践社区(Communities of Practice,简称"CoP")或自发组织团体的角色。这些团体拥有共同目标,彼此相互学习。这些学习策略都很有价值,有利于促进教师的职业发展,尤其是那些不熟悉教学领域或特定校园文化中的教师。

尽管实践社区通常被认为存在于学习社区中,学习社区构建的目的是促进专业学习而非自然形成社区,但蕾弗(Lave)和温戈(1991)的实践社区理念近年来常被引用,成为同僚互助和协作探究框架的理论基础,旨在促进职业发展。例如,科里(Curry,2008)研究了一个高中教师学习社区。几年来,这所高中都会组织教师自愿参与"净友会(Critical Friend Groups,简称"CFG")",但后来要求所有新教师都要加入这一组织,每月要举行三小时见面会。该研究分析了净友会的四个特征:(1)活动多样;(2)结构分散;(3)跨学科成员;(4)依赖结构化访谈工具——"协议"。科里还阐释了上述设计的优缺点,以及净友会如何促进教师及行政人员的持续性学习。柏克(Baek)和巴拉布(Barab)(2005)提出了一项扎根理论研究,旨在探讨教师和设计师共同构建网络支持型实践社区时出现的设计二重性。该研究考察了创建基于网络空间的实践社区，搭建类似于在线净友会的探究学习论坛所需投入的努力。该论坛旨在推动数学和科学教师的职业发展。研究者依靠多个数据源，确定了该网站的使用者和设计者之间的五个二重性——例如目的二重性（学校改革与日常支持）。他们表示，揭示二重性时，本案例研究的结果可能会突出其他人在设计网络支持结构中面临的挑战。网络支持结构深化了人们参与实践社区意义，也提醒了设计人员在设计前了解参与教师的文化背景。

近期探讨经验与工作场景下成人学习联系的研究表明，工作场合中有意义的学习大都是非正式的、偶然的，并非和职场培训有关的高度系统性的学习（Kerka，1998；Uys, Gwele, McInerney, Rhyn, & Tanga, 2004）。马席克（Marsick）和沃特金斯（Watkins, 1990）最早于1990年提出了非正式和偶然学习理论。后来，二人的研究囊括了博士生切赫（Cseh）和洛温（Lovin）的成果，结合温戈（2009）的实践社区理论，修改了该理论模型，强调了情境的重要性（Cseh, Watkins, & Marsick, 1999）。之后，他们的研究更多地关注社会互动和知识的社会建构（Marsick, Watkins, & Lovin, 2010）。在最近的研究中，他们认为非正式学习是互动的，并非线性的，非正式学习是"类变形虫过程"。非正式学习通常目的明确，但不像正式学习那样结构明晰。典例包括自我导向学习、社交、非正式辅导和导师指导。另一方面，偶然学习的定义为其他活动的副产品，通常是隐性的或无意识的。二人提出的模型描述了意义形成的过程，虽然模型看似线性或连续，但意义形成过程却并非如此。马席克和沃特金斯（1990）表示，希望帮助成人改善非正式学习的人（如督导者）可以帮助成人找到有助于提高学习效率或阻碍学习的社会文化环境。一旦找出这些因素，督导者便可以帮助学习者处理或改变这些因素。

 视频案例

视频中，一位新校长讲述了在学校测评不佳的情况下，她和教职工是如何应对挑战、改善学生学习的。实践社区是学校改善的重要部分，此视频是如何体现情境学习利用实践社区的重要性的？

整体成人学习

近年来，许多学者扭曲了西方文化倾向，将学习仅仅等同于学习的认知和理性维度。对此,许多学者并不认同。他们提出以整体的方式研究成人学习的必要性,包括非认知维度,如身体或嵌入式知识、叙述性学习和灵性学习。梅利亚姆及同事(2007)在最新版的《成人学习》(*Learning in Adulthood*)中用整整一章的篇幅介绍了非认知学习,包括具身、精神和叙事学习。克拉克(Clark,2001)认为,学界不断关注身体学习(包括对动觉学习和学习情感角色的兴趣),部分的原因是认同"身体是知识来源"。她引用了波兰尼(Polanyi,1969)和迈克逊(Michelson,1998)的观点。波兰尼指出,身体是知识的起源。迈克逊表示,强调体验学习的反思(理性)部分,忽略具身体验是学习来源的做法并不妥当。

托利维(Tolliver)和蒂斯坦尔(Tisdell,2006)同样邀请了成人教育工作者寻找把灵性带入学习环境的方法,通过引入意象、符号、隐喻、诗歌、艺术和音乐等意义建构活动,激发成人学习者的灵性。他们认为这样的活动可以使人全身心参与其中,帮助学习者建立一个更真实的身份,突破宗教和精神的引导,也无需明确解释灵性,由此促进转化学习。

最后,克拉克(2001)以及最近的罗西特(Rossiter)与克拉克(2010)的研究都讨论了叙述在成人学习中的地位。他们强调,叙述有巨大的能量,个人叙述的创造力是学习和改变的助推器。克拉克(2001)还探讨了成人教师撰写个人教育传记的益处,通过这种方式,教师可以了解学习塑造自我的过程。

在以八位资深教育者为对象的质性研究中,贝蒂(Beattie)、多布森(Dobson)、桑顿(Thornton)和海格(Hegge)整合了所有上述非认知学习。他们提出:

> 本研究基于教师发展研究的叙述传统。研究认为教师学习具有创造性、整体性和相关性。在此过程中,个人和职业紧密联系在一起。本研究将叙述性探究、整体性教育和教师发展联系在一起,探索与阐释教育者在审美和精神维度的认知与存在方式,有希望为探究教师知识/学习做出贡献。(2007:119)

该研究还提供了教师谈论自身职业成长的审美维度和精神维度的叙述片段。

成人学习的批判性视角

近几十年来,许多哲学思想和理论纷纷质疑成人学习的主流观念,包括成人教育学、自我导向学习、转化学习和体验式学习。批判观点来自女权主义(Carpenter,2012)、批判理论(Welton,1995;Fleming,2012;Habermas,2001)、批判种族理论

（Closson，2010；Drayton，Rosser-Mims，Schwartz，& Guy，2014）、批判性多元文化主义（Guo，2013；Ross-Gordon，Brooks，Clunis，Parsells，& Parker，2005）和后现代主义（Foucault，1977；Lyotard，1984；McArdle & Mansfield，2013；Ostrom，Martin，& Zacharakis，2008）。

基尔戈（Kilgore）简要介绍了成人学习的批判性和后现代观点，分析了两者异同。她指出，这些观点都挑战着成人学习的理论支柱。例如，这些观点认为成人教育学和自我导向学习具有排他性，过于关注个体。批判性和后现代的观点都认为知识的构建具有社会性，对权力的兴趣是驱使学习的因素之一。然而，这两种观点在其他方面却有显著不同。

批判理论家提出，霸权（当权者处在支配地位或主导权威）的作用是维护种族、民族、性别、阶级和年龄中特权和压迫间的不平等。因此，学习也包括反思日常实践中的霸权思想，并改变实践做法甚至改变思想（基尔戈阐释了标准化测试的使用和误用的案例）。社会公正被视为核心价值，但后现代理论家（Foucault，1977；Lyotard，1984）拒绝接受任何普遍真理，强调知识是多方面的，真理会随着知识持有者的经验和背景变化而变化。即使是同一个人也会因为不同情形或身份差异而产生不同的观点。希尔德（Sheared，1999）称之为多节奏现实。

每个框架都要考虑权力，但是考虑的方式不同。比如批判理论关注的是如何打破现状（例如，研究表明个人主义的学习方式可能会导致对某些群体的文化偏见），创造更多解放性知识（例如，更注重小组学习。研究表明小组学习对某些团体更具有文化相关性）。还有理论认为，权力为某些人所持有。例如，校长的传统角色让他们拥有比教师更大的权力。后现代主义思想认为，每一种关系都存在权力，任何人都可以行使权力。我们必须分析（或解构）情景以了解权力的使用方式（出于压制还是解放的目的）和使用者。如此，本位管理模式或行动研究项目中的教师和家长参与均能共同产生知识、共同协商以及重新分配权力。

作为成人学习者的教师

富兰（1991:66）指出，"教育变革是成人的学习经历"。近来他还表示（1991:35），"学生学习依赖于教师终身学习"。我们的成人学习思想需要将教学创新与教师经验联系起来，同时给予他们足够时间逐步将创新融入教学。然而，近年来，教育改革浪潮造成创新泛滥,教师因而受到冲击。富兰(1991:8)总结道:"学区很多关于教育创新的决定都存在偏见、欠缺考虑,还偏离了教育目标。"这无疑是许多创新失败的原因。一些具有潜在重要价值和技术的创新也惨遭失败。其中的一个原因是,督导者未能帮助教师结合创新与以往经验,或是未能将创新运用到当前教学实践中。此外,在管理者和督导者优先考虑新型创新之前,教师往往没有足够的时间来学习和适应这种创新(Zepeda,2004)。

斯腾伯格探索成人智力中体验因素的研究表明,新教师的督导要与资深教师不同(Sternberg et al.,2008)。举例来说,相较于更有经验的同事,初入职场的教师在评估和应对新的教学情境和问题时往往会遇到更多障碍,因此需要更多支持。斯腾伯格和加德纳的多元智能研究超越了新教师和资深教师之间的差异,指出有必要识别和利用不同经验水平教师的学习长处(Sternberg,1988;Sternberg et al.,2008;Gardner,2006)。

成人学习的文献表明,教师个性化学习的必要性与教师的真实待遇形成了鲜明的对比。许多督导者均以同一方式对待学校中的所有教师,而不是根据教师的不同成人发展阶段而区分对待。大多数学校的教师参加同样的在职研讨会、同样的观摩和评估。成为师范院校流水线上的产品后,教师可能不再被视为个体学习者。成人的相关研究表明,这种做法欠缺考虑。

斯腾伯格等人(2008)在社会影响的能力讨论中指出,教师需要参与学习,目的是制定多种策略适应或改变课堂和校园环境。梅齐罗(2000)和布鲁克菲尔德(Brookfield,2009)的研究显示,为了促进教师学习和提升,教师需要不断参与持续循环的协作活动、反思活动,培养批判性思维能力。最后,诺尔斯(1980;1984)、梅齐罗(1981;2000)和布鲁克菲尔德(2009)的研究都支持督导者提升教师的赋权意识与自我导向。图4.1回顾了成人学习的相关知识及对教学督导的影响。

遗憾的是,许多学校都不注重协作行动、反思、批判性思维或教师赋权。相反,许多学校系统的等级结构——还有第二章讨论的隔离、心理困境和缺乏共享的技术文化等环境问题——会阻碍相关文献中提出的发展。相反,德拉戈-西弗森(Drago-Severson,2007)对校长作为职业发展领导者的质性研究表明,成功发挥领导作用,促进成人学习的校长一贯采用四种策略。她称之为"支柱做法":

1. 鼓励与校内外同事以各种形式组建团队或伙伴关系(例如教学团队、课程团队、技术团队、多样性团队、与其他组织建立伙伴关系)。

2. 为教师提供担任领导角色的机会(例如指导毕业实习生、知识管理、技术领导、共同决策、领导评审小组)。

3. 发展合议式探究(例如通过写作和对话的形式进行反思)。

4. 导师指导。

根据德拉戈—西弗森的研究,上述支柱做法若能在教师发展的不同阶段进行调整,就能够促进转化学习,而非信息学习(Drago-Severson, 2007; Drago-Severson, 2009)。

图4.1　成人学习者

成人与教师发展

成人发展文献提出了许多相互区别又相互关联的途径。几十年前,人类发展研究关注儿童,成人要么不被考虑,要么被视为稳定的阶段。近年来,成人发展的理论和研究开始强调发展是一个有序的过程。由于发展心理学家在这一领域研究甚多,所以主要强调的是个体变化的过程,较少关注个体与环境的相互影响。成人发展的早期研究方法就是基于这一传统思想。随着时间的推移,其他观点涌现,较少关注普遍的发展路径,开始关注个人与社会环境之间的相互影响。本章将根据以下五个要点,讨论成人发展:(1)阶段发展;(2)生命周期发展;(3)过渡事件;(4)角色发展;(5)社会文化对成人发展的影响。

成人与教师发展阶段理论

首先讨论的是发展阶段理论。莱文(Levine)描述了各阶段的特征:

> 首先,结构性质尤为重要。每一阶段都是"结构性整体",代表着思想或理解的潜在组织结构。不同阶段的性质也各不相同。所有阶段按顺序出现,没有任何变化,不会跳过任何一个阶段。最后,各阶段是"分层次集成"的,意为渐进式的阶段会越来越复杂,还会囊括早期阶段。个体从经历过的阶段进入到下一阶段。一般情况下,或在适当的支持下,人们倾向于选择所能达到的最高阶段。
>
> (1989:86)

下文将详细阐释几个具体的阶段理论。

认知发展 皮亚杰(Piaget)提出了认知发展的四个阶段:感知运动阶段、前运算阶段、具体运算阶段和形式运算阶段(Blake & Pope, 2008)。处于形式运算阶段的人不仅能推理当下时间地点,而且能够投射时间和空间,联结时间和空间。处于形式运算阶段的人能够假设推理,理解复杂符号,形成抽象概念。

一些研究人员发现,并不是所有的成人都具有形式思维。目前有大量的研究在探索成人特有的思维方式。这些思维方式超越了皮亚杰的第四阶段,进入了后形式运算阶段(Cartwright, Galupo, Tyree, & Jennings, 2009;Merriam & Bierema, 2014;Wynn, Mosholder, & Larsen, 2014)。例如,描述成人认知最高阶段的术语包括后形式思维(Sinnott, 2009)、整合思维(Kallio, 2011)和认知理解(Baxter-Magolda, 2004)。图4.2呈现的是成人认知发展的连续统一体。

具体运算　　　　　　　　形式运算　　　　　　　　后形式运算

图4.2　成人认知发展连续统一体*

＊资料来源:改编自 Stephen P. Gordon(1990). *Assisting the entry-year teacher:A leadership resource*. Columbus, OH:Ohio Department of Education. 经许可使用。

奥斯托格（Ostorga，2006）深入研究了教师认知发展与反思思维的关系。在实习教师的研究中，他选择两位曾担任课堂辅助人员的成人作为研究对象，年龄分别为28岁和35岁。奥斯托格分析了访谈方案、巴克斯特－马戈尔达（Baxter-Magolda，2004）制作的认识论反思测量问卷和15份每周反思日记的内容。两名参与者在巴克斯特—马戈尔达提出的认识论谱系图的两端——绝对认识和情境认识——均未表现出认知状态，二人在巴克斯特—马戈尔达谱系图中状态相近。尽管如此，写反思日记是转化学习的一步，但根据梅齐罗（1981）的反思性分类，二人日记中的陈述却具有明显差异。其中的一个研究对象叫埃琳娜（Elena），表现出了过渡性认识论的立场，她的大部分日记是对内容层面的反思，也是梅齐罗提出的最基本反思。日记中仅有一次涉及了内容与过程的结合性反思。另一个研究对象叫夏奇拉（Shakira），她表现出独立思考认识论立场。她反驳了督导教师的回复，不止一篇日记体现了假设性反思——也是梅齐罗反思水平中最高级别的反思。

道德发展　科尔伯格（Kohleberg）和克雷默（Kramer，2006）提出了道德发展的三个层面：前习俗道德期、习俗道德期和后习俗道德期。他们进一步解释了每个层面的两个发展阶段，其中第二阶段比第一阶段更高级、更有序。在这三个层面上，推理从以自我为中心的视角转变为多考虑他人角度和权利。在第一层面，个体以自我为中心做决定。第二层面，个体根据社会规范"做正确的事情"。第三层面，道德决策要符合社会契约，维护个人权利。尽管第三层面的低层次阶段，原则和法律规定会产生冲突，造成问题，但是达到道德发展的最高阶段时，道德原则便开始占据高地。科尔伯格（Kohlberg & Armon，1984；Kohlberg & Kramer，2006）认为更高的阶段更优越，促进发展是教育的合适目标。图4.3呈现了道德发展的连续统一体。

前习俗道德期　　　　　　　习俗道德期　　　　　　　后习俗道德期

图4.3　道德发展连续统一体*

卡罗尔·吉利根（Carol Gilligan，1982）的研究成果同样重要。吉利根比较了科

---

*资料来源：改编自 Stephen P. Gordon（1990）. *Assisting the entry-year teacher：A leadership resource.* Columbus，OH：Ohio Department of Education. 经许可使用。

尔伯格道德发展模式的结论与自己对于女性决策的研究结果。比较发现,处于科尔伯格最高阶段的人担心过度干涉他人的权利,而处于吉利根最高阶段的人则担心疏忽,比如自己有能力却不帮助他人。在吉利根的最高阶段中,道德等同于关系,善良等同于帮助他人。吉利根(1979)从女性生活的研究中提出了不同的发展理念:

> 女性使用明显的道德语言,表现了从以自我为中心向基于原则的伦理理解的转变。其中"自私"和"责任"是关于关怀的道德问题。道德发展包括对这一观点的逐步重构,以实现一种更恰当的关怀理念。

(1979:442)

一些小规模的研究探讨了教师道德发展与教师对教与学理解的关系。约翰逊(Johnson)和雷曼(Reiman, 2007)通过对三位新教师进行案例研究,探索教师道德和伦理的倾向性与课堂行为的关系。这三位教师也都被称为"系统外选拔制"教师(没有教学学位或没有接受过教育培训就进入教育系统)。研究发现,这三名教师的教学主要基于一种道德模式,其目的是维持规范,强调明确、一致、所有人都要遵守的规则。作者认为,这是典型的新教师做法。然而,这三位教师也表现出了不同程度的个人利益图式(决策主要基于决策者的个人利益)或后习俗道德图式(基于可改变的社会规范,理想决策可论证和审查)。使用弗兰德斯交互分析系统[Flanders Interaction Analysis System,也称为 Guided Analysis System(引导分析系统),简称"GIAS"]记录教师行为后,研究发现:

> 当教师利用更多后习俗道德推理、更少个人利益判断时,直接教学的比例就会降低。教师讲授信息和进行指导的时间变少,而鼓励探究、接受和采用学生的想法并给予支持的时间增多。

(Johnson & Reiman, 2007:683)

约翰逊和雷曼得出,随着后习俗道德推理的提升,教师以更开放的眼光看待学习者视角,参与更多间接互动。从研究中教师对导师指导的反馈可以看出,即便新教师的判断复杂水平方面仍低于平均水平,但他们确实能够迈向更为复杂的判断水平。在之前的一项研究中,雷曼和皮斯(Peace, 2002)发现,实验组中的八位教师参与社会角色扮演和反思框架引导的同侪指导后,道德/伦理发展高于对照组,而且从关注自我转变为关注学习者。这两项研究都表明,道德倾向与教学实践联系密切,而道德倾向和行为都可以随着量身定制的指导和训练方案而改变。

意识层次　罗伯特·基根（Robert Kegan，1994；2009）自认为是新皮亚杰学派的学者，但他最近凭借意识层次理论进入了成人发展心理学领域。随着皮亚杰学派从具体操作向形式操作的转变，抽象思维的发展成为从持久范畴的青少年时期（Kegan，1994）转向更成熟的交叉范畴/三阶意识的关键特征。处于交叉范畴层次的人能够抽象思考，反思情感，在信念和价值观的引导下忠诚于更大的群体。在此阶段，成人经历现实重构，自己与他人的需求、欲望和愿望一样重要（Albertson，2014；Bridwell，2013；Taylor & Marienau，1995）。

然而，只有从交叉范畴的意识过渡到系统/四阶意识，个体才不用责任、奉献和价值来定义自己，从而真正独立自主。在这一层面上，个人可以客观地看待自己的观点，并与他人的观点进行比较，努力调和差异——这就是转化学习的过程（Bridwell，2013；Kegan，2009）。意识的系统性层级是满足现代成人生活各种所需（抚养子女、相互合作、工作、继续学习）的必要因素，但基根认为，许多人直到30岁或40岁才能达到这个阶段，还有人根本无法达到这一层级。最后，基根提出了一个很少有人达到的层次，即跨系统/五阶意识。这一观点和阶段理论一样普遍。辩证思维与这一意识水平有关，很少有人在中年之前能达到这一水平。

图4.4　成人意识连续统一体*

基根的模型表明我们对自己和他人的期望可能过高。在他1994年的著作《穷庐之上：现代生活的精神需求》（In Over Our Heads：The Mental Demands of Modern Life）的序言中，他特别呼吁提供成人教育、培训和督导的人要注意自己对他人的精神上的要求。例如，尽管基根推测，高度批判性思维和元认知技巧可能要到三四十岁才能成熟，但对于教师，即便刚刚踏出校门的新教师，我们都希望他们展现出这些能力。基根强调人们应该在工作场所以及成人生活的其他领域继续学习，还建议通过教学或辅导促进个人发展，这些为实习教师的未来考核提供了富有前景的

---

* 资料来源：改编自 Stephen P. Gordon（1990）. *Assisting the entry-year teacher：A leadership resource.* Columbus, OH：Ohio Department of Education. 经许可使用。

模式。德拉戈—西弗森(Drago-Severson)的成人发展四大领导力支柱正是基于这种模式(2009，2012；Drago Severson，Blum-DeStefano，& Asghar，2013)。此外，基根的模型还提供了与发展督导原则一致的框架。图4.4描绘了成人意识的连续统一体。

关切阶段　20世纪60年代和70年代初，弗朗西斯·富勒(Frances Fuller，1969)开创性地研究了教师关切。她从对自己和他人的六项研究中发现，数百名处于不同经历阶段的教师有着不同的关切。

尚处于自我胜任阶段的教师专注于生存。督导者在场时，他们希望表现出色，得到良好评价，为师生所接受与尊重(Adams & Martray，1981)。他们的当务之急是顺利熬过在校的日子。

生存和安全得以保证后，教师不再考虑自己的生存需求，而是开始专注于教学任务。在这个阶段，教师变得更担心教学和学生管束问题。他们开始考虑改变或丰富课表、教学材料和教学方法。关心的问题包括教学压力、教学环境程式化与灵活性、学生负担、工作负荷以及学术自由的缺乏。担心的管束问题包括课堂控制、学生与成人价值观及态度的冲突和不遵守纪律的学生(Adams & Martray，1981)。这一阶段的关切主要集中于教学环境和教学责任。

高阶教师处于关切的最高阶段，也称为教学影响阶段。此阶段，即使要违反规则与规范，教师最关心的是对学生学习和身心健康造成的影响。这一阶段的学术关切包括判断和满足个人需求、激励缺乏动力的学生以及促进学生的智商和情商发展。拥有成熟关切的教师往往对学生的全面教育更感兴趣，包括学生的健康和营养、药物使用情况以及辍学预防与干预(Adams & Martray，1981)。教师关注的发展呈现出一个连续的过程，反映了从"我"转移到"我的小组"再到"所有学生"的转变。图4.5呈现了教师关切的连续统一体。

| 自我胜任 | 教学任务 | 教学影响 |

图4.5　教师关切的连续统一体*

尽管富勒的初步研究将关切阶段与教师经验联系在一起，但最近的研究表明

---

* 资料来源：改编自 Stephen P. Gordon(1990). *Assisting the entry-year teacher：A leadership resource.* Columbus，OH：Ohio Department of Education. 经许可使用。

两者之间的关系要复杂得多。基于一项为期六个月的针对实习教师期望和恐惧的研究,康威(Conway)和克拉克(Clark,2003)认为资深教师的关切可以同时向外——正如富勒所言,从自我转向任务和学生——和向内转移,例如新教师灵活性增强,自我意识提高。瓦茨克(Watzke,2007)则批判地看待富勒认为教师关切按时间顺序变化的理念。他的研究在教师头两年的教学中发放了六次教师关切表格,发现与影响相关的关切得分最高,而所有关于任务(课堂行为、教学阻碍和职业自由)和自我关切,都会在第二年的教学中减少。

整合阶段发展理论 成人与教师发展的研究者曾猜测,发展特征彼此相互关联(Oja & Pine, 1984; Sullivan, McCullough, & Stager, 1970)。尽管具有猜测的成分,但研究显示,许多既定水平(低、中、高)的教师在两种不同的发展特征中可能处在相同的整体水平上。发展特征之间的潜在关系使综合描述各个发展水平的教师成为可能。图4.6总结了四种成人/教师的发展连续统一体。

大多数教师的认知和道德发展或意识水平似乎处于中等甚至较低的阶段——几乎与普通的成人没什么不同(Oja & Pine, 1981)。那又如何?许多教师没有复杂自动化的思维,那又会怎样呢?也许教师教学根本不需要高阶思维。有人或许会质疑,如果教学只是简单的工作,不需要决策,那么这份工作将毫无意义。事实上,如果多数教师能够自动和抽象思考,那么他们做简单的工作就会产生极度不安、愤恨以及抗拒心理。因此,如果视教学为一份简单的工作,那么学校就仅需要简单思考的人。然而,如果认为教学是复杂且不断变化的,那么学校就需要能用高阶思维推理的人。动力型且充满挑战的环境会使思维简单的人承受极大压力。教师每天需要面对数以千计的决策,承受着持续不断的心理压力,所有的工作都必须独立完成——没有帮助或建议。

社会学家记录下了教师由此产生的环境需求。一名教师每天要面对150名家庭背景、能力、兴趣爱好截然不同的学生,其中有些成功,有些失败。教师思维固定僵化,教学质量不可能提高。正如玛德琳·赫特(Madeline Hunter,1986)指出:"教学……不是绝对的,而是一种相对主义情境职业。"

抽象的、多元信息化的思维可以适应新环境,只有这种思维能够促进教师发展。以下是格拉斯伯格(Glassberg,1979)回顾了教师发展阶段推动教学改革的研究:

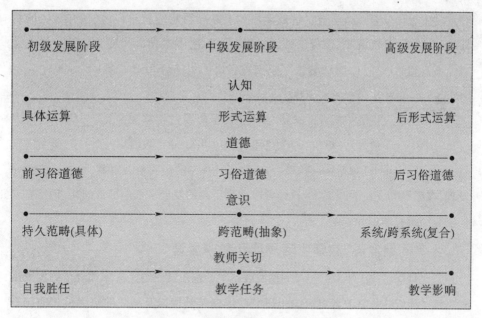

图 4.6 教师和成人阶段发展*

综上所述,这些研究表明,高阶教师的教学风格具有极强的适应性、灵活性和包容性,还能够采用多种教学模式……几乎任何观点都认为有效教学是最复杂的人类行为形式。处于更高级、更复杂人类发展阶段的教师的课堂效果好于低阶教师。

高阶教师面临的问题是,尽管教师的工作性质要求自动灵活的思维,但大多数学校的教师却没有这方面的支持。对于复杂环境中无法适应多种需求,不能帮助学生培养抽象和自主思考能力的教师来说,唯一的做法只有简化教学以及使教学环境变得死气沉沉。教师忽略学生间的差异,长年累月开展一成不变的日常活动和教学实践,从而简化工作环境。有效教学研究(Biggers, Forbes, & Zangori, 2013; Davis & Smithey, 2009; Glatthorn, 2000; Hargreaves & Moore, 2000; Marzano, 2007; Tieso, 2001)指出,有效教学的基础是课程和材料适应本地环境和特定学习目标。换言之,有效教学教师会思考目前的教学内容,评估实践结果,共同探索新型教学,

---

*资料来源:改编自 Stephen P. Gordon(1990). *Assisting the entry-year teacher: A leadership resource.* Columbus, OH: Ohio Department of Education. 经许可使用。

尊重学生想法。有效教学被误解或误用为一系列特定的教学行为（回顾过去的目标、当前目标、解释说明、进行论证、提供实践指导、考察理解程度等），这种解读是完全不真实的。相反，成功的教师应当有自己的想法（Elliott & Schiff, 2001；Fairbanks et al., 2010；Ferraro, 2000）。

多项研究发现，教师的高成就与有效教学实践密切相关。奥哈（Oja）和派因（Pine,1981）、菲利普斯（Phillips）和格里克曼（Glickman,1991）以及蒂斯—斯布琳霍恩（Thies-Sprinthall）和斯布琳霍恩（Sprinthall,1987）的研究至关重要，因为这些研究发现，在激励和支持的环境下，教师可以达到更高的发展水平。尽管如此，仍然有其他研究结果并非如此。

生命周期发展，教师生活周期和教学生涯

下文将探讨关于年龄的生命周期发展。学者也在试图定义有序和规范的发展模式。这一领域的先驱学者更倾向于研究广泛的年龄段以及相关的解决模式或问题（Erikson, 1963），而之后的学者聚焦于多种具体的年龄段（Levinson et al., 1978）。

丹尼尔·莱文森（Daniel Levinson）及同事（1978）对40名年龄约在35岁至45岁男性的研究，在生命周期发展文献中引用率最高。稳定期和过渡期是生命结构中的关键部分，因为这些阶段主要围绕工作和家庭。该研究正是探索了在稳定期和过渡期中的个人变化。成年初期形成和培养了职业梦想，通常有配偶和导师的帮助。莱文森的研究为人的一生所遇到的改变提供了连贯的解决方案，但其局限性在于研究对象都是来自某些特定职业的中产阶级男性，而女性在过渡期、过渡质量、过渡期年龄方面确有不同（Levinson & Levinson,1996）。

此外，教师的职业发展与教师在成年周期的需要背道而驰。莱文森（1978）和纽嘉顿（Neugarten, 1977）指出，早期成人阶段是勇敢、浪漫、追求梦想的时期。20—35岁的年轻人激动地寻找在工作、家庭和朋友中的地位、舒适和幸福。35—55岁的中年人重估自己的能力和机遇，理想破灭，反思并重组生活事务。然而，在教学上，本该是浪漫的青年时期很快就变成了理想破灭的阶段。24或25岁进入教师行业追求自己梦想的人往往在三年后发现工作变得毫无意义。自己对工作提不起劲头、止步不前，要处理的工作也是千篇一律。结果教师极度厌倦工作，最终辞职。年轻教师与生俱来的激情和理想被重复的工作束缚，这对教育来说到底意味着什么？

接下来的问题是:中年教师具有反思和重组教学事务的自然倾向,但教师在过去20年中,教同样面孔的30个学生,每周都是6学时,倾向和现实不一致,那会发生什么?因冲动而做出变革或改进,最后可能会大失所望。如果老教师被视为格格不入的老古董,因为没有能力进入行政或督导层所以才停留在教学岗位,他的最终境遇又将如何?30年的执教生涯,他获得了相应的经验,巩固已有成就,也确立了后续职业目标。然而,楼下一位新来的教师可能在年龄上与这位老教师的孙子一样大,两人的工作一模一样,没什么区别。资历带来的责任感、创造感和成就感又在哪里?新老教师待遇一样,地位一样,遵守的规定也没有区别。

可见,教师这一职业呈现出混乱的状态,违背了成人自然生命周期。始终提升自我、改善学生教育生活的教师理应得到最高的尊重。如果教师运气不佳,任职的学校不能考虑成人生命周期的每个阶段并给予支持,有效教师的教学应真正超越体制,摆脱学校束缚。

越来越多的研究开始关注教师发展与成人年龄的联系。莱文(Levine,1987:16)鼓励为中年教师提供恰当的环境,这种环境"结合了教学和管理责任,可以拓展成人权威性与机动性,而不会损害教师和学生打交道的专长"。积极参与决策会议、指导年轻教师就是方法之一。科洛普(Krupp,1987)认为,把年长教师的各种兴趣爱好融入教学中,例如计算机、摄影和园艺等引入基本课程和课外活动,可以有效解决年长教师不关注职业生涯和退居二线的问题。格尔克(Gehrke,1991)认为,我们要将对成人发展的理解融入新教师的职业发展中。这就意味着激发资深教师的工作动力,尊重年轻教师对隐私的需求。近年来,德拉戈—西弗森与一些学者合著出版了一系列书籍,联系起成人学习与发展理论。发展理论的主题包括教师成长与发展、职业发展模式和领导力发展(Drago-Severson,2009,2012;Drago-Severson,Blum-DeStefano,& Asghar,2013)。著作特别强调了基根(1994,2009)在意识水平和转化学习方面的研究。德拉戈的研究还提出了多种方式,通过不同的支持框架和策略,帮助处于不同发展阶段的教师学习和成长。

转型事件

成人发展的第三种途径更加明确地关注与生活转变相关的事件。一些学者拒绝接受把生活事件、关键事件或标志性事件作为成人发展的标尺,因为这些事件无法得出普遍、有序的发展顺序。然而,菲斯克(Fiske)和奇里沃加(Chiriboga,1990)指出,随着成人"逐渐有序转型"发展模型取代了成人稳定性假设,最近越来越多的理论模型都在强调生活中转型事件的重要性。

生活事件有多种分类方法。威利斯(Willis)和巴尔特斯(Baltes,1980)提出的分类方式似乎与个人事件显著性有关。他们谈及了三种事件:第一,以年龄分层的常规事件,指许多人在某些年龄段预期发生的事件(婚姻、生子和丧偶);第二,以历史分层的常规事件,指的是同时影响特定时期中大多数人的事件(二战和大萧条);第三,非常规事件,指的是在许多人身上有可能发生但无法预料的事件(离婚、失业和突发疾病)。发生的事件或积极有利,或消极有害,或如期而至,或始料未及。虽然在成人生活中可预测的过渡事件是促进成人发展的推动力,但实际上,意料之外的事件,即便是消极事件,才是真正促进改变与成长的最佳契机(Fiske & Chiriboga,1990;Hogan,2014;Napolitano,2013)。

纽加顿(1977,1987)研究了生育子女、儿女离家、工作升迁、离职退休、身患疾病、配偶或挚友逝世等事件的时间。他认为,所有或者大多数成人都很熟悉这些事件,然而,事件所发生的时机则会影响人们的反应和后续生活。

纽加顿将人们对事件的不同反应与"正确时机"与"错误时机"相联系——换言之,事件是否发生在社会认为妥当的时间。当然,近年来,许多普通事件发生时间越来越不同,对人生转型的正确时间的理念也受到文化因素的影响,例如种族、阶级和性别(Setterson,1996)。正如梅利亚姆与同事(2007)观察到,现在比十年前有更多人选择不生孩子、重回学校深造或中年时开启新的职业生涯。针对将教师视为第二职业的成年人的教师培训项目在不断增加,验证了梅里安姆的研究成果。但是,作者提到,由于不同年龄的常态极大影响着我们的思维,所以许多人生大事的时间还是很重要的。

个人转型事件(结婚、生儿育女、离婚、挚爱离世)和职业转型事件(涉足新行业、任职、转校、晋升教师领导或学科负责人)都会对教师职业生涯和教学工作产生重要影响。传统上,个人转型事件常常被人忽略,而职业转型事件通常会得到学校机构形式上的认可。科洛普(Krupp,1987)认为,营造了互信合议环境的职工培训项目和校内的成人转型支持体系可以成为帮助教师处理退休等可预测变化和照顾父母等突发状况。目前,科洛普建议的支持体系和职业发展在大部分学校尚不存在。

例外还是存在的。近年来,新教师辅助项目开始涌现,包括为新教师分配协助小组及导师。这类项目将有望打下坚实基础,使整个生涯期间都有个人与职业转型支持。除正式的支持项目外,学校还要努力成为合议式、关爱型、发展导向型的社区,在教师转型过程中留住人才。

角色发展

另一些研究强调成人社会角色的重要性,通常探索成人生活中工作、职业、家庭生活和个人发展角色间的相互作用。乔埃兹(Juhasz,1989:307)提出的成人角色模型包含三个主要角色:家庭、工作和自身。这些角色有时相互交织,有时同时存在,还有时具有不同动能与力量。该模型强调角色承担者的积极参与和他们在人生的不同阶段认为重要的角色,还指出自尊是"引导能量聚集到最能增强成就感的角色上"的驱动力。

梅利亚姆和克拉克(1993)设计了调查问卷,探究"工作与爱情"的人生大事(指的是广义上的人生指导和表达要素)与成人学习之间的关系。研究对象主要用两条不同的曲线代表在工作和爱情上的起伏,以此来展现人生模式。答卷者罗列出过去二十年成人(年龄大于 18 岁)生活中发生过的大事和学习经历描述。根据对405 份问卷的调查分析,研究者发现,工作与家庭生活间的联系可用三种模型来表示:(1)分裂型——不相关或不显著相关;(2)弥补型——若在一方得不到满足感,则会到另一方去寻求;(3)归纳型——个体在工作环境中形成的态度影响家庭生活,反之亦然。

梅里安姆和克拉克最重要的发现之一为,无论男女,与工作有关的学习占主导地位。若工作和家庭生活顺利,学习行为也会增加。然而,促成其真正思维转型的学习经历大多与工作(失业)或是家庭生活(父母离世)不顺相关。鉴于多数重要的成人学习来自人生经历,因此,在帮助教师克服职业、个人或是家庭领域的不安定因素,获得成长的过程中,督导者的作用显得极其重要。虽然督导者没必要且不应该承担治疗师的角色,但成人发展社会角色模型所带来的启示是,教师个人、家庭和职业角色相互作用、相互影响,需要督导者全面考虑。

学校体系与督导者一般仅仅关注教师的职业角色,忽略了个人和家庭角色。有学者试图厘清这三个领域的关系,但是遭到了批评,被认为超出了督导的范畴、滥用学校资源,对改进教与学来说是多余的。但成人角色发展的研究显示,不能将教师生活简单划分为个人、家庭和职业三方面。简单来说,教师的其他成人角色也会直接影响教学。然而,很多督导都无法帮助教师理解不同成人角色间的相互关系、处理角色间矛盾及压力以及推动角色平衡与协同。

超越发展的普遍概念:成人发展的社会文化背景

20世纪80年代至今,大量研究探讨了成人发展的社会结构变量(如人种、阶级、性别、残疾或性取向),其中最注重性别和人种/族裔的影响。研究旨在构建更完善、更具包容性的理论,适用人群比早期理论更广泛。此外,尤其是受后现代主义影响,反对"宏大"理论体系的学者中,还没有人涉足成人发展"保护伞"理论的研究(Kilgore, 2001)。这些学者的研究兴趣以及创新点在于,聚焦还是一片空白的成人发展知识建构中边缘群体的个人发展和性别、种族和阶级等结构变量在身份构建过程中的相互关系(Bridwell, 2013；Graue, 2005；McDerMott & Schwartz, 2013；Sheared, 1999；Syed & Mitchell, 2013；Tisdell, 2000)。

性别在成人发展中的角色 大部分研究性别与成人发展关系的文献都重点关注女性,因为成人发展理论的早期研究中并未包含女性的生活和经历而遭受诟病。新兴理论和研究多采用两种形式,一种是调整或拓展前人的男性研究成果,另一种则是女性或男女混合研究。

吉利根(1982)是第一种研究的先驱,挑战了柯尔伯格的道德发展模型(Kohlberg & Turiel, 1971)。她的研究表明,男性和女性的道德决策标准不同,女性基于关怀伦理,而男性则基于公正伦理。同样,乔赛尔森(Josselson,1987)重新审视了埃里克森的社会心理发展阶段理论,预测了女性在埃里克森提出的身份阶段的四种潜在结果。重要的研究结果强调,与他人保持联系及归属感对女性而言都至关重要。

第二种研究主要关注女性生活。引用率最高的文献是贝兰基(Belenky)、克林奇(Clinchy)、戈德伯格(Goldberger)和塔露尔(Tarule)于1986年撰写的《女性认知方式》(Women's Way of Knowing)。贝兰基及同事反对等级阶段,认为女性发声的崛起是女性发展的核心,并将女性知识发展划分为五个阶段:沉默、接受知识、主观知识、程序性知识和结构性知识。最理想的发展状态就是结合这五个阶段。佩克

（Peck，1986）是这一研究方向的另一杰出代表。她提出的理论将女性生活分为三个连续的层面，包括最核心的社会历史背景、由多种关系综合形成的灵活双向"影响范围"以及自我定义的核心。这些层面在女性的一生中不断相互作用。

　　无论是基于男性还是女性的成人发展模式都会因为结论欠缺普适性而遭受诟病。这些模式往往忽视了男性和女性的多样性以及对不同性别个体所表现出的异性典型模式。例如，安德森（Anderson）和海耶斯（Hayes，1996）研究发现，男性和女性都重视自我成就和人际关系，自尊来源相似，也会在坚持解决（联系）还是放手（分离）现有问题上挣扎。这些模式由于忽视了种族、阶级和文化多样性而受到批评。哈里斯（Harris，1996）研究了不同亚文化下男性对24种关于男性气概文化信息的态度，还解读因阶级、种族、性取向和来源地（城市、农村）产生的态度差异。麦克德莫特（McDermont）和施瓦兹（Schwartz，2013）对新时代成年男性的性别角色进行了研究，考察了年龄、受教育程度、种族、地位关系和性取向差异造成的影响。性别角色的构建是为了将男性构建及适应其性别角色的过程概念化（O'Neil & Carroll，1988）。该研究明确了以下四种类型：（1）不质疑或不接受传统性别角色的男性；（2）"亲女权主义者"；（3）质疑传统性别角色，具有强烈矛盾心理的男性；（4）质疑传统性别角色，具有微弱矛盾心理的男性。研究结果表明，男性的性别角色经历因种族、性取向、地位关系和年龄不同而产生差异。该研究有助于解释，有些男性更愿意打破阻碍他们进入基础教育任职的主流文化常态。

　　成人发展中的种族与族裔角色　　如同成人心理发展的早期模型因缺少女性研究样本而饱受诟病一样，有学者质疑所谓具有普遍性的成人发展模式是否适用于研究并未包含的少数种族和族裔成员（Sneed，Schwartz，& Cross，2006）。查维斯（Chavez）和吉多—迪布里托（Guido-Dibrito）基于种族和族裔对成人学习者影响的研究，回顾了种族和族裔身份模型。克罗斯（Cross）提出了黑化理论，这是最早理论模型之一（1971，1995）。根据该模型的早期版本，第一阶段的黑人种族意识有限或厌恶自己的种族，之后经历三个阶段（后来修改为五个阶段）。这三个阶段反映了黑人正面形象不断提升（Sneed et al.，2006）。该模型随后进一步修订，成为拓展型黑化模型（简称 NT－E），保留了最原始三个阶段的名称，但是各阶段概念被重构并发展为非等级式参考架构（Worrell，2008）。根据沃雷尔（Worrell）的理念，这三个参考架构被视作代表着九个不同种族态度的不同群集，每个个体的各种态度程度可能不同。

（1）三种遭遇前阶段的态度（同化、错误教育和自我厌恶）；（2）两种沉浸阶段的态度（强烈的黑人参与感和反白人心态）；（3）四种国际化的态度（民族主义、双文化主义、多元文化和多种族主义，以及多元包容主义）。

（Worrell，2008：158）

另一方面，查维斯和吉多－迪布里托（1999）也提出，沉浸在自己的种族群体中是这种身份发展最主要的触发因素。同样，两人并不同意赫尔姆斯（Helms，1993；1995）提出的白人种族身份发展模式对其他群体观点的关注。赫尔姆斯强调跨种族接触是白人的种族身份发展强有力的推动力，可以超越普遍的白人优越性理念，构建非种族歧视的框架。查维斯和吉多—迪布里托认为赫尔姆斯模型过分地强调了他人和自我种族观念之间的交集。他们希望更多地关注种族身份发展模型。

卡茨（Katz，1989）的白人种族身份模型表现了美国白人文化身份的价值观和理念。价值观包括自主性、竞争力和对时间的线性感知，与加勒特（Garrett）及渥清·斯帝克·加勒特（Walking Stick Garrett，1994）的美国土著身份识别模型中的和谐、协调以及尊重智慧等价值观相反。另一方面，菲尼（Phinney，1990）提出了广泛使用的种族身份认知过程模型。她强调了非主导群体成员面临的两个问题：（1）打破主导群体成员的刻板印象及偏见；（2）通过协商建立双重文化价值体系，解决自身种族文化价值系统与主导文化间的冲突。

这些模型对成人学习有几点启示。模型表明，尽管来自白人种族的个体通常都会以自己种族的文化规范为基础进行学习，他们也有可能在不太熟悉的多元文化环境中挣扎或抵制学习，从而影响多元化培训。此外，非主流文化群体的人要想在主流的学习环境中成功，就要在学习中至少具备二元文化能力。例如，阿尔弗雷德（Alfred，2001）指出，二元文化能力是黑人女性教师成功（享有终身职位）的重要因素。她还提及了某些情况下白人男性导师的辅助作用。同样，非主流群体教师更有可能发现自己必须掌握两种或两种以上文化，导师需要对当前的挑战保持一定敏感。与之相反，奥尔斯顿（Alston，2014）研究了白人女博士生和黑人女导师之间的跨文化指导关系。她发现这些指导关系为学生提供了学习和自我反省白人种族重要性的空间。此外，她还发现文化连接点通常围绕性别和母亲的身份，年龄差距（导师比学生年轻）有时会带来出乎意料的挑战。在跨文化指导关系中，导师和学生都强调信任的重要性。

　　当前女性发展和族群在认同发展中地位的研究挑战着我们的思维,激发我们思考任何成人发展理论到底在多大程度上充分描述所有的成人生活。即便如此,这些模型依然能够启迪我们去思考成人生命中不断变化的多种方式和影响变化的多重力量。对于希望帮助教师的人来说,了解这些文献能够提醒自己,教师团队中的成人学习者彼此间存在巨大差异。

成人/教师发展模式回顾

　　表4.1回顾了成人发展的五个概念框架。这五种模式都是基于成人生活充满不断变化和适应的假设。教师和所有成年学习者一样,唯一能确定的是事物不会一成不变。因此,个体需要应对变化。督导可以确定学校成人发展的水平、阶段和问题,在现实背景下协助教师的职业发展。

表 4.1　成人发展的概念模型

普遍性、有序性、连续性			互动性、社会环境	
发展层级	生命周期阶段	过渡事件	角色培养	社会文化多样性
认知 皮亚杰(Piaget) 佩里(Perry)		关键事件 布里(Brim) 里夫(Ryff)	家庭、工作和自己 尤哈斯(Juhasz)	影响范围 佩克(Peck)
道德 吉里根 (Gilligan) 科尔伯格 (Kohlberg)	核心问题 埃里克森 (Erikson)	应激事件 费克斯等 (Fiske et al.)	爱、工作和学习 梅里安姆(Merriam) 克拉克(Clark)	女性的认知方式 贝兰基等 (Belenky et al.)
	稳定 vs 过渡 莱文森 (Levinson)	时宜/ 不合时宜 纽加顿 (Neugarten)		族群身份发展 克莱斯(Cross) 赫尔姆斯(Helms) 菲尼(Phinney)
意识层次 基根(Kegan) 关切 富勒(Fuller)				

发展：兴衰

认知研究人员发现,思维阶段会根据领域或话题而改变(Gardner, 2006；Sternberg, 1988)。比如,弗雷德喜欢教二年级学生艺术,因此他不断地寻找灵感和教学材料,花费精力改进艺术课程。然而,在数学教学上,他限定了时间,使用学校工作表,敷衍地找材料。他上学时就不喜欢数学,也不愿意在数学上多花时间。可以说,教师和所有人一样,思维水平和投入是不断变化的。

此外,发展也可能倒退、摇摆不定或受阻。因为当一个人在某领域已达到较高发展水平,并不意味着水平就永远固定了。经验是相对的。例如,拥有30年教学(或督导)经验的教师(或督导者)可能仍然缺乏许多方面的经验。若工作期望和(或)所服务的客户发生改变,那么就会有人经验不足,极力求存。同样,一位一年级的教师可能在短短数月之后经验大增,能够思考超出生存之外的关切。

个人或职业状况的改变同样会导致思维和动机水平的倒退。例如,当教师工会和校董事会的谈判演变成罢工,高度负责、思虑周全、工作卓有成效、对学校发展有一定贡献的教师也会受阻。直接的后果是,教师躲进教室教学,继续履行合同,不再参与学校课程与教学的讨论。大多数教师退回到自我生存阶段。

教师或成人发展不是单一的、线性的或一成不变的。发展阶段研究建议,要审视教师个体和群体的当前思维水平和努力程度。透过这些视角,我们可以探索可行的干预措施,帮助教师个人和集体进入更高的发展阶段。

思考题

巩固练习4.0

检查自己对本章核心概念的掌握情况。

反思练习4.0

假设你被指派设计一个职业发展项目,为学校教学辅导教师提供有关成人学习和发展知识。这些知识对于帮助学校协助其他教师具有重要意义。该项目一开始会有为期一天的重点主题介绍。该项目将包括后续研讨会和持续一个学期的额外支持。

·活动第一天的介绍会上,你将介绍哪些成人学习和发展的重要主题?

·设计第一天的研讨会时,你会考虑成人学习的哪些原则?

·你将如何安排后续研讨会和支持计划,最大限度地提供机会,帮助导师在本学期和其他教师合作时实现持续个人学习与合作学习?

第五章 教育理念、教学与督导的反思

本章学习目标

阅读完本章后,你应当能够:

1. 描述督导纲领。

2. 列出本章关于教育目的的不同理念。

3. 识别本章关于督导目的的不同理念。

4. 描述本章关于超哲学的关键要素。

5. 以简明易懂的方式解释本章的督导方法。

6. 列出督导者—教师互动中可能存在的三种决策权组合。

7. 探讨教育者的文化背景对教育理念和行为的影响。

请阅读本章,并思考以下问题:

1. 教育理念、教学行为与教学督导之间有什么关系?

2. 本章描述了三位教师的教育纲领:琼·辛普森、比尔·华盛顿和帕特·罗
   杰斯。你的教育纲领和其中哪个最为符合? 如果一组教育专家观察了你
   几天的教学情况,专家可能会认为你最像哪一位教师呢?

3. 你的督导纲领中包括哪些理念?

4. 在本章所讨论的三种超哲学中,哪种最能代表你自己的教育和督导理念?

5. 若你作为督导者,与个别教师或小组一起工作,你最有可能使用本章的哪
   些督导方式?

在寻求改善学校和课堂教学的方法时,我们需要了解当前的督导思想、理念和
实践如何与教学相互影响,理解教师和学生都是学习者。本章将探究督导理念如

何与特定的教育哲学或纲领相互关联。本章还会提供厘清每个人自己督导理念的方法,探讨个人督导理念如何适应控制过程。最后,本章将讨论教育者的文化背景为何是教育理念的重要因素。

我们如何协调督导、教学和教学改善的不确定性?我们如何知道自己是否正在朝着正确的方向迈进?除非我们反思自身理念,否则就不能有所收获。

萨乔万尼和斯达瑞(2007)指出了理解自身督导理念的重要性:

> 原则必须坚守。有些人将我们通常不怎么提及的一系列原则称为纲领。正如一个政党的决策和行动应该建立在其选举纲领上一样,督导者也需要纲领来指导开展工作。有了明确的纲领,督导者可以有教育实践的想法,透过表面行为深入探究学校实践的真正后果。

(2007:243—244)

改变实践做法和程序前,督导者必须认清自己的身份。如果要改变纲领,我们必须清醒地认识自己的立场。接下来将列举督导者必须做出的学校改进、有效教学、教师合作目标的决定。

理念、目标、有效教学

我们可以说,"督导的目的就是改进教学",公众对此观点也无争议。听起来很好,但是涉及改善教学的类别,情况就不一样了。有效教学很大程度上取决于教学内容。不同的教育理念会产生不同的教学目标,需要不同的教学策略。请思考以下示例:

• 如果教学目标是让学生掌握基本技能,那么有效教学包括解释、演示、练习、反馈和大量练习;

• 如果教学目标是让学生学习古典文化,有效教学包括阅读经典、讲座和苏格拉底式讨论;

• 如果教学目标是提高学生解决问题的能力,有效教学需要让学生接触现实世界中的问题,让学生积极参与验证解决方案可行性,确定最终方案;

• 如果教学目标是促进社会发展,有效教学将包括构建合作学习与社区建设活动;

- 如果教学目标是帮助个人发展，那么有效教学就包括促进学生的自我导向学习和自我评估；

- 如果教学目标是提升批判性探究能力，有效教学就需要教师挑战学生当前价值观和想法，要求学生批判主流信仰体系、社会结构和权力关系。

总之，只有特定教育理念、教学目标、本地学习环境和个体学生才能改善教学，使教学成功。这就意味着，寻找适合所有学习内容、学生和情境的单一教学模式注定是徒劳的。

更有效的做法是确立多种教学策略，这些策略可以有效确定教学目标和识别学生个体。如此，督导者便能够发挥协助作用，帮助教师明确学校和课堂教学目标，制定一系列的教学策略(例如直接教学、建构式教学、合作学习、课堂对话、服务式学习)，根据教学目标及学生采用"混搭式"教学策略，评估教学效果促进持续改进。明确这一重点后，有效教学便是教师根据学校学习目标和学生学习方式，运用各种教学方法的能力。

 视频案例

视频中四位教师在讨论自己教与学的理念。在观看视频的过程中，你能否试着概述每位教师的理念呢？回顾对每个教师的总结，若你要观摩教师教学(一整节课)，试想课堂的情况。

教育理念

教师和督导者的教育理念极大影响着教学指导和教学改进工作。以下是三位教育理念各不相同的教师对教育纲领的总结：

琼·辛普森(Joan Simpson)认为，教育的目的应当是向学生传授一套既定的基础知识、技能和文化价值观。为有效实现这一目的，教师必须控制课堂、教学内容和学生。教学内容首先应分为几个学术领域，之后继续细分，学生学习也应该循序渐进。所有学生都应掌握同样的内容。考试成绩和其他外在动力是确保学生学习的必要条件。

比尔·华盛顿(Bill Washington)认为教育的目的应该是促进学生成长，尤其是提升探究和解决问题的能力。为此,教师们不但要传授现有知识,还要鼓励学生进行实验,检验老旧观点,寻找新方法,解决新问题。他认为,既然探究在民主环境中最为成功,那么教师就应该与学生共享学习环境的控制权。由于解决问题要在社会背景中进行,学生除了要学习学科知识外,也需要掌握社会技能。

帕特·罗杰斯(Pat Rogers)认为每个孩子都是独一无二的,教育的主要目的应是满足学生的个人需求。教师应最大限度地挖掘和发挥学生潜能。这就要求教师在身体素质、内心情感、认知能力、道德水平和促进社会发展方面对学生全人教育。这一整体教育还包括学生自我探究。帕特提出,学生应根据成熟程度,尽量控制学习环境。教师应根据学生的经验、关注点和兴趣授课。同样,应该允许学生自我评价学习效果。

以上三种教育纲领彼此间差异较大。琼·辛普森、比尔·华盛顿和帕特·罗杰斯的教育理念对教学改进和有效教学的定义不同!角色扮演5.1让一个小组的三个成员在教员休息室会话的情景中扮演这三位老师,生动再现他们的理念。

你或许认为琼、比尔或帕特的纲领与你的纲领非常相似,或者你赞同他们的部分观点,又或者你有完全不同的理念。无论如何,阐释清楚自身教育理念十分重要。构建教育纲领可以从思考以下问题开始:

1. 教育的目的是什么?

2. 学校课程的内容应该包括什么?

3. 谁控制学习环境?

4. 教师和学生之间应是何种关系?

5. 在什么条件下,学生学习效果最佳?

6. 学校内学生力争上游的动力是什么?

7. 你对有效教学的定义是什么?

8. 成功的教师应具备哪些个人品质?

9. 教师应如何评价学生的学习效果?

10. 你认为好的学校是什么样子?

角色扮演 5.1	
教师休息室的对话	
三位参与者分别扮演琼·辛普森、比尔·华盛顿和帕特·罗杰斯的角色。角色扮演前,他们有充足的时间仔细商讨。角色扮演开始,他们坐在教师休息室的桌子旁。每人说出的教育理念必须与所扮演角色的教育理念一致。讨论的议题包括:	1. 今天一节课的上课情况; 2. 课上有一名学生有学习障碍,如何解决这一问题; 3. 如何评估学生学习; 4. 期待学生在学年结束时取得何种进步; 5. 希望如何组织正在开发的新课程。

督导理念

　　当然,大多数督导者之前也是教师。因此,他们对学习观、学习者、知识以及教师的课堂角色的理念都会影响督导理念。毕竟,督导与教学存在诸多相似之处。教师希望改进学生行为、成绩和态度。督导者也同样希望改善教师的行为、成就和态度。

　　下文介绍了三位督导者的督导纲领。阅读时,请思考督导理念与上文列出的三个教育纲领中教师理念的关系。

　　鲍勃·雷诺兹(Bob Reynolds)认为,督导的目的为督导教师,确定教学是否存在有效教学要素。如果能观察到这些要素,督导者应提供正强化以确保这些要素继续存在于教学中。他认为,如果教师没有使用或错误地采用了有效教学要素,督导者有责任讲解和演示正确的教学行为,制定改进标准,督导和加强教师改进工作,从而进行补救。简而言之,督导者对教学改进决策负主要责任。

　　简·怀特(Jan White)认为,督导的目的在于让教师参与旨在提升教学的互相探究活动。督导者和教师应交换各方对于教学问题的意见,共商解决方案。由此,教师就可以在督导者的帮助下检验假设的改进方案。因此,简认为督导者和教师应共担改进教学的责任。

　　肖恩·摩尔(Shawn Moore)认为,督导的目的为培养教师的反思能力和自主能力,促进教师驱动的教学完善。督导者应关注教师的自我概念、个人发展和教学表现。对于督导者来说,与教师建立开放、互信和接纳的关系至关重要。他认为,督导者应帮助教师认识教学问题、改进计划和成功标准。督导者可通过积极倾听、阐释、鼓励和反思来帮助教师提升自我。因此,教师应对教学改进的决策负主要责任,而督导者则起辅助作用。

与教育纲领一样,督导纲领也多种多样。在角色扮演 5.2 中,小组的三名成员分别扮演雷诺兹、怀特和摩尔。三人共同应聘督导职位,小组其他成员扮演教师角色,对督导者进行考核。

比较琼·辛普森、比尔·华盛顿和帕特·罗杰斯的教育纲领与鲍勃·雷诺兹、简·怀特和肖恩·摩尔的督导纲领时,可以看到这两种纲领都揭示了关于知识、人性和控制的基本理念。回答以下问题,你将开始厘清自己的教学督导理念。本书建议读者写下对以下问题的回答,保存好答案,在读完本文后重新评估自己的督导纲领。

1. 你对教学督导的定义是什么?

2. 督导的最终目的应该是什么?

3. 谁来督导?督导对象是谁?

4. 成功的督导者应该具有哪些知识、技能、态度和价值观?

5. 教师最重要的需求是什么?

6. 是什么促成了督导者和教师之间的积极关系?

7. 教学督导应包括哪些类型的活动?

8. 当前的教学督导实践有哪些需要改进的地方?

角色扮演 5.2

三人应聘监督职位

三名小组成员分别扮演鲍勃·雷诺兹、简·怀特和肖恩·摩尔,共同应聘督导职位。小组其余其他成员担任教师角色,行政管理部门要求教师与每位候选人进行问答。

教师需要引导候选人从多方面表达其督导纲领。回答问题时,扮演鲍勃、简和肖恩角色的小组成员应努力展示扮演角色的督导理念。

与教育理念相关的督导纲领

很多教育者认为教育理念讨论过于抽象,与督导者和教师的实际毫无关系。然而,督导者与教师的合作是基于督导理念的,这反过来也反映了更广泛的教育理念。当下的理念多种多样。其中的唯心主义和现实主义理论可追溯至古代,实用主义和行为主义等理论则始于20世纪。近期还涌现了进步主义、重建主义和存在主义。各种理念五花八门,又相互交织,很多还存在着历史关联。

要揭示教育中的主要理论趋势,就必须解析各种理论之间的差异,构建指导性的概念范畴。组合持有相同教育类型和范围看法的不同哲学,可以创造不同的概念范畴或超哲学。换句话说,不同的哲学思想在知识、真理和现实的具体性质方面可能存在分歧,但它们组合起来构成了教育哲学概论,因为它们的教育目的和处理方式是一致的。*

考虑到应用哲学理念到教育中,不同的哲学理念可以简化和分类。三种主要的教育超哲学为本质主义、实验主义和存在主义,均与督导直接相关。

本质主义

本质主义是由唯心主义和现实主义衍生而来的思想。唯心主义可追溯至柏拉图时期。唯心主义的绝对理念为:我们生活的世界只是现实的反映。现实、真理和道德标准超出了我们一般的认识范围。只有通过训练思维才能窥见终极真理。然而,训练思维是不够的,这只会让思维更倾向于抓住现实。神性、洞察力和信念是存在的终极知识的必要元素。因此,唯心主义强调人之外的真理和现实,具有绝对性、永恒性。

现实主义在工业时代初期出现,同样强调人之外的真理和现实。然而,现实主义批判割裂人类与外部环境的观点,认为人类是外部环境不可分割的一部分。世

---

* 哲学相关描述摘自 C. D. Glickman and J. P. Esposito, *Leadership Guide for Elementary School Improvement: Procedures for Assessment and Change* (Boston: Allyn & Bacon, 1979), p. 20.

界是注定的、机械的现实。所有的存在都是根据科学的因果关系来运作。就像时钟总是按照控制杠杆、量规和齿轮的机械原理运行。在时钟运行之外，人类没有其他的存在形式。所有人是预设机器的一部分。知识指机器的工作原理。真理是科学的规律。除自然法则外，别无他物。教育的目的是启发人们以自然的、逻辑的方式思考。训练思维可以使人有意识地明白世界既定的本质。

本质主义由威廉·L. 巴格莱（William L. Bagley）在 1938 年提出，包含唯心主义和现实主义的教育思想。他认为，永恒的、人类之外的（绝对唯心主义；现实主义自然法则）人类知识促进了教学法的形成。本质主义者强调，总是会有经久不衰的历史上或当代的知识，对人类具有价值（Gross, 2014；Parkay, Hass, & Anctil, 2010）。

本质主义强调督导者需要向教师传授教学真理。督导者最了解绝对标准。之后，教师以机械化的方式教学，将知识系统化，再教授给学生。教师消化教学真理后，就离成为优秀教师更近了一步。

实验主义

随着西方社会工业化程度的提高，人类对控制自然的能力越来越积极乐观。查尔斯·S. 皮尔斯（Charles S. Peirce）和威廉·詹姆斯（William James）提出的实用主义强调人类可以为自然做什么，而不是自然为人类做什么。约在 1920 年，约翰·杜威（John Dewey）将个体完全置于社会环境中，扩充了詹姆斯的观点。人类既能改造社会，同样也能被社会改造。当然，杜威的哲学思想属于著名的进步主义学派（Gross, 2014）。重建主义是实用主义和进步主义的分支。理查德·普拉特（Richard Pratt, 1971）引用了乔治·S. 科奥兹（George S. Counts）1932 年撰写的《学校是否敢于建立新社会秩序?》（Dare the School Build a New Social Order?）。当时的激进观点认为学校和学生是社会的改革者，而这一小册子正是这一观点的指导文件。

实验主义源于实用主义、进步主义和重建主义。这些哲学思想是重要的历史分水岭，告别了更传统的现实主义和唯心主义哲学。人们不再接受知识、真理和道德是绝对的、存在于人类之外的本质主义观点。对科学方法的信心、人类创造自己法则、原理和机器的能力以及人类发明能为人类所用的事实，都推动了新哲学思想的出现。实验主义正是这种哲学：有效的才是现实。

如果一个人能够提出假设、检验假设、证明假设有效，那么这一假设就会被认为暂时正确。反复实验后还是同样的结果，则这一假设便成为现实。然而，实验主义者宣称绝对真理是不存在的。他们认为，人类环境不断变化，因此今天证明有效的事物可能明天就无效了。新的环境和不同方法都可能改变昨天的现实。实验主义者指出，牛顿万有引力定律的历史证据已属于过去的真理，已被爱因斯坦的相对论代替。他们相信迟早有一天，新理论也将取代爱因斯坦相对论。

道德与人类及社会发展息息相关。道德可以推动个人与团队的合作，实现更大目标。所以，明智的做法是了解环境（事物、人的环境）是如何影响个人，个人又是如何影响环境的。行为是否合乎道德取决于团队所取得的进展。实验室的试错法是评估行为结果的关键。因此，实验主义者并不认为知识是人类的绝对或外在能力。相反，知识是具有科学精神的人与环境相互作用的结果。

杜威的著作详细讲述了实验主义思想在教育督导的应用。教师（作为学生）需要学习当下时代真理，但又不能仅仅满足于这些知识。督导者将学校视为与教师合作的实验室，从而验证旧假设，尝试新假设。督导者与教师进行民主合作，实现惠及所有人的集体目标。督导者不仅仅是悠久智慧的传承者，也是当代基础知识的传递者，还是试错法、探索性学习的引导者。

存在主义

一些学者拒绝本质主义和实验主义包含的一些哲学观点，存在主义作为新思想学派应运而生。因此，诸多哲学家认为存在主义是一个很大的范畴。他们在了解现实时都看不上理性、经验和系统思维。如前所述，本质主义者主张理性思维有助于提升思想境界，揭示宇宙的绝对性。实验主义者相信理性、科学的思维能够探索和构建当今时代的相关知识。然而，存在主义者认为，理性思维阻碍人类探索客观存在，导致人类一直处于无知的状态。

这一哲学理念起源于19世纪中叶索伦·克尔凯郭尔（Sören Kierkegaard）的著作。随后，阿尔贝·加缪（Albert Camus）和让－保罗·萨特（Jean-Paul Sartre）等支持者在戏剧和文学中普及了这一哲学思想。如今著名的超验思维、冥想和内省(了解自己)都源于存在主义哲学。该哲学的基本理念为,个人是一切现实的源泉。世界上存在的一切都是个人经验得出的意义。知识不是绝对的,宇宙也并非机械地运作,既定逻辑并不存在。相信这些就是人类对自身经验狭隘、主观、有失偏颇的解读。

个体之外只有混乱。唯一存在的现实就是个体的存在。只有自省才能辨明无序外界的真理。人性是至高无上的。人类尊严和价值至关重要,是所有真理的源泉和传播渠道。认识到这一点,人们就会发自内心去尊重所有人及他们的独特性。人际关系十分重要,可以肯定个人价值并捍卫发掘自身真相的权利。道德是了解自己和让他人享有同样自由的过程。信仰、直觉、神秘主义、意象和升华体验都是探索方式。人类是完全自由的,不是被别人塑造的,也不受时代变迁的限制。人类的命运掌握在自己手里(Duemer, 2012;Gross, 2014;Yue, 2011)。

这一教育理念应用于督导,意味着充分认可并尊重教师的个人选择。督导者为教师探索其身心能力提供环境。教师必须努力学习提升自己(Kline & Abowitz, 2013)。督导者既不会直接告知信息,也不会在引导过程中多加干涉。督导者在需要时提供帮助,保护他人自我探索的权利,视教师为十分重要的角色。表 5.1 比较了这三种超哲学。

附录一介绍了伯纳德·巴迪亚里(Bernard Badiali)开发的"教育哲学 Q 分类法(Educational Philosophy Q-Sort)",基于五个哲学理论而非三种超哲学。完成 Q 分类法将帮助你确定自己的理念最接近五个理论中的哪一个。小组活动 5.1 目的在于完成 Q 分类后促进组员参与。

表5.1 比较三种超哲学

	实验主义	实验主义	存在主义
现实观(知识,真理,道德)	存在人类之外,是绝对的、不变的	有效的就是现实;是暂时的、不断变化的	个体是一切现实之源;个体定义现实
如何了解现实	培养理性思考能力	与环境互动;进行实验	自我发现;创造意义
在督导中的应用	督导者是专家;机械地将教学知识传授给教师	督导者与教师民主合作,检验旧假设、尝试新假设	督导者帮助教师进行探索和自主决策

小组活动 5.1
置身于教育哲学的连续统一体中

准备工作

1. 所有小组成员完成教育哲学 Q 分类法，回顾遵循 Q 分类法的"哲学取向的特征"图表(见附录一)。

2. 教师在墙上贴小纸条，每张纸上都有一个哲学思想的名称，名称之间保持等距(3 到 4 英尺)。这些名称按以下顺序形成连续统一体：永恒主义—本质主义—进步主义—重建主义—批评理论。

活动

1. 根据 Q 分类法结果以及对自身教育理念的思考，学生在名称中选择自己的位置。有的学生可能在其中一个名称的正下方，有的学生可能在两个名称之间。

2. 每位学生解释自己所选位置的原因。

反思自身督导理念

让我们回想并反思自己的工作。首先思考自己如何与个别教师合作以及如何在小组中合作。请阅读"与个体工作中督导性人际行为的调查问卷"(框图 5.1)，选择你最常采用的方法。

接下来，请阅读"小组工作中督导性人际行为的调查问卷"(框图 5.2)，选择你在与教师小组合作时的人际行为。

调查问卷中的督导方法对应本质主义、实验主义和存在主义哲学思想，被称为指令督导、协作性督导和非指令督导。格里克曼和塔马西罗(Tamashiro)认为：

> 指令督导的基础理念是，教学包括有明确标准的技术技能和让所有教师教学有效的能力。督导者的角色是告知、指导、示范和评估这些能力。

> 协作督导的基础理念是，教学是解决问题，两个或两个以上的人共同提出问题假设，进行实验，实施适用性最强的教学策略。督导者的职责在于引导问题解决过程，积极参与互动，让教师专注于共同的问题。

> 非指令督导认为，学习主要是个人经历。个体必须想出改善学生课堂体验的解决方案。督导者的作用是倾听，维护公平，为教师提供表达自我意识和解释说明的机会。

(1980：76)

框图 5.1 个体工作中人际行为督导调查问卷:情景案例*

择途学校(Whichway School)的学生刚刚放学。教师们刚在办公桌前坐下时,作为督导者的你站在门口,他们便邀你进去。"怎么样?"你问道。看着一大堆要批改的试卷,教师觉得大部分试卷反映出学生并没有掌握上课所学内容。教师回答道:"教这个班级我太沮丧了。学生能力千差万别!"接着,教师还说道:"有些学生不遵守纪律,影响正常教学。"

深入讨论后,你和教师达成一致,决定去教室观察一番,再就观察结果开会讨论。

几天后,基于课堂观察,你仔细分析收集到的信息,并为会议做准备,以及考虑在会议中使用多种方法来帮助教师。

方案 A 讲述你课堂观察中的发现,并询问教师看法,倾听对方意见。明确问题后,大家畅所欲言。最后,就解决方案达成一致,共同确立目标、商讨和实施行动方案。此方案由双方共同制定。

方案 B 倾听教师讨论课堂情况,鼓励教师进一步分析问题,随后提问,确保教师对该问题有明确的认识。最后,让教师决定行动的具体细节,确认是否需要你的协助。此计划由教师制定。

方案 C 与教师分享你的观察结果,告诉教师你认为的改进重点。寻求教师建议,调整自己的观察结果和解释。根据自身经历和知识,详细描述你认为改进课堂教学的其他措施供教师参考和选择。教师根据督导者的建议,选择计划。

方案 D 陈述你的看法,教师可选择接受或纠正你的解读。明确问题后,指导教师改进内容和方式。你可以在教室亲自示范,或让教师观摩另一位在此方面表现突出的教师。表扬和奖励完成任务的教师。

问题:大多数情况下,我会选择方案_____。

解析:

方法 A:协作行为,督导者和教师共同决策未来改进方案。

方法 B:非指令行为,督导者帮助教师决定未来改进方案。

方法 C:指令信息行为,督导者指导教师对未来的改进做出选择。

方法 D:指令控制行为,督导者为教师做出决策。

＊资料来源:改编自 Katherine C. Ginkel (1983). "An Overview of a Study Which Examined the Relationship between Elementary School Teachers' Preference for Supervisory Conferencing Approach and Conceptual Level of Development"一文。此文为 4 月于蒙特利尔举行的美国教育研究协会年会上的论文。经作者许可使用。

框图5.2　集体工作中人际行为督导问卷调查：情景案例 ①

你(作为督导者)刚刚召集科学教师们，共同商议允许学生在常规教学时间以外使用实验室设备的政策。许多学生抱怨没有足够的课堂时间做实验。讨论议题集中于在教师监督下，如何及何时为学生腾出更多的实验室时间(上学前、午餐时间、自修时间、放学后)。你将如何与科学教师共商决策？

方案 A　与教师会面，表明他们需要决定如何处理这一问题。告知你已掌握的信息，并要求教师做出说明。汇总教师意见，一旦教师肯定你的总结，让教师自行决定处理方案。继续参与讨论，通过呼吁、提问和转述来推动讨论，但不要显露自己的立场或左右讨论的结果。

方案 B　与教师会面。首先说明决定需要满足学生、教师和督导者的需求。要么达成共识，要么少数服从多数来做决定。你需要倾听、鼓励、阐明和反思每个人的看法。接着，要求每位成员(包括你自己)提出可行的解决方案，逐一讨论解决方案，确定事务先后顺序。若仍无法达成共识，那么进行投票。阐明自己的观点，但最终要服从组内决策。

方案 C　与教师会面，说明你的改善措施。邀请大家共同讨论，对要采取的某项或多项行动达成一致。列出备选方案，分析每个方案的优劣。鼓励小组讨论，做出选择。

方案 D　做出决策之前，与教师会面，表示你希望得到反馈，他们的意见对最终决策意义重大。询问建议、倾听建议、鼓励教师阐明和解释自己的想法。每个人发言之后，确定最终解决方案。告知后续计划、实施时间，表达出你希望教师实施此计划的意愿。

问题:大多数情况下，我会选择方案_____。

解析:

方法 A:非指令行为，督导者帮助小组做出决定。

方法 B:协作行为，督导者作为小组的一部分进行小组决策。

方法 C:指令信息行为，督导者作为决策的筹划者，在小组中进行决策。

方法 D:指令控制行为，督导者为小组做出决策。

①资料来源:改编自 Katherine C. Ginkel (1983). "An Overview of a Study Which Examined the Relationship between Elementary School Teachers' Preference for Supervisory Conferencing Approach and Conceptual Level of Development"一文。此文为4月于蒙特利尔举行的美国教育研究协会年会上的一篇论文。经作者许可使用。

你如何看待督导者与教师责任？

督导理念可从决策责任方面思考（表5.2）。本质主义认为，督导者是教学专家，因此督导者具有重大的决策责任。高督导责任和低教师责任称为指令督导。实验主义提出，督导者与教师在教学改进过程中是平等的合作伙伴，平等的督导者与教师责任称为协作督导。存在主义表示，教师需要发现自己改进教学的能力。低督导责任和高教师责任为非指令督导。

阐释自己的教育哲学和督导理念时，纯粹的思想立场是很少见的。因此，萨乔万尼的督导纲领观点十分有益。哪些哲理和理念组合才是最重要的？或许我们的理念主要是本质主义和指令性的，兼有实验主义和协作性，或许还有其他组合。事实上，纲领并无对错之分，仅用以评估自己构建的理念。

表5.2　督导理念和决策责任

督导理念	决策责任
指令性	高督导责任、低教师责任
协作性	督导者与教师责任均等
非指令性	低督导责任、高教师责任

教育哲学、教师、督导者和督导方法

本章中已经讨论了三位教师——琼·辛普森、比尔·华盛顿和帕特·罗杰斯和三位督导者——鲍勃·雷诺兹、简·怀特和肖恩·摩尔的理念、三种超哲学——本质主义、实验主义和存在主义以及三种督导方法——指令性、协作性和非指令性。显然，如表5.3所概述，其中存在一定的模式。教师琼·辛普森和督导者鲍勃·雷诺兹拥护本质主义，教师比尔·华盛顿和督导者简·怀特的理念基于实验主义，教师帕特·罗杰斯和督导者肖恩·摩尔的理念则支持存在主义。上文讲到，大多数督导者都曾是教师，教师往往会将根深蒂固的理念从课堂上带到督导者角色中。许多教育工作者从未在正式纲领中表达自己的理念，但他们仍然拥有这些理念——作为教师和督导者的日常行为可以反映这些理念。因此，它们对教师负责的学生至关重要。

你的立场决定了你的观点：文化对理念的影响

文化背景是个人教育理念的重要方面。主流文化中的个体自然倾向于向学生传授主流文化的课程和教学。然而，非主流文化背景的学生或许会很难适应主流文化的课程与教学，也可能会（被动或主动地）抵制主流文化传播。这种问题不仅仅是简单的主流文化和非主流文化错配，这种错配的最终结果是同化非主流文化。学校边缘化特殊学生的文化也就意味着边缘化这些学生。这种现象最大的潜在危害在于，教育工作者可能并未意识到他们对此负有部分责任。

表5.3　哲学、教师、督导者和督导方法

哲学	本质主义	实验主义	存在主义
教师	琼·辛普森	比尔·华盛顿	帕特·罗杰斯
督导者	鲍勃·雷诺兹	简·怀特	肖恩·摩尔
督导方法	指令性	协作性	非指令性

 视频案例

这段视频是督导者与教师开会的片段。督导者讨论监督理念，教师讨论监督风格。你认为，该督导者采用了本章的哪种或哪些监督方法？

教育工作者的教育理念往往受到文化臆断的影响。由于文化臆断根深蒂固，早已被认为理所当然，人们可能意识不到这些文化思想。这些臆断能够影响与学生和家长的关系、设计的课程、学生评估等等。由于文化思想和学生理念的影响，仅仅阐明理念并由此制定教育目标与进行实践是远远不够的。相反，我们应甄别并批判性地审视自身的文化臆断。这样的批判通常发生在与别人的谈话中，改变对同事和学生的负面臆断和猜测。

甄别和批判文化臆断对个人与学校来说均不容易。首先要审视自身的行为、

文化和信奉的理念,进而透过这些行为、产物和理念寻找臆断。要做到这一点,个体需要思考以下问题:

· 在与某些文化群体打交道时,我是否比别人感到更加困难? 如果是,原因何在?

· 与不同于自身的文化群体合作时,我的行为和理念是否一致?

· 文化背景如何影响父母的期望和自身与父母间的交流互动的?

· 文化背景如何帮助我形成对有效教学的看法的?

· 文化背景如何影响我对一般学生和不同学生群体的期望?

上述问题是批判性反思的切入点,可以拓展对文化臆断的理解。以下问题可以帮助群体批判性地审视文化对学校组织的影响:

· 主流文化如何传达学校目标? 其他文化如何促成目标?

· 我们的课程,包括教科书和课程教材是如何体现主流文化的? 其他文化是否在课程中有积极形象?

· 文化理念如何影响学生在学校各种项目中的分组和安置方式?

· 文化理念如何影响学校的管束做法?

· 文化理念如何影响学生学习的评估方式?

· 文化理念如何影响我们与学生家庭的互动方式?

改变理念的另一催化剂便是更好地理解与我们不同的文化。方法包括阅读其他文化和多元文化教育的文献、与来自其他文化背景的学生及同事交谈、与来自不同文化的家长和群体成员在不同的群体情境中互动以及与来自不同文化的个体共享学校教育及领导力。了解多样文化,尤其与多样文化互动,可以克服个人偏见,改变教育观念,最终形成独特且多样化的教育实践。

思考题

巩固练习5.0

检查自己对本章核心概念的掌握情况。

反思练习5.0

来自洛威尔高中(Lowell High School)的几位数学老师向督导者谢丽尔·加西

亚抱怨说,数学教师瑞克·伊凡斯不与学科部门的其他人保持同步。除了瑞克,洛威尔高中的数学教师们都采用了实验主义教学方法,包括让学生探究多种解题方法、将数学应用到家庭和社区的实际生活中以及学生合作完成课程项目。瑞克在另一所学校有十年的教学经验,这是他在洛威尔高中的第二年。他秉承本质主义教育理念,认为数学教师需要"返璞归真"。他向学生展示如何解决数学问题,在学生解决问题时提供反馈,并为学生分配独立练习,进一步完善解决问题的能力。其他数学教师告诉谢丽尔,他们和瑞克商量过,敦促他的教育理念与部门理念保持一致,但是效果不大。于是教师要求谢丽尔出面,和瑞克谈谈教学理念的冲突。你对谢丽尔有什么建议?

第三部分 人际交往技能

第一章的图 1.1 显示了本书的结构。督导作为发展功能，其先决条件包括知识、人际交往技能和技术技能。第二部分介绍了关键性知识储备。第三部分将介绍人际交往技能。第六章介绍了督导行为的连续统一体。第七章详细叙述了指令控制行为。第八章阐述了指令信息行为的应用。第九章提出协作行为的应用。第十章关于非指令行为的应用。第十一章介绍发展式督导的理论与实践。

促进教师成长和学校成功所需的知识是督导行为三角架构(参见图Ⅲ.1)的基础。知识需要结合与教师沟通的人际交往技能以及规划、评估、观察和衡量教学改进的技术技能。接下来，我们将关注人际交往技能。

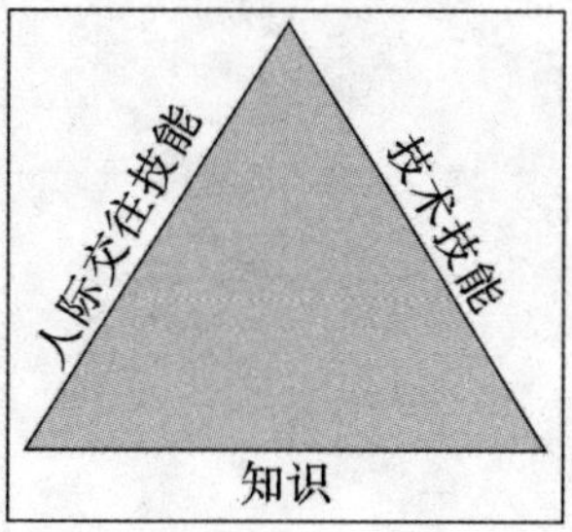

图Ⅲ.1　督导者的先决条件

第六章 督导行为连续统一体：认识你自己

本章学习目标

阅读本章后，你应当能够：

1. 辨别本章中四种督导方法的结果。

2. 列出乔哈里表格中的四小格内容。

3. 解释认知失调的前提。

4. 描述督导者的自我评估工具。

5. 辨别收集数据的三种方法，并与督导者的认知作比较。

6. 描述 360 度反馈评估策略。

请阅读本章，并思考以下问题：

1. 本章讨论的四种督导方法中，与你一起共事过的监管者曾使用过哪种方法？

2. 如果你过去或现在的同事将你作为专业人士进行描述，你认为他们会讨论你"公共自我"的哪方面？有哪些特质是你隐藏了，又有哪些特质未被同事所发现？

3. 你身边是否有这样一位同事，他"盲目自我"中的某一方面令他与其他人共事时，或者追求职业目标时产生困难？那么，这位同事的"盲点"是什么，它的消极影响是什么？

4. 回顾在你的职业生涯中主要经历的认知失调。你对这种状况最初有什么样的感觉，你又是怎么应对认知失调的呢？

5. 在本章中，就督导者收集他人对于自己表现的几种反馈方法。作为督导者，你更倾向于尝试哪种方法？过一段时间后，你认为哪种方法会得到最有效的反馈？

对于和个人与教师团体合作的督导者而言，可以采取一系列人际关系行为，本章将对这些行为进行探讨，并评估督导者在学校环境中与同事们的典型行为，然后确定其他能巧妙运用和有效运用的行为。之后的章节将提供四种人际交往技能的相关训练。

督导行为的广义分类来源于多年来对在会议中的督导者的观察，他们与个人或教师团体一起为班级或学校作决定(Glickman,2002)。这些类别涵盖了几乎所有被认为是有目的性的督导行为。目的性行为的定义是，它影响了在会议上做出的决策。从督导行为中衍生的类别是：倾听、阐释、鼓励、反思、展示、解决问题、协商、指令、规范和巩固。接下来是每一类别的定义：

● 倾听：督导者坐着，看着发言人，并点头表示明白发言人的意思。一些语气词，如"嗯哼"、"嗯"也是倾听的表现。

● 阐释：督导者向发言人提问，并且阐释发言人的观点："你是不是在说……"；"你能进一步解释一下吗？"；"我不太理解这里"；"我这里跟不上你的思路……"

● 鼓励：督导者正面回应发言人，鼓励发言人继续阐释他的立场："是的，我在听"；"请继续说"；"我明白你在说什么了，请说多些"。

● 反思：为确认发言人所传达的信息，督导者总结和改述发言人的说法："在我看来，你是在说……"；"所以，这事是……"；"我听到你说……"。

● 展示：关于讨论的事情，督导者给出自己的意见："我是这么看的"；"我们能做的是……"；"我想大家考虑一下……"；"我认为……"。

● 解决问题：在对问题进行初步讨论后，督导者通常会带头敦促与会者列出可能的解决方案。在敦促与会者时，督导者通常会说："让我们暂停讨论，把我们能做的事情写下来"；"对于解决这个问题，目前我们已经有什么想法了？"；"让我们想想所有可能采取的行动"。

● 协商：为了使解决方案更可行，督导者需要带领大家讨论每一个提出的方案的结果，研究其冲突或优势，并且缩小方案的选择范围。这些语句会常用到："我们都同意什么？"；"我们怎么才能让大家都接受这个方案呢？"；"我们可以找到什么折衷的办法，让大家都满意？"

● 指令：督导者告诉与会者可选择方案有哪些："照我看来，有这一些可选择方案：你们可以采用A、B或者C……你们觉得那个方案最合理，你们会选择哪一个？"或者督导者告诉与会者需要做的事情是什么："我决定，我们准备做……"；"我想要你们做……"；"政策将会是……"；"事情将会是这个样子"；"我们将按如下方式进行"。

• 规范：督导者设定了实施决定的预期标准、时间和目标。督导者通过话语传达期望，比如："到下周一，我们希望看到……"；"通过……向我报告这一变化"；"前两个活动由……执行"；"我想在下次会议上提高25%的参与度"；"我们都同意所有任务将在下次考查之前完成"。

• 巩固：督导者通过讲述可能的后果来加强指令和要达到的标准。若可能的后果是积极的，督导者一般会表达赞赏："我就知道你能做好！"；"我对你的能力有信心！"；"我想向别人展示你做过的事情！"若可能的后果是消极的，则会说："如果你不按时完成，我们会失去……的支持"；"我们必须要明白，如果这没按时做好，那么会导致……"。

上面的人际关系督导行为促使与会者做出决定。一些督导行为即意味教师做出的决定将承担更多责任，而另一些则对督导者赋予更多责任，再有一些的责任分配会比较平均。行为类别按照督导行为连续统一体的顺序列出（图6.1），以反映控制或权力的规模。

当督导者聆听教师讲话，阐释教师的意图，鼓励教师多说一些，并通过确认教师的看法来反思，那么显然是教师在主导。督导者扮演积极推进者的角色，或者是教师的传声筒，供教师做出自己的决定。教师具有高度控制权，督导者对实际决策的控制权较低（在图6.1中，这由大T和小s表示）。这被视为一种非指令性的人际关系方式。

当督导者用非指令行为去理解教师的观点，在参与讨论时展示他的想法，解决问题时敦促所有与会者提出可行方案，协商时寻找一个能让教师和督导者都满意的方案，那么大家共享这个决定的控制权。这被视为合作的人际关系方式。

1	2	3	4	5	6	7	8	9	10
倾听	阐释	鼓励	反思	展示	解决问题	协商	指令	规范	巩固
T									t
s									S
行为类别：	非指令				合作			指令信息	指令控制

关键词：
T＝教师责任最大值　　S＝督导者责任最大值
 t＝教师责任最小值　　s＝督导者责任最小值

图6.1　督导行为连续统一体

当督导者指令教师从哪些可选项来选择方案,等教师做出选择后,督导者为预期结果设定完成时间和标准,那么督导者就是信息的主要来源,为教师提供有限的选择(小 t 和大 S),这被视为指令信息人际关系方式。

还有一种情况,督导者指令教师去做什么,为预期结果设定完成时间和标准,口头强化行动的结果,那么督导者为决策负责(小 t 和大 S)。显然,督导者在决定决策,教师是跟随者的角色,这样的行为称作指令控制人际关系方式。

会议成果

另一种辨别不同督导方式特质的方法,是观察会议成果,明确谁实际上掌握教学改进决定的最终控制权:

方法	会议成果
非指令	教师方案
合作	共同方案
指令信息	监管者建议的方案
指令控制	监管者指定的方案

在非指令方式中,督导者敦促教师思考方案。在合作方式中,督导者和教师分享信息和可行的实施计划,最终达成共同方案。在指令信息方式中,督导者提供可行计划的重点与范围,让教师选择方案。在指令控制方式中,督导者告诉教师应该做什么。非指令方式为教师提供最多的选择;合作方式令双方达成共同选择方案;指令信息方式的方案选择相对有限;在指令控制的方式下产生的会议成果是不经选择的。

对自我的有效评估

我们需要让别人对我们的理解和我们对自我的理解保持相对一致。接下来举一个自我认知错误的例子。新罕布什尔的一位校长,自认为经营着一所成功的学校,对教师们而言也是易于亲近的。他可以用一些外在的表现来证明他的成功

——学校受州和国家认可，收到众多访客的表扬信。他经常在休息室与教师讨论；若有员工想与他商讨事情，那么还可以在他开放的办公室时间来拜访他。这些都能证明他是易于亲近的。在他任职校长的第三年，教育督导者要求由教师来评价学校系统中校长们的表现。在评价表上，有一项是"倾听他人"，从1（"很少倾听"）到7（"几乎总是倾听"）的数字打分。在将评价表发放给教师前，这位校长根据他的自我理解先填写了一遍。在"倾听他人"这一栏，他信心满满地给自己打了7分。当教师的评价结果出来，他惊讶地发现，他打了最高分的"倾听他人"这一栏分数偏偏是最低的。令他感到懊恼的是，对于自己的工作表现，他的自我认知与他人认知是有显著差异的。

 视频案例

　　这个视频是关于一位任职一年的校长。观看视频时，你可以思考如下问题：校长的领导风格与学院的期待之间有什么差异？校长从这种差异中学习到了什么？她是怎样调整自己的做法的？

乔哈里表格

　　乔哈里表格（Chang，Chen，& Yuan，2012；Janas，2001；Luft，1970；Tombak，2015）用图表的方式描述了我们对自身行为的已知和未知（图6.2）。图表有四小格，分别表示自己（督导者）和其他人（教师）已知或未知的行为。

　　格1表示督导者与教师共同知道的行为，是督导者的公共自我。比如，督导者知道自己在紧张的时候，演讲会变得磕磕巴巴的；教师们也会意识到督导者的紧张情绪。

	督导者已知	督导者未知
教师已知	1.公共自我	2.盲目自我
教师未知	3.秘密自我	4.未知自我

图6.2　乔哈里表格*

　　格2表示盲目自我。督导者并未意识到自己的行为，但是教师意识到了。比

---

　　*资料来源：改编自约瑟夫·勒夫特（Joseph Luft，1970）《小组流程：小组动力的简要介绍》，纽约：国家出版社。

如,一位校长认为自己在倾听方面做得很好,但是教师并不这么认为。如果校长意识到了教师的感受,那么盲目自我的内容会变为公共自我的内容。

格3表示秘密自我。监管者意识到自己的行为,而教师却忽略了。比如,督导者在新环境中会掩饰自己的不安全感,积极外向地与他人打招呼。只有督导者一个人知道他在掩饰自己的不安。一旦督导者与其他人分享自己的感受,那么秘密自我的内容也会变成公共自我的内容。

格4表示未知自我。督导者和教师可能都不能意识到督导者的某些举动。比如时不时地,督导者在桌子后面说话时,会来回变换腿的姿势。督导者和教师都没能意识到这一行为。又或许,在某位教师发言时,督导者突然感到生气。也许督导者并不知道自己为何生气,或者连自己生气了也不知道,那位教师就更不知道了。未知自我对大家来说都是隐秘的,只有当有人意识到了,它才会变为秘密自我、盲目自我或公共自我的内容。

那么,乔哈里表格对督导者有什么用呢? 督导者只有在意识到自己在做什么时,才会变得更高效。出于慎重考虑,我们也许会隐藏自己的某些部分,比如,我们并不想让教师知道关于我们生活或性格的所有方面。但是我们要明白,如果我们把大部分自我都隐藏起来,那么会让与我们共事的教师感到疏离,因为人与人之间的联结非常依赖于经历的分享。我们也许喜欢礼仪和人与人之间的距离感,也能说出私人空间的优点。但我们要承认的是,如果我们过分强调私人空间,那么教师就难以与我们讨论关于个人体验的事情,而这也许会影响到教学表现。首先,我们要意识到,我们向教师们展现了多少自我,并且确认教师们是否与我们的理解是一样的。然后,作为督导者,我们不应该不了解自己的行为,或者不了解行为产生的影响。只有当我们知道更多,我们才能更好地提升;如果只有自我理解,忽略了他人的理解,那么会导致灾难性的后果。

上述提到的校长,他对自己的倾听行为的理解就是一个恰如其分的例子。如果真像他认为的,自己是一个易于亲近的倾听者,那么教师们就不应该不与他讨论教学问题。但是,他发现教师在某些情况下会直接去找教学督导者讨论教学问题,而他却没察觉。直到教学督导者与他说了这些事,他才知道教师越过了他。面对教师的"不专业"行为,他感到生气。不过,这也并不完全是校长一个人的过错。在教学评估后,他不能再欺骗自己。教师们不与他谈论问题,是因为他们不相信他真的会倾听。他需要接受一个事实，即教师们并不认为他是易于亲近的。在过去，他也许避开了这些信息，盲目乐观，在学校出现问题时才认清现实。

乔哈里表格对督导者非常有用，特别是当督导者将它作为收集信息的框架，并按其中的四个小格来反思自己的行为。

1. 督导者与教师们都知道督导者的公共自我行为，但是督导者没有意识到这些行为如何影响教师，或者对这些行为的消极影响给予足够重视。在导师的指导下，督导者可以通过匿名问卷、观察和闲谈来确定哪些是需要提高或改变的行为。

2. 督导者可以收集信息，并进行反思，意识到哪些行为在盲目自我里，从而做出积极的改变。比如，在前面提到的校长的例子中，如果校长能通过非正式的问卷或者第三方机构调查的方式来发现盲目自我，意识到教师们对他领导风格的感受，他就能知道教师们所真正关心的事情，在正式的工作评价前就把问题解决好。

3. 督导者可以思考，为什么有些行为属于秘密自我的范畴，是将它们继续隐藏起来还是公之于众。写下秘密自我的重要方面也是很有帮助的。督导者也可以尝试与导师私下讨论秘密自我的事情，进一步思考秘密自我是否要变为公共自我。

4. 对于未知自我，应该如何做呢？督导者都不知道这一部分的自我，那要如何收集信息并进行反思呢？所以第一步要自我觉察。迪尔（Diehl，2011）有一个研究，几位督导者参加了一学期的学习小组。他们通过思辨性写作与小组讨论，让他们意识到在面对压力时，他们会做出的反应；也意识到，这些盲目自我会给自己、教师和学生带来什么样的影响。通过思辨性写作与小组讨论以自我觉察，是督导者想要改变他们态度与行为的第一步。这样才能让他们更好地减轻自身压力，减少对同事们和学校的负面影响。

乔哈里表格的活动介绍

在个人与团体活动中，运用乔哈里表格能让我们对其中三格的内容变得熟悉起来。这个活动对于彼此较为熟悉的团体更加适合，因为大家能够较好地相互观察。活动步骤如下：

1. 每位小组成员拿到一份活动表格6.1，思考自己的个人特点、职业特点，并且在乔哈里表格的相应区域列出自认为展现给公众的自我和秘密自我。

2. 每位小组成员拿到几份活动表格6.2，数量按照参与人数而定。每位成员都写下他们认为其他成员所拥有的优秀品质,记得在表格上标注好不同成员的名字,不要弄混。

活动表格6.1

公共自我和秘密自我

提示:在下面相应的小格中列出代表你的公共自我和秘密自我的词语。

注意:你将与该组的其他成员分享你所写的内容。

公共自我	盲目自我
秘密自我	未知自我

活动表格6.2

同事的积极特征

为每位同事使用单独的表格。

同事的名字:_____

我观察到的这位同事的积极特征(使用词语):

---

3. 小组成员交换活动表格6.2,例如,麦克将关于玛丽亚的表格交给玛丽亚,把关于苏西的表格交给苏西,以此类推。

4. 每位小组成员浏览一遍其他成员为自己列出的优秀品质。

5. 每位小组成员拿到一份活动表格6.3。基于其他小组成员为自己所作的评价,每位成员在新的乔哈里表格上写下公共自我、秘密自我和盲目自我的内容。相比于活动表格6.1,有一些公共自我的特点会变为秘密自我的特点,或者正好相反;也有可能一部分特点会写到盲目自我的格子里。

活动表格6.3

公共自我、秘密自我和盲目自我

提示:在浏览了其他人在活动表6.2上对你的评论后,修改公共自我和秘密自我的格子,并填写盲目自我格子。

公共自我	盲目自我
秘密自我	未知自我

---

6. 小组成员间相互讨论,他们在浏览了别人给自己做的评价后,对原来的乔哈里表格做出了哪些改变。

因为活动表格里没列出未知自我这一小格,而且填写的都是关于优秀品质,所以这个热身活动还不足以为参与者带来关于乔哈里表格的完全体验。收集更多关于这四个自我在职业领域中的批判性信息,可以让监管者更了解认知失调。这一认知是改变的前提。接下来,我们将会讨论认知失调的内容。

认知失调

根据心理学家利昂·费斯汀格（Leon Festinger,1957）提出的动机模型,无效理解会造成认知失调的情况（参见 Gorski, 2009；Weldeana & Abraham, 2014；Zepeda, 2006）。这个模型的建立前提是,人们不能忍受矛盾的心理证据,即有信息表明自我认知与他人所理解的是不一样的。在前面的例子里,当权威者发现他对自己善于倾听别人的这一特质与别人所理解到的有出入,那么他的心理状态会变得混乱,也就是认知失调。我们得让这两方不同的理解相互碰撞,最后达成和解。如果不这样做,这两方不同的理解会继续困扰我们。这种心理上的痛苦会促使我们解决我们必须要面对的问题。

认知失调并不令人好受,但从长远角度来看,它是所需变革的催化剂。在戈登（Gordon）和布罗贝克（Brobeck,2010）的研究中,有一个案例是关于一位有认知失调情况的校长,她对所有教师都运用非指令方式。在听完她对会议内容的记录和参与了有导师带领的讨论后,这位校长虽不情愿,但是意识到非指令方式对于资深教师的效果很好,对于能力较弱的教师而言却不尽人意。为解决由此引发的认知失调状况,她承诺使用多种督导方式,面对处于不同能力阶段的教师采取不同的方式。

将自我理解与他人理解相比较

督导者可以用表格6.1来比较自我的理解与他人的理解。这份督导者的自我评估表分成四个模块,分别是职业特点、技能、个人帮助和学校促进,每个模块会生成一个分数。首先,督导者先自测,记录分数。在自测时,督导者需要保持开放、坦诚的心态,这份自测的评估表也不会与其他督导者或教师分享。随后,督导者发放这份评估表给教师们匿名填写,并随机回收表格。在统计分数后,督导者就可以比较自我理解与他人理解。在比较的时候,督导者可以得出结论：

1. 督导者和教师们都对监管者的表现感到满意。

2. 督导者对自己的表现满意,但教师们感到不满意。

3. 督导者对自己的表现不满意,但教师们感到满意。

4. 督导者和教师们都对督导者的表现感到不满意。

框图 6.1 督导者的自我评估表

提示:请在每一项表述前写下最符合的数字

1. 极不同意。

2. 不同意。

3. 同意。

4. 非常同意。

模块 A:职业特点

1. 督导者真的非常关心学生的成长与发展。

2. 督导者真的非常关心教师的成长与发展。

3. 督导者是值得信任的。

4. 督导者公平地对待教师。

5. 督导者处理问题灵活。

6. 督导者是道德的。

模块 B:技能

7. 督导者善于沟通。

8. 督导者善于评估需求。

9. 督导者善于计划。

10. 督导者促进团队合作。

11. 督导者善于解决问题。

12. 督导者能改变机构。

13. 督导者善于观察。

14. 督导者善于解决冲突。

模块 C:个人帮助

15. 督导者在观摩教学后提供有用的反馈。

16. 督导者提供有用的教学资源。

17. 督导者鼓励教师进行反思。

18. 督导者演示高效的教学。

19. 督导者分享创新的教学策略。

20. 督导者有效帮助新教师。

21. 督导者有效帮助遇到教学问题的教师。

22. 督导者有效帮助教师为教学做计划。

23. 督导者有效帮助教师评估学生的学业。

24. 督导者有效帮助教师采取个性化教学。

模块 D:学校促进

25. 督导者有效发起教师间关于教学的讨论。

26. 督导者培养积极的学校氛围。

27. 督导者促进集体愿景的建设。

28. 督导者促进教师合作,以提高学校教学。

29. 督导者赋权于教师。

30. 督导者有效促进教师的职业发展。

31. 督导者有效促进课程建设。

32. 督导者有效促进项目评估。

> **计分方法：**
>
> 督导者自测后将分数相加,统计出每个模块的分数。每个模块的分数范围如下：
>
> 模块 A：职业特点,6 到 24 分。
>
> 模块 B：技能,8 到 32 分。
>
> 模块 C：个人协助,10 到 40 分。
>
> 模块 D：学校协助,8 到 32 分。
>
> 各模块相加的总分范围是 32 到 128 分。教师完成表格后,督导者统计出每一
>
> 项、每个模块和总分的平均分数。例如,如果五位教师对某项的评分分别是 2、3、4、4 和 5,那么这一项的平均分是 3.6;如果五位教师对模块 A 的评分分别是 16、18、19、21 和 22,那么模块 A 的平均分是 19.2;如果五位教师的总评分分别是 83、92、100、112 和 118,那么总分的平均分是 101。

最后三个结论中的任何一个都可以作为督导者定义的改进目标和督导者设计的提高教学计划的基础。

比较自我认知与记录行为的差异

另外一种让认知失调提升督导实践的方法,是督导者比较自己的理解与关于他实际行为的真实数据。督导者平时要负责收集课堂数据,以协助教师提升教学工作。这一项工作正是关键步骤。让督导者分析自己的表现,以提高督导水平,是非常有用的。在督导者与教师个人或团体互动时,就是收集数据的好时机。收集数据有很多种方式。在督导者在会议上收集所需要的数据时,另一位督导者可对其进行观察。督导者可以用电子设备将会议录制下来,会后回看视频。督导者可以分析能体现督导行为的文件,如电子邮件、备忘录或自己写的观察报告。

分析这些数据,是为了比较督导者的看法与所记录下的督导行为的差异。这种比较,与前文所述的比较督导者与教师的理解一样,会暴露同类型的认知失调。而且这种比较方式,能更容易暴露认知失调。通过自我分析而显现出的认知失调,会改变督导者的行为。

我们应该收集和分析督导者的哪些行为呢? 关于人际交往方面的都可以。比如,当督导者试图采取合作的督导方式,那么这种督导方式是否明显,还是变为了

指令或非指令的督导方式呢？我们也可以收集督导者与不同群体打交道时的数据。督导者是否区别对待男性和女性、西班牙人和白人、年轻教师和资深教师？如果是，那么为什么会区别对待？平等若是教育的目标，那么督导者就应平等地对待教师，为师生做出榜样。用平等的角度来记录和分析督导者的行为，督导者就能意识到平等方面的问题，从而提高自己的表现。

360 度反馈策略

360 度反馈策略这一收集数据的方法，也被称为多源评估或全方位反馈，能全面地收集督导者表现的数据（Bradley, Allen, Hamilton, & Filgo, 2006；Brutus & De-rayeh, 2002；Dyer, 2001；Lepsinger & Lucia, 2009；Nieminen, Smerek, Kotrba, & Denison, 2013；Seyforth, 2008；Shinn, 2008）。360 度反馈策略最初应用于商业领域，现在也广泛应用于专业领域或组织机构。教学督导者从打交道的各个群体里收集反馈，包括教师、学生、其他督导者和中心办公室管理员。之所以要这样做，是因为不同群体与督导者有着不同的关系，对督导者的行为会有不同的看法。从不同的群体收集数据，会让评估更全面。一位导师可以全程参与，帮助这位督导者完成 360 度反馈策略。这位导师不应该有对督导者的直接权力。

360 度反馈策略这一方法，需要遵循几个原则。反馈应该是具体的，助力于督导者的职业发展；而不应是总结性的，因为不是为了让该区以此为依据做出关于该督导者的行政决定。督导者的上级不应参与到这一过程。协助这一评估过程的导师应该致力于该督导者的成长与发展，有收集和分析数据的技能，乐意坦诚地评价该督导者的表现。在咨询过导师后，督导者能自行选择参与评估的群体。整个评估过程应是保密的，只有该督导者和导师能看到反馈结果。

一开始，督导者与导师合作，选择出需要评估督导者行为的领域。一些特定的领域，如沟通、适应能力、人际关系，有比较成熟的评估方法（Profiles International, 2011）。不过如果督导者设定了具体的评估领域，那么就可以根据督导者的个人风格和学校背景进行个性化反馈。在收集反馈前，督导者先做一份自我评估，那么督导者的自我理解就可以与其他人的反馈进行比较。除了反馈群体的多样化，收集反馈的方式也多种多样。教师们可以填写问卷，督导者的导师可以采访其他的督导者,或者观察督导者与教师们共事的场景。收集反馈后,导师协助督导者浏览反馈结果,分析其行为表现的优点与缺点。与导师沟通后,督导者可以设定提高的目标,并且设计行动方案,强化优点,改正缺点。

不管数据收集的方式是怎样的,让教师们填写问卷、比较自我理解与记录行为的差异,还是更为复杂的 360 度反馈方法,督导者都需要了解自己的行为,以提高表现。思想引领行动。当我们获知了自身行为的具体影响,那么我们的思想会发挥其最大价值。

思考题

巩固练习 6.0

检查自己对本章核心概念的掌握情况。

反思练习 6.0

假设你是一个部门的领导人,你学校的校长请你试着做一次 360 度反馈评估。这个反馈是针对你的领导能力的表现,而不是你的教学能力。校长让你自己挑选导师,并且给了经费和相应的时间。

- 在同意实行 360 度反馈之前,你会向校长寻求什么保证?
- 你会寻找什么样的导师来协助你?
- 你希望在哪些领导能力的方面获得反馈?
- 你会在哪些群体中收集反馈意见?
- 你会采取什么样的方法来收集反馈,问卷、采访还是观察?
- 你会在哪些环节寻求导师的帮助?哪些环节你单独负责?

第七章　指令控制行为

本章学习目标

阅读本章后,你应当能够:

1. 总结本章所描述的与指令控制行为最为匹配的教师的任何特征。

2. 解释适用于指令控制督导方法的督导行为连续体的十个类别中的任何一个。

3. 结合控制和操纵这两个概念,讨论权威者的含义。

4. 回忆一下指令控制行为的三个问题。

5. 举例说明使用指令控制是可取的。

6. 确定从指令控制转移到指令信息方法的特定方法。

请阅读本章,并思考以下问题:

1. 初步了解指令控制方法中的督导行为时,若在角色扮演中需要你运用指令控制行为,你希望讨论或深入了解哪一种行为呢?

2. 当问及监管者他们最喜欢哪种督导方式时,只有很少一部分人选择了指令控制(Thobega & Miller,2007),但阅读本章时,你会发现督导者们经常使用这种督导方式。为什么那么多督导者虽然说他们会尽量避免却在现实生活中大量使用这种方式呢?

3. 本章将告诉你何时应使用指令控制督导方法。在脑海中设想一个适合使用该督导方式的场景,教师们的反应会是什么呢? 再设想一个不适合使用该督导方式的场景,教师们的反应又会是什么呢?

4. 如果你有机会在角色扮演活动中运用指令控制督导方法,思考你在活动前、活动中和活动后的感受。你会完成得好吗? 在练习运用之后,你是否能更自如地在合适的场景中运用该督导方式呢?

5. 建议督导者能尽快从运用指令控制督导方式转变为运用指令信息督导方式。有哪些信息表明,原来适用于指令控制督导方式的教师,变得适用于指令信息督导方式? 有哪些信息表明,原来适合运用指令控制督导方式的督导者,变得适合运用指令信息督导方式?

使用指令控制行为的督导者接管了老师的问题。首先,督导者通过观察教师和收集其他关于教师表现的信息来发现问题,并向教师指出问题。接下来,督导者告诉教师应该如何解决这个问题,并解释所需的行动将如何帮助解决问题。督导者总结所期望的内容,并且提出跟进的计划,看是否达到预期目标。在会议结束时,老师提出了一个解决问题的具体计划。使用指令控制方法的督导者是自信的,而不是敌对的。(关于自信的理解,请参看 Alberti & Emmons,2008;Townsend,2007。更多关于督导者兼具同情心和决断力的信息,请参看 Seco & Lopes,2014)。指令控制督导的目的不是为了羞辱或惩罚教师,而是为遇到严重困难的教师提供直接、具体的帮助。

适合指令控制行为教师的特点

基于在第四章中提到的关于成人与教师发展的研究,和基于督导者对不同发展阶段教师的描述,我们在这一章节和接下来的三个章节中,会分别阐述最适合指令控制、指令信息、合作和非指令督导方式的教师特点。最适合指令控制行为的教师特点如下:

• 个性特征:容易担心的、依赖人的、冲动的、有防御心理的,看问题非黑即白。

• 对待学生的态度、与学生的关系:没有意识到学生的个体差异;对学生有刻板印象;和学生的关系比较僵硬;认为学生应该安静地学习;表扬学生的一致性。

• 对规则的态度:受规则限制;如果学校的规则不能清晰、严格地执行,会感到不安;与学生讲述班级规则的时候没有作具体解释;惩罚破坏了规则的学生;虽然很注重规则,但是在行使规则时会有不一致的情况。

● 教学风格:认为教学的目的就是传播知识;课程是程序化的,采取固定的教学方式,如授课、提问和布置练习题。

● 课堂氛围:被动学习会造成不够有人情味的、死板的课堂氛围,也许会让学生感到无聊;尽管教师遵守规则,但也许会导致学生行为失范,最终导致反抗;认为主导文化是合适的课堂文化,可能会导致文化冲突。

● 决策:不能容忍模糊不清的决策;希望能迅速找到"唯一的正确答案";看问题非黑即白;只用有限的信息就做出个人决定;当一群教师共同决策时,会支持一位权威者,以快速找到正确的决定。

● 解决问题:出现问题时,一般会指责学生或家长;回应问题会坚持用同一种方式,哪怕这种方式失败了不止一次;在数次失败后,会开始无视问题,并且否认问题的负面影响;当别人与他探讨这个问题时,会有防御心理;别人不可能做到让他思考问题的潜在原因和其他的解决方案。

● 对需要变更的反应:否认改变的需要,避免参与到改变的进程中去,尽可能长时间地忽略改变。

● 与其他教育者的关系:尽可能地避免合作;通常会拒绝同事建设性的反馈意见,或拒绝同伴的帮助;可能会向信任的同事或督导者寻求帮助。

指令控制行为顺序

当我们观察督导行为概念中的典型行为顺序时(图7.1),请记住,行为顺序和频率会有所不同,特别是在会议开始时,但指令控制方法将随着督导者为教师做出最终决定而结束。

1. 展示:识别问题。督导者会提出需要做什么,困难在哪里。督导者经过观察和从其他资源处收集信息,告诉教师可能存在的问题是什么:"我认为……是需要解决的。"

2. 阐释:向教师征求问题的意见。在得出结论前,督导者希望从教师那里获得更多第一手信息。一般督导者会询问教师:"对这个问题你怎么看?""你为什么认为存在这些情况?"

3. 倾听:理解教师对问题的看法。为了能在最短的时间里获取最多的信息,督导者需要非常留心教师说了什么。督导者要听懂信息"用电脑很浪费时间",这样的浅层信息背后是深层信息"我不知道怎样使用电脑软件",深层信息指示了问题所在。

4. 解决问题:在脑海中确定最佳解决方案。督导者对所接收到的信息进行处理,并思考"应该做什么"。在考虑了不同的可能性之后,督导者选择需要的解决行动。在把解决方案告诉教师前,督导者应该对自己充满信心,能提出一个出色可行的解决方案。

5. 指令:陈述解决方案。督导者一五一十地告诉教师应该做什么,"你应该这么做……"。选择适合的用语很重要。避免使用试探性的建议用语:"也许你可以考虑这么做……""你难道不觉得……是很棒的主意吗?"督导者不是在问教师的意见,而是在告诉教师具体应该如何做。另外一方面,指令的用语不能够是报复的、专横的、居高临下的或是侮辱的。要避免针对个人的或是家长式的言论:"我不知道你为什么不能明白需要做什么。""为什么一开始你就不能做对呢?""现在听清楚了,宝贝,我要帮你做……"督导者应该用"我"来陈述行动,而不是说别人的想法。督导者应该说"我"想要发生什么,而不是家长、教师或者督导者想要发生什么。例如,"如果督导者看到了,他会告诉你要做……"这样的说法是隐藏于别人的权威之下的。督导者应该基于自己的职位、信用和权威来做陈述。

6. 阐释:了解教师对该解决方案的看法。在教师离开会议前,督导者的指令可能出现的困难应该都要了解清楚。比如,如果存在情况,使教师不可能服从指令,那么就应该在会议中尽可能地根据现实情况调整指令,好过两周后再去想为什么计划失败了。比如,在告诉教师"我想你三分之一的学生都用这款软件程序"之后,督导者应该问以下问题:"你需要什么来执行这个计划?""我应该怎么协助你执行这个计划?"

7. 规范:调整期待,使期待具体化。在考虑了教师对指令的反应后,督导者通过设立预期成功所必需的帮助、资源、时间轴和标准,来让计划更成体系。这样,教师之后能告诉督导者:"我可以安排参访时间为……""我会帮你找这些材料""我会安排你去参加……""我会把时间改成三周。"

8. 巩固:总结期待,后续跟进。督导者对整个计划做回顾,并且设定跟进过程的检查时间。在结束会议的时候,督导者应该确定好教师是否清晰地了解了计划:"你能明白你将要做什么吗?""告诉我你准备要做什么。"

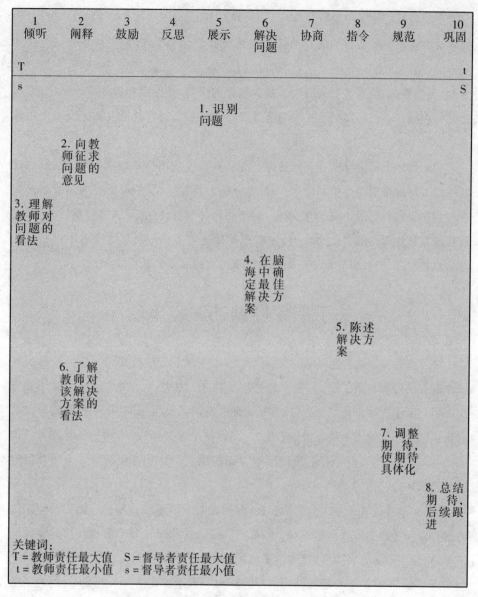

图7.1　督导行为连续统一体：指令控制行为

关于对控制过度依赖的历史

历史上，督导者们往往会首先使用控制这种方法。传统的做法是在所有情况下对所有教师都使用控制行为(Gordon,1992;Harpaz,2005)。有时候,这是通过将督导与需要某些教学行为的总结性评价系统联系起来实现的。另一些时候,社会压力促使教师遵照基于研究的教学方法(这些方法经常被误解了或是过于简单化了)。更糟糕的是,有些督导者为了减少教师的反对,把控制和操纵方法结合,希望教师们相信自己已经参与了决策的全过程,而实际上,督导者早就知道决策会是什么了。

我们强烈反对督导者在任何情况下对所有教师使用指令控制行为。我们也反对不顾一切地使用指令控制行为。最后,在所有情况下,我们都反对通过操纵来实现控制。虽然我们承认,在某些场合,对某些教师和群体是必要的,但我们认为,只有在没有其他可行的督导方式时,才应该使用这种方法。当与老师或小组一起使用指令控制方式时,督导程序应该准备好从指令控制转向非控制行为。

关于指令控制的注意事项

关于指令控制的注意事项主要有三个,其中两个已被提及。一个是在使用指令控制方法时要直截了当;另一个是把指令控制方法作为一个少用且暂时性的方法。第三个注意事项是要考虑好时间,比如在应对紧急情况时,指令控制就非常有必要了。当学校的正常秩序被愤怒的家长、违抗的学生、有故障的加热器或者媒体采访打断了的时候,督导者应该做出单方面的决策。督导者在做出回应前并没有时间与教师进行商讨。

例如,报社记者致电一位中学校长,询问她对于消防局长的报告做何反应。这篇报告是关于她学校教室里不安全的纸质隔板。这位校长对于消防局长的参访毫不知情,便拒绝了做回应,并且致电了消防局长以确认这份报告。消防局长告诉她,在明天早晨,所有的纸质隔板都应该拆除。为了不违抗消防局长的命令,也为了避免媒体的持续关注,校长告诉在第二天早晨告诉了教师们关于消防局长的报告,并告诉他们在上午十点前把教室中的纸质隔板都清走。同时,她请教师们下午开会讨论消防局长的指示,并且决定要不要上诉。这位校长在做第一个决策时运用了自己的判断。之后,等有时间回顾这件事的时候,她与教师们决定,一起去与消防局长会面,提议把纸质隔板加上防火的塑料层,重新安装回教室。

何时使用指令控制行为

角色扮演 7.1

练习指令控制行为

提示:全班分成三组。根据接下来提供的教师描述和情况,每个小组的一名成员扮演教师的角色,一名成员扮演督导者的角色,一名成员是观察员。"督导者"和"教师"举行模拟会议,其中督导者使用指令控制方法来解决教师的教学问题。观察员记录会议期间督导者的表现,并在角色扮演后与其他两名小组成员分享这些记录。最后,三位参与者都对角色扮演和指令控制方法进行反思性讨论。(为协助第七章至第十章中的角色扮演,见附录二,该附录回顾并比较了所有四种监督方法。)

教师描述和情况:中学教师本·克拉什(Ben Crash)在试图控制自己的班级时,被督导者和其他教师偷听到他对他的学生大喊大叫。每次他对学生大喊"安静"或"坐到你的座位上",他们似乎更容易失控。即使对于那些在其他教室里或在大厅里走来走去的学生来说,很明显克拉什经常会对他的课堂失去控制。当他失去控制时,他声音越来越大,并开始对他的学生使用侮辱性的语言,告诉他们"闭嘴"或"不要像傻瓜一样行事"。教师和家长都抱怨过克拉什对学生大喊大叫。克拉什的教学团队的教师告诉督导者,他们认为问题的根源在于,当他试图开始一项新的学习活动时,他给学生提供了自相矛盾和模糊的指示。在最近的一次课堂观察中,导师发现他确实给出了相反的指示,使学生们感到困惑和沮丧。

因为指令行为会引起权力、尊重、专业、原则和员工关系的问题,所以我们给出的建议也是非常谨慎的。在下列情况下,应该使用指令控制行为:

1. 如前面描述的特征所示,当教师的发展水平非常低时,指令控制方法是适当的。

2. 当教师没有意识、知识或倾向于让具有组织权威的督导者对学生、教师或社区具有关键重要性的问题采取行动时,则最有可能采用指令控制方法。

3. 当教师不参与决策而督导者推动决策时,或者如果督导者对决策负全部责任,则可能采用指令控制方法。

4. 如果督导者致力于解决问题,而教师没有,并且决策与教师无关,教师更倾向于由督导者做出决策,则最有可能使用指令控制方法。

5. 在紧急情况下,当督导者没有时间与教师会面时,应采用指令控制方法。

 视频案例

　　这段视频是关于一位校长在改革学校的过程中采取了指令控制方法。在观看视频时, 请思考在所描述的情况下是否需要使用指令控制方法。

从指令控制转向指令信息行为

　　在长期的督导者情况和关系中,督导者应尽快从指令控制转向指令信息方法。稳定不稳定的局面,或者给予教师或团队密集的支持,往往会导致有限的职业发展。只有当督导者开始给教师个人或小组机会做出决定并承担一些责任时,这种成长才可能继续。

　　开始这样做的一个方法是,让教师个人或小组做限制性的选择。例如,督导者可能要求教学改进的目标,然后让教师个人或小组从两个或三个明确的替代方案中选择其中一个以实现该目标。

思考题

巩固练习7.0

检查自己对本章核心概念的掌握情况。

反思练习7.0

　　假设你最近参加了一个研讨会,在研讨会上,一位客座教授反对督导者对任何教师都使用指令控制方法。教授建议督导者应该扮演助手的角色,而不是试图控制教师的行为。他辩称,除非教师意识到变革的必要性,并参与决定如何实现所需变革,否则无法实现成功的变革。他得出的结论是,指令控制方法只会疏远教师,并且使督导者不受班级的欢迎。你被要求在即将到来的研讨会上回答教授的论点。关于指令控制督导行为,你将采取什么立场? 你将用什么论据来支持你的立场?

第八章 指令信息行为

本章学习目标

阅读本章后,你应当能够:

1. 总结适用指令信息行为教师的特点。

2. 在运用指令信息督导方法时,能够任意解释督导行为连续统一体的十个步骤。

3. 能回忆起作者关于指令控制和指令信息这两种说法的比喻。

4. 列出两件关于指令信息方式的事项。

5. 举例说明使用指令信息方式的情况。

6. 找出从指令信息方法转向合作方式的特定方法。

请阅读本章,并思考以下问题:

1. 在运用指令信息督导方式时,督导者往往为教师提供信息而不是命令,促使教师改变他们的教学行为。你认为这样缺乏强制性的信息能够促使教师致力于改变教学吗? 如果可以,什么类型的信息能够做到呢?

2. 指令控制和指令信息督导方式运用七个同样的步骤。两者相比较而言,哪些步骤会不同呢,哪里不同?

3. 初步了解指令信息方法中的督导行为时,若在角色扮演中需要你运用指令信息行为,你希望讨论或深入了解哪一种行为呢?

4. 当教师们在一堂课上先后观看督导者使用指令控制方式和指令信息方式的视频,他们对指令信息方式的打分会高得多。你认为是什么原因呢?

5. 如果你有机会在角色扮演活动中运用指令信息督导方法,思考你在活动前、活动中和活动后的感受。你会完成得好吗? 在练习运用之后,你是否能更自如地在合适的场景中运用该督导方式呢?

督导者使用指令信息方法作为改进计划目标和活动的信息源。督导者根据观察结果提出明确的教学改进目标,并与教师讨论实现该目标的替代活动。在每一步的讨论中,督导者仍然是信息来源,但始终要求和考虑教师的看法。

在某些情况下,教师可能在组织课堂或授课方面没有遇到任何明显的问题,但可能会遇到教学内容或方法与学校关于课程和教学的集体决定不一致的情况。在这种情况下,督导者分享教师的教学与学校愿景、使命、核心价值观或课程不一致的信息(参见 Palandra,2010;Sommers,2009),会议的目标是使教师的教学与学校的相一致。

 视频案例

此视频中的导师使用的是一种指令信息督导方法。将导师使用的方法与上一章描述的指令控制方法进行比较。

有哪些特征的教师最适合指令信息行为

最适合指令信息行为的教师特点如下:

• 个性特征:开始从二分法思想和外部控制方面进行思考,但不确定如何改进和如何应对不一致的改进努力。

• 对待学生的态度、与学生的关系:开始从僵化转向了解学生的多样性和多样性需求,但不知道如何实现个性化教学以满足这些多样性需求。

• 对规则的态度:与发展水平最低的教师相比,受规则约束较少,意识到在某些情况下应决定是否遵循规则,但有时难以评估情况以确定是否应用规则。

• 教学风格:主要使用以教师为中心的教学方法,但学生的学习并不完全死记硬背;例如,让学生对同一个问题回答多个答案;开放新的教学模式,但希望被告知如何实施这些模式;难以将不同的教学模式与学习结果相匹配;难以对学习内容与学生应用新的教学模式。

• 课堂氛围:不满足于被动或不积极参与的学习者,但无法明确描述如何改变课堂气氛的方式。

• 决策:愿意考虑备选方案,但很难预见这些备选方案;可以在预先确定的两个或三个备选方案之间做出决定,但当出现大量备选方案时,会不知所措。

• 解决问题:将课堂或学生学习问题归咎于各种外部因素,如学生、家长、电脑游戏、电视、以前的教师、贫困、自由社会等,但不将问题与自己的教学联系在一起;在最初解决问题的努力失败后,愿意考虑其他解决方案,但很难找到替代方案。

● 对改变的反应:关注预期的或最近发生的改变对个人的影响(例如,改变将如何影响教师的时间、工作要求、教学? 教师在这方面的责任是什么? 教师是否有能力成功地运用这种改变? 学校是否会为教师提供足够的帮助以适应改变?)。

● 与其他教育者的关系:期望并接受督导者和其他教师的指导。

指令信息行为顺序

在指令信息方法中,一旦提出并讨论了要解决的问题,督导者会提供一系列供教师选择的备选方案。选择的理念对指令信息方法至关重要。教师的自我决定权越多,他们的成就感越大,学生的自我决定能力也越大(Roth, Assor, Kanat-Maymon, & Kaplan, 2007)。因此,根据教师的发展水平应尽可能培养其自我决定的能力(Jasen in de Wal,den Brok Hooijer, & Martens van den Beemt,2014)。一方面,最适合指令信息方法的教师尚未具备解决复杂教学问题的认知准备或动机;另一方面,处于这一发展水平的教师,有能力针对清晰说明的问题来从具体的备选方案中做出选择。

在教师从备选解决方案中做选择后,督导者和教师制订行动的具体内容和后续计划。在会议的每个阶段,督导者提供信息,并为教师提供可行的选择。

指令信息行为的顺序如下(如图 8.1 所示):

1. 展示:识别问题。根据观察结果和督导者与教师的以往经验,督导者先回顾其总结的观察结果。

2. 阐释:向教师征求问题的意见。在明确教师对他对问题的理解之前,督导者应注意不要太快地进入计划阶段。

3. 倾听:理解教师对问题的看法。督导者倾听,以确定教师是否认可问题和改进目标的重要性,或者是否需要进一步解释。

4. 解决问题:在脑海中确定可能的解决方案。督导者考虑了一些教师可能会考虑的备选方案。当教师分享对这个问题的看法时,督导者会在脑海中准备提出其他的解决方案。

5. 指令:提供备选方案供老师考虑。督导者会根据个人经验和知识,将备选解决方案作为可能方案,充分表达出来,供教师判断、考虑和回应。

1 倾听	2 阐释	3 鼓励	4 反思	5 展示	6 解决问题	7 协商	8 指令	9 规范	10 巩固
T s									t S
					1. 识别问题				
	2. 向教师征求问题的意见								
3. 理解教师对问题的看法									
					4. 在脑海中确定最佳解决方案				
							5. 陈述供教师考虑的备选方案		
6. 询问教师对备选方案的意见									
							7. 框定最终的选择		
	8. 请教师选择								
								9. 说明要采取的具体行动	
									10. 总结和跟进计划

关键词：
T = 教师责任最大值　S = 督导者责任最大值
t = 教师责任最小值　s = 督导者责任最小值

图8.1　督导行为连续统一体:指令信息行为

130

6. 倾听:征求教师对备选方案的意见。督导者请教师对他的建议做出反应。教师现在有机会在最终确定选择之前向督导者提供修改、删除和修订的信息。

7. 指令:框定最终的选择。督导者以一种直接的方式制定一系列可供选择的最终方案。

8. 阐释:请教师选择。督导者要求教师决定并说明会使用的解决方案或组合。

9. 规范:说明要采取的具体行动。此时,督导者协助教师制定具体的行动计划,以实施选定的解决方案。督导者建议其他具体行动和成功标准,教师从这些备选方案中进行选择。

10. 巩固:总结和跟进计划。督导者结束会议时,要重述目标、采取的行动、成功的标准以及下一次观察或会议的时间。

比较指令控制和指令信息行为

在本书的督导课程中,学生往往很难区分指令控制和指令信息行为,尤其是在角色扮演过程中练习不同的行为时。这并不奇怪,因为控制语言和信息语言之间常常只有一条细线;然而,这条细线很关键。

潘雅克和赛法特(Pajak & Seyfarth,1983)、格里克曼和潘雅克(Glickman & Pajak,1986)以及潘雅克和格里克曼(Pajak & Glickman,1989)对这方面开创性的工作强调了这一点。督导者在使用指令方法时语言的精确与否直接影响着督导会议和团队会议的成功。以下示例将帮助你区分监管者的指令控制和指令信息语句:

指令控制(即控制):在第一期数学课上,你必须提高课堂督导水平。

指令信息(即信息):我建议设立你在第一期数学课上提高课堂督导的目标。

控制:我期望你能参加学区提供的课堂督导讲习班。

信息:另一种选择是参加学区提供的课堂督导讲习班。

控制:你需要为每节课准备一份书面的教学计划。每个计划必须包括以下元素……

信息:你可以为这个小组准备更详细的课程计划。每个计划可能包括这些额外的元素……

控制:你的课程中必须使用更广泛的教学策略。

信息:在我自己的教学中,我发现使用广泛的教学策略可以改善学生的行为和学习。你可能希望在课程中使用更广泛的教学策略。

控制:你对这些新的期望有什么想法吗?

信息:你对这些可能的行动有什么疑虑吗?

控制:我们将要求你根据此书面时间轴来进行我们讨论过的改变。

信息:你愿意尝试我们讨论过的哪些备选方案?

控制:我将在四周内再次观察你的课堂,我希望看到以下变化……

信息:我愿意在四周内再次走访你的班级,观察你在实施所选改变方面的进展。

总的来说,使用指令控制行为的督导者类似于法官或警察发出指令,教师必须遵守这些指令。(尽管这种类比最终会失效,因为我们知道没有哪个地区的教师因不遵守督导者的教学改进建议而直接进监狱!)另一方面,使用指令信息行为的督导者类似于向患者或客户提供专家建议的医生或律师。接受建议的人不必非要遵守建议,但如果他尊重提供建议的专业人员的专业知识,他可能会得出结论——根据专业人员的建议采取行动是明智的。(如果你将医生或律师的工资与督导者进行比较,我们的类比再次失效,但我们已经表明了我们的观点!)

关于指令信息方法的注意事项

任何使用指令信息方法的人在描述可行选择时,都需要了解自己的专业程度。由于督导者将自己置于专家的地位,因此信心和信誉问题至关重要。督导者必须确信,自己知道什么样的实践可以帮助教师,因为当教师选择使用一个或多个督导者的建议时,最终对各种实践的成功或失败负责的人将是督导者,而不是教师。毕竟,如果"我"从你提出的行动中考虑和选择,执行你的建议,而这些行动不起作用,我可能会在下次见面时告诉你,我们远没有达到目标,"毕竟,我只是按照你的要求做了"!

教师让督导者对结果负责是正确的。所以,信任的问题在指令信息方法中非常重要。督导者不仅必须确信自己的知识和经验优于或不同于教师的知识和经验,而且教师还必须相信督导者拥有他所没有的智慧来源。当双方都分享了督导者知识中的自信和可信性,而教师要么不知道,要么缺乏经验,要么对可以做出的改变感到困惑时,那么指令信息方法可能是一套最有价值的行为。

当我们开始踏上一条我们从未冒险过的道路时,我们可以从一个曾经多次成功探索过这条道路的人身上学到很多。这可能就是为什么当教师缺乏经验、困惑、不知道或只是不知道如何处理特定的课堂或学校目标时,指令信息方法被认为是最有帮助的。最后,使用指令信息方法,必须记住,教师在选择使用哪些练习时行使一定的控制权。(当我们研究指令控制方法时,情况并非如此。)

何时使用指令信息行为

在下列情况下,应该使用指令信息行为:

1. 当教师的发展水平处于中等偏低水平时。

2. 当教师不具备督导者清楚掌握的关于某事项的知识时。

3. 当教师感到困惑、缺乏经验或不知如何是好,并且督导者知道成功的做法时。

4. 当督导者愿意为教师选择的尝试承担责任时。

5. 当教师认为督导者是可信的—— 一个有相关背景和知道自己在说什么的智慧的人。

6. 当时间较短、约束条件明确、需要采取快速具体的行动时。

从指令信息行为向合作行为转变

在指令信息督导中,教师或群体有一定的选择权,但督导者仍然承担主要的决策责任。在合作方式中,教师和督导者共同承担决策责任。

因此,从指令信息转向合作是一个程序问题。督导者可以通过建议教学改进目标,要求教师个人或小组提出一到两项活动以实现目标,然后建议详细行动计划来开始行动,计划中包含教师建议的一些行动。希望督导者最终能够与教师建立起一种完全合作的关系。

角色扮演 8.1

练习指令信息行为

提示:班级分成三个小组。根据接下来提供的教师描述和情况,每个小组的一名成员担任教师的角色,一名成员担任督导者的角色,一名成员担任观察者的角色。"督导者"和"教师"举行模拟会议,其中督导者使用指令信息方法来解决教师的教学问题。观察员记录会议期间监督者的表现,并在角色扮演后与其他两名小组成员分享这些记录。最后,三位参与者都对角色扮演和指令信息方法进行反思性讨论。(为协助第 7 章至第 10 章中的角色扮演,见附录二,该附录审查并比较了所有四种监督方法。)

教师描述和情况:高中教师诺玛·沃森是白人,在过去的几年里,她所上的十一年级社会研究班的人口组成发生了显著变化。十一年级的拉丁裔学生的数量已从过去的少数逐渐增加到 65%。尽管诺玛不抱恶意,但她发现她很难和她的一些拉丁学生联系起来,以前能吸引大部分学生的课堂不再吸引学生的注意力。诺玛的许多拉丁学生向其他教师和校长抱怨诺玛的课堂枯燥乏味且从来不考虑拉丁人的观点。诺玛在职业生涯中第一次受到来自拉丁裔和其他父母的抱怨,抱怨她缺乏课堂管理。诺玛意识到她碰到问题了。她希望她的课和拉丁学生更相关,希望能重新掌握课堂的管理,但她不知道该怎么做。

思考题

巩固练习 8.0

检查自己对本章核心概念的掌握情况。

反思练习 8.0

思考一下,如果你和一个教师一起工作,而他总是希望你和他一起时使用指令信息方法,那么作为一个督导者你会怎么做? 这个有经验的教师在课堂上很自如,被问到时可以清楚地表达出对学生和学校的关心。然而,不像他的同伴那样更喜欢合作或非指令的方法,这个教师喜欢从你的建议中选择。你觉得你应该继续对这个教师使用指令信息方法吗? 或者试着让教师转向合作督导方法? 你做出决定的理由是什么?

第九章　合作行为

本章学习目标

阅读本章后,你应当能够:

1. 总结适用合作行为教师的特点。

2. 在运用合作的督导方法时,能够任意解释督导行为连续统一体的十个步骤。

3. 列出两件关于合作方式的事项。

4. 识别适用合作方式的情景。

5. 描述本章建议的从合作方式转向非指令方式的方法。

请阅读本章,并思考以下问题:

1. 当教师和督导者共同参与合作会议,讨论他们对这个问题的感受,不过督导者请教师先发言。先让教师分享感受,这一做法的好处是什么呢?

2. 有没有可能出现这样的情况,督导者实施合作方式在技术层面来说是正确的,但是却没真正实现合作。如果可能,为什么?

3. 初步了解合作方式中的督导行为时,若在角色扮演中需要你运用合作行为,你希望讨论或深入了解哪一种行为呢?

4. 与督导者共事的一些教师最适用合作督导方法,可是他们只经历过指令督导方法,督导者应该如何将合作督导方式运用起来呢?

5. 如果你有机会在角色扮演活动中运用合作督导方法,反思你在角色扮演之前、之中和之后的感受。你在协作方面做得如何?在练习运用之后,你是否能更自如地在合适的场景中运用该督导方式呢?

使用合作方式的督导者希望解决与教师共有的问题。督导者鼓励教师提出自己的看法和想法，并且实诚地给出了自己的观点。这是他们坦诚交换意见的结果。两位参与者都知道他们必须就任何行动方案达成一致。事实上，当分歧变得明显，督导者会重申分歧，并向教师保证，他们会找到一个共同的解决办法。意见分歧会受到鼓励而不是压制。随着谈话的继续，当意见可能达成一致时，督导者将引导谈话沿着该方向发展。最后，教师和督导者要么达成一致，要么就陷入僵局。僵局意味着需要进一步谈判、重新思考，甚至可能启用第三方调解人或仲裁人。

有哪些特征的教师最适合合作行为

最适合于合作行为的教师特点如下：

● 个性特征：相比于较低发展水平的教师更为客观；关注社会关系和社会规范；逐渐走向独立。

● 对待学生的态度、与学生的关系：与发展水平较低的教师相比，对学生更友好；对于不同的学生行为接受度更高；认识到学生的各种需要，但在解决问题时可能需要一些帮助。

● 对规则的态度：认为规则应该经过商量而制定；认为应该分配好内部和外部的控制；向学生解释规则的原因；知道何时应用规则，何时应该忽略规则。

● 教学风格：专注于做好课程的教学工作；能够有效地使用几种不同的教学模式，但还没有精通各种教学模式；相比于发展水平较低的教师，更容易识别内容的重要性；鼓励学生表达自己，并根据学生的反应调整教学；乐意询问学生更高层次的问题，但在制定这些问题时可能需要帮助。

● 课堂氛围：与发展水平较低的教师相比，更关注师生和学生之间的关系；开始承认学生的求知欲和创造力。

● 决策：在决策过程中容忍模棱两可；与发展水平较低的教师相比，能收集更广泛的信息，但可能难以整合这些信息；在群体决策中，倾向于达成共识，并愿意在做出决策后施行该决策。

● 解决问题：与发展水平较低的教师相比，更能分析问题；能够识别和定义课堂问题，并确定一些备选方案，但备选方案还不够全面；与发展水平较低的教师不同，对课堂问题承担相当大的责任。

• 对改变的反应:如果群体做出了决策,会接受改变;主要关注变更的技术实施(所需技能、要完成的任务);在学习如何施行改变时,更喜欢同事专业的帮助。

• 与他人的关系:希望与督导者和教师建立积极的关系;倾向于成为"团队合作者";愿意倾听他人的观点和批评,同时也会把握机会来分享自己观点和想法;认为在完成任务和实现目标方面大家负有共同的责任。

合作行为顺序

根据督导行为连续统一体,图9.1显示了合作行为原型。督导者和教师之间的会议,从彼此了解对问题的认识开始,并就最终计划达成一致意见。读者应该把督导行为看作是一个钢琴键盘,音乐家先按左边的键,然后来回弹奏,最后按中间的键——谈判。以下是十个步骤:

1. 阐释:确认教师了解要解决的问题。首先,向教师询问当前的问题或关注点:"请告诉我什么困扰着你。""向我解释你最关心的问题。"

2. 倾听:理解教师对问题的看法。在考虑采取行动之前,作为监管者的你,希望尽可能多地了解有关问题的信息。因此,当教师讲述他的看法时,应该使用全方位的非指令行为(眼神交流、转述、提出试探性问题、示意让教师继续说话):"请再讲讲。""嗯,我正在听。""你的意思是……吗?"

3. 反思:验证教师对问题的看法。当教师完成对问题的描述后,通过总结教师的说法,来询问总结是否准确:"按照我的理解,你认为问题是……,这样说准确吗?"

4. 展示:展示督导者对问题的看法。在这之前,我们已经看到一个简短的非指令会议。然而,你现在进入并成为决策过程的一部分,而不是要求教师开始思考他自己可能的行为。就目前的困难,给出你自己的观点,并写出教师所有可能不知道的情况:"对这个状况,我是这样看的……""我认为问题是……"(为了尽量减少对教师的影响,最好是在教师给出了看法之后,再给出自己的看法)。

5. 阐释:让教师明白督导者对问题的理解。就像你解释教师对问题的陈述并寻求确认一样,你现在要求教师也这样做:"你能重复我要说的话吗?"一旦你确信教师理解你的观点,就可以开始解决问题了。

6. 解决问题:交换可能的解决方案。如果你和教师彼此熟悉,并且以前合作过,你可以直接要一份建议列表:"让我们一起考虑如何改善这种情况。"然后倾听彼此的想法。但是,如果教师不熟悉你或不熟悉合作过程,他可能会在提出与督导者不同想法的时候感到担忧。这时候,最好停止会议几分钟,在发言前让督导者和教师写下可能的方案:"为了我们不会受到彼此的影响,让我们用接下来的几分钟写下可能采取的行动,然后阅读对方的方案。"显然,大家一旦动笔写方案,就不会根据别人写的内容而改变自己写的内容。因此,作为督导者,你已经提出了一系列可以和大家分享和讨论的个人想法了。

7. 鼓励:接受冲突。为了防止会议变成一场竞争性的斗争,你需要向教师保证,分歧是可以接受的,不会有赢家或输家:"看来我们对如何处理这种情况有不同的看法。如果有分歧,我们会找到最好的解决办法。记住我们的协议,我们都必须在解决方案发生之前就同意它。"你必须相信,两个有责任心的专业人士之间的冲突,对于找到最佳解决方案是有成效的。

8. 协商:找到一个可接受的解决方案。在分享和讨论之后,问一问是否有共同的建议——"我们在哪里达成一致?"如果有明显不同的建议——"我们在什么地方不同?"如果你找到了共识,会议就开始了。但是如果建议有很大的分歧,那么你可以采取以下四个步骤。首先,让你自己和教师解释你们各自的建议意味着什么,看看这些建议的差异是否和它们看起来的那么大。第二,如果分歧仍然存在,那么找出哪个人的建议更有说服力:"为什么要按照你的说法去做?"如果一个人的建议比另一个人的建议重要得多,那么问题就变成了一个人是否可以放弃自己的想法,与另一个人的想法共存。第三,如果没有达成一致的理由,你可以考虑妥协:"如果我放弃了我的这一部分建议会怎么样,如果你放弃了另一部分又会怎么样?"或者看看是否能找到一个全新的想法:"既然我们不能达成一致,就让我们放弃我们自己对解决方案的最佳选择,看看是否能找到另一个替代方案。"

9. 规范:商定计划的细节,包括后续工作。一旦就可接受的方案达成一致意见,督导者需要关注时间、地点和后续行动的细节。计划什么时候实施?它将在哪里发生?谁来帮忙?需要什么资源?谁会跟进?什么时候?这些细节需要讨论并达成一致,这样最终的计划将是清晰和精确的。

10. 反思:总结最终计划。会议结束时,督导者要确认双方是否同意会议制定的行动和细节。督导者可能会以口头的形式问——"你能重复你理解的计划内容吗,然后我会重述我的理解",或者以书面形式——"让我们写下来,这样我们就可以清楚地知道我们同意做什么了。"

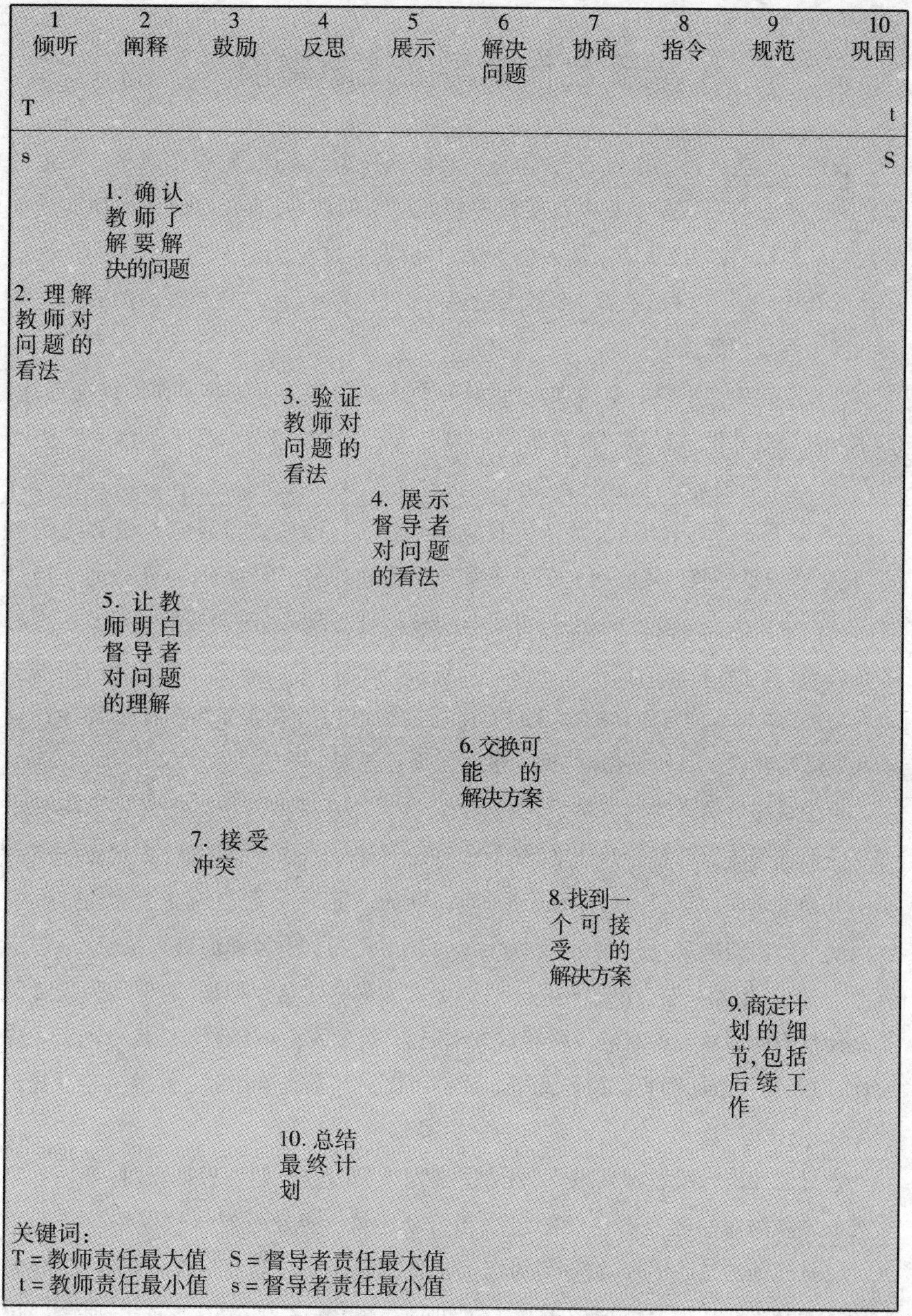

1	2	3	4	5	6	7	8	9	10
倾听	阐释	鼓励	反思	展示	解决问题	协商	指令	规范	巩固

T   t

s   S

1. 确认教师了解要解决的问题

2. 理解教师对问题的看法

3. 验证教师对问题的看法

4. 展示督导者对问题的看法

5. 让教师明白督导者对问题的理解

6. 交换可能的解决方案

7. 接受冲突

8. 找到一个可接受的解决方案

9. 商定计划的细节,包括后续工作

10. 总结最终计划

关键词:
T = 教师责任最大值　　S = 督导者责任最大值
t = 教师责任最小值　　s = 督导者责任最小值

图9.1　督导行为连续统一体:合作行为

关于合作督导的注意事项

我们的一些合作工作表明，合作是一套欺骗行为。原因是，合作似乎是民主的做事方式。我们中的大多数人都受过平等和民主的教育，而合作似乎是在实践中的民主。因此，我们应该征求他人的意见，并由大多数人做出决定。然而，与个人或团体的合作，涉及的不仅仅是"多数人同意"的机械程序，而往往与普遍的或甚至错误的民主观点相联系。

合作工作中会出现一个困难，就是教师个人或团体认为督导者在操纵决策，而实际上督导者并没这样做。教师似乎同意督导者的想法和建议，不是因为它们的优点，而是因为教师认为督导者实际上在给人指令。教师察觉到的潜在信息是："这是我的督导者在告诉我，她认为我应该做什么。即使她说我们在做共同的决定，我知道我最好照她说的做。"督导者如何知道教师表示同意时，是真心的还是只是服从？督导者在处理此问题时，可能会问教师他是否同意或只是假装同意。当教师意识到，督导者对此问题有所怀疑的时候，会使得这个问题变得更公开。如果一个教师回应"我不相信你真的会让我有平等的话语权"的话，那么相比于督导者只是怀疑教师在隐藏真实情绪时，这件事变得更好处理。

拒绝透露自己感受的教师，可能曾受督导者不正确的对待。在督导者能够始终如一地证明他真的想要合作之前，不会有任何进展。除非有证据，否则教师不会相信督导者是在合作（Rousmaniere & Ellis，2013）。若督导者拒绝在没有教师反馈的情况下做出的决定，那么能证明督导者的真正意图。当教师们毫无反应、心照不宣时，一位督导者可能会说："我不知道你是因为你喜欢这个想法，还是因为我掌握了某种权力而同意我的观点。除非双方都同意，否则我们不会采取任何行动。我想合作，因为我相信你和我都擅长此事。我们可以一起做比单独做更好的决定。我不确定你为什么同意我。请告诉我你的想法。"

督导者无法知道教师在想什么，除了去问他们。当他们不想见面时，督导者应首先鼓励教师对问题提出自己的想法和行动建议。督导者应尽量保留自己的想法。一旦教师的想法出现，督导者可以提出他的想法。在协商最终决定时，督导者应该让教师带头。如果督导者正视了认知问题并鼓励教师发挥主动性，而教师仍然没有反应或过于顺从督导者，那么在几次不成功的尝试之后，督导者可能会考虑另一种方法。

何时运用合作行为

角色扮演 9.1

练习合作行为

提示:全班分成三组。根据以下教师描述和情况,每个小组的一名成员扮演教师的角色,一名成员扮演督导者的角色,一名成员扮演观察员的角色。"督导者"和"教师"模拟一个会议,在这个会议中,督导者使用合作的方法来解决教师的教学问题。观察员记录会议期间督导人的表现,并在角色扮演后与其他两名小组成员分享这些记录。最后,三位参与者都对角色扮演和合作方法进行反思性讨论。(为协助第七章至第十章中的角色扮演,见附录二,该附录审查并比较了所有四种监督方法。)

教师描述和情况:马库斯·约翰逊是霍普韦尔小学(Hopewell Elementary School)

的三年级教师。最近,马库斯的学区取消了艺术作为小学一个独立的科目,但学区还采取了一项政策,要求艺术融入小学课程中。马库斯在霍普韦尔教了五年书,虽然他没有在大学里主修艺术教育,但自从来到霍普韦尔后,他一直在自己的独立教室里教艺术,通过自我指导的专业发展,他已经成为一名相当有能力和创造性的艺术教师,但直到现在,他一直专注于每周两次纯艺术的课程,目前还没有把艺术教学与其他教学内容掺和。在最近与督导者的走廊谈话中,马库斯说,他提出了一些在课程中整合艺术的想法,但可以利用一些帮助产生更多的想法。

在一些情境下,督导者必须使用合作行为。以下是应该运用合作方式的例子:

1. 当教师的发展水平是中上。

2. 当教师和督导者在该问题上具有大致相同的专业知识时。(如果督导者知道问题的一部分,而教师知道另一部分,则应运用合作方法)。

3. 当教师和督导者都参与决策(如果教师和督导者负责向其他人展示结果,如家长或教学督导者,则应运用合作方法)。

4. 当教师和督导者都致力于解决问题时(如果教师想参与其中,让教师离开可能会导致士气低落和不信任,则应采用合作的方式)。

从合作转向非指令行为

督导者试图逐步从合作转向非指令的人际行为发展。随着教师或团队的专业知识、解决问题的能力和积极性的提高，督导者移交了越来越多的决策责任。合作和非指令方法之间过渡阶段的一个例子是，在帮助教师个人或小组决定教学改进目标的同时，运用合作行为，然后在教师或团体决定实现目标的行动时，转向非指令行为。下一章将讨论非指令行为。

思考题

巩固练习 9.0

检查自己对本章核心概念的掌握情况。

反思练习 9.0

假设督导者帕特·拉米雷斯最近开始与一群以前没有经历过合作督导的教师一起运用合作行为，帕特试图确定她与这些教师合作的努力是否"有效"。关于帕特如何收集以下每一个问题的信息，你会给她什么建议？

- 帕特是否真的给予教师关于待解决问题的决策权？
- 教师是否认为决策过程是合作的？
- 个人或团体是否接受并理解，帕特接受分歧和建设性冲突作为决策过程的一部分？
- 帕特在合作督导方面的努力是否能够产出教师们接受的解决方案？

第十章　非指令行为

本章学习目标

阅读本章后,你应当能够:

1. 总结适用于非指令方法教师的特点。

2. 解释适用于非指导方法的督导行为连续体的十个类别中的一个。

3. 描述如何与犹豫不定的教师个人或小组一起运用非指令督导。

4. 解释非指令督导与自由督导的区别。

5. 列出使用非指令方法的四个注意事项。

6. 识别需要采用非指令方法的情况。

请阅读本章,并思考以下问题:

1. 你知道那些对非指令方法回应较好的教师吗? 认识的话,那些教师的哪些特点会使非指令督导成为一个很好的督导方法?

2. 当你读到非指令方法中的督导行为时,你想在练习非指令行为之前讨论或看到哪些行为?

3. 作者指出,当教师使用非指令行为向督导者征求意见时,"理想情况下,最好不要完全给出自己的想法"。你同意这一总体准则吗? 为什么? 一般准则是否有例外? 如果是,有什么例外?

4. 教师最初不愿充分利用非指令行为与督导者接触的原因是什么? 一个督导者应该如何回应教师不情愿的状况?

5. 如果你有机会在角色扮演中练习非指令行为,在角色扮演之前、其间和之后反思你的感受。你在使用非指令行为方面做得怎么样? 经过充分的练习,在适当的情况下使用非指令督导,你会感到自在吗?

非指令督导是基于这样一个假设，即个别教师最清楚需要进行什么样的教学变革，并且有能力思考自己的行动。这个决定属于教师。督导者的作用是帮助教师通过自己的行为进行思考。

督导者的行为方式使教师的思维集中在观察、解释、识别问题和解决问题上。督导者帮助教师得出自己的结论。督导者没有将自己的想法插入讨论中。督导者的所有描述都是为了反馈或扩展教师的思维，它们不影响改进计划的实际设计。

有哪些特征的教师最适合非指令行为

最适合于非指令行为的教师特点如下：

• 个性特征：自主；无私心，基于内在价值观的行为；高度反思；高度创造性；能很好地应对压力；有弹性。

• 对待学生的态度、与学生的关系：关注学生的全面、长期发展；寻求文化上的回应；寻求信息如何识别和满足个别学生的需求；寻求和重视学生的观点。

• 对规则的态度：避免权威人物的形象；根据情况、学生的观点和对个人的影响解释规则。

• 教学风格：以学生为中心；开发适合学校课程的课堂课程；有效地使用各种教学模式；鼓励和帮助学生自我表达；反思教学实践；灵活多变；在学生提问、寻找答案、发展理论、考试时提供便利。发现关系；提出更高层次的问题，激发更高层次的思考。

• 课堂氛围：热情关怀的、支持的、充满挑战的、合作的、好奇的、引人深思的、学生投入的。

• 决策：高度容忍歧义；在做出决定之前收集并整合各种相关信息；接受他人的建议，但对个人问题做出自己的决定；在群体决策中，支持民主进程，争取共识。

• 解决问题：在考虑解决方案之前考虑潜在原因；识别和评估各种可能的解决方案；依靠个人价值观指导解决问题的过程；对个人决策承担全部责任；在涉及他人的问题中，考虑他人的观点和潜在解决方案对他人的影响；愿意妥协，但不会违背个人价值观。

• 变革：在识别和阐明改变的需要时，发挥领导作用；关注改变对同事和学生的影响;协助他人实施改变;必要时帮助修改变革。

● 与他人的关系:在学校、社区和职业中发挥领导作用;与学校其他成员进行反思性对话;帮助同事成长和发展;对他人的困惑感兴趣;把他人的批评视为信息的一个来源,并对其可信度进行客观评估;把督导者的想法作为参考来改进教学。

非指令行为顺序

参考督导行为连续统一体了解如何使用非指令行为。仔细阅读,因为错误的倾听、阐释、鼓励、反思、解决问题和表现行为会导致某个决定,而这个决定实际上不是教师的选择。

图10.1显示了非指令会议中督导人际行为的典型模式。他们从倾听开始,最后要求教师陈述他的决定。开始和结束之间的行为顺序可能有所不同,但结束应该是相同的———一个不受影响的教师决定。以下是十个步骤:

1. 倾听:等教师先讲完初始陈述。与教师面对面,并看着教师;集中注意力在教师所说的话上。避免思考你如何看待问题或你认为应该做什么。要想抑制自己的思想不至于跑远,你的工作是理解教师最初说的话。

2. 思考:描述你对初始问题的理解。在你的陈述中涉及教师的感受和感知到的情况:"你因为学生不集中注意力而生气。"等待教师对你的准确回答:"是的,我是,但是——"不要发表你自己的意见,你的工作就是理解教师说的话。

3. 阐释:探测潜在问题和其他信息。现在你让教师用不同的方式来看待这个问题,并考虑新的信息,这些信息可能是导致这个问题的原因。阐释这一环节是帮助教师进一步识别问题,而不是解决问题。避免伪装成真正的解决方案的问题。比如"你有没有想过多练习瑜伽来放松一下?""也许你应该让那个学生停学几天,你觉得怎么样?"这些问题不适当。这样的引导性或暗示性问题试图影响教师的最终决定。

4. 鼓励:当教师开始发现真正的问题时,表现出进一步倾听的意愿。你要表明,你将继续提供帮助,而不是搁置讨论。像这样的陈述:"我在听你说的话,请继续说","再和我说一遍"和"我在听你说"是正确的。说"我喜欢这个想法""是的,这会奏效""啊,我同意"会无意中影响行为。教师和其他人一样,不能不受督导者对他所说的判断的影响。鼓励使教师不断思考,而赞扬则影响最终的决定。

5. 反思：不断描述对教师信息的理解。在整个讨论过程中，反复向教师求证，来检查你理解教师所说内容的准确性。当教师对问题添加更多的信息，或解释问题的不同来源，考虑可能的行动，最后做出决定时，督导者应该要重复教师说的话，以求证准确性。第一，每当你不确定教师在说什么时，你应该用这样一句话来形容："我认为你在说——"或者"我不确定，但你是说——"然后你可以等教师确认或否定你的理解。第二，当教师停止思考这个问题时，应该用重新阐释教师的观点来唤起教师的思想，思考已经说过的话以及还有什么需要做的。例如，在教师的谈话中停顿了一段时间后，督导者可能会说："好吧，让我看看我能不能总结一下到目前为止所说的话——"或者"这就是你生气的地方，因为——"这种综合性的总结可以让教师休息，思考自己所说的话。通常，这样的阐释会激发教师的感叹、补充和继续。在督导者阐释教师的话语时，反思不会变成机械的。相反，当督导者不完全清楚所说的内容或谈话中出现长时间停顿时，这一步骤应谨慎使用。"我听到你说——"却不说帮助或目的的，会让教师怀疑督导者是否真的关心这一问题。

6. 解决方案：请教师考虑可能的解决方案。当教师识别完问题，并且你清楚他对问题的看法之后，你的责任就转移到帮助教师产生可能的解决方案上。你可以通过问一些简单的问题来做到这一点："你能对此做些什么？还能做什么？"认真考虑可能有帮助的行动。"让我看看你是否能想出三到四个可能的解决方案。"让教师在描述之前先思考一两分钟可能的行动是很有帮助的。在提出解决方案之后，你应该反思这些建议，检查它们的准确性，并为其他人进行调查。不管教师提出的可能性是少还是多，如果进一步的探索没有成功，那么你应该继续进行会议。

7. 解决问题：让教师考虑各种行为的后果。你的重点是让教师从可能的解决方案转向相对确定的解决方案。把每一个解决方案按顺序排列，然后问："如果你这样做了会发生什么——？""它能奏效吗？""与之相关的问题是什么？"最后，在让教师探究每一个行动的优缺点之后，应该要求他对各种行动进行比较："哪一个最有效？""你为什么这么认为？""为什么它比其他的更好？"

8. 展示：请教师对决定做出承诺。在你研究了可能的行动，并且教师比较了它们的成功可能性之后，你必须强调，教师应该选择他的资源内（可行）的行动，可以在短时间内实施的（可行），并且是具体的（负责任的）。一个简单的问题——"好吧，现在你会怎么做才能改善局面？"——应该迅速切入问题的核心。

1	2	3	4	5	6	7	8	9	10
倾听	阐释	鼓励	反思	展示	解决问题	协商	指令	规范	巩固

T   t

s   S

1. 等教师先讲完初始陈述

2. 描述你对初始问题的理解

3. 探测潜在问题和其他信息

4. 表现出进一步倾听的意愿

5. 不断描述对教师信息的理解

6. 请教师考虑可能的解决方案

7. 让教师考虑各种行为的后果

8. 请教师对决定作出承诺

9. 请教师设定行动的时间和标准

10. 重述教师的计划

关键词：
T = 教师责任最大值　　S = 督导者责任最大值
t = 教师责任最小值　　s = 督导者责任最小值

图10.1　督导行为连续统一体：非指令行为

147

9. 规范:请教师设定行动的时间和标准。通过指定行动实施的时间段,明确需要哪些资源,以及教师如何知道决策是否有效(计划的各个部分将在这段时间内完成)协助教师对未来改进的决定。为了实现这一目标,监管者还需问一系列问题:"现在告诉我你要做什么。""先做什么,后做什么,最后做什么?""你需要什么来做?""你怎么知道它在起作用? 什么时候做?"当教师能回答这些问题时,会议就快结束了。

10. 反思:重述教师的计划。在离开之前,重复教师的整个计划,"所以你要做——"教师核实了重述的计划后,会议就结束了。

初步进行非指令督导

在本书一位作者主持的研讨会上,作者决定用一个非结构化模拟会议来说明非指令督导的方法,作者扮演督导者,一名志愿者扮演教师。会议聚焦于志愿者扮演的教师正在面对一个现实问题。在一次成功的模拟中,作者使用了非指令行为来促进教师对问题的思考、考虑备选解决方案和行动计划,作者祝贺志愿者完成了一次模拟。教师回答说:"我觉得我做得不好。我不知道你想让我说什么。我的解决方案是你要找的吗?"作者解释说,这个问题没有预想的解决办法,角色扮演中的"督导者"并没有试图从教师那里得到任何特别的回答。这位因其出色的教学和领导能力而被所在地区选为其他教师督导者的教师解释说,他根本不知道如何应对非指令督导,因为在他多年的教学中,他从未接触过非指令方法。

这个故事说明了督导者很少对教师使用非指令行为。此外,当督导者实际上操纵督导会议或小组会议做出预先决定时,他们有时会产生使用非指令行为的假象。当这种情况经常发生时,教师会意识到督导者正试图操纵他们。如果没有真正的非指令督导的经验,难怪教师们对第一次尝试使用这种方法的督导者持怀疑态度。

当一名教师完全有能力解决他自己的教学问题,但由于过去的经验,当一些教师可能会对督导者首次使用非指令督导感到困惑或怀疑时,该如何解决此类问题?一个技术问题是简单地向教师或团体解释什么是非指令督导,涉及哪些具体行为,以及为什么督导者认为教师或团体可以从非指令督导方法中受益。即使督导者提供了非指令督导的理由,一些教师仍然不愿意确定问题、考虑行动、做出决定或建立成功的标准。当这种情况发生时,督导者不应自动假定非指令方法不适合教师或团体。相反,督导者应该继续通过积极倾听建立信任和融洽关系,调查问题和相关信息,鼓励教师个人或小组描述情况和感受。最后,教师个人或小组应达到信任和自信的阶段,使他们能够考虑替代方案并制定改进计划。督导者对教师自我指导的承诺,以及使用适当的人际行为,最终将促成教师推动教学改进。

非指令督导并不是完全放任自由

一些教育工作者批评非指令督导,认为使用非指令行为的督导者放弃了帮助教师提高教学绩效的责任。这是一个反对放任式督导的有效论据。这种督导主张在教学改进过程中,督导者的参与程度最低。然而,在我们对非指令督导的定义下,督导者将积极参与教学改进,并且在改进过程的每个阶段澄清、鼓励、反思和促进教师决策。

此外,在发展督导中,非指令方法只适用于那些抽象程度高、动机强和专业知识丰富的教师。督导者将使用其他三种督导方法中的一种来管理那些不准备承担全部决策责任的教师。

非指令督导的注意事项

从与学校领导采用非指令行为进行的大量技能培训中,发现了一些常见的和实际的问题:

1. 一名督导者是否真的能坚持不去判断、不去影响教师个人或小组做出决定?
2. 如果教师个人或小组希望得到督导者的意见,会发生什么?
3. 对于不愿意或不能够得出解决方案的教师个人或小组,督导者如何处理?
4. 非指令行为的顺序是精确的还是随机的?

一个督导者是否真的可以保持不做判断,是一个真实存在的问题。即使一个人有意识地避免赞扬,不插入自己的想法,不以问题的形式提供解决方案,也有可能会对此产生一些个人影响。人与人之间的任何互动都必然具有影响力。眼神交流的频率、提问的时间、面部表情和释义的方式都可以被教师理解为赞同或不赞同。没有办法避免通过无意识的督导反应来影响。最好的办法就是尽量减少那些故意影响的行为。一个人不应该故意提出影响教师决定的想法、表扬或指导意见。

如果教师个人或小组要求得到督导者的建议怎么办？理想情况下，督导者最好完全避免给出自己的想法。如果被问道，督导者可能会回答："对不起，但我不想回答这个问题。相反，我更希望你仔细想想能做些什么。只有你明白自己的处境。因此，我的想法不如你的想法重要。"

当一个人被倾听，或被允许主动行动时，不情愿的心理通常来源于不信任。督导者必须耐心，不断鼓励，并坚持不懈。耐心表现在倾听和等待，通过接受教师的话语来表达鼓励，如果教师不愿做出决定，督导者要坚持不让教师休息。一个督导者可以通过提问、休息和给教师时间来保证进一步的思考。

能力是另一回事。如果教师个人或小组不能做出决定怎么办？如果他们不断地坚持他们不知道问题是什么，或不知道该怎么做，如果每一个督导提示得到的回应只是空洞的凝视和耸肩，那么督导者的耐心、鼓励和坚持将会受到挫折，甚至可能是敌对情绪。如果他们只是不知道，不管督导者有多么放权，都不会做出决定。显然，如果缺乏能力是无响应的根源，那么非指令方法是督导行为的不明智选择。

最后，还有一个非指令行为顺序的问题。指令的准确度如何？非指令行为的描述给出了督导行为连续统一体中十个步骤的原型（图10.1）。我们可以将这些步骤想象为类似于弹钢琴键盘的左手边。顶级钢琴家以最左边的音符开始演奏乐谱（静听—等待），将在音符10结束乐谱（反映—重述）。在计分过程中（会议或会议），熟练的演奏者会在1到10之间来回敲击音符（行为），敲击一些音符，轻抚其他音符，回击，扩大教师或团队声音的基本音调。分数以注释10结尾，反映并重申教师个人或小组的决定。这些行为不是固定步骤的处方，而是有明确开始和结束的运动方向性。

何时运用非指令行为

何时以及与谁一起运用非指令行为？督导者应考虑在以下情况下使用非指令方法：

1. 当教师处于非常高的发展水平时。

2. 当教师掌握了大部分关于这个问题的知识和专业知识,而督导者的知识和专业知识很少时:"如果你对这个问题一无所知,而他们确实知道,就让他们解决它。"

3. 当教师对执行决定负有全部责任,而督导者几乎不参与时:"如果他们要对决定负责,而你不负责,就让他们解决。"

4. 当教师致力于解决问题,但问题对督导者来说并不重要时:"如果他们想采取行动,而你不在乎,就让他们决定。"

角色扮演 10.1

练习非指令行为

提示:全班分成三组。使用以下教师描述和情况,每组中的一名成员担任教师的角色,一名成员担任督导者的角色,一名成员担任观察员的角色。"督导者"和"教师"模拟一个会议,其中督导者使用非指令的方法来解决教师的教学问题。观察员记录会议期间督导者的表现,并在角色扮演后与其他两名小组成员分享这些记录。最后,这三位参与者都要反思角色扮演和非指令方法。(协助第 7 章到第 10 章中的角色扮演。见附录二,其中审查和比较了所有四种监督方法。)

教师描述和情况:玛莎·马丁内兹,纳尔逊中学(Nelson Middle School)的教师,曾赢过许多教学奖项。玛莎在学区教学技术工作坊中提供专业的意见,在学校的技术委员会做事,并且为纳尔逊中学其他教师提供同伴技术培训。玛莎最近同意教示范课堂,用技术提高语言艺术的教学。在两周后,玛莎会教这一示范课。这节课会教她自己的七年级语言艺术学生和五个纳尔逊中学其他的语言艺术教师。玛莎请督导者与她开会,讨论如何让这示范课对学生和听课的教师来说都有价值。

在某些特殊情况下,即使不符合上述标准,采用非指令行为也是适当的。无论教师的发展水平、专业知识、责任或承诺如何,当教师个人或小组对一个问题产生极端情绪时,使用四种督导方法中的任何一种来解决合理的问题都可能是徒劳的。在这种情况下,更有益的方法可能是,当教师个人或小组描述问题并表达问题产生的愤怒、沮丧、恐惧、怨恨或其他感觉时,采用非指令的倾听、阐释、鼓励和反思之类的做法。一旦教师个人或小组有机会在有同情心的听者在场的情况下发泄情绪,

督导者就可以利用发展水平、专业知识、责任和承诺的标准，选择适当的督导方法来解决会议中出现的问题。

尽管非指令督导是一种有价值的帮助教师个体发展的手段，但我们看到，在督导中，它最大的潜能是促进专家教师相互协作，以提高课堂和学校的教学水平。在课堂层面上对教师协作进行非指令督导的一个例子是，督导者推动教师进行同侪互助计划。在整个学校范围内的教学改进中，非指令督导的一个例子是，在小组计划、实施和评估一系列跨多个内容领域的综合教学单元中，督导者去协助一组教师施行。发展式督导的最终目标是促进自我实现的教学人员进行协作和持续的教学改进。

思考题

巩固练习 10.0

检查自己对本章核心概念的掌握情况。

反思练习 10.0

反思你认识的督导者的行为，这位督导者自认为他在教师面前使用非指令行为。思考以下有关督导者的问题：

1. 教师如何回应督导者使用非指令行为的努力？

2. 在通过微妙的评论或非语言行为影响教师（有意或无意）的同时，督导者是否使用过明显的非指令行为，如阐释、鼓励和反思？

3. 当督导者试图使用非指令行为，而教师要求参与时，他或她会怎么做？

4. 在试图使用非指令行为时，督导者是否曾陷入自由放任的督导中？

5. 根据你对问题1至问题4的思考，督导者使用非指导性督导是否真实，或是否需要做出改变才能真正做到非指导性？如果需要更改，督导者应做哪些更改？

第十一章 发展式督导

本章学习目标

阅读本章后,你应当能够:

1. 列出在决定使用哪种督导方法时要考虑的变量。

2. 确定两种类型的督导者灵活性。

3. 讨论为什么教师的发展应该是督导的关键职能。

4. 解释为什么不可能开发出一种确定与教师一起使用的最佳督导方法的算法。

5. 描述发展式督导是"发展"式的两种方式。

请阅读本章,并思考以下问题:

1. 是否可以将正确的督导方法与某一特定的教师个人或小组相联系,达到科学和艺术的平衡?

2. 想想你观察过的五六位教师,以及你与他们讨论过的教学,他们代表了一系列的成功。总体来说,采用什么样的督导方法能大体上最佳匹配每一位教师?

3. 想想教师个人或小组,在特定情况下,从四种督导方法中的一种中获益最多,但在另一种情况下,从另一种方法中获益最多。为什么这两种不同的情况下,虽然是同样的教师个人或小组,却需要不同的督导方法?

4. 在四种督导方法中,你最愿意使用的是哪一种? 使用哪种方法让你感觉最不自在? 作为一名督导者,你会像本章所描述的那样应用发展式督导吗? 你会使用发展督导的修改版本吗? 如果是,那么你会对此做什么修改?

5. 当你读到关于发展式督导的三个阶段时,本章告诉你关于试图实施发展督导的督导者所需要的水平和专业知识是什么?

到目前为止,在第三部分中,我们已经介绍了督导行为连续统一体,并解释了四种督导方法(指令控制、指令信息、合作和非指令)。本章将深入探讨作为一种综合模式的发展式督导。

发展式督导有三个阶段:

1. 选择最佳的入门方法。

2. 采用所选方法。

3. 在逐步增加教师选择和决策责任的同时,促进教师发展。

我们对发展式督导的讨论将会涉及这三个阶段。

阶段 1：选择最佳方法

在选择四种督导方法中的任何一种时,都需要考虑教师的发展水平、专业知识和承诺,以及解决问题的责任和情况的紧迫性——指令控制、指令信息、合作或非指令——哪一种是教师的最佳匹配。

发展水平、专业知识和承诺水平较低的教师似乎与指令督导相匹配。他们很难界定问题,对问题几乎没有反应,也不太可能接受决策责任。他们显然需要指令督导提供的结构和密集援助。对于大多数需要指导的教师来说,指令信息方法是合适的。对于发展水平、专业知识和承诺水平非常低且存在严重教学问题的教师来说,指令控制方法可能是必要的。

对于在发展、专业知识和承诺方面处于较高水平的教师,通常最好采用合作督导方法。他们可以为教学问题生成一些可能的解决方案,但在检查所有选项和制定全面的教学改进计划方面仍然需要一些帮助。合作督导中固有的头脑风暴使教师个人或小组能够分享观点,并为将来的行动提供一些可能的替代方案,同时也能从督导的观点和建议中获益。在合作督导期间制定的协商行动计划使教师能够满足新兴独立性的需要,同时获得所需的适度指导,以确保该计划将促进教学改进。

教师或团体处在发展、经验和承诺的高水平,就准备好接受非指令督导方法所培养的自我指导。它们是自主的、探索性的和创造性的。他们可以从多个角度思考问题,产生各种备选行动方案,思考行动计划的每一步,并遵循计划直到完成。表11.1 概述了选择督导方法时应考虑的因素。

表11.1中,每个变量的测量值都在四个督导方法下排列。然而,个人或小组的发展水平、专业知识和承诺,以及解决问题的责任和紧迫性情况可能会发生变化,这意味着选择最佳方法可以比刚才讨论的广泛指导方针可能建议的更复杂。必须牢记以下可能性:

1. 个人或小组的发展水平、专业知识和承诺可能有所不同。例如,教师一般可能处在发展的高水平上,但在特定情况下只能在中等水平上发挥专长和承诺。此外,一个小组可能包括有低、中等和高发展水平的教师。如果个体或群体的大多数特征表明决策能力非常低,则采用指令控制方法;如果大多数特征表明能力中等偏低,则采用指令信息督导方法;如果大多数特征表明能力中等偏高,则采用合作指导方法;以及如果大多数属性都指向非常高的决策能力,则进行合作督导。当与具有广泛波动特征的个人或团体合作时,合作方法可能最有效。

2. 在某些情况下,教师和小组的特征可能会发生变化。例如,一位成功地向中学生授课十年的普通科学的教师,在转到高中教授化学和物理之后,可能会退化到较低的发展水平、专业知识或承诺水平。简言之,发展性的督导者有时必须改变督导行为,以适应教师或群体的情况变化。

表11.1 选择督导方法的考虑事项

	指令控制方法	指令信息方法	合作方法	非指令方法
教师的个人发展水平	非常低	中等偏低	中等偏高	非常高
教师的教学专业水平	非常低	中等偏低	中等偏高	非常高
教师的承诺水平	非常低	中等偏低	中等偏高	非常高
教师解决问题的责任	非常低	中等偏低	与督导者相同	非常高
督导者解决问题的责任	非常高	中等偏高	与教师相同	非常低
情况的紧急性	非常高	中等偏高	中等偏低	非常低

对教师发展的研究可以为确定最佳督导方法提供指导。然而,教师特征的巨大差异性意味着,督导者必须根据教师特征的知识基础、最近对教师个人或小组的观察和互动以及对现状的分析,逐个选择方法。一个重要的指导方针是为教师提供尽可能多的初始选择,然后培养教师的决策能力,并随着时间的推移扩大选择(Glickman,2002)。

阶段 2：采用所选方法

在与不同发展水平的教师和团体合作时,督导者是否可以从一种方法转换到另一种方法? 换种说法,同一个督导者是否能有效地对不同的教师群体运用指令信息、指令控制、合作和非指令行为? 我们与督导者的合作表明,督导者可以表现出这种灵活性,但前提是督导者自身在相当高的发展水平、专业知识和承诺水平上,并且他们有机会学习和实践不同的督导方法。我们发现,非指令方法是督导者最难实施的方法,这表明督导者有必要在使用非指令行为时做额外准备。

如果在与教师个人或小组合作的早期阶段(即使是在初步观察和讨论之后),督导者不确定使用哪种督导方法呢? 在这种情况下,一个好的经验法则是准备使用合作方法,但如果必要的话,需要准备好转向非指令或指令方法。在准备使用合作方法时,督导者确定可能的改进目标、行动和标准,以便与教师个人或小组建议的目标、行动和标准联系起来。但是,如果在会议或会议的早期阶段,很明显教师个人或小组能够自行确定适当的目标和行动计划,那么督导者可以忘记他的可能建议,转而采取非指令行为,作为促进自我指导教师计划的一种手段。另一方面,如果教师个人或小组无法确定明显的问题、任何不合理的原因或任何可能的解决方案,则督导者可以转向指导模式、授权(指令控制)或建议(指令信息)目标、行动和改进标准。

督导者的灵活性是能够针对不同的教师个人或小组,计划和实施不同的管理方法。然而,最大的灵活性是能够"转换督导机构",也就是说,有效地使用由于教师个人或小组的新发现,或根据手头的情况采取不是最初计划的方法。像成功的教师一样,成功的督导者必须能够独立思考,并相应地灵活变通(Zellermayer & Margolin,2005)。

阶段 3：促进教师发展

发展式督导的长期目标是促进教师发展,在督导者的协助下,教师可以对教学的改善负全责。我们认为教师发展应是督导的关键职能,原因如下：

- 处于较高发展水平的教师倾向于使用与成功教学相关的各种教学行为。

- 自我意识和认知、道德和自我发展达到更高阶段的教师更有可能促进学生在这些领域的成长。在民主社会,学生必须学会思考,在道德推理的高级阶段发挥作用,成为自主决策者。

- 个人发展、专业知识和承诺水平较高的教师更有可能接受"超越自己的事业",并参与集体行动,促进学校范围内的教学改进,这是学校改进研究中发现的一个关键因素。

只要将最好的督导方法与教师个人或小组当前的发展水平相匹配,就能促进教师某种程度的发展。而且,正如本文前面章节所讨论的,督导者可以通过逐步减少督导者控制和加强教师对决策过程的控制来促进教师的发展。除了将督导者方法与教师当前的发展水平相匹配,并逐步改变方法之外,还可以使用其他策略来刺激教师的发展。

一种方法是向教师介绍有关学生和学习的新信息、创新的教学策略以及框架和解决问题的新方法。最初,邀请教师探索的新思维和行为方式应与他们现有的知识、经验和价值观相联系。逐渐地,教师可以接触到更广泛的理论和实践。

另一种方法是将教师分配给那些其他大多数成员处于稍高发展水平上的小组。与发展程度较高的教师进行重要的、持续的专业互动,往往会将发展程度较低的教师拉向群体的功能水平。

特定的专业学习结构可以促进教师向更高的水平发展,前提是它们是可以长期提供的。这些学习结构的例子包括:

- 在整个学年中,由具有较高发展水平的经验丰富的教师对初任教师进行日常指导。

- 结合角色扮演、模拟和使用新实践教授迷你课程的课程,并穿插对这些活动的指导性思考。

- 课堂观察同事的课程,包括反思性的课前和课后讨论。

- 共同教学,课前共同规划会议,以及反思课后讨论。

- 同侪互助(包括前会、课堂观察和后会)。最初,较低发展水平的教师应接受较高发展水平的教师的专家指导,但随着教师经历成长,他们可以积极参与互惠辅导。

不是算法，而是决策指南

最后，督导者和教师必须讨论、互相提问和询问过去哪种督导方法最有用，现在哪种方法最有用，将来他们应该努力采用哪种方法。除紧急情况外，这是双方的责任。

学校生活是一个杂乱而复杂的世界。没有任何算法可以准确地提供对人类行为的正确反应。"如果 X 表现出特征 A、B 和 C，那么督导者 Y 应该做 D、F 和 G"，这样的公式不存在也不应该存在。这种算法仅在机械和技术控制系统（如计算机操作、装配生产或化学改造）中有用。算法是在技术上而不是人类社会中工作的，如果提出这种督导公式是可行的，那将是一种误导。相反，现有的信息是关于我们自己和其他人的信息，这些信息可以作为指导，建议什么可能有用。这样的发展指南有助于减少学校世界的无限复杂性，使督导成为提高教学质量的有目的和有思想的功能。

发展式督导案例研究

以下案例研究提供了四种督导方法的例子——指令控制、指令信息、合作和非指令——与教师和案例中的情况相匹配。此外，在前三个案例研究的每一个结束时，督导者都会做出初步努力，促使教师做出更多的选择和责任。

在阅读四个案例研究时，将它们与以下内容进行比较：

1. 教师的个人发展水平、专业知识和解决问题的承诺。

2. 问题的性质。

3. 督导者的人际行为，包括发生的任何督导行为转变。

案例一

在收到学生、教师和其他教师对杰拉尔德·沃森教学方法的投诉后，校长玛莎·科塞罗多次观察杰拉尔德的科学课。不管课程内容或学生人数如何，所有观察到的课程都遵循相同的模式。首先，学生们一排一排地坐着，轮流阅读科学课文中的段落。接下来,杰拉尔德会给学生分发一份作业,让他们独立完成。如果学生在课后完成作业,他们就被要求开始做作业,作业通常包括课本上的书面练习。在独立的课后作业中,杰拉尔德经常坐在书桌前阅读体育杂志,抬头只会对彼此交谈或离开座位的学生投以"恶毒的眼光"。

玛莎对杰拉尔德的教学程序感到惊讶。她惊讶地发现,即使在课堂观察期间,他也没有尝试更积极地教学。玛莎利用与杰拉尔德的几次会议中的第一次,试图了解他对教学科学的态度。他承认,他很少给要求学生完成的当前作业打分或退还。杰拉尔德说,他既不理解也不使用中学科学小组通过的实践科学计划。他没有参加科学小组的课后会议,这个会议决定采用该计划。他选择了休假,而不是参加全天的研讨会,在研讨会期间,科学教师学习了实施该计划所必需的技能。杰拉尔德告诉玛莎,他离退休还有六年,没有理由学习新技能或使用新的教学方法。

在回顾了她的课堂观察和与杰拉尔德的会议之后,玛莎设计了一个改进计划,她在下一次会议上向杰拉尔德提出。在那次会议上,她告诉杰拉尔德,他目前的教学策略和未能学习或实施学校的科学计划对学生的学习有害,他教授科学的方法是不可接受的。她说,杰拉尔德的改进目标将是从事更积极的教学,并利用符合科学课程目标的教学策略。玛莎要求杰拉尔德采取以下步骤:

1. 停止过度让学生轮流朗读科学课文。

2. 减少将作业作为主要教学策略的使用。

3. 检查学生完成的书面作业,并对学生的表现提供反馈。

4. 复习学区的书面课程以及学校实践科学课程的教师指南。

5. 参观其他理科教师的教室,观察正在实施的理科课程。

6. 使用更多符合所采用科学计划的实践科学活动。

校长明确表示,她提出的目标和活动是必须要做的。玛莎倾听杰拉尔德的关心的问题,回答了有关行动计划的问题。她承诺为他提供实施新科学计划所需的资源和材料。玛莎安排了一系列课堂观察,让她能够监控杰拉尔德的计划进展情况,并向他提供有关他将尝试的新教学策略的帮助和反馈。

杰拉尔德不情愿地开始实施强制性的改进计划。尽管进展缓慢,他的教学方法确实开始改变。杰拉尔德的一些动手学习的尝试效果很好,其他的则没有。学生们享受着实践活动,表现出了杰拉尔德认为不可能的兴趣和学习水平。最后,他向玛莎承认,错过新课程的讲习班是一个错误:他对新课程的知识有许多空白,但他的阅读和观察并没有填补这些空白。

玛莎决定,如果杰拉尔德要继续改进他的教学,他需要接受正规的培训,学习如何实施科学计划。她还认为,他所做的努力和取得的进展是有必要的,这样杰拉尔德就可以在如何获得培训方面做出一些选择。玛莎为杰拉尔德提供了三个学习更多课程的选择:在附近的一个中间单位参加由该课程出版商提供的为期两天的在职教育,由该地区其他中学的科学督导者举办的课后讲习班,或由作为杰拉尔德中学的科学协调员的吉姆·亚当斯提供的个性化培训。杰拉尔德一直很喜欢吉姆,所以他告诉玛莎,他期望得到一位同事的培训,这位同事就在楼下,如果他在执行课程时遇到问题,他可以拜访他。吉姆同意与杰拉尔德合作,玛莎和吉姆设计了一个计划,为杰拉尔德提供几个小时的个性化培训和密集的课堂辅导。

案例二

资深教师比尔·莱文被指派为启蒙教师贾妮斯·史密斯的导师。贾妮斯加入了中学的教学人员,渴望尝试各种创新的教学策略,这些策略是她在教师准备项目中学习的。现在,刚开始教学生涯两个月的贾妮斯,正考虑在感恩节期间辞去这份工作。

在对贾妮斯的教学进行了几次观察之后,比尔确信贾妮斯作为一名教师具有相当大的潜力,但她的课堂管理问题可能会妨碍她发挥这种潜力。尽管贾妮斯在几门教学方法课程中曾接触过关于学生纪律问题的简短讨论,但她从未接受过有效课堂管理方面的系统培训。她缺乏培训,在处理中学生问题上缺乏经验,这一点越来越明显。在几次访问贾妮斯的教室时,比尔观察到相当多的任务外行为和学生的干扰。贾妮斯并没有试图控制高噪音,而是先对学生的谈话大喊大叫,然后对那些无视她要求安静下来的捣乱学生大喊大叫。

贾妮斯知道她有课堂管理问题,但不知道学生们为什么会这样做,或者她能做些什么来改善这种状况。根据与贾妮斯的观察和讨论,比尔向这位新教师提出了以下建议:

1. 建立一套课堂行为的规则和程序,并明确不遵守这些规则和程序的学生的后果。

2. 与学生分享规则和程序,解释每个规则、程序和结果的基本原理。

3. 让学生有机会在模拟条件下实践每一条规则和程序,并向他们提供关于他们表现的反馈。

4. 坚持执行所有的规则和程序,为学生的合规性提供积极的反馈,并对不合规的后果进行处理。

比尔提出要帮助贾妮斯制定规则和程序,排练她对学生的陈述和解释,并为学生计划机会,以实践新的指导方针,并收到他们的表现反馈。比尔还建议贾妮斯在学生的不良行为达到破坏性阶段之前,尝试一些非语言和口头干预措施来纠正他们。他解释了在他自己的课堂上,他如何使用非语言干预,如眼神交流、身体接近等,以及语言干预,如叫学生的名字,或用规则或程序提醒学生。比尔邀请贾妮斯参观他的教室,观察他的课堂管理技巧。他还提出观察贾妮斯的课堂,因为她实施了他建议的策略和技巧,并根据观察结果向她提供反馈。

贾妮斯同意试用比尔的建议。在导师的大力协助下,她实施了建议的策略和技术。几个星期后,贾妮斯班的大多数学生大大增加了他们完成任务的时间,学生干扰也减少了。贾妮斯度过了感恩节,并愿意再给教师这个职业一次机会,至少直到学年结束。

比尔对贾妮斯取得的进步感到高兴,但担心三个学生似乎对新课堂管理战略和技术免疫。他知道,如果贾妮斯不能帮助他们改变他们的行为,即使是少数学生也会扰乱整个班级。这位导师提供了两种方法来对付这三个捣乱的学生。一个是让贾妮斯与每个问题学生单独合作,制定一个行为契约。在契约中,教师和学生将协商具体的行为改善目标、达到目标的时间段、教师和学生的行为、学生进步的评估以及奖励和后果。

比尔提出的第二种可能性是,贾妮斯每天记录三个学生的不良行为。最初的记录保存将持续两周,学生们需要每天在日志上签名。在为期两周的课程结束时,贾妮斯可以为三名学生分配个人改进计划,旨在减少记录在日志中的行为类型。一旦计划启动,贾妮斯就可以在日志中记录积极的和破坏性的学生行为,以记录学生朝着改进目标的进展。

当比尔请贾妮斯选择这两个选项中的一个时,她问是否同意使用这两个策略的一部分,首先记录学生的行为两周,然后与这三个学生中的分别制定行为契约。

比尔同意这将是两种战略的适当综合。他提出协助贾妮斯审查日志条目并撰写三份行为契约——贾妮斯愉快地接受了这一提议。

案例三

社会研究教师迈克·菲利普斯要求与他的系主任乔治·坎蒂尼举行一次会议。迈克对自己现在的活动课的讨论质量不满意。乔治让迈克描述他想进行的课堂讨论的类型。迈克回答说，他希望培养学生能在重大社会和政治问题上展开更高层次思考和开放对话。当乔治问迈克是什么阻碍了这种讨论时，他回答说，他自己可能通过问太多简单的回忆性问题而阻碍了课堂讨论，而不是那些会激发学生兴趣和讨论的问题。迈克与乔治讨论的另一个问题是，通常只有少数学生参加课堂讨论，而他几乎没有做什么来鼓励那些没有参加的学生参加。

基于迈克对问题的描述，乔治建议改变迈克组织课堂讨论的方式。他建议迈克和他花几分钟时间分别写下改进的想法。在两人都考虑并列出了潜在的行动之后，乔治要求迈克分享他的想法。迈克可能采取的行动包括：向学生提出更多开放式问题，让全班学生在某位学生回答问题之前有更多的时间思考问题，以及随机要求学生增加参与度。乔治回答说他同意前两个建议。他补充说，尽管在某些情况下随机要求学生做出回应是恰当的，但他不认为这是促进迈克希望的开放、反思性对话的可行方法。

乔治以迈克已经提出的观点为基础，引入了其他可能的行动。他建议迈克在规划讨论课程时参考布鲁姆分类法（Bloom's taxonomy）的前五类，首先帮助确定课程的目标，然后制定相关的讨论问题。乔治回顾了布鲁姆的认知领域，迈克模糊地回忆起他的大学时代。为了让学生在回答问题之前有时间思考问题，乔治增加了一个选项，允许学生在整个课堂讨论之前分组讨论问题。最后，乔治建议，在整个课堂讨论过程中，为个别学生和课堂提供足够的"等待时间"来准备他们的回答，并且适当的等待时间也遵循个别学生的回答。

迈克回答说，他喜欢把学习目标和讨论问题建立在布鲁姆分类法基础上的想法，但他可能难以制定不同类型的问题。他问乔治是否愿意为迈克在接下来的几堂课里提出一些问题。乔治同意并提出观察迈克的一些经验教训，以便记录布鲁姆分类法中每一类问题的数量。迈克回答说他很感激乔治的反馈。关于乔治建议开始小组讨论,迈克说目前他更愿意在整个课程中领导全班讨论。他说,他对不同类型的等待时间有了相当好的理解,但希望对每种类型的等待时间允许的秒数有一些反馈。乔治同意在观察中收集关于迈克等待时间的数据。迈克和乔治还同意,除了问题类型和等待时间外,乔治还将跟踪参与每个课堂讨论的学生数量。

经过相当多的讨论,迈克和乔治制订了一个改进教学的行动计划。计划如下:

目标:增加学生参与开放式讨论,要求学生进行互动、应用、分析、综合和评估。

迈克·菲利普斯的职责

1. 为参与布鲁姆认知目标前五类中每个类别的学生设计学习目标(列在目标陈述中)。

2. 参与为五种学习目标中的某一种创建开放式讨论问题。

3. 在向学生提出开放式问题后,至少留出五秒钟时间让学生回答。

4. 在点名学生后至少等待五秒钟,让学生做出响应。

5. 在学生回答开放式问题后至少等待五秒钟,然后继续讨论。

乔治·坎蒂尼的责任

1. 协助菲利普斯先生根据布鲁姆分类法的前五类,来设计学生学习目标。

2. 协助创建与既定目标相对应的开放式讨论问题。

3. 定期观察菲利普斯先生的课堂讨论。收集以下方面的数据:

(1)教师提问的频率,要求学生回答需要解释、应用、分析、综合和评估的问题。

(2)教师提问后、要求学生回答问题后和学生回答后的等待时间。

(3)每个学生参加开放式讨论的频率。

成功的标准

1. 在选定的课程中,提出开放式问题,并在布鲁姆分类法的五个较高级别中的每一个级别上进行相关讨论。

2. 在适当情况下,在提出开放式讨论问题、要求学生回答问题和学生回答问题后,将提供至少5秒钟的等待时间。

3. 每个学生要参与每个开放式课堂讨论。

在几周的时间里,迈克与乔治密切合作,朝着他的教学改进目标稳步推进。最后,迈克在编写开放式讨论问题方面已经发展出足够的技能,乔治建议迈克在课程规划期间,不再需要自己的帮助。迈克同意了,但问乔治他是否能回顾过去几个星期,并给他质量方面的反馈。乔治和迈克还决定,除了乔治的课堂观察之外,迈克将用电子方式记录下他接下来的几次课堂讨论。他会通过分析录音来回顾自己的表现。因为迈克要求专业性反馈,乔治同意审阅课堂讨论的记录。

案例四

斯特拉·辛普森是肯尼迪小学(Kennedy Elementary School)教学的助理校长。她为希望参加个性化专业发展计划的教师制定了专业发展方案。玛丽亚·桑切斯对一个为自己和他人提供发展机会的计划提出了一些初步想法,并请求与斯特拉会面以讨论该计划。

在他们的会面中,斯特拉倾听、思考、阐释和鼓励,因为玛丽亚讨论了她在学校看到的一个问题。随着合作学习的日益普及,一些教师决定在课堂上尝试合作策略。不幸的是,很少有教师接受过合作学习的深入培训。大多数人参加了最近在全区范围内在职教育日提供的60分钟的介绍会议。

玛丽亚已经接受了30个小时的合作学习培训,很高兴其他教师对合作学习感兴趣。然而,根据她作为学校同伴辅导计划一部分的课堂观察,她担心许多教师没有清楚地掌握合作学习课程的基本要点。玛丽亚担心,如果教师没有在合作学习方面积累足够的专业知识,他们对合作学习的使用将是无效的,他们很快就会放弃它作为教学策略。

斯特拉解释了玛丽亚的一些担忧,然后让她讨论教师在合作学习中遇到的具体问题。玛丽亚回答说,有几位教师正在尝试合作课程,但没有教授学生必备的社交技巧。她还说,他们没有在课堂建立积极的相互依赖或个人责任——那可是合作学习的两个重要方面。玛丽亚补充说,根据她与其他教师的谈话,这些问题并不局限于她作为同侪教练观察到的教师。

斯特拉赞同玛丽亚的观察。她参加了与玛丽亚相同的30小时培训课程,她的课堂观察证实了玛丽亚的担忧。斯特拉向玛丽亚询问她对这个问题可以做些什么的看法。当玛丽亚提出她的建议时,斯特拉继续专心倾听,有时会解释玛丽亚的陈述,有时会要求澄清问题,有时候会鼓励玛丽亚详细阐述。玛丽亚建议她参加一个高级培训计划,使她能够在合作学习方面发展更多的专业知识,以及为其他教师提供培训计划所需的技能。完成高级课程后,玛丽亚将举办一系列晚间讲习班,为感兴趣的教师提供30小时的合作学习基础培训。玛丽亚还建议她为参加研讨会的教师提供课堂辅导,以帮助他们将讲习班中学到的技能转移到课堂上。

斯特拉问玛丽亚,她是否考虑过在试图向同伴提供教学帮助时可能遇到的困难。玛丽亚回答,她曾考虑过这个问题,但由于她只与志愿者教师合作,所以她没有将自己的同侪身份视为一个主要问题。她提醒斯特拉,作为学校同侪互助计划的参与者,她成功地为许多参加研讨会的教师提供了教学帮助。此外,在做好领导力的准备之前,她不会尝试为同伴举办研讨会。

四个案例研究的讨论

我们之前曾说过,督导者的最终目标应该是通过非指导性督导促进自主教师的发展。然而,许多教师发展水平较低或自我驱动力不足,这意味着督导者通常必须首先使用合作、指令信息,或者在极少数情况下使用指令控制行为。四个案例研究中的每一个都代表了不同的督导切入点。在每种情况下,督导者根据教师的发展水平,专业知识和承诺以及情况的性质,采用他的初始督导方法。

案例研究提供了发展督导的三个阶段的例子。在第一阶段,督导者诊断教师的发展水平,专业知识,承诺和教育情况,并选择匹配最佳的人际关系方法。在第二阶段,督导者使用选定的人际关系方法协助教师解决教学问题。在第四阶段(前三个案例研究中有说明),督导者改变他的人际行为,以减少督导者控制和增加教师控制。督导方法的这种变化只有在教师表现出愿意承担更多决策责任之后才会发生。

在案例一中,玛莎·科塞罗确定杰拉尔德·沃森的发展水平、专业知识和承诺都非常低。她确信杰拉尔德无目的的教学严重妨碍了学生的学习。玛莎决定在她最初的督导方法中使用指令控制行为。她确定了问题后,向杰拉尔德提出了教学改进目标,并指示他采取行动以达到目标。玛莎跟进督导并提供有关杰拉尔德进展的反馈。一旦杰拉尔德在教学行为和动机方面有所改善,玛莎就完全控制了第一步,要求杰拉尔德选择三种培训形式中的一种。

在案例二中,新任教师贾妮斯·史密斯缺乏课堂管理和解决问题的能力,造成了不同类型的教学问题。贾妮斯最初的动机很强。她意识到自己有课堂管理问题。她需要的是在确定原因和解决方案方面的帮助。在对贾妮斯进行观察和举行会议后,导师比尔·莱文决定,在他对贾妮斯的初步帮助期间使用指令信息行为。比尔确定了贾妮斯改善课堂管理的目标。他建议她可以采取一些行动来实现这一目标,由贾妮斯来决定是接受还是拒绝比尔的建议。在贾妮斯在他的指导下取得了相当大的进步之后,比尔鼓励她选择两种替代策略,与三名表现出长期纪律问题的学生一起合作。贾妮斯和比尔协议将两种策略结合起来,代表了新手和导师之间更加合作的关系。

在案例研究三中,迈克·菲利普斯能够定义他遇到的问题并确定一些原因,但他需要他人协助思考解决问题的计划。乔治·坎蒂尼决定与迈克合作。听完迈克的看法后,乔治分享了他自己的观点,然后建议他和迈克共同研究和交换解决问题的方案。在协商过程中,迈克和乔治都接受或拒绝,或提议修改另一方提出的想法。最终,迈克和乔治就行动计划达成了共识。乔治建议迈克独立设计自己的讨论问题,以及记录和审查自己的课堂讨论,这是一种试图从合作和非指令督导转变的尝试。他们同意,乔治可以审查迈克的问题讨论和录音,这表明了合作和非指令督导之间的过渡阶段。

在案例研究四中,玛丽亚·桑切斯教师显然在非常高水平的个人和职业发展中发挥作用。助理校长斯特拉·辛普森在玛丽亚讨论她的关注点和建议时,采用了倾听、思考、阐释和鼓励的非指令人际行为。斯特拉要求玛丽亚考虑她计划的后果。斯特拉提出书面提案的请求是为了鼓励玛丽亚制定细节和标准,并对该计划做出正式承诺。

斯特拉·辛普森在整个案例研究四中使用了非控制人际行为,鼓励玛丽亚·桑切斯承担全部决策责任。前三个案例研究中的督导者使用了不同级别的控制,但在前三个案例中,督导者从较多的控制权转移到较少的控制权,并转向教师更多的决策责任。因此,发展督导有两种发展方式。首先,入门级的督导方法与教师当前的发展水平和当前情况相匹配。其次,逐步修改督导行为,以促进和适应长期的教师发展,提高反思和解决问题的能力。

我们有目的地在本章中提供案例研究,展示教师的个人发展水平、专业知识和承诺与督导方法的明确匹配。在现实世界中,还会有其他变量,问题会变得更复杂。督导者和教师处理的具体问题也应该是一个决定性因素。教师和督导者的过去关系是另一个需要考虑的变量。即使我们有一种完全有效和可靠的方法来衡量教师的个人发展水平、专业知识和承诺(我们没有),也不可能提前预测所有可能需要考虑的其他变量来选择最好的督导方法。这就是为什么决定最佳方法是人为决定,而不是预定的公式的结果。

小组活动 11.1 包括描述、提供初步协助和促进需要不同类型督导的教师长期发展的练习。

巩固练习 11.0 点击这里来检验你对本章中介绍的主要概念的理解。

小组活动 11.1

对教师案例的写作与反思

该小组分成三个或四个小团队,他们在活动的每个部分都在一起。

A 部分

每个团队合作编写单独的迷你案例(每篇不超过一页),关于:

- 教师与指令控制督导方法最匹配;
- 教师与指令信息督导方法最匹配;
- 教师与合作督导方法最匹配;
- 教师与非指令的督导方法最匹配。

每个案例应包括(a)对教师专业特征的描述和(b)教师正在经历的特定教学问题的描述。

B 部分

每个团队与其他团队中的一个团队共享其所有四个案例。另一个团队挑选四个案例中的一个案例来讨论。在每个案例中,团队讨论(a)监管者或教师可能在会议中提出的想法(取决于适当的督导方法)以解决当前的问题,以及(b)适合的持续专业学习活动以促进教师的长远发展。

C 部分

每个团队向全体人员报告,简要总结他们在 B 部分中处理的四个案例中的每个案例,并针对每个案例分别提出他们对每个督导协助的建议以及他们对长期教师发展的建议。

思考题

巩固练习 11.0

检查自己对本章核心概念的掌握情况。

反思练习11.0

请考虑以下情形：

湖滨高中的教师梅根·詹森带着担忧来找到教学监管者吉姆·奥特里。一些女教师抱怨说,在专注于教学督导的会议期间,吉姆似乎过分命令她们。这些教师告诉梅根,她们从一些男同事那里听说,吉姆在与男教师交往时不是命令式的。

梅根作为吉姆的亲密朋友,告诉他这个情况。她希望他知道这一点,以便能够反思情况,并决定做些什么。吉姆最近一直在与不同的教师和小组使用不同的督导方法,但一直试图与大多数教师一起使用合作督导,只对一名女教师使用了指令督导行为,只对一名男教师用了非指令督导行为。梅根反馈的女教师的评论令他感到震惊和不安。

你会对以下每个问题给吉姆有何建议？

1. 吉姆如何确定他对女教师采用指令行为,或是其他更匹配的行为方式？ 如何确定他对男教师采用非指令行为,或是其他更匹配的行为方式？

2. 如果吉姆断定他确实在与一些教师使用无意识的人际关系行为,他怎么能探究这种无意识行为的可能原因呢？

3. 如果吉姆最终得出结论,认为他在督导会议中一直有无意识的性别偏见,那么他如何才能纠正这种情况呢？ 他如何验证他的改进？

第四部分 技术技能

　　如果督导者了解成功学校的特点、成功的规范以及教师发展与最优成人发展的不同，那么就可以开始规划督导信念体系。如果能在实践中运用人际交往与技术技能，这个体系就成为现实。

　　前文讨论了教师个人与群体相关的发展水平：指令性控制、指令性信息、合作与非指令性人际关系技能。第四部分涉及与教师一起工作时需要的技术管理技能，以此进行观察、评估、规划、实施与评价。了解学校、与教师沟通是必不可少的，但技术技能也同样重要。

第十二章　观察技能

本章学习目标

阅读本章后,你应当能够:

1. 列举至少五种定量观察。

2. 列举至少三种定性观察。

3. 描述定制观察体系。

4. 总结全校范围的课堂观察的目的。

5. 解释在课堂观察中,录像相比以前更实用的原因。

请阅读本章,并思考以下问题:

1. 本章强调观察与解释的不同。你曾见过哪些能够正确描述一个场景或事件,但错误解释其含义的例子?

2. 教师对于收集定量与定性数据的教学问题有哪些?

3. 本章展示的观察工具与你熟悉的终结性评价有哪些不同?

4. 观察者的个人经历与价值观在哪些方面影响到课堂观察?

　　图 12.1 展示了教室情况。如果你是观察者,你觉得该图中发生了什么?当然,将一幅插图作为观察的基础并不够,但请假设整堂课你看到的都是这个情况。你可以说学生有行为问题、纪律松散、教师不回应学生的兴趣点,或者教师讲课过多吗?如果你的观察结果与所列出的这些相似,那么就你掉入了解释的圈套,这又导致许多帮助人们改善表现的尝试最终失败。

图 12.1　教室图

　　观察包括两个过程——先描述你看到的事物,再解释其含义。大脑几乎在同时处理视觉图像,结合先前存储的有关满足与不满经历的图像,在图像上附加价值观或含义。如果学生打呵欠,我们的大脑就会发出"无聊"的信号。如果教师吼学生,我们的大脑就会认为教师"失控"。我们会基于图像或对事件的描述做出判断。我们必须要有意识地分开描述与解释这两个几乎同时的过程。去掉对事件的描述过程,仅保留解释过程,就会导致沟通困难、改进工作受阻。分享对事件的描述是专业化改进的第一步,而分享解释带来的是意见分歧。双方就发生的事件有一致的看法,那么更有可能在需要改变的地方上意见达成一致。

如果督导的目的是强化教师的想法，强化改进课堂（与学校）实践的工作，那么就要以观察为信息的基础，创造督导与教师之间的教学式对话。与老师讨论课堂，首先进行描述，就能创造教学式对话。先提供解释与评价性陈述，会让教师产生戒备、进行争论、感到不满，因此讨论难以继续。

在观察时区分描述与解释，对教学改进工作至关重要，因此我们需要看一下之前的教室图（图12.1）。再看一遍这张图片，说出你现在看到的内容。你可能会说有三位学生不看老师，而是在交头接耳，老师站在教室前面，叫第一排的一个学生。我们可以同意这样的描述符合事实吗？很可能是这样的，因此我们之后可以就学生的学习情况判断事件中的对错。相比改变"糟糕的课堂管理者"，教师改变三个学生说话、两个学生不看老师这样事情更为容易。

另一个需要区分的是形成性观察工具与终结性观察工具。形成性观察工具经常用来描述课堂里发生的事情（与教师和管理者关注的和讨论的一致），是职业发展和教学改进的方式。因此，形成性观察工具要根据先前的一致意见进行调整，包括那间教室的教师最值得学习的是什么——无论兴趣是否来自作为教师了解自我本身的强烈想法，尝试一个特别的教学模型，用新的方法或策略进行实验，抑或是解决一个问题或克服一个缺点。另一方面，终结性评价工具由外界强制施加、统一采用，旨在以相似的标准评价教师的价值、优点以及工作能力。第十六章会详细阐述终结性评价与形成性评价。

记录有许多方式。借助观察来整理、记录不同类别的教室生活，有的简单到只有一个分类，有的复杂到有几十种隐藏的组合。例如，可以记录教室墙展示的次数以及成百上千位学生与教师的语言与非语言互动。

我们首先讨论定量观察，包括分类频率工具、行为指标工具、可视图表以及空间利用。第二部分涉及定性观察，包括逐字记录、独立的开放式叙述、参与者开放式观察、焦点调查问卷和教育批评。我们将讨论定制观察——旨在收集具体教师问题数据的定量与定性观察。最后，我们会探讨全校范围内用以评价学生整体教学项目的课堂观察。

定量观察

定量观察是观察课堂事件、行为和对象的方法。定量观察的定义和分类必须精确。观察结果最终用于统计操作。

分类频率工具

分类工具是定义特定事件或行为的，这些事件或行为可以按特定频率检查并计数。图12.2是一种分类工具，用来测量教师提问不同类型问题的频率。教师所提问题的七种类别基于布鲁姆分类法。（第十九章会介绍此分类法。）观察者可以用每个类别中问题的数量除以教师提问的总数量，计算出每个类别问题所占的百分比。

问题类别	计数	总和	百分比
评价		0	0
综合	/	1	5
分析	/	1	5
应用	//	2	10
解释	///	3	15
翻译	////	4	20
记忆	//// ////	9	45
问题总数 = 20			

图 12.2　教师问题

其他课堂主题也可以用此分类工具观察。例如，观察学生是否专心。观察者每隔五分钟巡视全班学生动态，完成图12.3。观察者每次巡视，应先观察学生约20秒，然后记录该生行为。一堂课40分钟，观察者可以进行八次这样的巡视。观察者可以利用该工具详细记录学生的行为，具体行为参考表格下方说明。

学生	巡视开始时间							
	9:00	9:05	9:10	9:15	9:20	9:25	9:30	9:35
安德鲁	A	C	D	E	E	A	B	B
G.肖恩	A	A	D	E	E	A	C	B
玛丽亚	A	A	D	E	E	C	B	B
山姆	I	F	F	E	F	A	B	C
芭芭拉	H	F	D	E	E	F	F	B
安吉	C	G	G	C	E	G	G	G
杰夫	A	A	C	E	E	A	B	B
杰西卡	F	F	D	E	E	A	B	E
L.肖恩	A	A	D	E	H	H	B	B
克里斯	F	F	D	E	E	A	B	C
米歇尔	A	A	D	E	H	H	B	B
马克	A	T	I	F	I	I	I	F
梅利莎	C	A	D	E	E	C	H	B
约翰	J	A	J	I	J	J	J	J
罗兰达	A	C	D	E	E	A	B	F

评分
A = 专心,听/看   F = 分心,被动
B = 专心,写   G = 分心,做其他课程作业
C = 专心,说   H = 分心,听闲人讲话
D = 专心,读   I = 分心,打扰他人
E = 专心,实践   J = 分心,玩

图 12.3 学生课堂行为表现

行为指标工具

行为指标工具用于记录观察工具所列行为是否已经观察到。对于某些要素,还存在第三选项——"不适用"(N/A)。观察者还可利用行为指标工具对行为的出现或消失做增补说明。图 12.4 就是行为指标工具,可用于记录梅德林·亨特(Madeline Hunter)课程设计模型中各元素的存在或缺失,非常适合直接教学。图

12.5 可用于评价合作学习课程中的基本元素是否都存在。

要素	回应			评价
先行设定	Yes_	No_	N/A_	_____
				_____
目标及目的陈述	Yes_	No_	N/A_	_____
				_____
输入	Yes_	No_	N/A_	_____
				_____
建模	Yes_	No_	N/A_	_____
				_____
检查理解情况	Yes_	No_	N/A_	_____
				_____
指导实践	Yes_	No_	N/A_	_____
				_____
独立实践	Yes_	No_	N/A_	_____

图 12.4　亨特行为指标模型

要素	回应			评价
解释学习及社会目标	Yes_	No_	N/A_	_____
				_____
教授必要的社会技巧	Yes_	No_	N/A_	_____
				_____
面对面互动	Yes_	No_	N/A_	_____
				_____
积极的相互依赖	Yes_	No_	N/A_	_____
				_____
个人责任	Yes_	No_	N/A_	_____
				_____
小组处理	Yes_	No_	N/A_	_____
				_____

图 12.5　合作学习行为指标

　　图 12.6 列出了真实建构课堂的指标,图 12.7 列出了敏感文化教学的指标。这两个图中所列指标在"解释行为"上要比很多同类型工具中的其他指标更加开放,因此,对于观察者来说,在评价一栏具体描述构成观察者回应基础的课堂行为尤为重要。

指标	回应			评价
师生共同计划	Yes_	No_	N/A_	_____
深入讲解大概念	Yes_	No_	N/A_	_____
学生主动提问	Yes_	No_	N/A_	_____
问题本位	Yes_	No_	N/A_	_____
使用核心资料	Yes_	No_	N/A_	_____
学生自检假设	Yes_	No_	N/A_	_____
促进对话	Yes_	No_	N/A_	_____
主动学习	Yes_	No_	N/A_	_____
合作学习	Yes_	No_	N/A_	_____
学生构建知识	Yes_	No_	N/A_	_____
对所构建知识进行自我反思、团体反思	Yes_	No_	N/A_	_____
教师和学生进行评价	Yes_	No_	N/A_	_____
对过程及结果进行评价	Yes_	No_	N/A_	_____

图 12.6　建构主义课堂指标

指标	回应		评价
教师			
展示对不同文化的理解	Yes_	No_	_____
尊重所有学生	Yes_	No_	_____
使用没有文化偏见的教学教材	Yes_	No_	_____
使用代表不同文化的例子和材料	Yes_	No_	_____
从不同的文化视角审视概念和问题	Yes_	No_	_____
促进所有学生的高水平学习	Yes_	No	_____
针对学生的学习风格，采用不同的教材和教学方法	Yes_	No_	_____
为学生提供公平的参与机会	Yes_	No_	_____
必要时,为学生提供个人帮助	Yes_	No_	N/A_ _____
对学生不容忍他人的行为进行干预	Yes_	No_	N/A_ _____
利用合适时机解决文化问题	Yes_	No_	N/A_ _____
加强学生尊重多元文化	Yes_	No_	N/A_ _____

图 12.7　敏感文化教学指标

可视图表

可视图表是描述课堂情况的另一种方法。教室录像能捕捉到最能代表真实情况的画面。但还有其他方法也可以描述观察结果,比如师生间的言语互动以及教师如何使用空间。绘制好所发生事件图表后,督导和教师就可以看到图片,然后分析事件。

教室各成员间言语互动的情况可以用箭头来表示。(图 12.8)

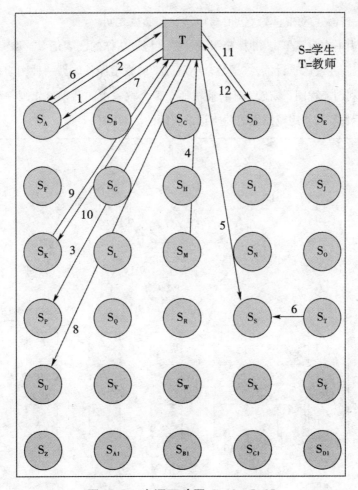

图 12.8　言语互动图,9:10—9:15

　　观察者可以使用这张图的六张单独的表格,并在一小时内每间隔 5 分钟填写一张表格。图表上的每个箭头都将指示另一个人。箭头按语句顺序编号。绘制图表后,观察者将获得关于个别学生互动的频率、与教室不同区域的互动信息,比如哪些学生与其他人产生互动,哪些学生被排除在外。

　　为了便于说明,如果图表是与课堂期间其他五个样本一致的样本,观察者将能够得出以下一些结论:

1. 互动主要面向左侧通道和前排。

2. 房间后面的最后两排或右边的两排几乎没有人关注。

3. 在 14 次互动中,12 次包括教师,2 次在学生之间。

当学生不在教室里走动时,小组活动更容易被这样的图表记录。课堂活动,如教师讲课、问答或课堂讨论,将是适合小班教学的教学课程。另一种图表形式是教师的空间利用流程图,该流程图记录教师在整个教室中的活动。先画一个教室的草图,然后观察者使用草图上的箭头记录教师的活动(图 12.9)。

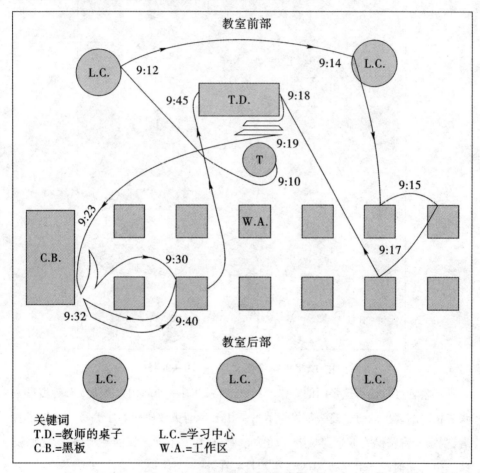

图 12.9 教师的空间利用

图 12.9 说明了阅读指导的一个时间段。箭头追随教师的每一个动作,并标有时钟上的时间。一节课下来,观察者和教师可以看到教师分别在哪里呆了多长时间。这些信息可能有助于让教师了解自己的空间利用与课堂管理和教学的关系。例如,图 12.9 显示了教师多在教室前边和左侧,而不怎么在后边或中间。

定性观察

在不确切知道要记录什么的基础上,还有其他的观察方法。这些被称为定性或描述性观察形式。观察者进入教室时全神贯注,并记录事件发生的时间。这些事件既不属于某一特定类别,也不被衡量。只有在记录事件之后,观察者才能将他的观察重新排列成主题。这种观测记录不适合使用仪器。(从技术上讲,仪器是一种测量设备。)相反,定性观察记录了课堂生活的复杂性。

有几种类型的定性观察。我们将介绍逐字记录型、独立的开放式叙述、参与者开放式观察和焦点问卷观察。这些观察结果可为督导者提供广泛而复杂的课堂生活记录。

逐字记录型和选择记录型

写逐字记录的观察者记录课堂上发生的所有口头互动。逐字记录允许观察者和教师在课堂上识别人际行为模式。逐字记录还提供师生互动的具体例子。为了更有效地记录,观察者可以缩写单词,并删掉那些对记录没有意义的单词。

C = 克里斯　　　　　　　　　　　　　　　　　　　　　　　　　10:20

T = 教师

T:联邦政府的三个部门是什么?

C:总统,众议院,参议院。

T:总统管理哪个部门?

C:我不知道。

T:总统是什么长官?

C:行政! 行政部门!

T:众议院和参议院是哪个部门的?

C:立法。

T:立法部门。好的,除了行政部门和立法部门,还有哪个部门?

C:法院。

T:最高法院和其他联邦法院组成了哪个部门?

C:司法。

T:对!

图 12.10　选择记录摘录

尽管有这些节省时间的小技巧,逐字记录仍可能是一个艰难的过程,要求观察者花每一分钟记笔记,而没有时间去关注课堂上发生的任何其他事情。一种替代逐字记录的方法是选择记录,其中观察者只记录在观察前商定的特定的重点互动。图12.10提供了选择记录的摘录,聚焦于教师对给出错误或部分正确答案的学生的回应。

独立的开放式叙述

独立的开放式叙述发生在督导者走进教室时,督导者记录每个吸引他的注意的人或事情。开始时,页面是空的,没有问题、指标或类别。标题可能只是这样:

独立的开放式叙述
观察的教师:_____   时间:_____   观察者:_____

然后记录者就有了更多的写作任务。这种观察的样本示例如下:

学生10点13分开始上课;教师在他的课桌上批改论文。闹铃在10点15分响,第三节课开始。学生们不断地到来。X先生10点25分从桌上起来上课。与此同时,学生们已经把书包收起来,等待着教师的教学,除了三个在后边角落的女孩,她们在聊天,梳理头发,把钱包里的东西放在课桌上。在X先生开始工作五分钟后,他和她们交谈,她们把梳子和钱包收起来。X先生描述了当天的活动,但却找不到他准备好的讲义。两分钟后,他在抽屉里找到了文件。

对讲机10:30开始响,校长宣布了两件事。X先生布置作业,全班10:33开始阅读。两名学生因说话而受到批评,当X先生四处走动并与学生一起复习昨天的作业时,偶尔会听到学生的谈话。他在10点45分要求全班集中注意力之前,与12名学生交谈。然后他讲授昆虫的分类。后排的学生很难看清幻灯片。一个学生问他能不能把灯调暗……

通过实践,观察者可以用速记来跟上事件的发展。在教室里不可能记录下所有可能看到和听到的东西。观察者必须不断扫视整个教室,并决定什么是重要的。

参与者开放式观察

当督导者成为课堂的一部分时,参与者会进行开放式观察(Marshall & Rossman, 2011)。督导者协助教学,帮助学生提问,使用课堂材料,与教师和学生交谈。参与到课堂中,可以让督导者从内到外看到课堂,这与独立观察者不同,观察者试图隐身,远离学生和教师。显然,如果督导者参与谈话、走动和协助,事件就不能像发生的那样被记录下来。相反,他必须在动作的停顿之间写作。观察表可以放在剪贴板上,以便在工作时记录。

观察者在课堂上记下粗略的笔记(口头禅和词语),以便随后他能写得更详细。这些速记本旨在提醒观察者将要描述的情况。

> 教师 X 引导学生进入学习小组。
>
> B. 约翰不理解这项任务。我和他一起策划一出戏剧的主题。
>
> T. 莎莉和 B. 拉蒙娜在四处走动。我问他们是否需要帮助;他们说不,然后离开房间(问教师这个)。
>
> 桑德拉和她的团队已经准备好扮演他们的角色。我听他们朗读他们的部分。
>
> 史蒂文的团队陷入困境;他不知道如何在历史建筑上找到材料。我建议给小镇历史协会打电话。
>
> 苏珊根本没有参与看青少年杂志。剩下的人就让她一个人待着。(我想知道为什么。)
>
> 这段视频引起了大家的注意。
>
> X 教师下课了。我无意中听到一个学生说:"这门课结束得太快了。我希望其他课程也这样有趣。"

这些是 50 分钟课时的笔记。课堂上发生的事情比我们所注意到的要多,但是观察者从他的参与中获得了洞察力。督导者随后可以详细填写离开教室的两个女孩、约翰对主题的困惑细节、苏珊对青少年杂志的专注等等。

焦点调查问卷

定性观察可以通过在记录事件时使用比一般主题更集中的方式进行。观察者寻求关于特定问题的信息。

例如,如果教师试图讲解解决问题的技能,观察者可以使用以下问题来集中观察:

学生是否能够:

1. 区分问题及其影响?

2. 从不同群体和个人的角度看待问题?

3. 收集和分析数据以更好地理解问题？

4. 确定问题的各种原因，以及这些原因是如何联系或相互作用的？

5. 思考出备选解决方案并反思每个备选方案的潜在影响？

6. 制定解决问题的可行计划？

7. 合作解决问题？

8. 反思和评估他们解决问题的努力，以及他们将来如何改进解决问题的能力？

焦点调查问卷可以围绕特定的教学模式展开，例如直接教学、合作学习、法理学、高级组织者或间接学习。它可以窄到只看一个特定模式中的一个或两个问题，也可以宽到包含关于模式的许多问题，或者在提出不同教学实践的问题时，它可以是通用的。

 视频案例

在视频中，同侪教练完成一个重点观察。看完视频后，想想你熟悉的教学模式。当你运用确定的教学模式时，教师和观察者可能希望在观察期间关注哪三个或四个问题？

量身定制的观察系统

督导者经常观察课程，以收集关于独特教学问题或改进工作的数据。如果没有能够收集所需数据的观察系统，督导者可以设计一个定制的观察系统。定制的观察系统可以是定量的、定性的，或者是两者的结合。

图12.11是一个设计用于收集四种特定类型数据的系统。在本例中，教师要求观察者收集以下数据：(1)教师对每个学生的提问频率；(2)每个学生的回答是否正确；(3)教师是否通过鼓励或提示，特别是在学生的初始回答不正确之后，让学生得出正确回答；(4)教师向学生提供积极反馈的频率，让他们做出正确的回答。在图12.11中，符号表示学生对教师问题的回答(−、+、x)和教师对学生回答的回答(−、0)。同一行上的几个符号表示属于同一系列互动的语言行为。不同行上的符号表示独立的互动系列。

在另一个例子中，西蒙斯教师关心他的一个学生的行为，并要求监管者收集关于学生行为、西蒙斯的回答以及这些回答对学生的影响的数据。图 12.12 为督导者完成的观察图表。箭头指向教师对选中的学生行为的即时反应和学生对教师相关行为的即时反应。我们所观察到的一些最有意义和最有用的课堂观察数据是通过督导者和教师设计的工具收集的,这些工具主要针对特定的教师问题。

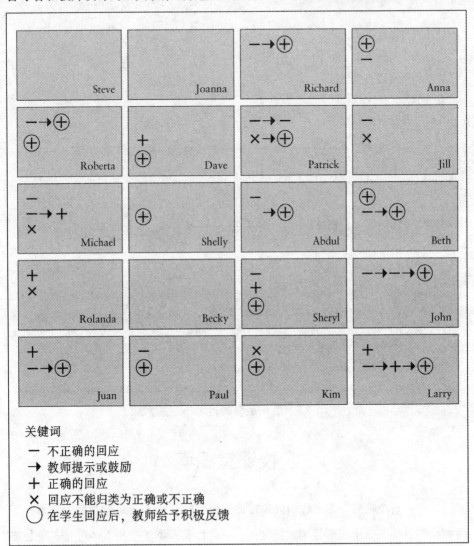

关键词
— 不正确的回应
→ 教师提示或鼓励
＋ 正确的回应
× 回应不能归类为正确或不正确
◯ 在学生回应后,教师给予积极反馈

图 12.11 量身定制的提问—回答图表

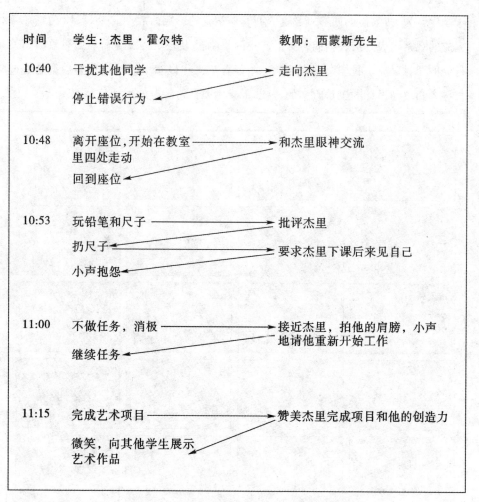

图 12.12　量身定制的行为—反应观察

全校课堂观察

希望进行全校教学需求评估或项目评估的学校可能希望通过观察所有参与课堂教学的教师来收集校园教学数据。其中一位作者咨询了一所希望评估其整体教学计划的学校,并将全校教室观察作为评估的一部分。正如人们所料,学校的一些教师担心,观察要作为需求评估的一部分。

顾问和学校领导减轻教师担忧的一个方法,是邀请他们帮助构建观察系统。

在一次教师会议上,顾问向教师们提出了两个问题:(1)参观你的教室的人通常会观察到哪些教学方法?(2)不管是期望看到的或不期望看到的,访客通常会观察到学生的哪些行为? 教师针对这些问题列出的潜在的教师和学生行为,用于构建图12.13 所示的观察关键。

教师行为	学生行为
A.讲课	1.大声朗读
B.使用电子显示屏	2.记笔记
C.指导学生的学习活动	3.倾听
D.与学生一起回顾工作	4.板书作业
E.给学生朗读	5.口头回答问题
F.让学生朗读	6.写作业
H.督导/协助学生作业	7.促进公开讨论
I.向学生提问	8.合作学习
J.促进公开讨论	10.自主调查
K.督导/协助小团体	11.自主阅读
M.促进学生调查	12.破坏
N.赞美	13.注意力不集中
O.鼓励	14.做不适当的事情
P.	15.不适当地走动
Q.	16.
R.	17.
S.	18.
T.	19.
U.	20.

图 12.13 全校课堂观察关键示例

观察者使用类似于图 12.14 所示的观察图表来记录课堂观察期间的教师和学生行为(为了节省空间,图 12.14 的列和行比实际观察图表少)。观察者每五分钟扫描一次教室,在教师的列表里(列表顶部有个 T)记录象征教师行为的字母(参见图 12.13 中的教师行为 A 到 O),记录在五分钟开始时观察到的教师行为。在五分钟的剩余时间内,观察者观察每个学生足够长的时间,以确定学生的行为,然后在观察图表上的学生编号(一个 S 后跟一个学生编号)后面写下表示该行为的数字(参见图 12.13 中的学生行为 1 到 15)。

教师名字：＿＿＿＿＿＿＿＿＿＿＿＿

学科：＿＿＿＿＿＿＿＿＿＿＿＿

观察日期：＿＿＿＿＿＿＿＿＿＿＿＿

观察时间：＿＿＿＿＿＿＿＿＿＿＿＿

第一次开始观察 时间：＿＿＿ 行为 ⇩	第二次开始观察 时间：＿＿＿ 行为 ⇩	第三次开始观察 时间：＿＿＿ 行为 ⇩	第四次开始观察 时间：＿＿＿ 行为 ⇩	第五次开始观察 时间：＿＿＿ 行为 ⇩
T: ⇩	T: ⇩	T: ⇩	T: ⇩	T: ⇩
S1：	S1：	S1：	S1：	S1：
S2：	S2：	S2：	S2：	S2：
S3：	S3：	S3：	S3：	S3：
S4：	S4：	S4：	S4：	S4：
S5：	S5：	S5：	S5：	S5：
S6：	S6：	S6：	S6：	S6：
S7：	S7：	S7：	S7：	S7：
S8：	S8：	S8：	S8：	S8：
S9：	S9：	S9：	S9：	S9：
S10：	S10：	S10：	S10：	S10：
S11：	S11：	S11：	S11：	S11：
S12：	S12：	S12：	S12：	S12：
S13：	S13：	S13：	S13：	S13：
S14：	S14：	S14：	S14：	S14：
S15：	S15：	S15：	S15：	S15：
S16：	S16：	S16：	S16：	S16：
S17：	S17：	S17：	S17：	S17：
S18：	S18：	S18：	S18：	S18：
S19：	S19：	S19：	S19：	S19：
S20：	S20：	S20：	S20：	S20：

图 12.14　用于全校课堂观察的观察图表示例(观察关键见图 12.13)

本例对全校课堂观察数据的分析,为学校的督导者和教师提供了校园内教学的丰富信息。例如,当你回顾图 12.13 中的教师行为时,请注意该列中的阴影条。阴影条以上的行为称为"以教师为中心"的行为,下面的行为称为"以学生为中心"的行为。通过观察数据,教育者可以计算出以教师为中心的教学与以学生为中心的教学的比例,不仅在个别教室,而且在整个学校。另外,从图 12.13 可以看出,前六个学生的行为代表被动学习,行为 7 到 11 表示主动学习,行为 12 到 15 表示缺乏学生参与。因此,评估允许计算单个教室和整个学校的主动学习与被动学习的比率以及任务与任务外行为的比率。需求评估使学校能够为教师确定一个长期的专业发展计划,重点是提高以学生为中心的教学和学生主动的学习。

这里我们只举了一个观察系统的例子,它可以用于全校的课堂观察,并生成全校的数据。还有许多其他的数据收集系统可以用于此目的。事实上,本章中提供的许多观察图表,作为收集独立课堂数据的图表,可以适应校园的广泛使用。就像在一个教室里收集观察数据会导致超级观察者和教师之间根据数据的意义和基于该意义的改进目标进行对话一样,全校的课堂观察也应该是整个校园关于意义和未来集体行动对话的基础。第十三章讨论了对整个学校教学改进的评估和规划,校园观察有助于确定整个学校的需求。第十四章重点介绍了全校教学改进工作的实施和评价,全校的观察有助于督导实施情况和评价这些工作的结果。

回顾观察的类型和目的

图 12.15 说明了督导者可用的观察类型。观察的目的应确定观察的类型、方法和作用:

分类频率观察是独立观察者用来统计、汇总和统计分析行为的一种定量方法。

• 独立观察者定量地通过绩效指标来观察并记录人类行为的证据。

• 视觉图表是独立观察者用于描述言语互动的定量观察。

• 人的空间利用观察是独立观察者为了描述物理运动的长度和模式而使用的定量测量。

• 逐字记录是一种独立的定性方法,观察者记录所有的实际互动。

• 独立的开放式叙述是一种定性观察,独立的观察者在事件展开时使用它来记录事件。

●参与者开放式观察是一种定性技术,用于记录人和事件如何向课堂参与者展开。

●重点调查问卷是另一种定性方法,可供独立观察员或参与者观察员根据课堂主题的一般问题收集证据。

●量身定制的观察系统跨越了先前讨论的不同类别。它们是由督导者(或督导者和教师)设计的,用于在没有收集此类数据的现有观察系统的情况下,收集特定教师关注的数据。它们可以是定量的或定性的,也可以由独立的或参与的观察员使用。

●学校/广泛的课堂观察可以使用定量或定性方法来评估整个学校的教学改进需求,以及监控实施情况并评估整个校园的教学改进工作的结果。

类型	方法		观察者角色		项目
	定量	定性	独立	参与	
分类频率	×		×		计算行为
绩效指标	×		×		明显/不明显
视觉图表	×		×		画出口头互动
空间利用	×		×		画出运动轨迹
逐字记录		×	×		口头互动的稿子
独立的开放式叙事		×	×		注意展开事件
参与者开放式观察		×		×	从里到外的视角
焦点问卷观察		×	× 或	×	专注于特定事件
量身定制	× 或	×	× 或	×	解决独特的问题
全校课堂观察	× 或	×	×		收集整个校园的教学数据

图12.15 观察备选方案

观察的趋势和注意事项

课堂观察的趋势包括使用技术和合作演练。技术可以运用得很好,也可以很差,演练对教学改进工作或多或少有帮助。在本节中,我们将讨论如何有效地应用这些创新,并提出了一些注意事项,说明教学观察中督导者—教师对话与共同解释相结合的必要性。

技术提高观察能力

现在有了广泛的技术来帮助督导者进行定量和定性观察。这项技术可以放在从简单到复杂的连续统一体上。连续统一体的简单结尾是数码笔。这些笔最初是用来记录数据,就像传统上收集到的一样,但数码笔不是你祖父的书写工具。除了墨盒外,数码笔还包括麦克风、数码录音机、红外照相机、闪存和扬声器。观察者使用数码笔在数码纸上书写观察数据,包括文字、符号和图表,同时笔也记录声音。稍后,观察者只需轻敲课程任何部分的观察笔记就可以查看课程中的音频。分析数据的观察者可能错过了部分口头交流,或者根本不记得课堂上的观察笔记的含义。在这种情况下,督导者可以立即听取课程的相关部分进行阐释。此外,督导者与教师讨论书面数据,可以为教师播放课程任何部分的音频。数字化的、同步的、书面的观察数据和录音可以传送到观察者的个人电脑或直接发送给受观察的教师。

录像教学是另一种提高观察的技术手段。几十年来,观察员一直在使用摄像机来收集课堂观察数据,但许多因素限制了视频的使用,包括大型摄像机和三脚架的钝性、技术问题(照明、声学等)以及标准镜头摄像机捕捉到的教师和学生行为的有限范围。然而,现代数码相机小到足以不引人注目;宽镜头相机可以捕捉更多课堂上发生的事情;夹在教师衣服上的小型无线麦克风提供高质量的音频记录(Johnson,Sullivan & Williams,2009)。此外,我们现在有了软件,可以将课堂口头交流的录音转换成文字,用于详细分析。观察者可以在会后会议之前使用视频或文本分析数据,或者在会后会议期间与教师一起分析视频。此外,现在可以轻松编辑视频意味着教师可以在合作工作中共享和分析彼此的剪辑视频,以改进课堂结构(Van Es,2010)。

一种更复杂的观察技术是网络摄像头和监听(BIE)技术(Rock,Greg,Thead,Acker,Gable & Zigmond,2009;Scheeler,McKinnon & Stout,2012)。研究职前教育督导者的学者对这一技术做了大量的研究,这一技术可以很容易地适用在职教师的观察。BIE技术可以让观察者通过电子传输给教师耳朵里的电池接收器向教师提供即时反馈。BIE技术使观察者能够向教师提供关于学生行为和教师行为的实时反馈。网络摄像头可以让督导者远距离观察课程，除提供便利和效率外，还可以消除督导者在课堂上与教师口头交流时所造成的明显尴尬和干扰。该技术包括对课程的视频记录，供以后分析和讨论。

在考虑网络摄像头和BIE技术对在职教师进行观察时，需要注意一点。在教师准备项目中，这种技术通常与向新手提供即时纠正反馈、强化等相关信息，代表观察者的判断。除紧急情况外，向在职教师提供的BIE反馈应包括可在课堂上帮助教师的观察结果，并对这些观察结果进行更深入的解释，等待教师—观察员在会后讨论。与在职教师一起使用BIE技术的最佳用途可能是帮助新教师、遇到严重困难的教师或尝试新的教学策略并要求实时反馈的教师。

使用多少技术来进行课堂观察，取决于许多因素，包括学校的教学改进目标、要收集的数据类型和可用资源。我们必须记住，在教学督导中，观察的目的不是测量每一个可以观察到的动作或产生令人印象深刻的计算机数据，而是提高教学质量。

合作走访

教学督导者走访教室已经成为观察教学的常用方式。它很快（几分钟），并且允许督导者在教室中出现。如果走访是教师总结性评估的一部分，则走访可以向督导者提供补充数据，以验证正式评估。然而，当涉及帮助教师深刻反思其教学和提高教学专业知识所需的系统观察和分析时，督导者的走访几乎不能提供什么。相比之下，督导者与八至十二名教师一同参观教室并收集观察数据的合作走访对于教学和学习的改进具有相当大的潜力。

在合作走访中，不同的教师可以收集不同类型的数据，并在观察后合并这些数据，这比学校督导者在简短的走访中单独观察具有优势。此外，进行走访的教师有机会观察同事的教学，通常是观察者也在教的学生，并观察他们希望在自己的教室中尝试的教学方法。最后，合作走访可以发展为合作和教学对话——包括观察员之间以及观察员和被走访教师之间的对话——我们知道这对于整个学校的教学改进是必要的。

曼德朗格贝（Madhlangobe）和戈登（2012）所描述的合作走访展示了这种观察的力量。督导者和大约十二名高中教师参加每次走访。在走访之前，督导者和教师将会面。教师小组分为三个小组，一个小组负责收集课堂环境数据，另一个小组负责收集教师行为信息,第三个小组负责收集学生学习数据。督导者与教师一起参加走访。在走访期间,教师收集他们可以用来改进自己教学的数据,以及帮助被观察教师的数据。

在走访结束后,督导者和教师在学校图书馆会面,共享观察数据,讨论他们希望在自己的教学中尝试的观察教学方法,并决定反馈意见,与主持教师分享。督导者参加会议,分享其他合作走访的想法,提出问题以加强讨论。指定为小组组长的教师在小组讨论中做笔记,随后与主持教师会面,分享数据并讨论观察到的课程。促进合作走访的督导者报告说,自合作走访开始以来,教师的教学水平有所提高,整个学校的协作和合作问题解决能力也有所提高。

 视频案例

将三个视频中描述的合作走访与作者描述的合作走访进行比较。

观察注意事项

量子物理学让我们认识到,不可能在不与一个现象有互动并且因此影响观测结果的情况下准确观察现象(Rae,2008)。对于我们这些教育者来说,建构主义认识论认为,我们不是通过客观观察来确定一个特定的现实,而是通过与环境和他人的互动来构建知识。

我们需要认识到课堂观察的一个含义是,我们的观察受到我们的个人经验和价值观、观察期间我们在课堂上的存在、我们使用的观察仪器、我们记录数据的技能等的影响。另一个含义是,对观察数据的解释是一种解释,在大多数情况下,最好与教师共同解释。因此,观察数据应该是教师—督导者对话和观察后会议合作的切入点。在第十五章中讨论的临床督导,提供了一个关于课堂观察的教师—督导者对话结构。

思考题

巩固练习12.0

检查自己对本章核心概念的掌握情况。

反思练习 12.0

回到本章开头的图 12.1。对图中所示的课堂作两种不同的解释。在解释 1 中，教师失去了对教室的控制。在解释 2 中，所有学生都在执行任务，并参与有意义的学习活动。请根据不同的解释，分别说明那些离开座位或面对面的学生在做什么。

第十三章　评估和规划技能

本章学习目标

阅读本章后,你应当能够:

1. 列出计划的五个部分来改进自身。

2. 解释作者所说的"组织教学改进工作应该是周期性的"的意思。

3. 列举至少六种评估组织教学改进需求的方法。

4. 总结帕累托图(Pareto chart)的目的。

5. 描述流程决策程序图中总结的信息。

请阅读本章,并思考以下问题:

1. 你的工作生涯中有哪些领域可以从个人时间评估和计划时间分配的变化中获益?

2. 你在一个组织中的计划是如何开展的,或者与本章中提出的计划理念相比是相似的吗?

3. 本章中讨论的评估需求和计划的哪些方法将有益于你所在或熟悉的组织?

4. 在应用本章所述的评估和规划方法时,如何让利益相关者、教师、员工、学生、家长和学校服务的社区其他成员参与进来?

5. 你熟悉哪些情况,其中评估或规划过程过于复杂,需要简化以更准确地评估需求或制定更好的计划? 这些评估或规划过程应该如何改变?

评估和规划技能对督导者制定目标和活动很有用,不管是为自己还是为他人。

本章从个人时间组织开始——评估一个人当前对职业时间的使用,然后规划和管理未来时间的使用。它将继续关注用于改进教学的组织规划技术。

评估和规划是一枚硬币的正反面。评估包括确定你和你的员工去过哪里,以及你和你的员工现在在哪里。规划包括决定你想去哪里,选择你和你的员工希望穿过的路径,以到达目的地。在你确定旅行的起点和终点之前,地图是没用的。一旦确定,就可以创建路径。

个人进步

本书其中一位作者访问了一个学校系统,会见了几位第一年当校长的人。咨询的目的是让新校长们私下与咨询顾问讨论他们先前的经验,并讨论可能会改善工作处境的潜在变化。

一位校长说,她平均每天观察和参与课堂三小时。她主要关心的是学生们所经历的等待时间。她的大多数教师都把不同的课堂分成许多小组。校长想知道,均匀地分组是否会产生更少的组和更少的等待时间。校长和顾问讨论了这种重大改变可能产生的后果,以及现有教学计划中较不激进的改变是否会更好。她退出会议,计划在下一次学校会议上与教师讨论等待时间和学生分组问题。

第二位校长说,他的主要问题是想要走出办公室去看教师。他想和他的工作人员在一起,但发现文书工作、电子邮件、电话和学生学科推荐人使他困在办公室里。每天,他几乎都找不到一个小时与员工交谈、参观教室。此外,办公室外的一个小时时间经常被学校秘书打断,给他打电话说有急事要处理。顾问和校长讨论了他为什么被困在办公室里,以及可能发生的变化。

在听到第二位校长的情况后,顾问意识到,在时间方面,第二位校长并没有比第一位校长受到更大的限制,第一位校长平均每天要去教室三个小时。两所学校规模相当,都在同一个街区。他们为同一个监管者工作,工作职责相同。然而,一位校长担任指导教学改进的督导者,而另一位校长只负责教学改进。两位校长之间的真正区别似乎不是他们担任督导者的意图,而是他们根据职业意图评估和计划职业时间的能力。让我们来看看职业时间的使用。

评估时间

为了管理未来的时间,人们必须评估自己当前对时间的使用情况。这可以通过每天记录五到十个连续的学习日来完成。那些有详细的预约记录的督导者可能只需要在中午和下班时查看日志,就可以对实际发生的事情添加注释。不按计划工作的,可以在中午和下班时填写日志。日志应该很简单,只需要几分钟就可以完成。可能是这样的:

周一

8:00—8:50	巡视礼堂、与教师和管理人见面
8:50—9:20	与家长开会
9:20—9:35	电子邮件
9:35—10:30	紧急情况——为生病的教师提供保险
10:30—12:00	写课堂安排,打几个电话,发几封电子邮件
12:00—12:30	和教师一起在自助餐厅吃饭
12:30—12:35	写早间日志
12:35—12:55	会见销售人员
12:55—1:30	走访塔迪奇先生的课堂
1:30—2:30	在监管者办公室开会
2:30—3:00	协助督导学校的解雇事宜
3:00—3:15	与学生家长交谈
3:15—4:00	学院会议
4:00—4:15	私下与教师交谈
4:15—5:30	一些电话,主要是电子邮件
5:30—5:40	写下午日志

在至少五天(最好是十天)之后,督导者可以通过在日志中消耗了大段时间的每日事件来分析他当前时间的使用情况。图 13.1 显示了一个样本分类方案。

	周一	周二	周三	周四	周五	总计	%
文书工作							
电话							
邮件							
助理校长							
家长和社区							
教职员							
辅助人员							
中央办公室							
其他							
会议							
助理校长							
学生							
家长和社区							
教职员							
辅助人员							
中央办公室							
其他							
走访课堂							
学校礼堂和实地考察							
私人思考时间							
其他事项							

图 13.1　督导者的时间分配图

在将日志条目转移到时间分配图表之前,督导者应该查看他的工作描述,并根据工作优先级确定他的时间应该如何使用。哪些类型的督导应最受到关注? 督导者可以根据这一理想的时间使用情况计算近似百分比。在列出理想的时间使用列表后,他可以在分配图表上写下实际时间,并为每个类别合计总时间,然后找到每个类别实际分配的时间百分比。然后,他将理想的时间分配和实际的时间分配进行比较。比较可能如下所示:

理想时间	实际时间
文书工作——10%	25%
电话——5%	6%
邮件——15%	25%
助理校长——3%	10%
家长——5%	5%
教职员——4%	5%
辅助人员——1%	1%
中心办公室——1%	1%
其他——1%	3%
会议——35%	28%
助理校长——6%	3%
学生——8%	5%
家长和社区——6%	2%
教职员——12%	7%
辅助人员——1%	5%
中心办公室——1%	5%
其他——1%	1%
走访课堂——25%	10%
学校礼堂和实地考察——5%	2%
私人思考时间——3%	1%
其他事项——2%	3%

这个时间对比是第二位校长的时间对比,他抱怨无法离开他的办公室。相比之下,他确实花了更多的时间做文书工作(理想10%,实际25%),而花在走访课堂的时间却少得多(理想25%,实际10%)。在与助理校长的电子邮件(理想3%,实际10%)以及与助理校长的会议(理想6%,实际3%)、家长(理想6%,实际2%)、教职员(理想12%,实际7%)、辅助人员(理想1%,实际5%)和中心办公室人员的会议(理想1%,实际5%)上,还发现了更多的差异。

更改时间分配:规划

有了这些时间分配上的理想情况与实际情况的信息,督导者可以决定做出哪

些改变,以实现增加拜访教师的目标。督导者可以考虑增加拜访教师时间的一系列选项。以下是一些可能性:

• 文书工作。将更多的文书工作委托给行政助理或其他助理。将文书工作安排在课后连续的工作时间里。

• 电子邮件。开发一个处理传入电子邮件的系统,包括何时回复电子邮件,以及在必要时如何先行回复。

• 会议。看看在中心办公室和辅助工作人员的会议是否可以在课后安排或缩短。利用节省的一些时间,增加与助理校长、教师、学生、家长和其他社区成员的个人和小组会议的时间。

• 走访课堂。将课堂走访量从一天一次增加到两次。与行政助理一起建后备系统,在课堂上应对所有紧急情况。每天安排一个固定时间来走访。

当然,这个督导者不能希望理想时间和实际时间之间实现完全一致,但可以更接近他的偏好。一些时间限制,例如中心办公室会议的时间,可能不在校长的控制之下。他确实有其他的直接控制因素:什么时候见家长、接电话、做义书工作和回复电子邮件。未来时间使用规划的关键是接受现有的限制,并在可以更改的时间段内工作。

使实际使用时间更接近理想使用时间的计划的第一部分是回答以下问题:目标是什么? 一个典型的反应可能是:双倍的时间走访课堂。计划的第二部分是回答这个问题:需要采取什么行动? 回答可以是:(1)每天两次走访课堂的时间安排;(2)放学后两小时的时间段内为文书和电子邮件工作的不间断时间,并设计一个电子邮件处理系统。计划的第三部分是回答这个问题,这些活动什么时候开始? 回答可能是:(1)周一和周三上午9点至11点以及周二和周四下午1:00至2:30走访课堂;(2)书面工作安排在周一和周五下午3:00至5:00。计划的第四部分是回答问题,实施活动需要哪些资源? 回答可能是:(1)向秘书解释保护不间断时间的必要性;(2)与教员讨论新时间表背后的变化和理由,并安排走访课堂时间表。计划的第五部分和最后一部分是回答这个问题——如何评价目标的成功? 一个简单的回答可能是:检查是否遵循了新的时间表,并且在两周后,查看每日日志,看看教室里的时间是否增加了一倍。

督导者可以在流程图中说明总体计划(图13.2)。其他流程图可以说明更具体的计划。例如,图13.3显示了一个流程图,其中包含一个流程,供督导者更好地处理收到的电子邮件。

在评估和规划时间方面,有比这里所指的更为复杂的系统。例如,学校行政管理系统(SAMS)(Turnbull et al.,2009)旨在帮助学校领导找到更多的时间进行领导,包括数据收集人员跟踪督导者五天,并跟踪督导者花费在各种活动上的时间。每天督导人员分析时间使用情况,帮助完成管理任务,并安排一名外部"时间规划教练",每月与督导者会面一次。关于电子邮件过载的普遍问题,我们现在有大规模的全国电子邮件应变研究(Dabbish & Kraut,2006),帮助员工处理电子邮件信息过载的专业发展计划(Soucek & Moser,2010),处理和管理电子邮件的无数复杂系统(Fisher,Hogan,Brush,Smith,& Jacobs,2006;Song,Halsey,& Burress,2007;Yu & Zhu,2009),甚至提议用博客或网络聊天软件取代电子邮件(IRC)(Johri,2011)。每个督导者必须决定是将时间和精力(也许是金钱)投入到一个更精细的时间管理系统中,还是开发一个像前面介绍的那样的自制系统。

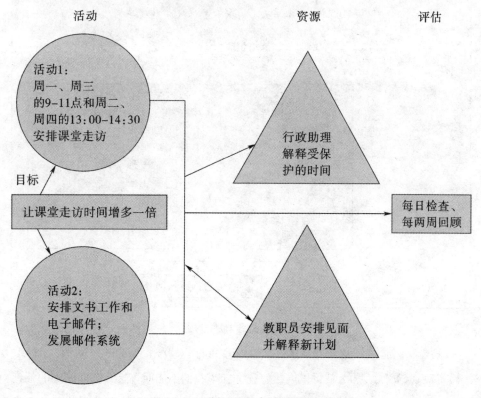

图 13.2 增加课堂走访的流程图

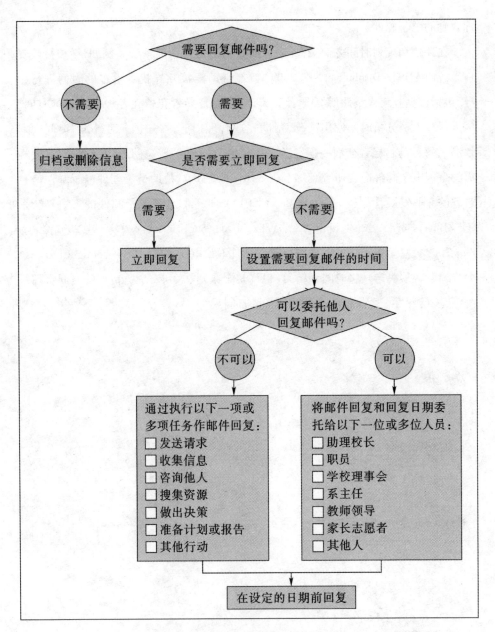

图 13.3 处理邮件的过程

只要我们能回答这五个问题，涉及（1）目标；（2）活动；（3）时间截止日期；（4）资源；（5）评估，那么就可以继续实施。如果我们不能回答这五个问题中的任何一个，计划是不完整的。例如，如果我们知道我们的目标，但不知道要使用什么活动、资源或评估,那么我们就不确定要做什么。但是,如果我们知道我们的目标、活动和资源,但不知道如何评估我们的成功,我们将在不知道结果的情况下采取行动。

当我们从个人变化的评估和规划转向教师改进的评估和规划时,需要考虑的要素变得更加复杂,规划变得更加详细。其他的计划技术可能是必要的。让我们用一个"狂野"的类比。当一个博物学家追踪一头大象时,她基本上可以自己追踪它。但是,当这位博物学家的任务扩展到追踪三群的45头、每群有15头大象时,她需要其他人,更多的装备(收音机、望远镜、照相机、吉普车和直升机),以及应对多重潜在障碍(工作人员生病、设备故障、地形崎岖)。这种类比只能延伸到这样的程度,因为督导者不是自然学家,教师们也不是一群大象。但关键是,组织工作越大,就越需要仔细考虑活动、资源和评估与总体目标的顺序和关系。

组织内的教学改进

现在让我们从个别督导者的改进转向督导者和教师的共同努力,以提高整个学校的教学质量。在最一般的层面上,任何教学改进工作都有四个组成部分:需求评估以确定改进目标应该是什么,设计旨在实现目标的改进计划、实施计划,以及评估实施和结果。图13.4显示了四个组成部分之间的关系。新领域的教学改进工作应从需求评估开始。如图13.4所示,完成需求评估后,教学改进工作应具有周期性。评估执行情况和结果应导向重新规划和实施修订计划。在本章的其余部分,我们将讨论需求评估和规划部分,第十四章将讨论实施和评估部分。

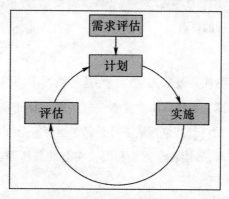

图13.4 组织内的教学改进周期

评估需求的方法

为了说明我们讨论的需求评估,我们将使用一个初级阅读督导者的例子,该督导者负责制订修订后的阅读课程指南。阅读指导的第一个问题是:我们希望通过新的课程指南来完成什么? 为了回答这个问题,我们需要收集关于阅读指导的过去和现在状态的信息。督导者可以使用多种方式评估需求:(1)观察和倾听;(2)全校观察;(3)正式记录;(4)审查教师和学生工作成果;(5)第三方审查;(6)多项选择调查;(7)书面开放式调查;(8)排名调查;(9)德尔菲技术;(10)名义小组技术。

观察和倾听

与教师、管理人员、助手以及其他直接参与任务的人交谈。在这种情况下,督导者希望单独或以小组形式询问教师和助手,他们认为课程指南的优势和劣势是什么。它是如何使用的? 它有帮助吗? 在什么方面? 它在哪里出问题了? 什么时候不再有用?

全校观察

这种评估超出了个体化的课堂观察。它包括在学校范围内系统地收集定量或定性的观察数据。第十二章提供了一个专门为全校课堂观察设计的观察系统的例子;第十二章中介绍的许多其他观察系统可用于全校观察,以评估学校的教学需求。观察也可以在学校的公共区域进行。在某所学校,午餐期间发生破坏性学生行为,教师收集了关于自助餐厅学生行为的各种观察数据,并根据这些数据确定了学校午餐程序中需要进行的更改。

正式记录

查看任何表明当前任务效果的文档。在这种情况下,阅读成绩测试分数说明了什么? 诊断阅读测试怎么样? 学生是否掌握了阅读技能,或者是否有某些领域(理解、流利度、词汇)始终与其他领域不符? 课程指南本身呢? 上次修订是什么时候? 关于编写课程指南、阅读教学方法和阅读主题的最新知识在当前课程中有没有反映出来?

审查教师和学生工作成果

评估员可以审查教师和学生的工作产品，以评估需求。教师工作成果的例子包括单元和课程计划、教学视频和教师档案。学生工作成果的例子包括日常作业、学生演示视频、学生项目和学生档案。对一些教师或学生提供的工作样本进行审查，以确定共同的教学需求。在一些学校，教师建立课堂和学校档案，可以通过审查来分析具有代表性的教师和学生工作成果。

第三方审查

让一个中立的外部人员检查任务可能会有所帮助。督导者可能会联系一个大学或中心办公室的顾问、一个毕业的博士生，或其他有专业知识的人进行调查并写一份报告。第三方人员应清楚地描述该任务（查看阅读课程指南的优缺点），并注意不要对第三方人员的判断有所引导。然后，该报告可以作为客观认识的额外来源，与即将开展的项目中的任何特殊利益都无关。

多项选择调查

这可能是最常见的需求评估调查。多项选择调查包括熟悉的李克特调查（Likert survey），对每个项目的可能答复是强烈同意、同意、未决定、不同意和强烈不同意。多项选择调查可能只要求两种回答。例如，可以简单地要求受访者同意或不同意调查中的每个项目。

 视频案例

在这段视频中，督导者正在讨论学生调查的结果。在观看视频时，请考虑为什么督导者和教师必须就调查结果的意义进行对话。

书面开放式调查

为了记录和添加通过前面讨论的方法已经收到的信息，可以进行书面调查。发送一个简短的问题，询问教师、助手、管理员和家长对当前阅读课程的看法。调查简明扼要，简单地说出问题，不要使用教育术语。图 13.5 给出了一个调查示例。

说明：你可能知道，今年我们将改进我们的阅读课程。请你花几分钟时间回答以下问题。请如实填写。我们将使用这些信息重写课程指南。

问题1：你觉得现在的阅读课程怎么样？

问题2：当前阅读课程的优势是什么？

问题3：当前阅读课程的弱点是什么？

问题4：你认为什么变化能提高阅读课程？

图13.5 阅读课程调查

排序调查

在收集了许多人对手头工作的优点和缺点的看法之后，督导者可以要求教职员对这些想法进行排名。然后，督导者可以为前面提到的每个想法组合一个频率和数字优先级。例如，如果通过眼睛和耳朵、正式记录和开放式调查，督导者收集了一份关于当前阅读计划的弱点列表，他可以将该列表分发给教师、助手和其他人。不完整形式如图13.6所示。督导者可以与教职员会面，并给出每个想法的频率数值和每个项目的平均分数。那些经常得到低分和/或平均分最低的项目将是讨论课程修订时最先关注的。排序调查可以通过让参与者先做两个单独的排序来进一步完善，首先看看所有的想法是如何排名的，然后重新排列一个简短的优先想法列表。

说明：以下是你建议的改进想法。请将数字1放在最需要受到关注的想法旁边，以确定此列表的优先级，数字2放在下一个需要关注的想法旁边，以此类推，直到给所有项目排序。

____ 指南的形式；

____ 指南的可读性；

____ 符合课程目标的活动；

____ 阅读报纸的目标和单元；

____ 其他学科领域阅读的目标和单元；

____ 更多的语音和单词识别目标；

____ 与教室材料的交叉参考单元；

____ 四年级能力阅读测试的交叉参考目标。

图13.6 改进阅读课程想法的排序表

德尔菲技术

另一种确定需求优先级的书面方法是由兰德公司开发的德尔菲技术（Nworie，2011）。这项技术最初是用来预测未来趋势的，通常用于需求评估。它是开放式调查和排名的结合。督导者向员工发送了一份问题声明："我们正在查看阅读课程的修订。写下你认为需要做的事情。"督导者收回书面意见，复制每个人的评论，并将所有评论返回给参与者。他们阅读评论，然后单独写一个书面评论的总结，然后督导者复制每个人的评论，再次返回所有给参与者。参与者对综合的想法进行排序。督导者收集并计算评分的平均值和频率，然后将结果返回给参与者重新排序。该程序将持续到明确的优先级出现为止。

名义小组技术

德贝齐、凡德威和古斯塔夫森（Delbecq，Van de Ven，Gustafson，1975）采用的名义小组技术是一种有效的方法，可以让利益相关者中的所有人参与需求评估和目标设定（Kennedy & Clinton，2009）。该过程分八个步骤：

1．大组分为小组。每个小组都分配了一个促进者来解释和协调这个过程。

2．一个小组中的每个人都会默默地写下感知到的需求。

3．参与者以循环方式口头与他们的小组分享感知到的需求。促进者将每个想法记录在活动挂图上。在这一步骤上，没有讨论，只有一个需求的列表。

4．促进者引导小组讨论每个需求。讨论的目的是解释清楚需求，而不是对其有效性进行辩论。

5．每个小组中的个人对步骤3中列出的所有需求进行评分。这一步骤通常采用参与者分配需求值的形式。例如，促进者可能会指导小组成员对每项需求进行评分，从1到5，项目的赋值为1表明该项目被认为不重要，项目的评分为5表明该项目被认为非常重要。

6．每个小组的促进者收集所有小组成员的评分，并计算出每个需求的平均值。促进者按平均值的顺序改写需求顺序，并与小组分享结果。

7．每个小组提交其需求排序清单给大组作参考。通过预先约定，每个小组可能只向大组提交排名靠前的需求（可能是其排名的前五个需求）。

8．然后，一位促进者带领大组完成步骤4到6。在步骤4的大组版本中，任何参与者都可以要求解释任何需求，对应的小组促进者提供解释。在步骤5的大组版本中,每个参与者对递交给大组的所有需求进行评分。在步骤6的大组版本中,得出的结果是按等级排序的组织需求列表。

分析组织需求

一些组织需求很容易被督导者和教师理解和解决,其他的就更为复杂。在制订计划之前,他们需要进行分析以确定其根本原因。

几十年来,W. 爱德华·德明(W. Edwards Deming,1986)主张使用数据来显示可能导致组织需求和问题的因素。在本节中,我们将讨论德明和他的同事建议的几种图表。我们将通过将每个图表应用于学校情况来进行解释。玛利·沃尔顿(Mary Walton,1986)的话语应该可以减轻读者对使用此类图表的焦虑,因为读者在复杂的数据分析中可能没有专业知识:

> 一些最有用的统计工具既不难掌握,也不复杂。所需的数学水平不超过一个七年级或八年级的学生可以学习的水平。一些基本工具只是组织和可视化显示数据的方法。在大多数情况下,员工可以收集数据并做大量的解释,他们很乐意这样做,因为这样会赋予他们更多的责任。

因果分析图

13.7是因果分析图的示例,通常称为鱼骨图。在我们的例子中,一个新成立的教职员工发展委员会收到了来自全区教师的反馈,即最近的教职员工发展计划没有效果。委员会根据对教师代表小组的一系列访谈,构建了图13.7中的因果分析图。确定了专业发展效率低下的四个原因:(1)规划不力;(2)低质量的员工发展会议;(3)对项目的支持不足;(4)项目评估不满意。计划不周的原因包括没有让教师参与到计划过程中,专业发展计划没有基于教师需求,以及不同年级、内容领域和专业领域的教职员工没有其他选择。

教职员工发展会议的质量差是由于几个问题造成的:参与的教师太多,每一次会议都是与项目中其他研讨会无关的一次性研讨会,研讨会的报告质量差。这些讲习班被认为是不合格的,因为外部演讲者对学校文化或课程目的没有很好地理解,而且他们的讲习班太抽象,无法引起教师的兴趣。

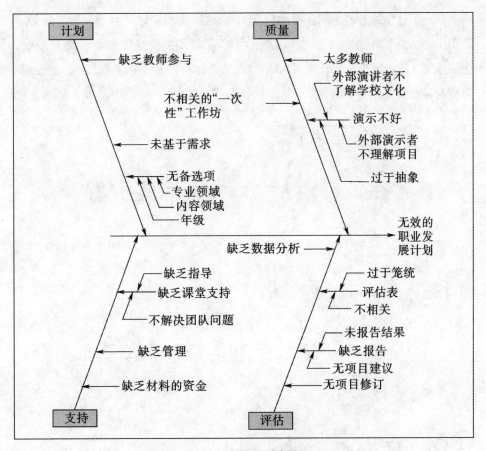

图 13.7 因果分析图

支持方面的问题包括,缺乏资金购买实施讲习班中介绍的想法所需的教学材料,以及未能为试图将讲习班概念转移到课堂的教师提供支持。最后,委员会发现该地区对该计划的评估不足。学区使用的评估表与所有教职员工发展研讨会使用的评估表相同,与被评估研讨会的具体内容无关。此外,评估问题的措词非常笼统,以至于教师不确定问题的内容。因为没有对评估数据进行正式分析,没有关于项目结果的信息,也没有进行项目修订。

图 13.7 中描述的"失败剖析"并不是规划委员会最令人愉快的项目。然而,完成的图表是规划未来职业发展计划的一个有价值的工具。

流程图

在流程或对流程有矛盾理解导致需求未被满足时,流程图可用于审查流程。

当参与一个过程的各方绘制自己的流程图时,这些流程图通常是不同的。图 13.8
显示了一个流程图,记录了学生因为错误行为被送到办公室后到返回教室之间发
生的事情。这张图表是校长秘书画的。校长、教师和学生绘制的同一过程的流程图
可能与秘书和其他人的流程图非常不同!

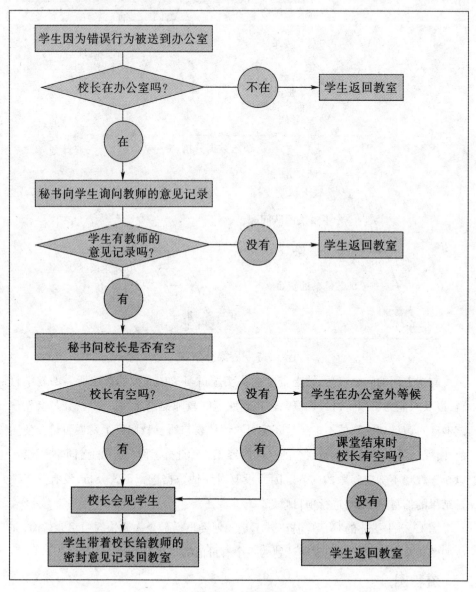

图 13.8　流程图

帕累托图

帕累托图以规模递减的频率说明了导致需求问题的因素。显示因果因素的相对影响可以给规划者提供信息,帮助他们确定优先级和分配资源。图13.9显示了一个带有条形图的帕累托图表,其中显示了因为不同原因从高中辍学学生的百分比。在条形图上方,一条累计百分比线贯穿整个图表。这些数据对制订辍学预防计划的规划团队来说是有价值的。

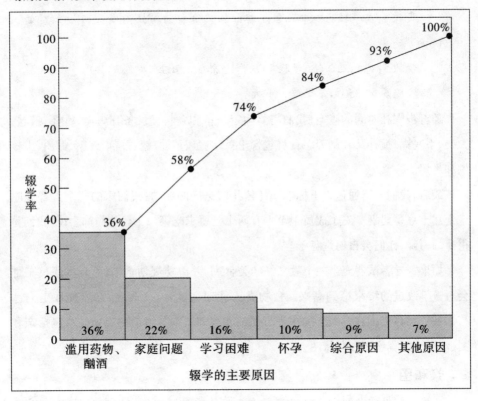

图 13.9 帕累托图

计 划

在评估需求后做计划。我们可能会把评估和计划当作一份食谱。直接援助计划、专业发展计划、课程建设计划个人或小组发展计划与烹饪食谱具有相同的要素。我们确定我们的目标:"烤一个甜土豆蛋奶酥。"(多亏了唐娜·贝尔女士提供的这个烹饪例子)考虑到我们家族以前的食物偏好史,我们相信如果我们正确地做蛋奶酥,他们会喜欢它,并且我们会受到至少10分钟的赞扬。接下来,我们将确定步骤及其时间：

步骤1：捣碎6个煮熟的土豆。

步骤2：打土豆泥：4个鸡蛋,1杯黄油,2杯糖,1杯牛奶,1茶匙香草。

步骤3：在未涂黄油的锅中摊开。

步骤4：在单独的碗中混合：1杯红糖,2/3杯面粉,1杯黄油,1杯切碎的山核桃。

步骤5：将此混合物(步骤4)均匀地涂在土豆上(步骤3)。

步骤6：在350℃下烘烤1小时。

随着步骤和时间的确定,我们需要确定设备和食材。设备有烤箱、量杯、量匙、大碗、平底锅、搅拌叉和刮刀。食材包含土豆、鸡蛋、黄油、糖、香草、红糖、面粉、山核桃和牛奶。

最后,我们打算通过以下标准来评估我们烹饪的成功：我们家的每个人都会吃这个甜土豆蛋奶酥。三个成员中至少有两个会要求吃第二个。他们都会说,我们是很棒的厨师,他们会自愿洗盘子。

如果督导者试着充当一个教烹饪的美食家,并成功规划食谱,所有教职员工都会对教学改进的结果感到高兴。食物类比就到这里为止(现在,你可能在走向冰箱),我们可以转向在学校环境中进行评估和规划。本节讨论的规划技术包括亲和图、流程决策程序图和甘特图。

亲和图

让我们假设需求评估已经确定了许多具体需求其中许多需求似乎彼此相关。亲和图是一种集中需求和确定满足需求目标的方法。构建亲和图的方法是,在单独的卡或便签上列出每个已识别的需求。图13.10显示了课程需求评估的结果。在评估中,教师、家长和社区成员表示学生应该达到图13.10中的每个结果。图13.11中的亲和图集中了课程需求,并确定了每个需求共同的广泛目标。在更大的类别中包含特定需求,使规划团队能够专注于几个广泛的目标,同时保留有关特定需求的信息。

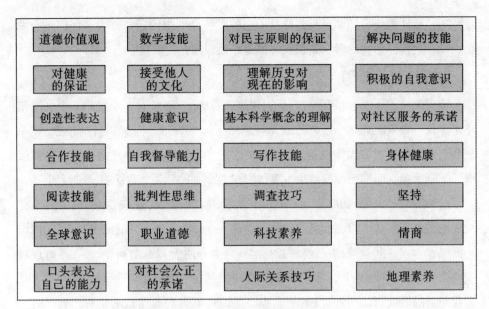

图 13.10 课程需求,集中于亲和图

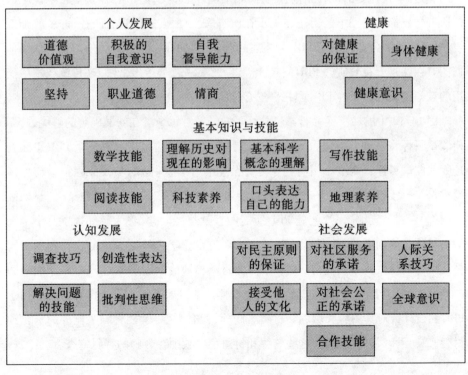

图 13.11 亲和图

学校社区的成员经常预料到教学创新的实施会出现问题。有时这些问题会发生,有时不会,但明智的做法是识别并准备好处理潜在的问题。

流程决策程序图

流程决策程序图表(PDPC)旨在实现这一目标。PDPC 有四个级别。第一级阐述了学校的教学改进目标。第二级简要总结了为实现目标需要执行的任务(在单独和更广泛的计划中详细说明)。第三级描述了实施中可能存在的问题。第四级概述了每个潜在问题的预期解决方案(同样,在单独的计划文件中有详细说明)。

PDPC 的一个例子如图 13.12 所示。该示例中的学校(图表顶部)的目标是在全校范围内开展基于问题的学习(PBL)。督导者和教师计划完成的主要任务(图表中的第二行)包括将学校的传统课程指南转换为专注于 PBL 的指导,并在所有课程中协作相互协助使用 PBL。教师预期的潜在问题(图表中的第三行)包括新的 PBL 课程与州的成就测试相冲突;教师们担心新课程不会涵盖测试的所有内容。另一个问题是,学校计划的课程指南会与学区指南发生冲突,而中心办公室希望该学区的所有学校都能遵循学区指南。关于在所有教室中实施 PBL 的任务,许多教师报告说,虽然他们已经提供了 PBL 的概述并看到了它的巨大潜力,但他们并不认为他们拥有在课堂上有效实施 PBL 的技能。最后,一些教师指出,他们在传统教学中使用的教学资源和材料在 PBL 中几乎没有价值。

图 13.12 中的最下面一行条目总结了教师针对每个潜在问题确定的解决方案。州测试目标将被纳入更适合 PBL 的广泛目标,新课程指南将显示每个 PBL 单元处理哪些测试目标。联络小组将与中心办公室合作,确保新的学校课程指南与地区课程保持一致,新的学校指南将由两列组成——学校指南(其中一个专栏)与地区指南(另一栏)。为了解决实施 PBL 所需的教学技能问题,将为教师提供几个全天的初级技能培训课程,并通过学校已经建立的专业学习社区人员的合作和新的同侪互助计划提供持续的支持。PBL 资源和材料稀缺的问题将通过 PBL 专家领导的一系列"计划、行动"研讨会来解决,其中教师将学习如何将现有资源和材料应用于 PBL 和设计针对其内容领域的新材料。此外,如有必要,学校将购买额外的资源和材料,以协助教师使用 PBL,这些资源和材料可供教师在教师的资料室查看。

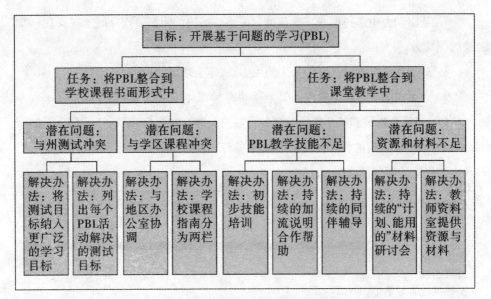

图 13.12 流程决策程序图

甘特图

甘特图是一个简单的图表,描绘了完成整个任务所涉及的每项活动的开始和完成日期(Owen,2002)。如图 13.13 所示,修改课程指南的活动位于图表的左侧。每个活动的开始和结束时间由灰色条显示,它会跨越时间线。督导者可以随时参考图表来检查项目的进度,并提醒哪些组和哪些子任务应该引起注意。

将评估和规划结合:力场分析

到目前为止,我们将评估和规划视为单独的个体。力场分析结合了两者的功能。这个过程可以帮助教育者定义目标,分析竞争力量,并计划如何实现所需的变革。力场分析包括十个阶段:

1. 描述事情应有的状态(应该是什么)。

2. 描述事情当前的状态(是什么)。

3. 描述理想状态和当前状态之间的差距。

4. 描述约束力:那些阻止事情往应有状态发展的束缚力量。

5. 描述驱动力:那些能够帮助事情达到理想状态的力量。

6. 从约束力中选择那些在变革过程中将要解决的问题。选择既重要且能够被削弱的束缚。

7. 从驱动力中选择那些在变革过程中将要解决的问题。选择既重要又能够加强的驱动力。

8. 对于在第6阶段选择的每个约束力，确定会削弱约束力的行动。

9. 对于在第7阶段中选择的每个驱动力，确定将加强驱动力的行动。

10. 对第8阶段和第9阶段选择的行动进行整合和排序，以制订一个全面的行动计划，以便从目前的状况转变为理想的事态。包括评估行动计划影响的计划，以及实施行动计划和评估的时间表。

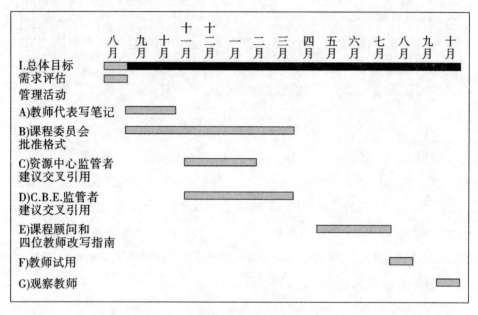

图13.13 甘特图

如果对期望状态和当前状态，以及约束力和驱动力的描述是基于力场分析期间收集的数据，而不是仅仅依靠规划者的看法，则力场分析是最有效的。

有关规划的注意事项

后现代理论警告我们，构成传统规划的理性分析、预测、控制和测量往往与构成现实世界的多样性和竞争利益不一致。混沌理论提醒我们，与传统计划不同，学校等复杂系统不包含简单的因果关系，受到系统内外看似无关的变量的影响，并受到不可预测的事件和变化的影响。（关于混沌理论及其对学校的影响的全面讨论在第二十一章中提出。）

　　这些注意事项是否意味着我们抛弃了本章中讨论的规划工具,并简单地"随意进行"教学改进? 不,但它们确实意味着我们改变了传统的计划概念,以下是注意事项:

- 规划时应以人——学生、教师、家长和社区成员为中心——而不是以规划工具和文件(工具和文件应该用于为人们服务)为中心。

- 分散规划,其中督导者成为积极参与规划过程的利益相关方团队的协调者。

- 就所代表的群体和计划过程中考虑的想法而言,要注重多样性。

- 规划人员之间以及规划人员与受计划影响的人员之间要有定期互动。

- 规划者认识到学校组织固有的复杂性、多样性和非线性。

- 考虑学校社区的备选未来。

- 具有内置灵活性的改进计划,允许在实施过程中进行相当程度的自发性探索。

- 在计划实施过程中对计划进行持续评估。

- 要理解,重要的是计划要达到的目标以及在适当的时候修改计划的意愿,而不是计划本身。

思考题

巩固练习 13.0

检查自己对本章核心概念的掌握情况。

反思练习 13.0

　　西部高中(Western High School)服务的社区包括低收入和中等收入社区。在这所学校,大约 20% 的学生是非裔美国人,5% 是亚裔,30% 是拉丁裔,45% 是白人。西部高中的教师 70% 是白人,20% 是拉丁裔,10% 是非洲裔美国人,混合了初级职场、职业中期和职业晚期的教师。西部高中校长露辛达·墨菲已决定评估学校的氛围。她想让教师、员工、学生和家长都参与到评估中来。露辛达还希望使用各种需求评估方法,以全面了解学校的氛围和改善氛围所需的变化。本章描述的评估方法,你建议露辛达在评估中使用哪些评估方法? 你建议与哪一组利益相关者一起使用每一种选择的方法,具体用于什么目的?

第十四章　实施与评估技能

本章学习目标

阅读本章后,你应该能够:

1. 按顺序列出实施的五个阶段。

2. 指出影响实施的五种因素。

3. 将教师的关注按照自我、任务和影响的层次归类。

4. 探讨教师为何要参与项目评估。

5. 描述形成性评价与终结性评价的区别。

6. 阐述赋权增能评价的目的。

请阅读本章,并思考以下问题:

1. 回忆你任教或熟悉的学校进行的创新活动。这些活动也经历了本章描述的五个阶段吗? 如果是,每个阶段都发生了什么? 具体阶段对创新活动产生了哪些影响? 如果没有经历所有阶段,那么有哪些阶段被省略了? 如有,这些被省略的阶段又是如何影响创新的?

2. 对你任教的学校或某所你熟悉的学校里正在开展的创新活动进行反思。本章中影响实施的五个因素对创新活动的实施带来了哪些正面或负面影响?

3. 本章回顾了沃尔夫(Wolfe)提出的项目评估的五种常见方法。沃尔夫呈现这些方法的方式是幽默打趣的,但不少学校实际上还是采纳了类似的评估手段。你参与过或观察过的评估项目中,有哪些是基于沃尔夫提出的一种或多种评估方式的? 项目运用了哪些评估方法?

4. 请回忆一个你熟悉的、有必要采用终结性评价的指导项目。评价应该着重关注哪些与项目相关的问题？要回答这些问题，需要哪些数据来源（人物、地点、事物、事件或过程）？想从来源中采集数据，需要运用哪些采集方法（观察、试验、调查、采访及其他）？
5. 你任教或熟悉的学校会如何从赋权增能评价中获益？对于将赋权增能评价引进校园，你有哪些担忧？

第十三章主要探讨学校层面指导改善的前两个要素：需求评估与规划。本章将讨论第三、第四两个因素，即实施与评估。我们对第三个因素的介绍将围绕创新活动的实施展开：新的课程、指导策略、教学模式或指导项目。在第二十一章，我们会将话题延伸，探讨校园文化与改革。本章中，我们会描述创新项目实施的阶段、影响项目实施质量的因素以及个人层面的项目实施。本章的第二部分将探讨形成性评价、终结性评价和赋权增能评价。

实施的五个阶段

假设需求评估已经完成，计划已经制订，大规模的创新活动仍需经历几个实施阶段，才有可能取得成功。很多学者都对项目实施的阶段进行过描述（Fixsen et al.，2005；Stiegelbauer，2008；Swain-Bradway，Pinkney & Flannery，2015；Wood，Mc-Quarrie，& Thompson，1982），他们虽然在阶段的数量、名称上没有完全达成一致，但总体上还是同意分成五个阶段：（1）准备阶段；（2）就位阶段；（3）启动阶段；（4）全面运行阶段；（5）持续与革新阶段。

准备阶段

尽管全体教师都应当参与需求评估，确定实施需求，并为创新项目的实现提出总体规划，但这并不意味着全体教师都已准备好实施创新项目。伍德（Wood）等（1982，28）给出了准备阶段的经典定义："教职工研究、选取旨在改善职业行为和学生成绩的新举措和新项目，并对其做出承诺。"戈登（1999）指出，准备阶段分为五种类型。如果不具备这些特征，学校最好推迟活动，留待具备条件开展这些准备工作时再进行创新活动。文化准备需要学校拥有足够的"开放交流、信任、合作与共治"（1999，48）水平，这样创新活动才有实现的可能性。观念准备是指教师队伍已经认识到创新活动预期将给教学带来的改变。个人准备需要参与实施的人至少要形成一个总体的认识，知晓他们要投入的时间、精力、要参与的活动，以及创新行动为他们自身和学生带来的益处。当学生父母、社区和地区支持创新活动，且该活动符合适用的州和联邦法规时，便需要政治准备。资源准备是指学校为开展创新活动重新利用现有资源或购置必需的新资源，以确保创新活动长期开展以评估其对教学和学习的影响。做好准备并不能确保创新活动一定能取得成功，但如果没有做好准备，活动的存续都是悬而未决的问题。

就位阶段

这一阶段包括购置资源和启动材料，组建实施队伍，任命领导并使其做好上任准备，分发指导条例、计划、指导材料、跟踪表、日志、反思日志和其他与创新活动相关的工具并作出解释说明。诸如职业能力发展日、示范课、辅导、同侪指导、共同指导、职业学习社群、有批判眼光的诤友、脱产时间等支持结构都是围绕着创新活动进行组织的。简而言之，活动启动的必备要素都要从规划文件落到实处。

启动阶段

对大多数创新活动而言，启动阶段囊括了最初的技能训练。在这一阶段，教师要开始在前述支持结构的帮助下实施创新计划。志愿者可以先行试验，随后则可在实施的早期阶段提供帮助。例如，在一所开展新型技术强化教育的学校，使用新技术得心应手的老师可以获得脱产时间，去刚刚开始使用技术手段的老师那里听课，帮助他们进行活动实施。在这一阶段，实施活动数量极有可能逐渐增加。比如，如果创新活动是交叉学科课程，在启动阶段，一组教师每学期可能试点一到两个跨学科单元。如果一所学校正转向建构主义的教学模式，那么惯于传统教学模式的老师每周可能只进行几次建构主义的课堂教学。

全面运行阶段

在这一阶段，创新活动已成为常态。大多数教师已经能熟练进行创新，且除个别新教师外，支持结构已经实现转变：从技能培养到帮助教师分享创新的不同模式，以及分享将创新应用于新背景或新形势下的创意。至此，教师已经能够在创新活动和教育活动的其他领域之间进行调整适应。创新活动已经成为总体教育活动的一部分。到本阶段为止,教师对创新活动的利弊已经形成了清晰坚定的认识。

持续与革新阶段

无论创新活动多么成功,都需要投入时间和精力来保障它的存续。为活动实施出力的正式和非正式领导最终都会离开学校,资源和材料总会用尽,需要重新添置。新教师必须学习创新的基本原理和技能,确保创新活动持续进行。另外,地区、学校服务的社群及学生数量的变化,意味着创新活动只有保持常新,才能和教育环境保持一致。革新应该以创新活动实施后采集的数据为基础,包括利益相关方给出的反馈。

影响实施的因素

菲森等(Fixsen et al. ,2005)描述了实施的三个阶段:

1. 文件到位:号召创新的政策文件和实施规程已经付印,可供取阅。
2. 实施过程:提供创新活动培训、分发实施手册、分配教练人员协助实施等等。
3. 实施效果:创新活动已使预期受益人从中获益。

学校(及其他机构)开展创新活动的问题在于,许多活动往往止步于第一或第二阶段。比如,本书作者之一曾参加过一场州级教育人员会议,会上一所学校因开展了一项别开生面的新教师支持项目而获奖。这位作者认识街区里的教师,几天后便向他们致以祝贺。但教师们却回应称自己从没听说过这个支持项目,他们学校的新教师没有得到任何形式的支持。这项荣膺大奖的支持项目实际上不过是纸上谈兵,至少在当时,根本没有在学校实施。

重要的创新活动都会按照前述的步骤实施,但仍有多种其他因素会影响实施的质量(Durlak & DuPre, 2008;Fixsen et al. , 2005;Stiegelbauer, 2008)。这些影响因素可以分为五个大类:

外部因素:外部因素包括一切影响实施的校外因素,包括学生父母、社区、地区办公室和区域内的其他学校以及州和联邦政策。

学校组织:包括共同领导、协同合作、改革意愿在内的校园文化是这一类别中十分重要的因素。学校的领导集体也至关重要，尤其是校领导推进变革的技能和开展创新的决心。创新想要取得成功，就需要得到教师队伍中受信任、受尊重的教师的支持。学校集体决策的水平也是关键因素，这包括实施创新活动得到了多大范围内的支持。

教师：有关教师的因素，包括他们对创新活动是否有清晰明确的理解，能否看到创新活动为他们自身和学生带来的益处。教师培养实施必备技能的动力和能力也是关键因素。

创新：施蒂格尔鲍尔（Stiegelbauer，2008）指出，创新活动的规模和复杂程度是决定创新活动成功与否的重要因素。如果创新活动规模过小或过于简单，教师很可能不认真对待。如果变革过于巨大或复杂，则可能会遭到教师的抵制。另一个关键因素是创新活动是否与学校的愿景和使命相符，是否与学校社区推崇的教学活动相符。创新活动的灵活度也是一个相关因素：创新是否能与当前学校的构架、流程和教学活动互相适应？

支持：关于如何实施重大创新活动的初期培训是必要的，但还不够。对大多数创新活动而言，支持结构会提高活动的成功概率。从早期开始，教师就会在访问其他学校、工作坊或听示范课的过程中观摩创新活动并从中受益。当他们将新课程设置或教学模式引入自己的课堂时，可以通过共同教学、同侪辅导或协同演练获得支持。实施过程中，问题不可避免，可以在专业学习小组内或通过与诤友交谈解决。支撑结构的存在及其质量，在所有实施阶段中都是重要因素。

我们对影响实施的因素的讨论，都是和"忠实"这一概念紧紧相连的。忠实意味着活动必须按计划实施。一方面，伦德拉姆和汉弗莱（Lendrum and Humphrey）指出，创新活动的忠实度越低，取得预期成效的可能性就越小。另一方面，他们指出，"当地的变化不可避免，表层的更改可能会提高人为介入活动的有效性和可持续性"（2012：643）。在他们看来，解决忠实—变通这道难题的关键，是在两者间取得平衡，在保留创新活动核心特征的同时，允许教师根据学生和教育环境的状况对创新活动的其他方面进行调整。

对忠实的需要，也要求实施过程中支持结构的灵活应变。比如，同侪导师的帮助不应该只注重忠实。导师和接受帮助的教师应该进行反思，思考如何调整创新方案，才能在不折损创新的核心精神的前提下发挥教师所长、满足学生需求、讲授课程内容。

视频案例

在这段视频中，督导和教师正在讨论学校当前一套新课程的数据。观看视频时，请思考视频中的讨论与本章中"忠实—变通"的关系是什么？

个人层面的活动实施

教师们对创新活动的关注程度不同，由于每个人关注的问题解决程度不同，项目实施的进度也有所不同。霍尔和霍德（Hall and Hord, 2006：7）指出，"即使同时向组织内部的每个人介绍改革情况，做出改变、培养应用技能的速度也会因人而异"。简而言之，在实施创新活动的过程中，教师和其他人员都需要个性化的支持。霍尔和霍德（2006）提出，实施过程中的关注程度可分为七个等级（0—6），如图 14.1。

影响		
6	重新认定目标	重点在于从创新活动中探索更多的普遍利益，包括寻找大规模改革的可能性，或者引进更强有力的项目进行取代。个体对现行或计划的创新活动的替代方案有明确想法。
5	合作	重点是在创新的运用上与他人协调合作。
4	结果	精力集中于创新活动对教师能直接影响到的学生群体的作用。聚焦于创新活动对学生的意义，评估学生成果(包括表现与能力)，以及要进一步改善学生成果需要进行哪些改变。
任务		
3	管理	注意力集中于创新应用的过程和任务，以及如何最大程度上利用信息和资源。与效率、组织、管理、制定计划和时间需求相关的问题是最关键的。
自身		
2	个人	个体不太确定创新的需求，不知道自己的能力尚不满足要求，也不知道自己在创新活动中扮演的角色。这一点包括个体分析自己与组织的奖励结构的关系、决策以及考虑与现行结构或个人承诺可能会产生哪些矛盾。项目对自己和同事在金融或地位方面的影响也能得到反思。
1	信息	对创新有大概的认识，有兴趣了解更多关于创新活动的细节。看上去并不担心自己与创新活动的关系。对创新活动的大多数方面(如创新的总体特征、影响和应用方面的要求)有不涉及个人利益的兴趣。
无关		
0	意识	很少对创新表现出兴趣，也很少参加创新活动。

图 14.1　创新活动的关注等级

来源：改编自 霍尔，基恩·E.；霍德，雪莱·M.（Hall, Gene E. Hord, Shirley M.），《实施的变革：模式、原则与误区》（第三版）(Implementing Change：Patterns，Principles，and Potholes，3rd Ed.），版权©2011. 经新泽西州培生教育有限公司（Pearson Education Inc.）许可重印并制作电子复件。

在特定的时间，个体可能有好几个阶段的担忧，但他们自己最强烈的关注经常集中在某一个阶段之内。这些阶段是循序渐进的，从0（最低）到6（最高）依次升高。个体必须先到达特定阶段，然后才能着眼下一个更高的阶段。教师的关注不仅是独自创新带来的，更来自创新活动的互相作用、教师的个人和职业特征，以及教育背景（Kwok，2014）。

关注水平		关注的表现
影响		
6	重新认定目标	我有些想法，知道怎样做能更好。
5	合作	我很关注如何将我所做的事情和其他老师做的联系起来。
4	结果	我对创新的运用会给孩子们带来怎样的影响？
任务		
3	管理	我所有的时间似乎都用来准备材料了。
自身		
2	个人	运用创新活动会给我带来什么影响？
1	信息	我想进一步了解。
无关		
0	意识	我一点也不关心（创新）。

图14.2 关注水平：几种常见的关于创新的关注表现

来源：改编自霍尔，基恩·E.；霍德，雪莱·M.（Hall, Gene E.；Hord, Shirley M.），《实施的变革：模式、原则与误区》（第三版）(Implementing Change：Patterns，Principles，and Potholes，3rd Ed.），版权? 2011. 经新泽西州培生教育有限公司（Pearson Education, Inc.）许可重印并制作电子复件。第140页。

霍尔与霍德（2006）描述了三种方式，它们可以让督导和其他领导评估教师对创新活动的关注水平：(1)非正式谈话，(2)设置开放性问题，请教师写下自己关注的问题，以及(3)填写35道问题的关注水平问卷。图14.2描述的就是不同关注等级的表达。

一旦能确定教师的状态，督导和其他领导就能通过解决教师关注的问题来提供帮助,并促进教师关注水平的提升。一旦大量教师都能提升到"影响"阶段(结果、合作、重新认定目标),那么创新活动成功的可能性将大大提升。对于有价值的创新活动而言,处在这些阶段的教师是最好的伙伴!

教学改进措施的评估

教育评估领域的知识、技术和关注方面取得的进展,恐怕比教育领域的其他任何方面都要大。那些曾经被视作专家、顾问和学者的专长领域的东西,如今却成了学校里的日常工作。国家的责任制度与考试浪潮最近也成了推波助澜的因素。对成功的学校而言,文献起到了更重要的作用。文献表明,教学方式变化的决定应基于全面、可信的学生数据,受教学法变革影响最强烈的群体(即教师)应该参与到变革议程的制定、实施和解读中。

在切实改善教学法的学校和学区,评估绝不是一纸为应付国家要求而由某个个人或部门潦草敷衍的文件。评估是专业决策的基础,在改善学生学习生活的过程中,决定了"改什么"和"怎么改"。教学方面的知情决策,应基于对教师日常教学工作成效的深入批判分析。让教师参与标准、程序的决策和评估数据的使用,不仅是善意之举,更是关键之举。教师要拓展思路,加深对集体教学的认同,就必须要参与评估过程,没有教师的参与,决策者便剥夺了教师把教学当作"超越个人的事业"的集体活动的精神参与感。

教学督导和项目评估的交叉地带

教学督导都囊括了哪几种项目评估呢? 回答这个问题的标准,是项目是否直接影响教学。例如,区域的交通、设施维护和体育项目都是重要的,但这些项目的评估属于政府管理责任,不是教学督导的功能。影响教学的传统项目包括课程、教学项目、职业发展、学生测验等等。此外,近年来,教学督导的范围也有所扩大,包含了教师领导力、行动研究、社会正义、社群建设等领域,这些领域和教与学的关系愈发明确。

因为教学督导领域的项目评估和教学活动直接相关,让老师参与教学活动评估也是有意义的:教师是有责任实施教学计划的专业人士,他们对教学项目的运作有着第一手的经验,也最适合收集、分析相关的评估数据。本章后半部分会探讨教师参与项目评估的方式——赋权增能评价。

判断

我们怎样才能知道教学活动是否成功呢? 我们应该继续执行现有的课程、教学法、时间表和小组练习安排,还是另起炉灶? 评估就是做决策的途径。我们怎样判断某个事情是好是坏? 我们经常做这样的判断,比如"这个阅读活动真棒""教室里的状况真糟糕"或者"学生们很优秀"。我们怎样才能确定某个事物的优劣呢? 沃尔夫(1969)幽默诙谐地将我们判断的方式分成五大类:

化妆方法:检查项目,如果项目看起来是好的,那么它就是好的。每个人看起来都匆忙吗? 要诀就是把来自教学方案的活动华丽地贴满布告栏。

强心剂方法:不管别人说什么,自己在心里都认为项目是成功的,类似于亚临床发现在医学研究中的应用。

口头方法:短暂会面过后,最好选择当地某个酒吧,一群项目人员聚在一起,一致认为项目成功了。没人能单枪匹马地推翻小组提议。

课程方法:成功的项目是执行后对现行教学计划影响最小的项目。那些领异标新的项目应该不计成本地避免。

计算方法:如果必须要数据,那就算到死为止。无论数据是什么,用人类所知的最复杂的多变量回归不连续方法就好。

看完沃尔夫幽默的分类,我们来看看理性、有效的评估手段。在教学活动的变动时期,有必要知晓新方案是否会比旧方案更有效。如果没有,我们就有可能投入大量人力物力,却没有通过教学给学生带来足够的提升。如果我们决心要变革教学策略,那么我们就必须下定决心对教学法改革进行评估。如果做不到,我们就是真的不知道自己在做什么。

两种教学评估方式：形成性评价与终结性评价

教学评估有两大目标。形成性评价旨在改进教学活动。形成性评价在教学活动进程中展开,可以贯穿教学活动的始终。终结性评价旨在形成对项目价值的最终判断,项目开始一段时间以后才进行。终结性评价通常决定了教学是否要继续,是否要大改,是否要结束。两种评价方式并不总是互相排斥的。比如,形成性评价收集的数据可以作为终结性评价的一部分,日后重新进行分析。

形成性项目评价

形成性评价在项目的任何阶段都可以进行,但以项目初期为最佳。评估数据既可以反映项目执行的情况,也可以反映项目带来的影响。第十三章中需求评估的一些方式也可以用于形成性评价。这些方式包括:

- 全校范围内的课堂观察;
- 浏览学生学习成果;
- 浏览官方记录;
- 第三方评价;
- 多项选择调查;
- 开放题调查。

教师与学生是最经常参与到教学活动中的群体,所以在教师与学生中采集数据是合情合理的。在一些情况下,从父母、社区成员那里采集信息也是明智的。除上述的信息搜集方式外,与有代表性的利益相关小组进行访谈或者非正式讨论也大有助益。

项目中哪些方面进展顺利?	你对项目有哪些疑问?
你需要哪些支持来帮你更好地实施项目?	对改进项目,你有哪些建议?

图 14.3　反馈窗

最佳的形成性评价是持续进行的,能对项目进行阶段性的调整。非正式、持续性的数据采集方式有两种,一是以反馈窗(也形象地叫作"停车位")形式进行,二是以进展表形式进行。这两种工具最初发明时都是挂在墙上、需要教师经常去现场

(比如教员休息室、教师办公室等)填写的,但现在也可以使用电子版。如图14.3所示的反馈窗,不同项目由"窗框"分开,可以供任何利益相关者就任意或全部四个领域提供反馈。

进展表在每月月末完成,可以独立完成,也可以小组开会完成。在合作对话当中,词条可以在小组会议上进行完善,因此我们更青睐开会探讨。图14.4所示的是进展表的一部分(一月到五月)。左侧纵列的前两个项目要求教师评估上个月的教学活动,中间的三项要求评估项目开始以来造成的主要影响,这样月与月间的变化状况便有案可稽。最下面的两项要求教师为下个月定下项目改进目标,并列出完成目标所需要的资源和各类帮助。这张表格为项目的短期形成性评价奠定了基础,也提供了项目实施、影响和微调的正反两方面的长期记录。

	一月	二月	三月	四月	五月
本月哪些方面进展顺利					
本月出现了哪些问题					
迄今为止对教师产生的影响					
迄今为止对校园文化产生的影响					
迄今为止对学生产生的影响					
下月改进目标					
所需的新资源和支持					

图14.4 进展表局部

终结性项目评价

如前文所说的一样,终结性评价的目的是判断项目是应该继续进行,还是进行调整,抑或是终止。终结性评价的影响更大,因此也比形成性评价更正式、全面、严格。在终结性评价中需要做一系列重要判断。接下来,我们逐个分析:

谁来评估? 究竟是督导、教师团队、核心管理人员还是私人顾问来协调评估,取决于学校的资源状况和评估目的。然而,教师参加教学活动评估是至关重要的。利益相关者不仅是调研的对象,更是协助、配合调研的人士。正如格林(Greene,1986:1)曾指出的那样,对"利益相关方参与的需要"有一种"共识",这种参与则被定义成"参加集体决策,而不只是建言献策"。

有哪些问题需要回答? 评估问题要根据项目性质决定,也要看评估人员想了解项目的哪些方面。比如,有一门新的社会研究课程要接受评估。实施问题可以是:这门新课程在教学中完成情况如何? 注重结果的问题可以是:新课程给学生的知识、技能和态度带来了哪些转变? 这些评估问题形成之后,就成了评估后续步骤的基础。

需要采集哪些数据? 怎样采集? 数据来源指的是可以提供数据的个人、地点、事物、事件或程序,我们可以用采集来的数据回答评估问题。数据来源的样例有学生、教师、校长、父母、教学视频、学生习作和学校记录等。数据收集方式是从来源处采集数据的方式。收集方式有测试、观察、内容分析、案例研究、阅览记录、访谈以及评级与调查的管理。我们倾向于在同一评估问题中运用多种数据采集手段、采集多个数据来源。多样的数据来源和采集手段增加了评估结果有效的可能性(Liosa & Slayton,2009)。

如何分析数据? 数据分析很大程度上是由评估问题和数据的种类决定的。需要确定的事情包括如何整理、总结和展现数据,如何基于数据得出结论。要进行复杂的定量和定性分析,可能需要中心办公室、大学和私人专家的协助。然而,利益相关方可以为数据分析做出重要贡献,尤其是通过回顾结果并提出可能的解释、影响和结论的方式。

如何报告评估结果? 对测试、观察、调查、访谈和证言的结论进行收集和分析之后,如何报告评估结果呢? 答案是:报告方式很大程度上由受众决定。大多数学校董事会和主管都不会把一本关于原始数据、数据处理和评估手段的 200 页的报告从头读到尾,他们在意的是结果和结论。技术报告应该面向决策者,在制定行动计划时作为参考。任何一个读到执行总结并感到困惑、想进一步了解报告某部分的人,都可以查阅完整版技术报告。另一方面,评估报告的读者中深谙评估技术的人士也可以获取完整版报告。

无论受众是谁,大多数报告都会包含一些特定类别的信息(同样,这些部分篇幅长度不一,技术上的复杂程度取决于受众)。常见的评估报告包含如下信息:

1. 评估目的;
2. 描述所评估的项目;

3. 评估问题或目标；

4. 评估方法，包括数据来源、数据收集方法和分析方法；

5. 结果与结论，包括项目的优势和劣势；

6. 建议。

前文已提到，评估问题是决定评估其他部分的基础。图 14.5 提供了一种评估模型，并为评估问题开辟专栏，每个问题后面都有空格，用来填写协调员、评估团队、数据来源、数据收集方法、数据分析方法、评估进程和解决问题需要的资源。

评估问题	协调员	评估小组成员	数据来源	数据收集方法	数据分析方法	评估进程	所需资源
1							
2							
3							
4							
5							
6							

图 14.5　数据收集与分析规划表

项目评估与教师赋权增能

戴维·费特曼和亚伯拉罕·王德斯曼（David Fetterman & Abraham Wandersman，2007）是赋权增能评价的主要倡导者。他们将赋权增能评价定义为"运用评价的概念、技术和成果促进个人成长，培养坚定信念"（2007：186）。赋权增能评价应用于医疗卫生、社区建设、商业、政府和教育领域（Fetterman & Wandersman，2005）。应用于教学督导时，赋权增能评价让督导者参与进来，为教师在项目评估中创造便利。在此，我们要介绍赋权增能评价的目标、必要的督导支持和流程。

目标

赋权增能评价的目的是提升评估中的项目，同时起到改善校园文化的作用，其依据是邀请教师以合作的形式评估某个他们参与的项目，可以促进交流协作，提高共同管理水平。评价过程的目的是增进教师对项目评估的理解,提振他们作为评估人员的信心。赋权增能评价也试图让教师摆脱对教师职业的狭隘看法,培养自主意识。赋权增能评价的终极目标,是培育个人和学校在未来继续进行项目评价的能力。

支持

赋权增能评价的督导支持是从职业发展开始的,它让教师了解赋权增能评价和采集、分析评估数据的技能。教师要学习如何开发、使用简单的课堂观察工具,调查和谈话,如何从学校档案中挖掘现有的数据,如何进行基础的数据分析。督导者必须为教师提供赋权增能评价所需的资源,包括时间、场地和材料。

督导者不能只是布置任务要求教师开展赋权增能评价,即使经历过专业的赋权增能评价培训也不可以。参与评估项目的教师在评价的各个阶段都需要技术和精神支持。身兼教师和评价人员身份的人士在决定评价问题、选择或创造数据采集工具、组织和分析数据以及筹划改革的过程中需要技术支持。教师在评价过程中,为了提振信心、确保结论和建议有价值意义,也需要精神支持。最重要的是,老师们需要知道,在整个评价过程的始终,直到评价结束、项目取得进展,他们都会得到来自他人的支持。对教师参与赋权增能评价的积极性最大的打击,莫过于督导者要求暂停赋权增能评价转而着手其他事项,或者没能为项目改善提升提供后续支持。

流程

赋权增能评价的流程简单得令人难以置信:(1)确定评价团队的目标,(2)评价当前项目,以及(3)制订未来计划(Fetterman & Wanderman,2007)。这三个步骤的背后是赋权增能评价的一系列原则,这些原则不仅增加了赋权增能评价的复杂性,还使它成为一种强大的评价手段,对项目评估和教师发展都适用。

在此,我们大胆地将赋权增能评价的原则(Fetterman & Wanderman,2005)应用到教师评价教学活动的情境中。一个原则是学校的专业人士要主导评价。所有愿意参与评价的专业人士都要囊括其中,但这里也意味着需要参考所有其他利益相关者(包括学生、父母和社区成员)的意见,并且保证他们在评价过程中始终知情。

评价应反映教师对(1)学生;(2)学生的培养教育;(3)该项目如何实现本地化

的认识。身兼教师和评价人员两重身份的人则应该倾听其他利益相关人士对项目的看法。赋权增能评价是以公开透明、协同合作和集体决策为特色的民主活动。决策是民主的，不过支撑决策的数据却是由教师从学校、社区和科研文献及开展类似评估的学校等校外来源采集而来的。

除评判当前项目外，赋权增能评价还要为项目优化制定规划。赋权增能评价优化计划包含人为介入活动及其评价策略。赋权增能评价是周期性的：项目评价引起项目优化，进而导致人工介入，然后再迎来新的评估。最终，赋权增能评价包含了内部问责制度。身兼教师和评价人两职的人对学校所有利益相关方负责，并就评价、计划和人为行动的质量征询利益相关方的意见。

思考题

巩固练习 14.0

检查自己对本章核心概念的掌握情况。

反思练习 14.0

回忆某个你相信如果将其应用在中小学，一定可以改善学生的学习情况的全校范围的教学创新活动。图14.1描述了六种对创新活动的关注程度，图14.2列举了六种相应的表达方式。在这项创新活动中，你会向从1到6各个不同阶段的老师推荐哪些职业发展方式呢？

第五部分 督导的技术任务

有责任改善教学活动的人应该采取哪些措施？我们应当具备督导者应有的知识、人际技能和技术手段。要改善教学活动，督导者需要具备哪些技术手段呢？这些技能是教师、教学评估、团队建设、职业发展、课程建设和行动研究的直接助手。教学是如何改善的呢？

- 直接帮助。督导者可以提供或促成一对一支持，帮助教师改善教学活动。

- 教学评估。督导者可以在单个教师、教学团队和学校层面提供或协调评价指导。

- 团队建设。督导者可以在教师中组织召开会议解决教学中出现的问题，以改善教学活动。

- 职业发展。督导者可以为教师提供学习机会，进而改善教学。

- 课程建设。督导者可以为改革教学内容和教材做好准备，以期提升教学质量。

- 行动研究。督导者可以帮助教师规划、实施、评估其教学质量改善计划。

每项任务都与教学质量的提升直接相关。想要改善学校的教学效果，督导者就需要承担起这些责任。第五部分将详述如何开展这些任务才能让教师以单独或集体的形式行动起来，承担优化教学质量的责任。

第十五章　为教师提供直接帮助

本章学习目标

阅读本章后,你应当能够:

1. 指出临床督导的五个步骤。

2. 指出适合临床督导的方式方法。

3. 区分互惠同侪指导和专家同侪指导的区别。

4. 列举至少四种导师可以用来指导新教师的方式。

5. 阐述教师如何建设民主、道德的社会。

请阅读本章,并思考以下问题:

1. 反思本章所述的临床督导的 12 条原则。在引入了临床督导的学区,哪条原则对老师的吸引力最大? 在当今问责制的时代背景下,哪些原则最难实施? 在临床督导的启用阶段,哪些原则是最重要的、需要强调的?

2. 很多形成性评价项目采用的结构和临床督导相同。在预备会议、观察、后期会议三方面,形成性评价和临床督导有哪些主要区别?

3. 很多督导者曾经表示,他们担心要为很多教师定期提供临床督导,就要耗费大量的时间。同侪辅导可以解决时间不足的问题吗? 换句话说,如果让督导者转换角色,不再提供临床督导,转而去协调同侪辅导,会不会带来积极的转机呢?

4. 一部分同侪辅导项目成功了,但其他项目却因遭遇难题而早夭。如果你是督导者,并且想发起一项成功的同侪辅导项目,你会采取哪些措施提高项目的成功几率?

5. 请对比本章中对选择、准备和支持导师的建议、帮助导师和新教师组队的建议和你所熟知的教师指导项目中导师对新教师的帮扶。

直接帮助教师改善教学质量的力量有多重来源。本书认为,需要有人承担起直接帮助的督导责任,以确保教师能收到反馈,不会陷入孤立无援的境地,能作为教师队伍的一分子参与其中。

时常收到课堂反馈的教师对教学最为满意(Saphier, 2011; Silva & Contreras, 2011)。给教师提供直接帮助,是学校取得成功的重要因素之一(Glickman, 2002; Nidus & Sadder, 2002)。如果我们牢记直接帮助的频率和来源,就可以发现直接帮助有三种既成的形式:临床督导、同侪辅导和导师指导。

临床督导

尽管观察方式多种多样,但用临床督导模式观察教师行为却是相对较为标准且受普遍认可的方式。临床督导模式发轫于莫里斯·科根和哈佛大学的实习教师督导们共同完成的前无古人的工作。科根(Cogan)的《临床督导》(Cogan,1973)和罗伯特·古德海默(Robert Goldhammer)的同名著作《临床督导》(Goldhammer, 1969)都是在科根划时代成果的影响下出版的。自此,临床督导又经历了无数次改良和调整(Pajak, 2008)。

临床督导包括一系列指导原则和一个模式。不同临床督导模式可能会用不同的语言阐述这些原则,但仍有12条原则得到了广泛认可。这些原则认为临床督导:

1. 是基于课堂的。

2. 目标既包括改善教学质量,也包括促进教师长期职业发展。

3. 与终结性评价不同。

4. 要求督导者理解儿童成长发育、教学法和教师发展。

5. 要求督导者拥有人际沟通能力、观察能力和问题解决能力。

6. 是非主观的。

7. 是基于互相信任的。

8. 要求构建一种共同管理关系,教师和督导者地位平等,共同为教学质量改进添砖加瓦。

9. 是基于数据的。

10. 基于教师对于待观察课程的关注和好奇收集数据。

11. 在反思对话中要求教师和督导者参与其中。

12. 是周期性的，五个环节有规律地循环往复。

临床督导的结构可以精简为五个步骤：

1. 与教师开展预备会议。

2. 观察课堂。

3. 分析观察数据，为后期会议做准备。

4. 与教师开展后期会议。

5. 对以上四步进行批评反思。

第一步：预备会议

在预备会议上，督导者和教师坐在一起，决定观察的原因和目的、主要观察什么、采用什么方法和形式进行观察。这些决策要在实际观察前完成，以让督导者和教师形成清晰的预期。正如第十二章提到的，观察的目的应该是为日后观察的重点、方法和时间的决策提供标准。

第二步：观察

在观察时，应遵循前一步形成的共识。观察者可以运用任何一种观察方法，或者一系列方法的组合。观察方法包括组限频次、绩效指标、数据可视化、空间利用、逐字记录、客观的开放性叙述、参与观察法、焦点问卷和量身定制的观察系统。观察者需牢记事件的描述与事件的解读有区别。观察的目的是描述。

第三步：分析与规划

现在，可以分析观察结果并为后期会议进行规划了。督导者带着观察结果离开教室，寻找一个无人打扰的环境，列出观察结果、分析信息。督导者可能需要计算频率，寻找反复出现的规律，分离出重要事件，判断哪些绩效指标出现了，哪些没有出现。无论使用什么工具、问卷或开放题，督导者都必须在海量数据里找到有意义的信息。

下面的案例研究可以帮助读者廓清数据分析的迷思。督导者 A 完成了一项教师学生语言交流测试，她复核了这十张答题纸，计算空格的数量，在工作簿上记录分析结果。

1. 老师提出了 27 个问题，收到 42 个回答。

2. 在 276 次语言行为中，6 次发生在学生之间，其余 270 次发生在师生之间。

3. 班上一共 25 人，其中老师提问至少一次的人数为 21 人。

让我们再来看一个例子，督导者 B 进行参与者观察。他通读了自己简洁的课堂记录，找出了最重要的事件，写下了如下的分析：

1. 詹姆斯、蒂龙、菲利克斯和桑德拉问我关于作业的事情，这是一份他们应该正在做的作业。

2. 我 3 次不经意间听到科克和费利佩的谈话，他们每次都在讨论体育运动。

3. 金姆 6 次向过道另一侧张望，看约瑟的作业。

毋庸置疑，督导者的确会对观察数据产生一些模棱两可的解读，但最终的解释还是要等待教师和督导者在后期会议上商讨决定。

在第三步中，督导者需要做的最后一个决定，就是确定在后期会议上和教师采用哪种人际交流方式。指令性信息式、合作式、非指令性的督导方式已在第八、九、十章分别讲述。督导者是否应该采用指令性信息方式呈现自己的观察和理解、向教师寻求信息、制定目标、为教师提供可供替换的行动计划呢？是否应该通过合作共享观察结果、允许教师呈现自己的解读、商讨出一份协议以便完善项目呢？是否应该以非指令性的方式解释自己的观察结果、鼓励教师分析、解读并制定自己的计划呢？

选择督导方式时，督导者需要考虑每位教师职业发展、专业技能和责任心的不同层次。当合作教师最适合合作或非指令性方式时，或者教师有临床督导经历时，一些督导者会在后期会议之前把观察数据提供给教师，让教师可以提前阅览数据，在后期会议上呈现自己最初的判断。

第四步：后期会议

完成观察表、分析过程并选好解读策略后，督导者便做好准备在后期会议上和教师会面了。后期会议的目的，是分享观察数据和分析结果，解读数据意义，为教学优化制订方案。

首先，要让教师了解观察结果，把所见所闻反馈给教师。然后，督导者可以按照选定的方式（指令性信息方式、合作方式、非指令性方式）进行。会议最后，需要形成日后改善提高的计划。图 15.1 可以用于计划制定。

图中的"目标"指的是下次观察中教师应该做到什么。比如"我要在小组讨论中把学生间的交流增加50％。""活动"是为了达成上述目标分条列出的准备工作。例如：(1)试着在回复学生给出的答案前先暂停三秒钟；(2)试着问开放性问题；(3)组织小型辩论活动。"资源"指的是完成上述活动所需的事项。比如(1)阅读一本有关组织小组讨论的书；(2)参加以"提高学生参与度"为主题的工作坊；(3)观察菲乐先生组织科学讨论。"日期"与"时间"具体指的是教师准备好展示进步成果的时间。这样的计划，无论是出自教师之手，还是由督导者设计，还是两者合作完成，都应在后期会议结束前得到教师和督导者的清晰理解。

后期会议日期：_____ 受观察的教师：_____

时间：_____ 同侪督导者：_____

工作目标：

要实现上述目标，需采取哪些行动：

所需资源：

下次预备会议时间和日期：

图15.1 为改善教学活动制订计划

第五步:批评反思

对前述四个步骤的批评反思提供了一个契机,让我们反思从预备会议到后期会议的模式和程序是否令人满意,以及在重复这一循环之前是否需要调整。批评反思可以在后期会议的最后进行,简短讨论即可,不需要专门召开正式会议。批评反思的问题可以是:我们的工作中有哪些有价值之处? 有哪些工作没什么价值? 建议进行哪些调整?

批评反思的价值既是象征性的,也是实用的。它表示督导者和受督导者都以同样的方式参与到提升改善工作当中。此外,教师的反馈也让督导者有机会决定未来与这位教师合作时要继续保持哪些工作、修改调整哪些工作。

五个步骤现已完成,教师已经拿到一份切实可行的行动计划。督导者已经准备好在下次预备会议上复核计划,重新确定工作重心和观察方法。表 15.1 展示的是临床督导各个阶段的具体措施。

表 15.1　临床督导各阶段行动

步骤	具体措施
预备会议	会议应在积极的氛围中开始 探讨教师的授课计划 探讨教师对课程的顾虑 探讨需要观察的行为 选择或设计观察工具 探讨观察工作的统筹安排 回顾会议决定 在积极的氛围中散会
观察	收集在预备会议中决定采集的数据 要客观描述,不要主观解读
分析并制定计划	分析数据 总结数据,为后期会议作准备 为后期会议选择人际沟通方式 筹备后期会议
后期会议	在积极的氛围中开始会议 回顾会议决定 分享、解释观察数据 探讨、解读观察数据 制定改进目标 规划改进活动,商定所需资源 探讨评估方案的标准和后续事宜 回顾会议决定 在积极的氛围中散会
批评反思	对预备会议进行反思批评 对观察过程进行反思批评 对提供给教师的观察数据进行反思批评 对后期会议进行反思批评 探讨改进临床督导的方式

临床督导与其他方式的关系

因为临床督导涉及课堂观察和会议讨论,所以在了解临床模型时,自然会联想到课堂教学评估。此外,本书第三部分已经详细讲述了发展督导,包括与教师开会商讨时备选的人际策略,读者可以考虑在临床督导中采用各种人际技能。让我们花几分钟时间探讨一下教学质量评价和发展督导与临床督导的关系。

对比临床督导和教学评估

在第十六章,我们将详细探讨终结性和形成性教学评估的区别。现在,我们可以暂且简单地说,临床督导与形成性教学评估一致,但与终结性教学评估不同。临床督导提供不带主观评判的帮助,旨在改善教学,因此有人将其等同于形成性评价。临床督导可以帮助教师设计、实施计划,以达到改善教学的目标,因此临床督导包括了形成性评价,也超越了形成性评价的范畴。

临床督导与终结性评价不一致。临床督导不会为判断教师是否达到绩效标准、能否继续聘用收集信息。一些学区把终结性评价也叫作临床督导,混淆了这两个概念。在某种程度上,这也是可以理解的,因为两者结构类似,都有预备会议、课堂观摩和后期会议。要想理解两者的区别,我们必须看到结构之外,即临床督导的宗旨和原则,它们和终结性评价的宗旨与原则截然不同。临床督导和终结性评价需要区分,就像形成性评价和终结性评价需要区分一样(再次说明,我们会在第十六章详细阐释形成性评价和终结性评价的区别)。

将临床督导和发展式督导相结合

我们在第三部分探讨过,发展式督导需要督导根据教师的发展状况、专业特长和责任意识确定一种人际沟通方式(从指令性控制、指令性信息、合作或非指令性四种方式中选择一种)。这四种人际沟通方式都适用于临床督导吗? 我们认为,指令性信息方式、合作方式和非指令性方式都符合临床督导的要求。

如果采用指令性信息方式,督导者可以在预备会议上提供两种或三种可供替代的观察焦点和数据采集方式,并请教师做出选择。采用指令性信息方式时,督导者可以在后期会议上帮助教师解读观察数据,请教师从有限的提升目标、措施和后续行动中做选择。

参与协作预备会议的教师和督导者可以考虑其他观察方式，选定一个双方都认可的观察目标和数据采集方式。在协作模式的后期会议上，督导者和教师在共同制定教学优化方案时，可以共同承担决策责任。

在预备会议上采用非指令性沟通模式的督导者可以请教师选择观察焦点，协助教师选择或创建一个令督导者满意的观察体系。在非指令性后期会议上，当教师制定自己的教学优化方案时，督导者要厘清误区、加油打气、批评反思。

尽管指令性控制在极少数情况下是必要的，但长期以来，我们认为指令性控制措施与临床督导的目的与原则不符。指令性的管控只能用于短期和危急时刻，不能用于正常的临床督导。

同侪辅导

教师之间互相求助的频率经常高于向督导者求助的频率，且督导活动的主要目的是改善教学，而不是进行终结性评价（合同续约），因此教师间互相帮助已经成为一种广受认可的正规方式，可以确保每位教职工都得到直接帮助。从处在职业上升阶段的教师到指导教师、特级教师、年级主任、团队带头人、院系主任等，教师的责任愈发繁重，同侪辅导所需的时间和资源也随之增加。

如果教师拥有娴熟的观察技能，了解临床督导的形式，督导者就可以负责澄清解释、提供训练、制订计划、解决问题。解释澄清，是要明确宗旨；提供训练指的是让教师做好执行任务的准备；制订计划是将老师分成小组，也可三人一组，负责召开筹备会议、观察、召开后期会议；解决问题即与正面临困难的教师小组和需要个性化帮助的教师个体开展沟通。同侪辅导，也就是通过临床督导的方式，让教师帮助教师。

显然，要启动这样一个项目，绝不是开一场教职工会议，然后宣布说"因为我不能经常见到你们，所以你们还是自己互相交流吧！加油！"这么简单。没有规划、没有资源，严重问题就不可避免。想成功，同侪辅导就必须解决目标、准备、计划制订和问题解决这个几个组成部分。我们逐个来讨论。

目标

在同侪辅导会议开始之前,有必要澄清会议的宗旨和目标(Zwart, Wubbels, Bergen, & Bolhuis, 2009)。首先,项目是会包含互惠辅导(教师们互相观察、共同商讨)还是会包括专家辅导(更训练有素、经验更丰富的教师帮助训练少、经验匮乏的老师)? 第二,在同侪活动中,谁是帮助的受益者? 作为观察者的老师,可否从观察结果中获取灵感? 第三,观察和反馈的重点是集中于每位教师都想学习、实践的一般教学技能,还是教师关于自己教学的特殊顾虑? 第四,观察与反馈应该集中于教师的教学活动还是学生的行为? 第五,指导的目的究竟是加强意识,增加带有反思性质的决策,还是为了实践具体的教学技法? 最后,辅导目标应该如何适应在规模较大的学校改善教学的目的呢?

这些问题是有意义的。一个同侪辅导项目,如果缺少明确的定义和宗旨,就无法改变教学活动,也无法选择取得成功所必需的训练方式、计划和解决问题的方法(Hooker,2013)。它会成为另一种短暂的狂潮,看似处在学校改革的前沿,令人兴奋,但却没有目标。如果同侪辅导项目没有方向指引,那些出于好心的老师可能只会朦朦胧胧地感觉自己做了好事,但很少有成就感。

所以,首先要做的就是和教师会面,探讨提议的同侪辅导方案如何才能适应学区的教学目标,然后再确定项目的具体目标。例如,如果目的只是让老师们互相熟悉教学策略,准备工作就比较少;而如果是要为教师提供教学反馈,帮助他们开发行动计划,准备任务就比较多。下一个小节会为聚焦反思性决策的同侪辅导提供一些训练指南。

 视频案例

观看视频时,请思考:视频中专业指导员的行为,和你期待的互惠指导行为有哪些相似之处,又有哪些不同之处?

准备

实操之前,教师的准备工作应该包括以下方面的训练:(1)理解同侪辅导的目的和程序;(2)召开预备会议,决定观察焦点;(3)进行观察,分析观察数据,区分观察课堂行为和解读课堂行为；(4)召开两次后期会议,用不同方式制订行动计划,一次使用非指令性方式,另一次用合作方式。

在后期会议上,应审阅撰写教学优化计划的标准表。表格应该简明清晰,便于填写。每个成员都应该知道,拟订一份完整的规划是前四个临床步骤的目的,也是下一阶段督导活动的基础。训练的目的可以参见图 15.1 中的表格和第十二章中的表格。

六小时的训练可以提供同侪辅导必备的知识技能。同侪教师们在演示、示范、在工作坊练习后,对流程已经较为熟悉,这时内心有焦虑情绪,但也已经为开始一轮辅导做好了准备。当然,初期的尝试并不奢求完美。

第一轮实操过后,应举办一场后续会议,讨论发生了哪些情况,在下一轮开始前要做哪些调整。通常,将上一轮的回顾和下轮的预备会议安排在同一场会议期间是比较方便的。这样可以让参与者收获共享和互相学习的体验,方便培训者回答问题,能制订观察计划,也不必为预备会议另约时间了。这样一来,总结旧循环、开启新循环的后续会议可以两周或三周举行一次,直到完成所有事先商定的同侪辅导周期。建议第一年至少进行四个循环,每位教师担任两次辅导员,另两次接受其他教师的辅导。

年末召开总结大会,总结同侪辅导的优势与劣势,并就明年是否继续进行同侪辅导提出建议。

关键在于,同侪辅导项目必须基于一致性和志愿精神。如果全体教师都同意参与自然很好,但如果只有三位教师乐意参与,那么同侪辅导便还是在起步阶段,对这三位教师来说也还是先前无法获得的资源。

 视频案例

观看视频时,思考这段讨论将如何帮助那些担任辅导员的老师做好准备?接受观察的教师会从同侪辅导中受益更多吗?

安排时间

教师的一天原本就十分忙碌,如果项目会让教师投入更多的时间和精力,那么教师就更难以对项目产生兴趣了。同侪辅导会占用额外的时间,因此至少在初期阶段应该允许自愿参加。如果督导者可以将项目时间安排在办公时间,教师参与度有可能会提高。

比如,把计划相同、午餐时间重合的教师安排在一个小组,就可以实现在办公时间组织召开预备会议和后期会议。也可以聘请代课老师,每学期两次,每次两天,这样可以让教师摆脱授课负担,去观察其他教师的课堂。一位代课老师每次可以解放六位常任教师。让督导者(也就是你!)为教师代一次课,也能缓解教师的压力。这样,教师就有机会进行观察,督导者也能一窥教室里的状况。还有一种方案,就是可以定期在课上播放视频、组织讲座或者两班合上一节课,这样只需一名授课老师。无论采用哪种方案,都需要教师和督导者事先规划,确保教师参与不会引起太大的个人牺牲。针对长期课堂改革的研究发现,在安排日程时,为教师在工作日争取空余时间十分关键(Zwart et al. , 2009)。

另一件事就是组织教师队伍。教育领域的一切问题都没有一刀切的答案。一般来说,教师分组应该让教师共处时舒适放松,不必一定按经验和能力是否接近来分组。把经验丰富的老师和新教师编排在一起、把高级教师和刚刚能胜任教职的老师安排在一起或者把能胜任的教师和有困难的教师编排在一起,或许都是有益的。

解决问题

同侪指导的第三个部分是密切监测教师同侪的进展状况(Zwart et al. , 2009)。同侪教师团队需要帮助时,督导者应可以提供帮助。比如,如果预备会议结束时一致同意观察某位教师在课堂上的语言互动,但同侪导师却很茫然,不知道该去哪里寻找合适的观察方法。培训项目应该解答这些问题,但初期介绍性的会议却很难满足所有的需求。因此,督导者必须留意同侪团队的需求,并做好准备伸出援手。

督导者并不需要高精尖的监控设备,只需在大厅中巡视,每隔几周和同侪辅导员交流即可。在周期性的教职工大会上,督导者可以让辅导员写备忘录,记载小组进展情况。督导者应确保观察活动用到的书本、视频、方法和工具已经分门别类地储存在教师资料室,可供取用。

既然督导者已经可以提出目标、开展训练、制订时间表并解决问题,同侪辅导项目也可以落地实施了。实施初期注定会增加督导者的工作量。不过,初期的工作量会小于每年为每位教师提供两三次临床督导所必需的工作量。如果项目对督导者和教师足够重要的话,项目准备初期耗费的时间会在教师教学质量的持续提升中得到回报。

指　导

我们在第二章已经探讨过,传统学校工作环境的特点之一就是对新教师的入职培训不足,这是一个现实问题。新教师援助项目要解决这一问题还有很长的路要走,而新教师的培训通常是这类项目的核心任务。大多数设有新教师督导项目的学校,都只给每位教师指派一名指导教师,而有些学校则提供若干位指导教师。就指导教师团队而言,最好任命其中一位为主任,以便团队协作,共同为新教师提供帮助。

指导教师的选择、准备与支持

有经验的教师最好以非正式的方式和每位新教师结成对子,在引导新教师走上学校工作岗位的过程中提供必要的帮助。然而,在很多学校,这一点根本没有实现,而为新教师指派指导教师又是必要的。有潜力成为合格的指导教师的,应该担任指导教师。应该形成指导教师遴选机制,不仅要筛选合格的指导教师,更要向全校传递一个信息,那就是当选指导教师是一件光荣的事情。指导教师须从自愿报名的教师中选择,必须提供一份指导教师角色与责任的清晰描述。

我们知道,成功的指导教师都有一定的特质,这在筛选过程中应予以考虑。优秀的指导教师是以学生为工作重心的,既有专业知识又谙熟教学技能,值得信赖,沟通能力强,先了解信息再进行决策,乐于合作,积极支持同事(Gilles, Carrilo, Wang, Stegall, & Bumgarner, 2013;Kissau & King, 2014; Maor & McConney, 2015)。虽然不同职业阶段的教师都可以担任指导教师,但如果指导教师的责任包括了向新教师介绍学校的组织机构和校园文化,那么指导教师就必须具备丰富的经验,这样才能够在新教师融入学校和校园文化的过程中理解新教师的问题并施以援手。

督导者最好能组建一个为期一年的指导教师选拔委员会,让教师和其他利益相关人士制订筛选方案,筛选出一部分指导教师与新教师结对。前述的许多优秀指导教师的特质都是难以测量的,因此决策应该基于多种指标。想成为指导教师的,可以在书面申请中记录下先前的教育领导力活动,撰写短篇教育心得,对新教师遭遇的问题进行反馈,接受选拔委员会面试等等。

具备成功的指导活动是个好的开始,但指导教师选定后,还需要进行初步的专业培养,学习指导活动所需的知识技能。指导教师从教育领导力活动中获得了部分技能之后,可能还需要了解新教师遇到的问题、成人学习理论、观察技能、会议组织技能和提供心理支持等等。指导教师和新教师开始合作之后也需要持续的帮助,比如排出空余时间、与新教师召开例会、参加支持研讨等,在研讨中可以就指导中遇到的困难分享经验、得到帮助。

让指导教师和新教师结对

并不是所有的指导教师都能和新教师顺利合作,合作失败的重要原因之一就是最初结对的失误(Klinge, 2015)。没有一种方法能保证结对百分百成功,但有几种原则可以提高结对的成功率。如果双方都在同一年级教授同一领域的内容,那么结对关系成功的可能性就更大(LoCasale-Crouch, Davis, Wiens, & Pianta, 2012)。双方在邻近教室授课效果更佳,这样双方能保持互动并在需要的时刻及时提供帮助。不过,最重要的结对指标或许是个人风格和教学理念的匹配。

指导教师对新教师的支持

优秀的指导教师会把新教师视作平等的个体,把促进教师成长发展作为主要任务。指导教师能做的最重要的事情就是和接受指导的教师形成信任、支持的关系。为了建设积极的关系,指导教师与受指导教师必须经常会面,优秀的指导教师会提供反馈和建议,也会要求受指导教师为辅导过程贡献力量。正如吉萨乌和金(Kissau & King, 2014:146)指出的那样,"接受指导的教师应有机会提出问题,分享经验,反思决策过程"。

尽管应为受指导的教师提供个性化的支持帮助(LoCasale-Crouch et al., 2012),但受指导教师的帮助中却有几种需要是共通的。指导教师和受指导教师在开始第一年的教学活动前最好能会面,以方便指导教师带领受指导教师熟悉供职的学校和所教的学生。此外,辅导教师可以介绍课程设置,帮助新教师组织课堂教学,详细规划前几日的教学任务。学期开始后,大多数新教师还是需要持续的支持,比如规划教学单元和每天的课程,进行课堂管理,开展个性化指导和辅导在课业上面临困难的同学等。在整个学年中,新教师每次进行某个新任务,比如申请教学材料、与学生谈话、给学生打分、与家长会面等等,都需要不同程度的指导。

指导教师可以用来帮助新教师的策略包括教学示范、小组教学、安排新教师观摩优秀教师课堂、同侪指导、召开例会等。在例会上,教师可以反思教学、寻求帮助,并和指导教师互相帮助,解决对方遇到的难题(Bullough, 2012)。虽然我们现在探讨的是教师指导,但我们还要负责地指出,教师指导并不是新教师支持项目的唯一部分。新教师会收获来自督导者和其他同事的支持,能从为新教师提供的、以需求为导向的教师培养和定期的支持活动中获益。

教师指导的益处

为新教师提供有效的指导,可以加深教学反思、澄清教育理念、提升自信、增强动力、优化解决问题技能、改善课堂管理和教育技术、理解校园文化和学校常规、收获校园接纳感和归属感(Gilles et al. , 2013;Klinge, 2015;Kissau & King, 2014;Lo-Casale-Crouch et al. , 2012)。指导教师也可以从和新教师共事的过程中获益。优秀的指导教师和新教师一样,都可以改善教学反思,锤炼解决问题技能,提振自信。此外,指导教师看到受指导教师水平精进,也能收获满足感。指导活动可以让经验丰富的教师的教学生涯焕发新活力,也能让他们准备好担任领导职务(Klinge, 2015;Kissau & King, 2014;Maor & McConney, 2015)。学校也会从中受益,新教师能更好地融入学校,学校能更好地留住老师,新教师取得的成绩也能提升学校声誉,促进教师招聘。学生则是最大的受益者,对新教师带的学生来说,指导活动可以促进这一年间的成长发展,保证学生不会因经常调换老师或者新教师经常无法得到帮助支持而受到负面影响。

互惠指导

到这里,我们一直在探讨有经验的教师指导新教师的情况。让我们关注一下互惠指导,即让有经验的教师互相指导。比如,我们经验丰富的科学课老师可能最近刚刚接受了职业发展培训,在一些新实验室学到了新技能,但也可能在使用实验室的同时进行课堂管理方面遇到了困难。还有一位经验丰富的老师,特别擅长课堂管理,但不知道怎么使用实验室。这两位老师便可以在使用实验室时互相指导,各取所需。指导新教师还有许多方式，比如上示范课、开展同侪教学、同侪指导、开会反思问题解决情况等等。这些方法也可以由经验丰富的教师用于互惠指导中。另一种很有潜力的互惠指导，是新教师之间的。比如，福布斯（Forbes，2004）的一项实验表明，新教师通过互惠指导，可以更加深入地了解教学计划的制订、课堂管理、新的教学法和职业关系。我们认为，新教师间的互惠指导虽然对新教师帮助很大，但最好还是作为由经验丰富的教师进行指导的补充。虽然新教师可以互相给予巨大的精神支持和教学帮助，但大多数新教师能力不足，尚无那些经验丰富的优秀教师才有的教学技能和对校园文化的了解，因此有经验的教师才应该在指导新教师的过程中扮演领导角色。

反向指导

反向指导，即由新教师或年轻教师指导有经验的老教师。这种方式已经在21世纪初投入使用（Biss & Dufrene，2006）。反向指导用于中小学时，可以在技术方面取得成效。技术日新月异，年轻一代的技术创新能力可以迅速超过前辈。许多新教师可以指导前辈们使用最新科技。此外，很多新教师年纪二十出头，比从教多年的教师能容易理解学生的兴趣、顾虑和学习需求。这样，年轻教师可以帮助老教师理解时下的青年文化，学习如何将对青年文化的认识融入课堂教学。在中小学采用反向指导是有前途的，但我们认为它并不会替代教学经验丰富的教师指导新教师的模式。新教师带来的帮助是有意义的，但新教师仍然需要得到大力支持，这种支持应该由有经验的前辈们提供。

运用直接帮助手段改善班级文化

很多直接帮助都是为了提升老师的教学技能或者解决紧迫的教学问题。这些目的固然重要，但直接帮助可以帮教师们实现更深层次的、基于民主和道德目的的目标。课堂既可被视作更广泛的文化缩影，也可以看作改良文化的途径。教师通过亲身示范、鼓励学生奉行民主和道德价值观，可以建设民主、道德的社会（Silva Dias & Menezes，2013）。

督导者和教师可从下列问题着手，开始改善班级文化：

1. 教师对学生是否做了到平等相待呢？学生之间能做到平等相待吗？

2. 师生间能否遵循适合学生的年龄和心智状况的民主原则？

3. 师生能否对需要帮助的人表现出同情心？

4. 学生能感受到身心安全吗？

5. 各种文化都得到尊重、珍惜和弘扬了吗？

在临床督导、同侪指导中都可以提出这些问题。可以收集定量观察数据(比如教师是否以平等的方式给学生回应的机会、帮助和鼓励)，但是,想要精准描述课堂行为需要大量的叙述。教师和督导者、教练和辅导员可以合作解读数据的课堂文化意义,为改善文化制订行动计划。班级文化十分复杂,因此文化改良的会议和行动计划要比技术改良的更繁复,文化改良也比使用新的教学技术更耗时。不过,如果教育的关键目的是建设一个更为民主的社会,那么哪怕文化改良复杂一些、耗时一些,也是情有可原的了。

思考题

巩固练习 15.0

检查自己对本章核心概念的掌握情况。

反思练习 15.0

假设你受聘于一位校长,这位校长最近刚刚将临床督导引入教学。你受邀参观这所学校,就校长作为临床督导的表现提供反馈。在评估中,有关临床督导的方式方法,你有哪些问题想问校长？又有哪些问题想问其他教师？在校长和其他教师进行临床督导的过程中,如果你跟随学习,你会留意什么？当你浏览校长在课堂观察中收集的数据时,又会留意一些什么？

第十六章　教学评估

本章学习目标

读过本章后,你应当能够:

1. 简述为什么作者认为高风险成就测试的结果不能用于教学评估。

2. 解释三种区分终结性教学评估和形成性教学评估的方式。

3. 指出对教学效果不佳的教师应首先采取什么措施。

4. 列出至少五种辅助形成性教学评估的方法。

5. 描述全校教学评估的评估内容。

请阅读本章,并思考以下问题:

1. 在你熟悉的学校当中,是否有学校将学生成绩纳入教学评估?这对教师、教学和学生产生了怎样的影响?

2. 如果你有选择权,你会选择在将形成性评价和终结性评价结合在一起的学校任教,还是在将两者分开的学校任教?为什么?

3. 请选择图 16.2 中的任意教学领域。这一领域教学中的哪些表现会成为终结性评价的主要对象?

4. 在所有你没有尝试过的辅助形成性教学评估的方式中,你未来愿意尝试哪一种?你为什么认为所选的方式是可行的?

5. 教师档案既可以用于形成性教学评估(改善教学),也可以用于终结性教学评估(决定未来是否继续聘用)。用于总价性评价的教师档案的制作和内容,与用于形成性评价的有哪些不同?

6. 回想一支你熟悉的、能得益于小组教学评估的教师队伍。小组评估的具体内容是什么?应收集哪些数据?评估期间,小组会需要哪些帮助?

有人认为，教学评估历来都做得不够好，因此专家学者大力支持教学评估的开展（Danielson，2010/2011；Kowalski & Dolph，2015；Marshall，2006；Marzano，2012；Marshall & Kelley，2012；Toch，2008）。传统教学评估系统的问题在于对教师的期待不够明确。教学评估以往主要在表格上完成，上面有一些太过模糊的表现等级，比如"满意""不满意"或者"优秀""可以接受"和"需要改进"，许多标准也都和教学本身无关。

传统模式的另一个问题在于，评估者使用系统的准备工作不够充分。因此，评估人员可能无法完全理解整个评估过程和如何使用评估工具。评估者在什么是优质教学上存在偏见，更有甚者会对教师的年龄、种族、民族和性别产生偏见。那些要评估全部课程教师的校长和副校长们长期面临的问题之一，就是他们很有可能对一些特定领域缺乏了解。

校领导们时间有限，因此可能没办法做足够的评估，也就不能精准地评价教学状况。马歇尔（2006）指出，即使经常去听课的校长也只观察到了不到1%的课堂教学。所以，校长的所见所闻可能无法全面反映教师的日常教学质量。增加评估人员虽然可以有力缓解时间紧张的问题，但有可能造成新的麻烦，那就是评估人员之间也存在差异。传统评估系统的模棱两可，再加上评估人员准备不足，很有可能会让评估人员对评估标准的解读出现分歧。在同一所学校任教的两位资历相同的教师，可能会得到不同的评级。如果评估在不同学校间展开，分歧有可能会更加严重。

传统评估模式的种种积弊，让教师和校领导内心不是滋味。在一项对全国教师开展的调查中，只有26%的教师认为他们最近一次评估是有效的（Duffet，Far-kas，Rotherham，& Silva，2008：3）。曾任校长的金姆·马歇尔（Kim Marshall，2006）在回顾和同侪们的讨论时曾这样说道：

> 我们痛心疾首地发现，整个过程往往不过是个没有意义的过场。督导者会来观察；我们写点官样文章，填好评估表格；老师会签字，偶尔还装模作样地提点反对意见；有些时候我们是还会用评估结果提出一些严厉的批评，但能不能引起注意还不一定；在极个别情况下，我们才会以评估结果为依据，开除长期表现不佳的老师；但在大多数时候，我们的评估结果都是被人一笑置之，对学生学习几乎没什么影响。

评估系统的新浪潮：从一个误区到下一个误区？

20 世纪 80 年代,托马斯·麦格里尔(Thomas McGreal)认为:"教育领域寥寥几个影响深远的号召之一,就是争取新型的、改良的教师评估系统的奔走呼号。"(McGreal, 1998, 1)麦格里尔的话无论在当时还是现在都堪称至理名言。近几年来,在大好前景的鼓舞之下,很多州都设计了评估系统作为"杠杆",以期改善教学和学生学习效果。这些新型问责系统一般都包括了有效教学的评判标准、州或区评定教学行为是否合乎标准的规定,还有大量的课堂观察记录,以便根据规定评价教学行为。许多新系统也包含了它们所谓"增值"部分,即根据学生表现进行的教师评估,而学生表现通常是依据本州的高风险成就测试评断的。那些评估结果较差,或者其学生在测试中成绩较差的老师,会被加入个人成长计划,如果没能达到相关要求,最终有被开除的可能(Behrent, 2016；Bolyard, 2015；Derrington & Campbell, 2015；Dodson, 2015；Morgan, Hodge, Trepinski, & Anderson,2014；Schachter,2012)。

有人对新评估系统开展调查,尤其是研究了将学生成绩和教师评估结果捆绑的做法,结果不甚乐观。同一位教师的学生成绩也并不稳定,即同一学年、同一科目的成绩也会出现群体性的浮动,同一位教师的不同届学生用不同版本的试题测试时,成绩也不稳定(Darling-Hammond, Amrein-Beardsley, Haertel, 2011；Morgan et la., 2014；Murphy, Hallinger, & Heck, 2013)。捆绑学生测试成绩和教师评定结果的另一个问题在于,虽然教师个人的影响很重要,但学生学习成绩还会受到许多其他因素的影响,包括先前的学习经历、其他教师的影响、班额大小、其他学生、校园环境、课程设置、教学资源和一系列经济社会因素。而且,把教师这一因素和影响学生成绩的其他因素区分开的尝试均以失败告终(Behrent,2016；Darling-Hammond et al. ,2011；Noddings,2007；Murphy et al. ,2013；Toch,2008)。

评估人员对教师的评估在一段时期内也不稳定,不同评估人员对同一位教师的评价也经常有差异。(Morgan et al. ,2014；Murphy et al. ,2013)。评估人员最常用的观察方法就是课堂预演,但一项研究指出,课堂预演效果通常与学生成绩呈负相关(Grissom, Leob, & Master, 2013)。墨菲(Murphy)和助手们查阅了新教师评价系统的相关实据,认为新系统对增值手段的稳定性、校领导评估的效度和教师评估能否真正改善教学活动提出了严肃的质疑。

大多数学区的校领导必须实施新评估体系，而校长们就新系统给出的反馈大多是负面的。一些校领导在报告中说，自己没有足够的时间让新系统落地实施，而且他们和老师都没有接受足够的训练。校长们抱怨设计新系统的任务耗时太久，比如多种观察任务、和教师共同制订个体成长计划，还要编辑大量的文件。一些州的校长报告称在提交评估报告的技术方面遇到问题。有些校领导对将学生成绩纳入教师评价中的做法表示不满，也有的表示很难将新评估体系中复杂的教师表现缩减成一两个词的评语。无数校长都认为新系统无法起到准确评价教师的作用，也无法改善教学，并且担心新系统会破坏校长和教师间的关系（Dodson，2015；Kowalski & Dolph，2015）。

关于新评估系统，除了上述研究结果之外，还要考虑哲学和道德因素。克罗夫特、罗伯特和斯滕豪斯（Croft，Roberts，& Stenhouse，2016）认为，高风险成就测试和新评价系统的浪潮"代表着一种系统的、精心设置的教育改革措施的融合"，这些措施放在一起，会"汇聚成巨大的风潮，侵蚀美国教育的根基"。墨菲、哈林格和赫克（Murphy，Halinger，& Heck，2013）认为当前的教师评估是"一种工业时代的管理工具"，它"推崇组织架构（官僚主义、等级制和制度主义），却很少强调专业精神"。

如果我们稍稍回顾一下新评估系统支持者的言论，就会发现我们的确有理由担忧。他们说道，为改善教学，需要"杠杆"和"推动者"。人在杠杆的一端施力，来迫使杠杆另一段端的东西移动。而"推动者"的定义之一是"一种工具，比如螺丝刀或者锤子，用于在另一物体上施加巨大的压力"（出自 The Free Dictionary，出版日期未注明）。这种措辞，绝不是协同合作关系中的措辞。诺丁斯（Noddings，2007）考察了"责任制"（accountability）一词，这一概念是新评价系统的基石。她指出，这一概念来自企业，指的是对上级负责。她认为，更适合教师的词应该是"负责"（responsible），这样才符合教师对学生负责的含义。教师对学生是否尽到了多种多样的责任，实在是一个太过复杂的问题，很难单纯地用一场成绩测试或者一组只有一个单词的评语来估量。

诺丁斯（2007）指出，将学生成绩作为衡量教师是否负责的指标是危险的。如果某位老师教授多个科目，在面临评估时，有可能把精力更多地分配给接受测试的学科。教授某个考试科目的老师可能会着重关注要考的部分，不考的部分则受到冷落,有时候甚至会忽略这个学科的关键内容。以考试为导向的教育意味着学生无法在更广泛的意义上认识学科的意义和价值,此外,如果用于教师评价的考试有划定的范围,那么教师就不太可能讲授超出范围、考试不考的内容。

贝伦(Behrent, 2016)指出,对单个教师表现的评价引起的是竞争,而不会有助于提高教学质量的协同合作。从更广泛的意义上来说,当我们只关注教师评级的时候,"教育问题就变得个人化了,偏离了更广的社会、经济和政治语境,而这些才是教育真正的背景"(2016:51)。钱普(Champ, 2015)发现,当一股新的教师评价浪潮和教师的教学观念的时候,当老师们意识到某个评价系统自相矛盾、无法信赖,也不能促进学生成长的时候,只会有一个结果——反抗和冲突。新评价系统可能会让教育从业者的职业生涯骤然改变。多德森(Dodson, 2015)曾提到很多校长正在考虑提前退休,就是因为对评价制度不满。他也提到"全国那些将学生成绩纳入教师评价的学区里,有些老师直接被开除,有些老师在计划着退休和改行"(2015:54)。

综上所述,在新评价系统上投入的时间、金钱、人力物力可能都是不值得的。墨菲等曾认为:

　　……如果最终目标是改善教学,那么校领导最好把时间和精力用在教师评价以外的地方……如果校领导能直接为教师提供帮助的话,会更有可能给教学质量带来积极影响。(2013:352)

终结性评价与形成性评价

终结性评价和形成性评价是教师评价的两大类别。终结性评价是一种管理功能,旨在达到机构对教师责任的要求。终结性评价涉及决策,决定教师是否应该获得终身教职,是否要经历试用期,或是否要被免职。有时也会决定教师是否会因表现突出获得奖金或提薪待遇。终结性评价是以一系列规定了评价的目的、频率和程序的文件为基础的。教师表现通常记载在评价表里。校领导需要完成表格中的检查单并给出评级,或者用评语描述教师合乎标准的程度。评价表通常是标准的(对所有教师采用同样的标准)、全球通用的(对承担不同责任的教师都普遍适用)。终结性评价衡量的通常是教师的教学质量及其他方面,比如遵守学校规定、与校领导和同事的合作、课外任务的完成等等。

形成性教师评价起督导作用,其目的是为教师的职业发展和教学技能的改善提供帮助和支持。它关注的焦点是教师的需求,而非学校对教师责任的需要。终结性评价着眼于一段时间之内教师行为表现的总和,而形成性评价却是持续进行的,着眼于教师的持续进步。终结性评价不依赖那些采集所有关键表现指标数据的标准化评价工具,而是基于几个特定的教学改善重点领域(比如提问技能、学生参与、课堂行为、实施新教学模式),且重点也会因时而变。因此,第十二章所述的观察系统是适合形成性评价的。

表16.1　终结性教学评估和形成性教学评估的对比

	终结性	形成性
功能	管理	督导
目的	建立问责制度;评估教师表现;进行任免决策	提供帮助;职业发展;教学质量提升
范围	教学指导;遵守规章;课外任务;个人素质	教学指导
重点	书面标准和标准化规定或评估表	任何和教师教学任务与需求相关的课堂数据(比如课堂观察、随堂习作等)
时长	有固定期限(通常是一学年)	持续进行(旨在持续进步)
要点	标准化,有效性,可靠性,程序适当	建立互信、和睦的氛围,开展协同合作;理解背景;理解并解决教师的顾虑和需求
评价人员	通常是一位校领导;最终决定由校领导做出	校领导、督导者、自己、同侪、学生,有时包含学生父母

教学督导方面有一个历史上争论不休的问题,即终结性教学评估和形成性教学评估应该结合还是分开进行? 事实上,许多支持将两者分开的人士认为,终结性教学评估是管理职能,不应该视作督导的一部分。而支持将两者结合的人则认为,合二为一是形成清晰一致的评估系统的必备条件,开展形成性评价的专业人士也必须具备开展终结性评价的权力,这样才能有威信,才能让教师认真对待他们的建议。而本书作者的观点有所不同,我们将在下个小节详述。首先,我们先简单陈述在前述问题上的立场。我们相信:

1. 终结性教学评估和形成性教学评估都是必要的。

2. 终结性教学评估和形成性教学评估应该分开。

3. 重点应首先放在形成性教学评估上。

终结性教学评估和形成性教学评估为什么要分开？

大多数学区都有一个单独的评价系统,保证系统能满足终结性评价和形成性评价的需要。然而,当学校想同时开展两种评价活动时,通常倾向于重视终结性评价的目标,形成性评价则退居次要位置。其实,如果我们仔细考察那些声称拥有两种评价方式,同时强调形成性评价的学区和学校,在绝大多数情况下,他们的组织结构、办事流程和时间投入都还是以终结性评价为主的。

那些尝试着兼容两种评价方式,但仅仅依赖评级的评估系统尤其值得怀疑。"如果一个学校系统全凭周期性地用评级来评估教师表现,那么它有可能会采集到适合系统内部终结性评价的数据,但在达到形成性/成长型目标时就捉襟见肘了"(Allison,1981:15)。原因之一就是终结性评价设计的初衷就是标准化、全球性、合法合规、高效便利的,经常包含许多教学以外的因素。再者,尽管大多数人都认可教学的背景(诸如校园环境、学生先前的学习经历、教学时间等)应纳入教学评估的考虑范围之中,但是使用全球通用的标准化评估工具的需要,就决定了教学背景因素无法完全在终结性评价中得到考虑。另一方面,背景又是形成性评价的重要方面。简单来说,在评价系统中只使用终结性评价工具时,对形成性评价有意义的数据里有相当一部分已经被事先过滤掉了,但这部分数据可以在一个单独的形成性评价过程中采集、使用。

许多校长和教师意识到,终结性评价虽然是人事决策所必需的,但却无法帮助大多数教师优化教学。成功的形成性评价的基础是教师与评估人员间的互相信任和坦诚交流。况且,终结性评价有可能会导致惩罚性后果。教师表现评价不高的可能性永远是存在的。当评估结果有可能是差评,或者有可能导致教师被开除时,教师自然会避免向评价人员完全坦白正在经历的困难,这是人性使然。很多校长自认为是个例外,相信自己能成功地将两种评价方式结合起来,而评估领域最权威的专家之一詹姆斯·波帕姆(James Popham)驳斥道:"很多被强行安排充任评估人员的校领导都会反对,说他们已经'赢得了老师们的信任',并同时完成了两种评估。

他们是在自欺欺人。"（1988：59）

我们并不是要为了支持形成性评价而消灭终结性评价。两种评价模式都是必要的。我们同意波帕姆（1988）的观点，即既然两种评价的目的截然不同，它们也就应该分开实施。我们也认同麦格里尔（1982）的观点，即如果让两种评价体系分开，就可以保证两种模式的内在和谐，这样它们获得成功的概率都会提高。两种模式分开后，能并行不悖吗？当然可以，但前提是两者目的明确，教师能清晰地区分两者，且两系统各自保持完整、独立（Allison，1981）。

大多数学者和业内人士都认为教学评估本身是不大可能改善教学的，评估必须与教师的职业发展结合。不过，正如斯迈利（Smylie，2014）指出，大多学校里教学和职业发展的练习都是很薄弱的。尽管大多数学校更重视终结性评价，形成性评价才能更好地丰富和完善职业发展，这对于优化教学质量是必要的（Young，Range，Hvidston，& Mette，2015），因此，合理的做法就是重视形成性评价，同时将终结性评价当作总体评估体系的一个独立又必备的部分。

如何分离终结性评价和形成性评价？

一种方式是采用不同的评价人员。比如，走上教师岗位第一年的新教师显然需要接受两种评估，可以由校领导进行终结性评价，由有经验的教师充当指导员，开展形成性评价。经验丰富的教师则可接受校长的终结性评价，也可接受副校长的形成性评价，以进行教学指导、担任主导教师或同侪指导员。此外，现有的成功的评价系统也能让主导教师对新教师（Young et al.，2015）甚至经验丰富的教师（Darling-Hammond et al.，2011）进行形成性评价，这样一来，可以让校领导进行形成性评价，由教师开展终结性评价。这种方案虽然不同寻常，但也是可行的。有多种方法可以让两种评价由不同的评价人员完成。重要的是明确责任划分，让两类评价人员都做好充分准备，各司其职。

另一种划分方式和两者执行的时间段有关。比如，所有返校教师的终结性评价可以在每学年秋季集中进行，这样一年中剩余的时间都可以开展形成性评价。这样一来，同样的一个或一批评价人员也可以进行两种评价工作。但如果反过来，在秋季进行形成性评价，然后剩余的时间开展终结性评价，效果就不如先前那样好，因为在秋天进行形成性评价的教师会意识到终结性评价注定还是要到来。这种心态会让教师不愿意开诚布公地讨论在优化教学活动方面的需求。因此，更好的方式就是尽早结束终结性评价，让教师获准继续执教，再在这一学年里的其他时间让督导进行非判断性的评估。上述方案还有一个时间较长的版本，即在一个多年的教学循环中，在第一年用一整年的时间进行终结性评价，接下来的两到三年用于形成性评价，接着进行一年终结性评价，随后又是两到三年的形成性评价。如果在形成性评价的年份，教师表现出现严重问题，那么该教师应重新进行终结性的评价和矫正，直到问题解决为止。

第三种划分方式是由麦格里尔（1983）提出的，这种方式和现行的重视终结性评价的模式恰恰相反。麦格里尔的模式会对教师表现的最低标准提出一系列清晰明确的要求，包括管理的、个人的和教学的要求。这些最低要求涉及的教师表现会持续接受非正式监控，但不会采用特别程序和专门的评价工具。如果教师表现出现问题，校领导会提醒教师注意最低要求。如果问题还在继续，校领导会就情况对教师出具书面通知，通知副本将进入教师档案。如果几次书面通知后，教师仍严重违反规定，校领导会提议采取更严重的行政手段。除上述偶发问题以外，麦格里尔的模式中不会有标准的终结性评价，也没有年度总结。这种模式本身就可以替代终结性评价。在评价上投入的大多数时间和精力都会用于形成性评价，包括制定目标、聚焦教学、进行系统的课堂观察、收集并分析更多的课堂数据。数据可以包括同侪、父母、学生和自我的评价，也包括学生表现和课堂习作。

在某个学区或学校里，究竟哪种方式最好，应该由本州和社区的政策决定，也应取决于管理和督导技术水平、教职员工的数量、教师偏好和可用资源。关键的一点，是两种评价方式务必分离，这样两者都会更加有效。

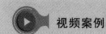 视频案例

　观看视频时，思考视频中进行的评估是终结性评价、形成性评价还是两者的结合。

给终结性评价的建议

学区和学校在设计评价系统时究竟有多少灵活变通空间，当然要取决于本州的法律规定。如果得到授权，第一步就是确定教师要在哪些教学领域展现出知识

技能和良好的行为习惯。惠勒和斯克里文（Wheeler & Scriven，2006），马歇尔（2006），全美优秀教学协会（National Institute for Excellence in Teaching，2012）和丹尼尔孙（Danielson，2015）都各自提出了一些领域，请见表 16.2，表中所有类似的领域列在同一横排（丹尼尔孙的教育目的和内容的准确度同属于前两行）。通过表16.2 可以发现，四组领域之间存在着不少共性。

如果只指出主要的大领域，自然是不难的。但每个领域下还要确定具体需要哪些知识、技能和行为，还必须确立评级，以现实教师达到标准的具体程度。比如在丹尼尔孙（2015）的框架下，每个领域都细分成不同的"要素"，要素又分成"元素"。许多学区都采纳了或者改造了诸如丹尼尔孙的模型的规定，包含了表现等级（不满意，基本满意，专业或表现出众）和可观测的标准，显示每一元素下教师的表现层次。最后，教师的评级（基于教师表现等级）和相关依据都要在书面评价报告中进行总结。教学领域的确定，领域要求的知识技能和行为方式，表现等级，以及表现评价标准都会让终结性评价更加有效、可靠，唯一前提就是评估者理解了评估系统，也掌握了使用系统的方法。受评估的教师也需要理解系统，包括对教师表现的要求和系统定义的表现等级。

表 16.2　教学领域的划分

惠勒和斯克里文 （2006，第 37 页）	马歇尔 （2006，第 6 页）	全美优秀教学协会 （2012，第 2 页）	丹尼尔孙 （2015，第 40—41 页）
科目知识			明确教育目的，内容把握精准
	学习的规划与准备	教学设计与教学计划	
		学习环境	安全的、尊重的、支持的、富有挑战性的学习环境
教学能力	教学内容的表达传递	教学	学生参与
评估能力	督导、评估与后续行动		确保所有学生的学习效果
专业技能	专业责任	专业精神与责任	专业精神
对学校和社区的其他义务	教师与社区外展服务		

有效的终结性评价还有一些其他的关键要素,比如需要采集的数据和数据采集方法。几乎所有的专家都认为需要采集多种评估数据。任何采集到的数据都应当和指定教学领域内的一项或多项表现指标直接相关。系统的课堂观察,就课堂观察与其他教师开展讨论,写教师自评,评阅教学实物如单元计划和学生习作,检查学生阶段性进步的实据,以及和同事、学生父母和社区开展合作,对优化学生学习而言可能都是合适的,具体要取决于对教师表现的要求和指标。在一些学区,教师需要提交包括实物和报告在内的教师表现档案,作为达到每个领域内教学标准的凭据。鉴于本章已经探讨过的原因,我们不建议将学生高风险成就测试的表现作为终结性教学评估的一部分。

无论终结性教学评估中使用了什么数据采集方法,关键在于确保评估者在这些方法上都是训练有素的。教师也需要知晓一些信息,比如要采集哪些数据,谁来采集,如何采集以及数据采集的频率(Tucker & DeSander, 2006)。评估人员应经常为教师提供及时的反馈,告知教师评估结果(Darling-Hammond et al., 2011)。

那么,我们应该怎样对待表现不佳的教师呢?这样的案例是很少的,远远小于学校的抨击者们想让我们相信的数字。在这种情况下,首先要帮助教师把教学表现提高到令人满意的水平。如果教师一直表现不佳,就应该考虑是否可能是教师不适合这些未能完成的承诺和这所学校。不能通过将能力不足、没有责任感的教师转到其他学校来"摆脱"这位教师,但我们也知道一些原本不适合某所学校的教师,到另一所环境和他们的能力更匹配的学校便如鱼得水。

必须向没有进步的教师和不愿接受职业建议的老师告知他们的不尽人意之处以及不尽人意的具体表现,教师也应有机会以书面形式做出回应。必须向教师提供一份改善计划,包括改善目标、将提供哪些帮助、进步如何估测以及进步反馈如何提供等(McGrath,2006)。改善计划应由校领导审阅批准,是以帮助教师为目的的切实行动计划,而不是解聘教师前的步骤。如果想要深入了解这一话题,我们推荐萨利·泽佩达(Sally Zepeda, 2016)的专著《如何与表现不佳的教师合作:一部领导者指南》(*The Leader's Guide to Working with Underperforming Teachers*)。

给形成性评价的建议

本小节我们将探讨几种可用于形成性教学评估的方法。其实,以下的每种方法都有一些专家推荐,但每种方法在形成性教学评估中的应用都是迥然不同的。此外,鉴于形成性评价的评价人员有别于终结性评价,对在形成性评价中运用任何一种下述方法的评价人员而言,其与教师的关系都和终结性评价中的不同。无论我们是否乐于接受,终结性评价中的评价人员,都拥有比教师更大的权力。在有效的形成性评价中,评价人员与教师的关系是平等的。在本章接下来的讨论中,我们将把形成性教学评估中辅助教师的专业人士叫作"协调员",不再叫作"评价人员"。

使用评价规程

我们以前讨论评价规程时,把它当作很多学校终结性评价的一部分,因此现在提议在形成性评价中使用,可能让读者们感到意外。然而,诸如丹尼尔孙(2013)提出的评价规程,是可以有选择性地用在形成性评价之中的。在终结性评价中,教师要依据规程里的所有表现指标接受评估,而在形成性评价中,教师和协调员可以一起选择具体领域和要素,并在选定的领域和要素内评估教师进步,以求改善提高。

课堂观察

临床督导和同侪辅导中的观察和开会讨论(见第十五章)是形成性评价的形式。在形成性的观察中,观察者不需要采集终结性评价系统里每种教学表现指标的数据,也不必给教师的表现评判等级。观察可以集中于教学活动中教师比较关心的某个特定领域,作为讨论教师如何在这一领域取得进步的基础。

视频案例

观看视频时,思考视频中的会议能否帮助教师改善教学?为什么?

录制课堂视频

对大多数有视频记录的终结性评价课堂教学活动而言,教师提交课堂视频的目的都是为了给自己满意的教学提供佐证。在形成性评价中,提交视频是为了反思,找出可以改进提升的地方,然后讨论如何提升。协调员可以帮助教师录制课堂视频,但随着现代摄像设备的应用,协调员的帮助也不再是必需的了。观察者和协调员可以一起或各自观看视频,但重要的是他们必须当面就视频进行交流,讨论从视频中了解的信息将怎样改善教师教学。

评阅学生作业

终结性评价要求教师提供学生作业。但如果教师有比较强的自我保护意识,就会选择学生完成情况比较好的作业。在形成性评价中,如果教师和协调员能评阅学生完成情况存在差异的作业,教师的收获将是最大的。教师和协调员可以分析学生作业,发现学生正经历的问题的深层原因,并探讨如何解决问题。

同侪、学生和家长反馈

教师可以观摩同侪的教学,检查教学用具,回顾学生成绩的评估办法,再为教师和协调员提供反馈。在形成性同侪评审中,教师可以请自己尊重、信任的同侪提供反馈。

视频案例

观看视频时,思考请教师为其同侪进行形成性评价的优势。

一些校长和教师不愿意收集学生反馈,尤其是年轻学生的反馈。但教师如果知道反馈不会用于终结性评价,也不会进入教师档案,反而更有可能考虑学生的看法。与学生年龄相适应的反馈收集方法可以融入数据收集程序之中。

即便不经常到校走进课堂的父母也可以向孩子的老师提供选择性的反馈。父母可以告知教师孩子在校是否感觉受欢迎,明不明白如何完成作业等等。教师和辅导员可以查看来自同侪、学生和父母的反馈,找出可以促进教学质量提升的反馈意见。

观摩其他教师的课堂

辅导员可以安排接受评估的教师观摩专家教师的课堂,以(1)对比他们自己的教学和专家教师的教学,评估自己的教学表现,以及(2)找出他们在专家教师身上发现的、希望能融入自己教学实践中的做法。如果观摩的课堂是同一批学生,或学生年级、授课内容相同,那么对教师的帮助通常也是最大的。观摩过同侪授课后,教师可以和辅导员见面交流所学,探讨教师如何用以改善自己的教学行为。

个性化提升方案

辅导员可为教师提供个性化的、独立于学校终结性评价系统的教学提升方案。方案需要完成三种类型的形成性评价。首先,教师要完成初期自评,自评可以包括通过若干种前述方法采集来的数据分析与整合。自评是教师教学提升计划的基础。然后,在提升方案实施过程中,教师和辅导员可以一起分析数据,检测进步。最后,在方案实施完成时(通常是一学年的末尾),收集成果数据。

自我反思

自我反思是形成性评价的一种方式,可以促进前述所有方法的使用,也可以独立作为一种评估、改善教学的方式。自我反省有许多辅助措施,比如反思日志、反思手记和语音记录等。教师可以在反思日志中记下对学生学习活动的观察,描述教学遇到的问题,记录改善措施并和辅导员探讨日志内容。反思手记可以用来进行更私密、更深刻的反思,教师可以有选择性地和辅导员分享。反思的书写意义极大,但一部分教师却对反思日志和手记不大感兴趣。这些教师可以选择口述反思,留下语音记录。

教师档案建设

教师档案既可以用于终结性评价,也可以用于形成性评价,但两者对档案有不同的要求。如果教师档案要用于终结性评价,那么教师需要根据学校要求提供有效教学的实据,这些证据最终将与完成他们评估报告的人给出的表现评级相关。而为形成性评价制作档案的教师可以指出他们希望进一步解决的问题,或者想探索的新教学策略。他们可以把制作档案作为探索、记录、反思自己主导的教学提升活动的途径。也可以和同事分享档案。教师可以将其他同侪档案中的想法融入自己的职业发展之中。

有一种年度档案,适用于形成性评价。它分成四个部分,第一部分包括教师在学年最初的几周内对教学的自我评价。本部分的内容涵盖了同侪观察数据、学生习作和成绩记录、学生调查等等。第一部分也会展示教师对数据意义的反思和教学优化的影响。

　　第二部分会收录这一学年剩余时间里的个人提升计划。计划包括教学改善的目标和为实现目标需要采取的行动。具体行动可以是参加职业发展工作坊,加入学习小组,尝试新教学策略等等。第二部分也会收录一份评估优化结果的方案,此外也可以加入对选择上述活动的原因的反思和活动的预期成果。

　　第三部分是在一个学年中剩余的时间内完成的。本部分内容包括教学优化活动的注解和反思。教师参加的职业发展计划的议程、辅导员观摩新教学法后给出的反馈、一段时期内学生表现的案例和各类其他内容都记载着改善教学的措施和进步的测量方法。第三部分的实物和反思是教师进步成长的见证者。

　　第三部分从头到尾记录了教师实现成长目标路上的进步,但到了第四部分,教师才会录入年终总结数据,即为完成优化教学取得了哪些进展。学年的年终反思和优化活动成功方面的评语也要收入档案。档案也可以收录一般性的个人和职业反思。在新学年,班上可能会迎来新学生,教师甚至有可能教不同的课程,所以学年末并不适合为来年制定详细的改进计划。不过,教师可能也希望能在档案第四部分的结尾简单探讨一下未来会采取哪些改善教学的新措施。

　　虽说终结性评和形成性的档案都包括了实物凭证和职业发展反思,两者目的的差异也让档案的总体特征和许多具体内容迥然不同。制作两种档案所需的时间和精力,要求有意使用档案的学校和学区在两者间选择一个。两种档案都是可用的,但如果首要目标是改善教学,我们还是更支持形成性档案。

基于背景的个性化形成性评价

　　教师对州和学区终结性评价系统的怨言之一,就是系统不考虑教学实际,比如社区的社会经济状况、学校资源和学生先前的学习经历。形成性评价既然没有捆绑在终结性评价上的法律要求,就可以考虑使用,甚至加以改造以适应学校和课堂的实际情况。在形成性评价中,学校和教师可以有大量的灵活变通空间去选择教学的哪些方面需要评估,确定评估办法和改进目标。形成性评价的确可以加以个性化改造,适应每位教师的职业背景和需求。

个体教学评估之外

　　美国全国专业教学标准委员会(National Board for Professional Teaching Standards，NBPTS)的核心观点之一，就是"教师是专业学习群体的成员"(2014，出版地点不详)。委员会颁布了一份影响深远的文件《教师须知与必备技能》(*What Teachers Should Know and Be Able to Do*)，其中指出"教师应通过与其他专业人员通力合作促进教学效果"(1989：18)。如果我们要严肃认真地考虑把教师需要以小组为单位或在全校开展合作以促进教学当作前提条件的话，教学团队评估和全校评估也就合情合理了。

教学团队的教学评估

校内有各种各样的教学团队，比如同年级教学团队、循环教学团队、多年龄层次教学团队、特定学科教学团队、包容性教学团队和跨学科教学团队等。由一位督导者或教师带头人组织开展形成性教学自评，最有利于团队教学评估。评估的重点取决于教学团队的宗旨和所教授的学生群体，很多用于个体教师形成性评价的数据采集方式也可以为团队所用。不同之处在于，此处的评估看重团队的教学表现和对学生学习效果的影响。团队内的老师可以深入彼此的课堂，观察教师和学生的情况，为评估学生进步制定通用的规程，并一起分析学生习作。合作进行数据采集和分析可以促进共同设计实施优化计划，持续开展评估活动以评价、调整优化措施。

全校教学评估

在第二章中我们曾经谈到，朝气蓬勃的学校都有一种"超越自身的追求"，这种追求的核心就是教与学，学校有责任评估校内的所有教学活动，判断教学与学校的愿景和宗旨是否相符。这里的评估指的便不单单是学生在高风险成就测试中的表现。它应该包括检查学校的学习环境、教学项目、课堂教学和各种学生成绩。这是一项浩大的任务，不应该让校外评估团队走个过场了事。全校教学应该是持续进行的，教师要通过课程地图、共同走访课堂、审阅各种学生成绩测评方法来收集信息。学校应该向家长、社群成员和诤友寻求持续的意见反馈。教师小组会议和全体会议上应该轮流开展集体数据分析和集体优化需求讨论。全校教学评估可以充实以职业发展(第十八章)、课程建设(第十九章)、行动研究(第二十章)、改善校园文化(第二十一章)和多样性(第二十二章)为核心的教学改善措施。

思考题

巩固练习 16.0

检查自己对核心概念的掌握情况。

反思练习 16.0

假设在一场对公众开放的教师评估大会上，你是坐在台前的三位专家小组成员之一，面对着一群教师听众。小组讨论的议题是终结性教师评价和形成性教师评价应该结合还是分开。第一位专家认为，如果学区想拥有清晰一致的教师评价项目，就必须将两种评价方式合二为一。第二位专家认为，因为教师与提供形成性评价的督导者间需要建立信任、开诚布公，所以两种评价方式需要分离。现在轮到你对听众发表观点了。你的立场是什么？你会用哪些论据佐证你的观点呢？

第十七章　小组建设

本章学习目标

阅读本章后,你应当能够:

1. 列举小组建设的五个阶段。

2. 明确指出成功的小组需要哪些协作技能。

3. 指出小组内承担的角色分为哪三大类。

4. 列举至少三种方式,可供督导者帮助小组实现更高层次的发展、获得更高水平的专业技能并做出下一阶段的承诺。

5. 解释组内分歧为什么值得鼓励和支持。

6. 列举会议筹备的重要事项。

请阅读本章,并思考以下问题:

1. 请回忆一个你曾经加入过的、顺利完成任务的小组。这个小组也经历了本章描述的五个阶段吗? 小组是否曾在某个阶段陷入僵局? 五阶段中是否有小组没经历过的阶段? 还有哪些阶段是本章没有提到的? 如果有,你想如何命名这些阶段? 在这些阶段,小组都在做什么?

2. 当你读到任务角色、人际角色和不良角色时,请回忆一个你曾经加入过或观察过的表现不佳的小组。你为什么认为该小组表现不佳? 这是由什么造成的? 是缺少任务角色,还是缺少人际角色,还是出现了不良角色? 如果当时加入任务角色或者人际角色,小组的工作会有所改观吗? 如果可以,具体是哪些任务角色和人际角色呢?

3. 请回忆,在你参与过或观察过的小组内,是否有一个不良成员? 为什么你认为这位成员表现不佳？不良的表现是单纯由性格造成的，还是其他因素导致的，比如小组的任务、成员、领导、讨论等等，还是因为组织机构的大环境存在问题？领导和组员有没有解决成员表现欠佳的问题？现在看来，当初领导和组员有没有可能把问题解决得更好？如果可以，解决办法是什么？

4. 在本章中，作者指出，成功的小组内部经常会出现不同意见。请回忆你参与过或观察过的某个十分成功但也经历过分歧的小组。他们遇到的分歧，和你在不太成功的小组中经历或观察过的分歧有区别吗？如果有，区别是什么？成功小组的领导和其他组员处理分歧的方式，和不太成功的小组的方式有区别吗？如果有，区别是什么？

5. 在会议清单中，你希望把哪些内容加入你未来组织或参与的会议策划里？

　　高地小学(Highlands Elememax, School)的一个垂直团队正利用行动研究提升学生读写能力。马丁·路德·金中学(M. L. King Middle School)正在开发一门新的跨学科课程。爱德华高级中学(Edwards High School)的教师团队正在仔细研究帮助特殊需求学生的策略。

　　这些团队的年级和宗旨各不相同，但也有很多共通之处。每个小组要完成的任务都需要中途进行一系列决策，每个小组都要保持积极的人际关系，都几乎注定要面对不同程度的意见分歧，出现各种不佳的表现。全国的学校里有各式各样、目标各不相同的小组在运转着，但这些小组都有一些共通的发展阶段，扮演类似的角色，也会遇到类似的挑战。本章将探讨小组建设的阶段、成功小组的特征、小组角色、将发展督导应用于小组、处理分歧以及筹办会议。

小组发展的阶段

　　学者提出，小组发展共有五个阶段，即形成阶段、震荡阶段、规范化阶段、运行阶段和休整阶段(Bonebright, 2010；Levi, 2014；Necsoi, 2015；Tuckman & Jensen, 1977；Wheelan, 2016)。有些小组会经历全部五个阶段，有一些则停滞在初期阶段，要么继续以低效率运转，要么因为无力实现目标解散。让我们看看每个阶段小组成员的工作要点和行为以及小组领导的责任。

形成阶段

在形成阶段，小组成员内心都有不安和焦虑感。他们不知道自己应该怎么表现，是否会被组员接纳，不知道会被要求做什么，不确定自己的表现能否让人满意，也不清楚加入小组值不值得。这一阶段的组员都比较消极，对小组领导依赖性强。和其他成员不熟的组员可能会很安静，而那些有熟人的组员可能聊一些小组以外的话题，让小组偏离工作重心。初期交流可能更多的是让人们彼此认识或者重续友好关系，而不是为了完成工作。因为组员的不安和焦虑情绪，组员彼此之间也尚未建立信任关系，因此形成阶段的小组在小组工作上取得的进展通常很小。这一阶段小组领导的任务之一，就是为小组会议创造积极的氛围。领导要着眼于和小组成员建立积极的关系，组织活动，开展交流，帮助组员建立紧密的关系。领导需要帮助组员理解小组的使命和成员的角色。

震荡阶段

在震荡阶段，前一时期的和谐氛围被分歧取代。有一些分歧可能来自组织机构的期待，有些来自小组内部的权力纷争，有些则是对小组目标、角色和工作程序的不同看法造成的。分歧不应该看成坏事，分歧是小组向下一阶段发展的必要因素。然而，如果分歧没有得到妥善处理，小组有可能会止步于这一阶段，无法完成任务。小组领导应该就引起分歧的事项请组员讨论，了解各方不同观点，并明确指出每种看法都有价值。领导应在探讨中鼓励形成开诚布公的氛围，这种精神会一直贯穿小组未来阶段的发展。领导的目的，是让小组超越分歧，选择共同的价值、目标和程序。对领导而言，这个过程就变成了争取平衡的努力。领导必须在促进（有时是修复）积极的人际关系和完成当下任务之间取得平衡，也要平衡对个人、小组和集体的关注，以便形成统一的目标。

规范化阶段

小组在规范化阶段通过讨论和协商，为社交、目标和实现目标的程序环节确立一般规则。在这一阶段，小组愈发有序，分歧减少，人际关系改善，小组成员之间的信任加深，因此小组成员也都更乐于自由地发表意见，乐于考虑别人的想法。组员的之间的信任加深了，对小组整体的信任也就加深了。组员对小组投入增加，对小组的使命愈加认可,也会加强小组凝聚力和集体身份认同。现在,小组可以把精力放在完成任务上,效率越来越高。这一时期领导人物上促进小组规范的确立(不能专断地决定规则),要推进小组在目标、角色和程序上达成共识,帮助小组完成使命。在规范化阶段,领导为小组提供反馈是很重要的,可以帮助小组从分歧过渡到合作。

运行阶段

在这一时期,小组已经全面成熟,工作状态最为理想。组员虽然保持着积极的人际关系,但首要的工作重心已经转变为完成小组目标。必要时,为了实现工作目标,组员会调换角色任务。组员了解各自的长处,并能根据需要善用这些优势。责任分工已经具体化,但仍然协调有序,和小组目标紧密结合。组员能公开分享所需的信息和资源。小组已经能像专家一样发现问题、分析问题、解决问题。简而言之,小组的效率极高。对这一阶段的小组来说,领导的责任是鼓励持续进步,提供具有挑战性的新任务,认可组员个体和小组整体的表现。

休整阶段

如果一个小组圆满完成任务后不再开展活动,应该举办庆祝活动。成功的小组组员可能会觉得遗憾,因为小组马上要解散,不能再参加小组活动,也没办法继续享受已形成的亲密人际关系了。也有的小组可能会因为分歧休整,也可能因为意识到无法完成任务而休整。失败的小组兴许会忙着为失败找借口。在学校有很多长期存在的小组,它们可能会在完成一项长期任务或一学年结束后暂时休整。下一个团队项目可能会有不同的目标,一些老组员会离开,新组员会加入。小组领导的任务之一,就是认可团队的努力。在成功的小组,领导可以提供机制,让希望继续交流、互相帮助的组员实现心愿。无论小组工作最终成功还是失败,抑或是暑期暂时休整,小组领导都应召集组员分享小组工作数据。无论成功与否,数据都可以在未来帮到其他小组。对暂时休整的小组来说,数据可以作为反馈,促进小组将来改进工作。

高效小组的特征

研究小组建设的专家学者总结出了成功的小组具备的一系列特征(Beebe &

Masterson, 2015；Beich, 2008；Johnson & Johnson, 2013；Levi, 2014；Mickan & Rod-ger, 2000；Sheard & Kakabadse, 2002；Wheelan, 2016)。这些特征在小组的形成阶段和震荡阶段就已经埋下了种子，又在规范化阶段持续发展，在运行阶段完全形成。特征简述如下：

● 小组有清晰明确的目标，它们是小组的挑战，也凝聚着小组。小组目标和组织目标是一致的。组员的角色和责任以及小组的结构和程序，都是以小组目标为中心的。

● 小组领导在形成阶段和规范化阶段可能会采取直截了当的方法，但随着小组和组员的成长发展，形成阶段更适合采用合作的方法，运行阶段更适合非指示性的策略(本章后文将探讨在小组开展发展督导的问题)。在全面运行的小组内，影响全组和小组目标的重大决策应由集体商议做出。具体任务的领导角色应在组内分配，不同的组员都可以承担适合自身知识能力的领导任务。组员可以灵活调整，如果小组需求变化，组员可以承担相应的领导责任。

● 小组氛围是分工协作、密切配合的。组员们理解、同意也愿意遵守小组规定。小组重视组员的多样性，也珍惜组员提出的不同意见。参与是均衡的，所有组员都能参与小组讨论。组员互相支持、互相信赖。

● 小组已经具备协作技能，包括沟通交流、决策、分歧管理、计划制定、问题解决等。在小组会议上，任务和角色都会按需求列出，问题角色则尽量减少(本章后文会探讨组员角色)。

● 组织机构支持小组工作，为小组提供时间、信息和实现小组目标必需的其他资源。组织机构需认可、褒奖小组的成绩和组员的贡献。

● 小组在工作进程中要持续地收集数据。小组要根据实时评估对目标和活动进行调整。组织机构要确保小组负责执行任务，小组则需要确保自身和组员负责完成任务。

组员角色

就组员角色而言，卓有成效的小组有两个维度(Levi, 2014)：任务的维度和人际维度。任务维度体现在小组会议的内容和目标。任务就是会议结束前需要完成的事项。专业小组的任务通常都是新教科书的选题策划、新教学计划的撰写、某个特别课程的协调或者某项职业发展计划的筹备。显然,高效的小组总能按计划完成任务。高效小组的人际维度包括人际沟通和组员从合作中获得的满足感。对组员情感的关切和敏感察觉,会让组员对每周会面、完成和实施小组任务产生期待。

我们再换一种方式解释上述的两个维度。具体的任务行为包括廓清小组目标,让讨论紧扣焦点,设置时间限制,评估小组在实现目标的路上取得了怎样的进展。领导说"咱们偏题了,重新回来讨论教科书的事吧",是一种任务行为。而小组中常见的具体的人际维度的行为包括认可组员的贡献、微笑、表达幽默感和专注倾听。领导说"弗莱德,我们一直在听你说的话,你的观点值得考虑",这就是一种人际行为。

想象一下,如果某个小组只有任务行为,结果将会如何? 会议氛围肯定会正式、冷峻又紧张。大家都不会提供反馈,不会收到鼓励,很可能要低声下气地望向那些不苟言笑、怒目而视的面孔。这样的小组会很快完成任务,但很少互相帮助。做决策也会很快,因为与会者都想尽快逃离那紧张的环境。正襟危坐的会议,让情感、态度、意见分歧的深入探讨都无法进行,只能靠不全面的信息和一部分组员的支持来做决定。而决策的实施至少是问题重重的。

我们再来想象一个只有人际行为的小组。小组成员会喋喋不休地交流,讲着好笑的故事,时不时勾肩搭背,时而微笑,时而大笑。全都是人际行为、没有任务行为的小组,就像一场人声鼎沸的鸡尾酒会,它带来的成就感就好比一场宿醉。大家会为了享受陪伴凑在一起,人人都玩得开心,但收效甚微。

那些希望在小组内拥有所有必要角色的领导,首先要判断哪些行为提示着组内已经出现的人际角色。是不是已经有组员扮演任务角色或人际角色了呢? 有哪些角色已经出现? 还缺少哪些角色? 请记住,任务角色和人际角色都是有助于提升小组表现的。而另一组角色和行为叫作不良(dysfnntional)角色,会让小组偏离任务,破坏人际关系。不良角色和前两种有益角色不同,一旦出现就是隐患。我们先来简单列举描述一下最常见的有益成员角色,再考察不良角色。

任务角色

以下描述改编自本尼和希茨(Benne and Sheats, 1948):

倡议者—贡献者:他们会为话题注入新想法和不同观点,会带头探讨正在讨论的议题的不同侧面,或者发起新话题。

信息收集者:他们希望能确定当下考虑的信息的真实性和准确性,会从专家处征求新信息。

观点收集者:他们会就某件事询问他人的看法和情感,也会就当下讨论的提议咨询别人的立场。

信息给予者:他们会分享关于时下话题的事实性知识、观察和经验。

观点给予者:他们会分享对当下事件的看法和建议。

拓展者:他们在他人思路的基础上提供补充信息、实例和可能的影响。

协调者:他们会描述不同意见之间的联系,并希望能创造出备选方案。

指引者:他们会总结迄今为止的讨论,考虑共识和分歧。当小组讨论离题的时候,他们会加以提醒,敦促组员重新回到正题的讨论中来。

评估者—批评者:他们会评估小组工作进度以保证工作效果和公平性,评估小组提议的完整性和可行性。

激励者:他们会督促小组把精力集中于考虑备选方案、制定决策和完成任务上。

程序技术人员:他们负责提供小组完成任务所需的材料和资源(散发材料、活动挂图、记号笔、技术支持等)。

记录者:他们负责记录讨论的事项、提议和决定。

小组要发展进步、完成任务,就需要这些成员角色。领导可以根据描述判断还缺少什么角色。缺少的角色需要安排给其他组员,或者由领导从组外引进。比如,某个小组可能基本具备了上述所有角色,唯独缺一位程序技术人员或者记录者。这样的小组或许沟通会很顺畅,但如果要回顾先前说了什么,就不太好办了。领导如果知道缺失哪些角色,可以请志愿者充当记录者或总结者。对任务角色和行为的了解可以让领导判断哪些角色明显是现有的,哪些还需要进一步指派。领导可以亲自充当缺失的角色,也可以把角色分配给他人,或者请专人加入小组扮演这个角色。

人际角色

对人际角色和行为的了解,能为领导提供指南。请看下面的描述:

鼓励者：他们能肯定、支持、接纳其他组员的贡献，对他人展现出热情和积极的态度。

协调者：他们可以调节不同个体间的分歧，想方设法通过不具威胁性的解释和幽默化解组员间的紧张关系。

折衷者：他们主动为小组的利益改变自己的提议，在遭遇相反观点时愿意退让，或者能主动承认错误。

守门员或促进执行者：他们会通过确保每个成员都有发言机会，调节交流的进度，能鼓励安静的组员发言，限制主导对话的人的发言时间，当成员参与程度失衡时为讨论提出新规定。

标准制定者：理想自我：他们让组员在遭遇困难时坚持不懈，是小组的骄傲。他们深信小组是优秀的，能做出明智的决策。

观察者和评论者：他们负责督导小组的工作。他们会记得谁和谁说过话、大多数问题出现的时间、问题出在哪里，还有每个组员参与工作的频率和时长。当小组希望评估工作程序和进站时，他们会提供反馈。

追随者：他们愿意接受小组的决定，即便自己在决定中既不积极也没有太大影响力，也能执行小组的决策。在小组讨论中，他们是倾听者。

以上七种角色会给他人带来满足感，也能提升小组的凝聚力。组员会乐意见面交流，畅所欲言。这样一来，会议就成了推进小组工作的美好经历。当人际角色缺失的时候，小组想要做大家能接受、愿意为之付出的决策，可能要面临巨大的困难。没有人际行为和角色，发言的就只有最强势、最坚定、最爱发声的组员了。胆怯的组员可能会强烈反对小组决策，但小组却不知道组内有这样强烈的反对意见。

我们再次强调，观察人际角色是否有缺失是小组领导的责任。如果角色有缺失，领导可以告知小组，自己承担起缺失角色，或者私下向组员建议，让组员担任某个角色，或者从组外请一位非常适合担任该角色的人士加入小组。任务角色和人际角色如有缺失，都必须补齐。

不良角色

不良角色与异常行为指的是表现突出惹眼的角色和行为。他们会扰乱小组工作进程，影响小组目标的实现，削弱小组凝聚力。比如以下例子：

挑衅者：他们会攻击其他组员存在的价值，贬损、污蔑他人的地位、智慧和动机。这种口头攻击的例子有："这是我听过最荒谬的事儿了。""你竟然提议……你是疯了吗？"

阻碍者：他们否定小组成员的一切意见和提议，反对所有的决策，但又坚决不提供替代方案。比如，他们会说："这个想法太糟糕了。""这个我不想干。""做什么都是没有意义的。"

哗众取宠者：他们把小组当成了吸引注意力的舞台。比如，他们会故意把书掉在地上，把纸撒开，没完没了地咳嗽，装睡，刚举起手就忘了自己想说什么。

坦白者：他们在小组里宣泄那些和小组工作无关的个人情绪。只要能在小组讨论中见缝插针，就开始讨论个人问题和空虚的情绪。比如，"这些讨论让我想起我的童年，那时候我的体重不正常"，当小组讨论到分歧意见时，他们会说"你们应该看看我和我儿子吵架，我都不知道该怎么跟他相处"。

玩世不恭者：他们对小组活动的美好时光没什么兴趣，也不多参与，会让其他组员偏离小组工作的目标。他们会私下里讲笑话，传纸条，扮鬼脸，玩纸牌等等。

控制者：他们控制小组讨论、颐指气使地给组员指定任务，以此确立自己的权威。他们自称对正在探讨的事情了解得多，解决方案比别人的都要好，对每个问题都大谈特谈，垄断了小组讨论。

求助者：他们会表达认为自己不足以胜任的情绪或者一些个人的困惑，以此博得小组的同情。他们贬低自己，作为不为小组做贡献的理由，比如"我很不明白。""我自己一个人做不了决定。""问我干嘛？我也无能为力。"

掩饰特殊利益者：他们自己不会提供什么意见和建议，但却会为别人代言。他们会拿某个外界的团体遮掩自己的立场倾向："咱们不能那么做。你知道学校董事会会怎么想吗？""万一那些在当地餐馆的家长知道咱们要这么改……"

不良角色在小组中都是相当突出惹眼的。领导的责任就是在他们影响小组士气和效率之前，减少甚至消灭这些角色。领导必须尝试理解他们为什么要像挑衅者、玩世不恭者、掩饰特殊利益者一样行事，然后要么直接私下沟通，要么在组内开展整改，以满足那些导致不良角色出现的、未曾照顾的诉求。

如何对待不良角色

一个小组是由脾气秉性各异的组员组成的，这一点在思考小组合作方式时非常重要。和组员个人打交道，尤其是和那些有异常行为的组员打交道，是小组领导额外的责任。

如果领导已经观察过小组的工作状态，确定自己的领导风格适合小组中的大部分成员，但组内还是存在不良角色的话，可以进行个别处置。处理不良角色的步骤是：（1）观察这位组员；（2）试着理解这位组员表现不佳的原因；（3）就不良行为与组员展开沟通；（4）制订未来的行为规范；以及（5）重新指导不良行为（Corey & Corey，1982；Eckstein，2005；Kemp，1970）。下面我们来详细描述一下各个阶段：

1. 观察组员。不良行为是何时出现的？出现在了谁的身上？组员有哪些行为，其他成员是如何回应的？比如，一位控制欲强的组员可能一走进会议室就开始垄断讨论，开头的几分钟，其他人或许还对这位组员的话感兴趣，但他/她继续滔滔不绝，组员便越来越反感。组员可能会翻白眼，打呵欠，坐立不安或者彼此交流评论。

2. 尝试着理解不良角色组员。是什么让组员一直出现不良表现呢？组员知道自己的行为影响工作效率吗？他们的行为是否掩盖着一些深层的情绪呢？比如，一位玩世不恭的组员有可能对自己的价值意义缺乏安全感，装作满不在乎，不想把自己的想法交给小组接受严格的考察。

3. 和组员交流。对于组员的表现和状况，你有哪些可以交流的呢？你可以不带贬损地向组员描述现状和不良行为。不要说"你这个咄咄逼人的混蛋"，而要这样说："我注意到你和萨拉说话的时候声音比较大，语气有些生气。上次会议上你还叫她闭嘴。"要从领导的角度告诉组员不良行为有怎样的影响："你让萨拉闭嘴，告诉鲍勃说他很蠢，这就引起了矛盾，挤占了我们会议讨论的时间。有了这些矛盾，我就不能按时完成议程。"

4. 制定日后的行为规范。要么让组员自己提出日后坚持做到的规范，要么告诉他们你的规定，也可以一起制定规约。无论采取什么策略，领导制定的规则都应该把给小组带来的影响降到最低。比如，领导可以对习惯过度坦白心迹的组员说"下次遇到个人问题，可以和我私下聊聊"，对控制欲强的组员说"我要把每位组员的发言限制在两分钟以内"，或者对阻碍小组进程的组员说"如果你觉得我们的路线不对，告诉我们一次就可以了"。

5. 重新指导不良行为。发现组员的不良行为，尝试改进。可以安排喜欢控制话题的组员承担记录、总结和计时的职责。给玩世不恭的组员一个公开的机会分享一则趣闻,在开始正式工作前活跃小组氛围。也可以让爱挑衅的组员扮演持反面观点的角色,为反方观点论辩。

上述的五个步骤可以帮助会议领导理解、处理不良的个人行为问题。这些步骤来源于领导私下处理不良组员的实践。不常出现或在非关联的情形下出现的不良行为完全可以忽略。对偶尔的不良行为,领导可以回应,也可以不在意:"萨拉,我觉得你今天可能是太激动了,或许咱们现在可以听听别人的想法。"只有持续让全组分心的行为才需要通过面对面沟通解决。面对面沟通不容易,但为了小组利益,有时还是必要的(角色扮演17.4展示了如何处理有不良表现的组员)。

角色扮演 17.1

任务角色和不良角色

准备。本活动可供8至16人参加。大家围坐在一张大会议桌边,其他学生坐在桌子和角色扮演人员以外的位置。指导者将任务角色和不良角色均等地分配给参与者(每种角色各4到8个)。每位扮演者都配有一个标示牌,标示牌摆在桌上,上面印着名字和特定的角色,每位扮演者和观察者都能看到参与者们扮演的角色是什么。角色扮演开始之前,扮演者需按要求阅览本章中对他们分配到的角色的描述。

场景。全部角色设定是小学教师。每年春天,学生、教师和家长志愿者都会参加一次全天的户外活动。每年的户外活动都在不同的地点举办,也会包含不同的活动。户外活动是一次学习经历,不只是玩乐。

教师们组建了无领导小组,要按校长要求规划来年的户外活动。校长特别要求小组确定学习主题、目的地,并草拟一份户外活动安排。扮演着需要放下自己在真实生活中的开会习惯,在扮演中抓住每次机会扮演他们分配到的角色。观察者按要求开放性地记录角色扮演中的所见所闻。角色扮演时长5—10分钟,指导者可以决定何时结束。

全组讨论。角色扮演结束后,指导者会要求观察者分享他们的观察和反馈,随后让扮演者分享角色扮演过程中的观察和感受。最后,观察者会让一些组员用不超过五个词总结组内只有任务角色和不良角色的总体影响。

角色扮演 17.2

人际角色和不良角色

准备。本活动可供 8 到 14 人参加,大家围坐在大会议桌边,其他学生坐在桌子和角色扮演人员以外的位置。指导者将人际角色和不良角色均等地分配给参与者(每种角色各 4 到 7 个)。每位扮演者都配有一个标示牌,标示牌摆在桌上,上面印着名字和特定的角色,每位扮演者和观察者都能看到参与者们扮演的角色是什么。角色扮演开始之前,扮演者需按要求阅览本章中对他们分配到的角色的描述。

场景。角色设定均为高中教师。校长要求教师组建无领导小组,讨论决定学校要开展的某个服务学习项目的内容。校长已经要求小组(组内有学校学术部门的代表)决定项目的目标,哪些部门参与项目,以及有哪些可以和其他教师分享的服务学习项目。扮演者需要放下自己在真实生活中的开会习惯,在扮演中抓住每次机会扮演他们分配到的角色。观察者按要求开放性地记录角色扮演中的所见所闻。角色扮演时长 5—10 分钟,指导者可以决定何时结束。

全组讨论。角色扮演结束后,指导者会要求观察者分享他们的观察和反馈,随后让扮演者分享角色扮演过程中的观察和感受。最后,观察者会让一些组员用不超过五个词总结组内只有人际角色和不良角色的总体影响。

角色扮演 17.3

任务角色和人际角色

准备。本活动可供 8 到 14 人参加,大家围坐在大会议桌边,其他学生坐在桌子和角色扮演人员以外的位置。指导者将人际角色和不良角色均等地分配给参与者(每种角色各 4 到 7 个)。每位扮演者都配有一个标示牌,标示牌摆在桌上,上面印着名字和特定的角色,每位扮演者和观察者都能看到参与者们扮演的角色是什么。角色扮演开始之前,扮演者需按要求阅览本章中对他们分配到的角色的描述。

场景。角色设定均为同在一个无领导小组的中学教师。一位捐助人向学校捐赠了 50000 美元的职业发展经费,校长要求小组提出一份资金使用方案。使用这笔款项的唯一规定就是必须用于优化教学。扮演者需要放下自己在真实生活中的开会习惯,在扮演中抓住每次机会扮演他们分配到的角色。观察者按要求开放性地记录角色扮演中的所见所闻。角色扮演时长 5—10 分钟,指导者可以决定何时结束。

全组讨论。角色扮演结束后,指导者会要求观察者分享他们的观察和反馈,随后让扮演者分享角色扮演过程中的观察和感受。最后,观察者会让一些组员用不超过五个词总结组内有均等的任务角色和人际角色,但没有不良角色的总体影响。

角色扮演 17.4

处理表现不良的组员

背景。本次角色扮演的目的,是让一个四人子小组为其他组员演示如何有效处理表现不良的组员。参与者需要单独准备约20分钟。在角色扮演中,一位"督导者"和三位"教师"同属一个委员会,需要讨论某个全校的教学问题。在角色扮演的准备阶段,演员可以选择学校类型(小学、初中或高中)、议题,以及在这个虚拟场景下要完成一场成功角色扮演需要敲定的具体细节。其中,一位组员要扮演不良角色。该角色可以分配,也可以由小组自选。角色扮演分为三个场景。

场景1(5分钟)。督导者和三位教师开始开会。在场景1从始至终都有一位教师扮演不良角色,明显影响了其他组员处理问题的节奏。督导者注意到了这位教师的不良行为。场景1到会议中途休息为止,而问题尚未解决。休息期间,两位老师起身去喝咖啡,问题教师和督导者留在原地。

场景2(5分钟)。会议中途休息期间,督导者和问题教师进行单独谈话。督导者会运用本章"如何对待不良角色"一节中提出的技巧解决教师的不良行为问题。谈话内容将取决于教师具体扮演了哪种不良角色。经过讨论,督导者和教师达成一致,决定尽量减少接下来对小组的负面影响。

场景3(5分钟)。两位教师回到座位,会议继续进行。因为休息期间教师已经和督导者达成一致,会议后半程中,在督导者的支持帮助下,教师的不良行为已经大大减少,小组得以解决讨论中的问题。

全组讨论(5分钟)。全组讨论不良角色是什么,是哪些具体行为提示着不良角色的类型,以及不良角色对场景1的影响。随后,小组讨论督导者在场景2、场景3中运用了哪些方式来处理不良角色,以及这些方式对教师和小组的影响。

将发展督导应用于小组

我们先前已经探讨过发展督导了。现在,我们简单回顾一下这个话题,谈谈如何将发展督导应用于小组中。首先,督导者需要根据小组特点从四种督导方式中选择一种:

- 指令性控制行为。指令性控制方式适合发展层次很低的小组。这些小组缺乏解决问题的必备技能,对小组目标缺乏热情,或者正处在紧急状态。在小组会上,督导者会使用指令性控制行为清晰明确地表示小组需要哪些改变。督导者首先要陈述自己对问题的理解开引入话题,要询问组员是否要补充其他见解来明确目标,要为提供见解而倾听,再重新评估问题和可能的解决方案来解决问题。督导者可以说明任务来指导工作,通过列出具体时间表和要求来规范管理,通过督导者预期的小组表现督促执行。督导者需要尽快脱离指令性控制方向,向下一阶段迈进。

● 指令性信息行为。指令性信息行为用于发展水平、专业技能和奉献意识相对较低的小组。督导者首先需要陈述自己对问题的理解以引入话题,要询问组员的见解来明确目标,要倾听组员的观点看法,再形成两三个替代方案来解决问题。督导者可以说明任务来指导工作,咨询组员意见后要倾听,再重新制定、强调最终目标以指导工作。督导者要让小组从备选方案中做出选择以明确目标,通过推荐时间表、提出成功标准来规范管理,通过提议后续工作督促执行。

● 合作行为。合作行为适用于发展程度较高或参差不齐的小组。督导者和小组在待解决问题方面的专业技能水准接近,且都致力于解决问题。督导者要通过询问组员对问题的看法以明确目标,要倾听组员的见解,并核对组员想法进行反思。督导者需要提出自己的观点来引出话题,要判断小组是否理解督导从而确定目标,通过交换大家提出的方案解决问题,要通过接纳分歧表示鼓励,也要通过协商达成双方都能接受的解决方案。最后,督导者要总结合作计划以开展反思。

● 非指令行为。非指令行为适用于发展水平很高的小组。小组专业技能广泛多样,解决问题的热情很高。督导者应倾听组员对问题的看法,复述组员的观点和感受以反思,向小组询问问题的深层原因,继续倾听教师的想法,并通过复述教师的意见进一步反思。督导者要通过要求组员思考可以采取哪些行动以及这些行动的影响来解决问题,通过要求小组遵守行动计划以提出问题,通过要求小组敲定时间表和成功标准来确定规范,通过重申小组计划进行反思。

发展督导的长期目标是帮助小组实现更高层次的发展,获得更高级的专业技能,提高责任感和奉献意识。这可以通过安排合作技能职业发展、为小组行为提供观察反馈、鼓励自学、促进小组工作反思以及使用一系列其他小组发展策略得以实现。小组不断发展进步,督导者的任务会从发号施令过渡到协调合作,或从协调合作过渡到非指令性行为。

化解分歧

解决现有分歧,对小组工作效率而言十分关键。分歧是特定时间内两位或多位组员之间的观点冲突。分歧并不一定是不良的。实际上,研究表明,成功的小组内也有诸多分歧(Fullan, 2000; Thistlethwaite & Jackson, 2014)。只有当小组有充分的信息和想法可供考虑的时候,才能做出明智的决策。而信息和想法都是在分歧中收集而来的。要抑制分歧的出现,也就是抑制了小组的决策能力(Levi, 2014; Woods, 2012)。因此,教师应该欢迎分歧,不要扼杀分歧。当然,如果分歧没得到正确处置,有可能会演变成剑拔弩张的有害关系。有分歧不是坏事,成败取决于领导如何处理分歧(Chen, 2016; Fairchild & Hunter, 2014; Franz, 2012; Tekleab, Quigley, & Tesluk, 2009)。

组员想法不同时,就会产生分歧。领导需要确保分歧的焦点是观点本身,而不是组员的人格。这份处理分歧的工作流程可以给小组领导提供一个方便的参考:

1. 请每位组员陈述自己与其他成员产生冲突的观点。

2. 请每位组员再次阐述对方的观点。

3. 询问每位组员,是否还存在分歧。

4. 询问组员更深层的价值观念:为什么他们仍然坚持自己的观点?

5. 询问其他组员,是否有第三种观点可以综合、折衷或者超越分歧。如果没有,领导需要重新澄清各方观点,说明没有显而易见的方式调和分歧,转向其他问题的探讨。

下面是上述解决分歧的工作程序在某高中一场会议上的实际应用。

来自中心办公室的督导者召集英格兰高中部领导开会,讨论可以对十年级英语课程做哪些调整。有人提出了写作文这个话题,接着两位领导争论了起来。来自图法巴克高中(Toofarback High School)的斯特里克女士说道:

> 在我们学校,从十年级开始,每位学生每学年要写三篇正式作文,作文根据拼写、标点和格式给分。有些孩子到了十一年级,还连一个完整的句子都写不好,我实在是无法忍受了!

斯佩斯高中(Space High School)的义兹先生反驳道:"你是认真的吗?一年完成六篇技术写作,足够把十年级学生对写作的热情抹杀干净了。这个想法太荒唐了!"

语言督导者库尔先生察觉到了意见的冲突,想抓住观点冲突交战的契机为小组讨论提供一些信息。同时,他也注意到双方火药味儿越来越浓(双方用了"恶心"、"厌烦"、"荒唐"这类词),他想冲淡激烈的情绪,重点关注想法本身。于是,他采取步骤1,让产生分歧的两人各自陈述意见:

斯特里克女士和义兹先生,你们对技术写作的要求都有各自明确的想法,我们很感兴趣,想全面了解你们的观点。你们可以用几分钟的时间进一步解释一下自己的立场吗?

两人陈述完毕,督导者采取步骤2,让两人再次陈述对方的立场:

"既然两位已经陈述完毕,我想确保你们已经完全理解了对方的观点。斯特里克女士,烦请你复述一下义兹先生的想法,义兹先生,也劳您重复一遍斯特里克女士的看法。"斯特里克女士说道:"义兹先生认为技术写作是在浪费时间,学生会失去兴趣的。"义兹先生回复道:"不,我没说技术写作是浪费时间但如果任务布置得太频繁,学生们慢慢就厌恶英语课了。"随后,义兹先生复述斯特里克女士的观点:"你认为十年级的学生需要基本的写作技能。要求写作文可以督促学生准确拼写、语法和格式符合规范。"斯特里克女士答道:"是的,我就是这个意思。"

双方都已经陈述完毕,也复述过了对方观点。库尔先生进入步骤3,询问双方是否还有分歧:

他问斯特里克女士和义兹先生:"你们在十年级学生作文要求上的分歧还那么大吗?"斯特里克女士点头称是,义兹先生却摇头说道:"至少没有最初的分歧那么大了。适量的技术写作,我是不反对的。但每学期三次,这个数量让我无法接受。每学期一篇我还是可以接受的。"斯特里克女士回应道:"一篇我可接受不了。要想写得准确,就要勤下笔练习。每学期三篇已经是最低要求了!"

库尔先生知道斯特里克女士不会退让,便进入第4步,询问两人更深层次的价值观念：

> 库尔先生问斯特里克女士："您能说说您为什么把技术写作看得这么重吗？"斯特里克女士答道："现在的孩子没有任何写作基础。写什么都是天马行空，自由表达，书面和街头口语都没有区别了！我的老师教会我什么是得体的行为举止，什么是规范的英语。如果这些孩子长大了想有所成就，就必须学会按照通行的商业和职业标准写东西。我不是顽固不化的人，我这都是为了他们好啊！"库尔先生又去问义兹先生："您呢？您为什么反对她呢？"义兹先生说道："我并不完全反对。我反对的是把十年级的英语课变成技术写作练习课。写作理应是表达的方式，学生应该热爱写作，不要畏惧它。学生应该有机会写些个人的想法，尽量注意文字和格式就好，不必为每个逗号和每个字母 i 上的小点殚精竭虑。先让他们享受文字的快乐，再给他们制定规则。我给朋友写信的时候，还有我写日记的时候，都不会留出 1.5 英寸的页边距，为什么还要要求孩子们做到呢？当然，他们的确要学习规范的写作，但不能以对写作产生反感为代价！"

> 库尔先生再次对小组说明了分歧所在："很明显，斯特里克女士和义兹先生有分歧。斯特里克女士认为十年级学生每学期至少要写三篇作文，义兹先生认为要更重视表达性写作，而不是技术写作。"

督导者库尔先生进入步骤5：询问小组成员是否有第三种可以考虑的立场。一些小组成员可能会偏向一方，一些可能提议折衷（第一学期写一篇，第二学期写两篇），一些可能会提出新的替代方案（我们可以要求学校开一门为期三周的短期技术写作课，让学校自己决定课程和作业内容）。如果两人的分歧无法自行解决，督导者会说明分歧仍然存在："我们理解你们想法上的差异，而且我们一时没有解决方式。"然后继续探讨其他问题："最终委员会将决定或投票表决课堂作业如何处理。现在，我们暂且放下这个争论，来讨论一下十年级的测试问题"。

分歧无法规避，也不应该规避。分歧在鼓励和支持下可以帮助小组更好地进行决策。小组领导处理分歧的不同方式会让结果大有不同。小组应该明确，有不同意见是完全可以的，每个有不同意见的人都可以向大家表达自己的全部意见。角色扮演17.5展示了组内处理分歧的正确方式和错误方式。

角色扮演 17.5

处理分歧

背景。本次角色扮演的目的,是让一个由五人组成的子小组为其他组员演示如何在组内有效地处理分歧。参与者需要单独准备约 20 分钟。在角色扮演中,一位"督导者"和四位"教师"同属一个委员会,需要讨论某个全校的教学问题。在角色扮演的准备阶段,演员可以选择学校类型(小学、初中或高中)、议题,以及在这个虚拟场景下要完成一场成功角色扮演需要敲定的具体细节。在会议期间,两位组员产生了分歧,具体内容可以指定,也可以由小组自选。角色扮演分为三个场景。

场景 1:错误的方式(5 分钟)。会议开始后不久,两位教师间出现了分歧。督导者和其他老师没能很好地处理分歧,会议氛围迅速恶化。散会时,分歧没有解决,原本的议题也没有完成。

场景 2:正确的方式(10 分钟)。本场景中仍然是先前的小组,背景和议题均与场景 1 相同,也是在前述两位老师间出现了同样的分歧。但这一次,组内的督导者和教师采用了本章中"化解分歧"一节探讨过的解决措施,帮助小组在散会前化解了分歧,完成了原定的议程。

全组讨论(5 分钟)。全组讨论上述分歧的本质,失败的做法和场景 1 中的分歧对小组的影响。也要探讨成功解决分歧的技巧和场景 2 中分歧解决过程的影响。

 视频案例

观看视频后,请评估对困难情形进行角色扮演对增强小组化解分歧的能力有怎样的价值。

筹备小组会议

如果小组领导有所准备,小组工作就会进行得更轻松。会议筹备有一些尤其重要的方面,包括制定议程、制定基本规则、设计引导讨论问题。

议程

小组的任务和目标必须清晰。为什么开会?开会要完成哪些事项?是否会有最终成果?会前若干天分发的议程会告知与会人员召开会议的原因和预期完成的事项。议程不需要繁复。图 17.1 就是一个议程样本。请注意议程是如何简要介绍并分项列举的。每项议程的时限能让与会人员了解事项的轻重缓急,也让人确信领导会准时出席会议。保证按时开会、准时散会,也是对与会小组成员个人时间安排的尊重。

收件人:全体体育教师

寄件人:莫里斯·柏雷,体育部主任

主题:会议议程,2月23日下午3:30-5:00,地点253室

下周四将举行学生进步评价表修订版投票表决前的最后一次会议。请记得携带所有从其他学校收集来的进步评价表。萨莉和布鲁斯会就国务院提供的评价表做报告。会议结束时,我们会为表格的修订提出建议。

议程

1.回顾本次会议目的。	3:30-3:40
2.听取萨莉和布鲁斯针对国务院学生进步评价表的报告。	3:40-4:00
3.听取针对其他学校的报告。	4:00-4:20
4.讨论可能的修订方案。	4:20-4:40
5.建议。	4:40-5:00

周四见! 请准时到会!

图 17.1   议程样本

制定基本规则

与会者不仅需要了解议程,如会议目的、时间、地点和议题,还需要知道在会上应如何行事(Allen & Rogelberg, 2013)。基本规则可以提前制定,可关于以下任何内容:

- 要以怎样的形式参会(分享信息,职业交流,选择现有备选方案,头脑风暴,解决问题,调停矛盾等等);
- 需要扮演怎样的角色(协调,计时,提供信息,记录等);
- 人际要求(每个人都为会议做出贡献,积极倾听,对事不对人,考虑每个人的看法,采用事先商定的分歧管理策略等等);
- 期待怎样的后续活动(分配的任务,持续对话,课堂实施,后续会议等等)。

领导讨论

当和小组开会讨论时,知道该问什么问题一定会有所裨益。问题通常会随着会议进展而变。会议开始时,小组领导一般会花些时间澄清会议要探讨的问题。在

会议中,领导会提出一些开放式的问题,供大家交换信息,集思广益。会议结束时,领导会借提问总结会议完成了什么,还有哪些待办事项。

图17.2展示了一些可供参考的讨论问题。领导可以在会前阅读,并根据会议主题写下具体问题以备参考。当讨论陷入停滞时,领导可以回顾问题,并从中选择一个提问。讨论指南可以帮助领导确保会议议题得到充分探讨。

从前面的讨论可以看出,促成一次会议比我们想象的要复杂得多。图17.3是一份检查清单,上面列举了筹备会议、召开会议和后续活动的建议。

用于引导讨论的问题

1.你对上述问题有什么看法?

2.你有处理这类问题的经验吗?

3.我们需要一些事实依据才能更好地理解问题。有人愿意提些建议吗?

用于拓展讨论的问题

1.现在一部分组员已经发言了,其他人有没有想补充的呢?

2.现在已经提出的这几点看法,大家意下如何?

3.这个问题还有哪些方面需要我们探究?

用于限制讨论的问题

1.对过于活跃的组员:我们非常感谢你的积极参与,不过我们最好再来听听其他组员的看法。哪位还没发言的组员愿意补充前面的看法吗?

2.你所说的几点都很好,还有别人想谈谈吗?

3.现在还有一些组员没有得到发言机会,我想要不然你先等等,稍后再说?

用于集中讨论的问题

1.现在我们探讨的问题和开会的目的有什么关系?

2.让我来梳理一下我是如何理解我们目前的讨论和取得的进展的?

3.你的看法非常有趣,但我觉得它和我们当前最主要的问题似乎关系不太大。

用于推进小组讨论的问题

1.我觉得我们用于讨论这个问题的时间足够多了。我们来进行下一部分怎么样?

2.对这个问题的探讨是不是已经足够充分了?我们现在可否进入其他事项的讨论?

3.鉴于有时间限制,咱们开始下一个问题怎么样?

用于帮助小组自我评价的问题

1.我不知道有没有人觉得我们卡在这个地方了?为什么进展越来越慢了呢?

2.咱们要不要再回顾一下原本会议讨论的目标,再看看我们目前关注的东西和最终目标的关系是什么?

3.现在快要散会了,有没有人可以就如何改善下次会议提些建议?

用于帮助小组达成一致的问题

1.我从大家的观点中听出了一些共同点,大家看我说得对不对(随后小组领导简短总结)。

2.既然我们就快要做决定了,要不要考虑一下这么决定对我们小组而言意味着什么?

3.到现在为止,咱们的讨论有哪些结果?

用于接续讨论的问题

1.我们有时间可以简单讨论一下上次会议,有没有人愿意带我们回顾一下上次讨论了什么?

2.这次会议我们没办法达成一致,下次会议我们应当关注哪些事项?

3.有没有人能提议几个下次会议前需要进一步准备的议题?

图17.2 引导讨论中可以用到的问题

表17.3 高效会议检查清单

会前
- 确定会议目标,确保目标实际可行。
- 决定在会上要完成哪些事项。
- 确保目标可以在一次会上完成。
- 列出问题与困难,用来引入小组讨论。

事先准备:
- 设施(如座椅、视听设备、灯光、调节气温等)。
- 与会人员名单(确保人员数量和会议目的一致)。
- 议程与时间安排。
- 讨论概要。

召开会议
- 准时开会。
- 小组成员应自我介绍。
- 交待后勤事项(比如何时休息、卫生间的位置、会议提供的饮料小食等)。
- 遵照议程,完成预期目标。
- 确保每个人都参与小组讨论。
- 激励、引导并控制讨论。
- 尽力促进达成共识(最佳情况)或者形成大多数人同意的方案(最坏情况)。
- 准确进行会议记录。

休会以前:
- 强调决定。
- 为后续工作分配任务。
- 如果需要,要确定下次会议的时间,日期和目的。

后续活动
- 明确事项、任务、人员和时间。
- 准备会议记录和报告。
- 对会议成效进行周期评估。
- 确定后续会议的改进方式。
- 领导应定期检查工作进展。

来源:美国农业部,《民众,伙伴与社区》,2005年3月第5期。

来自:http://www. nrcs. usda. wps/portaI/nrccs/detailfull/nationallpeople/outreach! oel? cid = stelprdbl045637

思考题

巩固练习 17.0

检查你对本章关键概念的掌握情况。

反思练习 17.0

本章给出了一些小组领导可以在讨论期间询问的问题,这些问题可以(1)引入讨论;(2)拓展话题;(3)控制参与;(4)集中讨论;(5)帮助小组开展工作;(6)帮助小组自我评估;(7)促进小组形成决策;并(8)开展后续讨论。请为这八个目标各自再设计一个可供小组领导提问的问题。

第十八章 职业发展

本章学习目标

读过本章后,你应当能够:

1. 指出成功的职业发展的关键是什么。

2. 解释学校应如何将全校、小组和个人的职业发展结合在一起。

3. 列举个人职业发展的阶段。

4. 列出职业发展中的三个学习阶段。

5. 列出古斯基(Guskey)职业发展评估模型的五个评价等级。

6. 回忆本章作者观点中,对职业发展的奉献意识基于的两个维度。

请阅读本章,并思考以下问题:

1. 中小学职业发展在教师队伍中的口碑不是很好。你认为原因何在? 你认为,如果将本章中的想法投入实施,能否改变教师对职业发展的看法? 你认为,本章中哪些想法对职业发展和教师对职业发展的看法的积极影响最大?

2. 成功职业发展的特点之一,就是将学校、小组和个人的职业发展结合在一起。你认为原因是什么?

3. 本章描述了几种可供替换的职业发展模式。请回忆一个全校范围的职业发展目标。在一个以此为目标的职业发展项目里,多个职业发展模式如何结合?

4. 本章描述了职业发展的三个阶段,即(1)起步阶段,(2)融合阶段,及(3)提升阶段。作者认为,很多职业发展项目都在第一阶段宣告失败,没有进入过第二阶段。阅读时,请回忆某个你参加过的、未能进入第二阶段的职业发展项目。这个项目最终结果如何？如果当时该项目完成了全部阶段，在第二、三阶段分别可以开展哪些活动？如果完成全部三个阶段，项目的效果是否会更好？为什么？

5. 教师历来在自己职业发展的规划、执行和评估方面的参与都不多，你认为原因何在？要让老师本人成为职业发展的主体，有什么需要改变？如果教师成为职业发展中主要的规划者、执行者、评级者，职业发展会发生哪些变化？

职业发展部门主任鲍伯·杰弗瑞（Bob Jeffries）邀请六位校长来到他的办公室，一起规划即将到来的在职活动日。首先，他解释说，在职项目会由早会开始，早会在学校礼堂举行，全校教师都要参加。下午进行单独的学校活动，由校长负责。杰弗瑞问校长们："早会结束后我们做些什么呢？"一位校长提出，一年中这段时间教师需要一些精神提振，如果能请一位有感染力的演讲嘉宾来做演讲会很好。另一位校长补充说，她在去年夏天的全国校长大会上听过茨威巴赫（Zweibach）博士的演讲，题目叫作"教学的激情"，她觉得他会是一个出色的演讲嘉宾。杰弗瑞很喜欢这些建议，告诉校长们他会致电茨威巴赫博士并安排他出席活动。

在职活动日当天，238 位教师涌入礼堂。礼堂后排座无虚席，前八排却没有人坐。杰弗瑞先生致辞，介绍说"我们"很荣幸能请到茨威巴赫博士，然后把舞台交给了他。只见一位不修边幅的中年大学教授走到麦克风前，滔滔不绝地讲起教学的激情。还不到十分钟，台下的观众就明显变得躁动、无聊、愤懑不平了。教师当中，有 12 位就好像两年前在教师大会上就一字不落地听茨威巴赫讲过一遍，现在又要重新听一遍；另外 15 位正惦记着他们本来要用这段时间为下学期做的准备工作，心里还想着"我们究竟为什么要听这个？"另有 22 名老师听茨威巴赫博士一遍遍提到他自己如何从学术型高中的背景找到对教学的激情，已经失去了耐心。他们的工作是职业培养、特殊教育和小学教育，博士口中让他的教学充满激情的学术型高中根本无法引起他们的共鸣。最后，一些老师开始批改试卷，读书或者做针线活；还有个别老师看上去已经睡着了。但与此同时，还有将近一半老师一直在专注听讲，茨威巴赫博士谢幕时，还为他高声喝彩。另一半看到演讲终于结束了，终于可以回到自己的学校，露出了宽慰的表情。离开礼堂时，大家能听到各式各样的评价，比如

"讲得真好啊!""为什么我们就必须得忍受这些毫无意义的职工发展活动呢?"

上面的描述,在很多学校系统中都是很典型的。有些老师觉得很有价值,但很多并不这样认为。在督导者、校领导和教师的眼里,职业发展活动通常就是校历里的几个必须要忍耐的日子。

职业发展如果能合理规划和实施,的确能成为教师发展和教学优化的重要动力。本章中,我们将讨论好的职业发展是怎样的,如果评估职业发展,以及为什么教师应该成为职业发展的主体。

成功职业发展项目的特征

对职业发展的研究(Comas & Barufaldi, 2011; Gordon, 2004; Guskey, 2003; Reeves, 2012)的评价指出了一系列和成功的职业发展项目相关的特征,包括:

1. 让教师参与规划、实施阶段,并让教师评估自己的职业发展;

2. 以教学为重点;

3. 将职业发展目标和学校提升目标相结合;

4. 个体、小组和学校的职业发展协调一致;

5. 获得行政支持,比如划拨时间和其他资源;

6. 有现实意义的、基于工作情境的职业发展;

7. 教师之间、教师与校领导间能进行协调合作;

8. 积极学习;

9. 有钻研精神;

10. 能自我反省;

11. 涵盖了多样性和文化敏感性方面的内容;

12. 为将所学投入实际应用提供后续支持;

13. 持续的、基于数据的项目评价;

14. 持续的职业发展作为校园文化的一部分;

15. 领导力的培养。

阅览上述特征时,请回忆一次你熟悉的职业发展项目。该项目符合多少条上述特征呢?

学校、小组与个人发展的融合

有效的职业发展的特征之一,就是可以将学校、小组和个人的职业发展目标相结合。学校怎样才能做到这一点呢? 首先,重中之重时让全校所有人都为学校职业发展做贡献。学校的职业发展目标应该足够宽广,能让所有的团体和个人制订的计划都和学校目标相一致。

将学校职业发展和小组职业发展结合的例子很多,比如,假设某所中学将提高学生纪律性确定为全校职业发展的目标。不同年级、不同教学团队都致力于改善学生纪律,这样就会发现不同小组的目标也和学校目标一致。其中某个小组可能会想把目标定为让学生学会尊重他人;另一个小组可能会认为,他们的首要任务是改善学生在课堂上完成任务时的行为;第三个小组可能想集中精力想办法督促学生自律,以加强学生责任感,更好地完成作业、复习应试和寻求必要的帮助。

不同的小组可能会采取不同的职业发展方式。一个小组也许会更喜欢组建学习小组,方便分享阅读经历,参观其他学校,观摩他们怎样解决学生纪律问题,并且探讨案例应该如何因地制宜地在本校学生间实施。第二个小组可能想参加纪律训练项目,项目后还有以班级为单位的同侪互相指导活动。第三个小组也许更想按照行动研究框架行事,收集课堂数据、探索问题原因、设计行动计划、实施方案、收集评估数据并确定活动效果。能让校内小组改造学校目标以适应小组需求是重要的,但同样重要的是,每个小组都要说明小组目标和学校目标的关系是什么,是如何支持学校目标的。

教师队伍是由个体组成的,没有个体发展,学校职业发展也将寸步难行。因此,必须要将个人职业发展目标同小组目标、学校目标相结合。让我们回到先前的例子,学校想提高学生纪律性。你可能会想起,某个小组会把目标设定为让学生尊重他人。但即便这个更精细化的目标,在这个小组内也会引起教师的不同解读。一位老师可能理解成帮助学生建立合作小组,促进合作;另一位教师可能理解成让学生尊重来自不同文化背景的同学;第三位老师可能认为目标意味着要对藐视权威的学生做工作。因此,即便在同一个把增进尊重作为目标的小组内,教师也需要被给予机会设置和小组目标方向一致的个体目标。

成年人和学生类似,有着不同的经历和学习方式,所以学习小组内的教师也有可能热衷于不同的学习活动,对小组的贡献也不尽相同。一位教师可能会向小组就参观其他学校做报告,另一位可能会分享和学生尊重他人相关的日志记录,凡此种种,不一而足。教师个体也能将自己的目标和小组、学校目标联系在一起,让个人职业发展活动服务于三种不同目标。

职业发展替代方案

曾经,职业发展就意味着请校外顾问做一场60分钟的演讲,或者办一次"一步到位"的工作坊。那个时代正被我们迅速地抛在身后。过去几年间涌现出了一批职业发展的新方案,这里试举几例:

• 新教师援助项目。至少要在新教师执教的第一年期间为教师持续的、高强度的支持。比如为教师指派导师,向教师介绍学校和社区,组建一支包括辅导员、其他教师和一位督导者的支持队伍提供帮助,在课堂管理和有效教学方面提供培训,以及举办支持研讨会,重点解决新教师的顾虑(Bullough, 2012；Lambeth, 2012)。

• 技能发展项目。该项目包括在几个月间举办若干场工作坊,工作坊间隙进行课堂辅导,帮助教师将新技能应用于日常教学活动。

• 教师中心。教师们可以选定场所会面,参与专业探讨、发展技能、规划创新以及收集、创制教学材料。

• 教师学院。一连几天或几周内,教师针对单一的、复杂的问题参与集中学习。

• 专业学习社区。几组教师提出共同的价值观念,分享领导技能,参与集体学习,共同进行课程优化和教学提升,所有活动都以改善学生学习为重点。第二十三章中,我们将详细讨论专业学习社区。

• 课程研究。一组教师为改善学生学习状况确定长期目标,回顾关于如何实现这一目标的研究成果,并以研究为基础共同规划教学单元。教师从教学单元中单独挑选出一课,制定详细的课堂计划,确保教学与长期目标一致。一位教师进行教学,其他教师观摩课堂、收集各类课堂数据。课后,教师开会分享、分析数据,探讨课堂如何改进。组内的另一位教师可以采用改善后的课堂计划再次在另一个班级开展教学,小组其他教师再次观摩课堂并进行课后讨论(Howell & Saye, 2016；Lewis，2009；Liberman，2009）。

• 组建教师网络。不同学校的教师可以通过计算机链接、新闻简讯和偶尔举办的研讨会、大会来分享信息、顾虑和成就。

• 教师领导力。教师可以参与领导力培养项目，通过承担一个或多个领导角色（工作坊报告人，合作教师，辅导员，专家教练员，教学团队带头人，课程建设者等）帮助其他教师。身兼教师与领导人物双重角色的人不仅帮助了其他教师，还在参与领导活动中经历了职业发展（Poekert，2012）。

• 教师写作。这种模式要求教师写下他们对学生、教学和职业发展的反思，正越来越受欢迎。写作的形式可以是能和同事分享的私人日志、随笔或者反思报告，也可以是能在教育期刊上发表的专业文章。

• 个人策划的职业发展。教师评估自己的职业发展需求，制定个人目标，规划活动并实施，最终评估结果。

• 校园参观。如果某所学校计划采用新的教学方式，这所学校的教师可以参观其他已经成功应用新式教学法的学校，观察新教学法在课堂上的使用情况，和已经熟练应用这一教学法的老师开展讨论。

• 形成伙伴关系。伙伴关系隶属于中小学或高等院校、社区机构或企业之间，形成伙伴关系的双方地位平等，对对方拥有权利和责任，彼此做出贡献，也得益于彼此（Holen & Yunk，2014）。伙伴关系的形式多种多样。比如，学校可以和学区机构开展合作，一起完成一项社区教育需求评估，其中收集得到的数据既可以帮助学校课程设置，也能促进社区服务。再如，企业可以为教师提供暑期实习机会，实习结束后可以将暑期所学投入到教学当中。

不同职业发展计划之间可能会有巨大的相同点（更不必说职业发展项目和另外四种督导活动之间了）。我们是员工培训人员，也是研究人士。我们的经验让我们相信，很多最为成功的职业发展项目，都是多种形式的集合体。

 视频案例

观看视频时，请思考视频中的职业发展项目和传统职业发展项目有何不同。

职业发展的阶段

职业发展通常包括三个学习阶段：(1)起步阶段，(2)融合阶段和(3)提升阶段。为举例说明这三个阶段，我们会把它们和合作学习教学模式中的教职工发展结合起来讨论。

在起步阶段，需要解决利益、责任问题和关于参加职工发展活动的顾虑。随后，参与者要参加实际应用初期必需的学习活动。在合作学习的例子中，起步阶段要涉及的话题应包括：

- 合作学习、竞争学习和个体学习的差异。

- 合作学习和传统小组作业的区别。

- 针对合作学习展开的研究。

- 合作学习的基本要素(教授社会技能、积极的互相依赖、面对面互动、个人责任制和小组工作)。

- 组建合作小组。

- 标准的合作学习构架(思考—组队—分享、拼图、学生小组成就区分、小组—游戏—比赛、小组调查等等)。

- 策划合作课。

无法从起步阶段进入下一阶段，导致许多教职工发展项目是无效的：教师只获得了最基本的知识技能，随后就被放任自流了。

在融合阶段，教师会在帮助下将先前所学用于自己的学校和课堂中。融合的一个方面，就是学着把一般性的知识应用于具体的学习情境。在合作学习的例子里，就意味着要学会修改合作教学策略，使其适用于不同的教学背景和学生群体。融合还有一个相关的方面，就是时常有效地使用新学到的内容。比如，教师应有足够的能力和信心去用好合作学习策略，使其成为自己常用教学手段的一部分。

在提升阶段，通过持续的试验和反思，教师已经完成基本技能的学习，开始转向专家技能的训练。在合作学习教师培训的提升阶段，教师已经在大量合作学习策略领域成为专家，能很好地融合、搭配各种策略以改善学生学习。这一阶段的教师可以将前面不同领域的学习成果结合在一起，这样可以有所创新。在合作学习的例子中,这一阶段的教师可以将两个及以上的标准合作学习框架的若干侧面结合在一起,来构建一个更加复杂的框架。再如,这一阶段的教师也可以把整个的语言和合作学习策略结合在一起,创造全新的教学策略。督导者在这一阶段能做的最好的事情,大概就是帮老师们注册成为教职工发展培训者了!

评估职业发展

图18.1中的评价表旨在评估单个的职业发展活动。如要评价职业发展项目总体,则需要更为复杂的评价系统。古斯基(2002)提出的评价系统,是专门用来评估和第十四章中我们探讨过的教学优化项目类似的职业发展项目的。古斯基的系统,包括收集五个不同方面的信息:参与者的反应、参与者的学习、组织支持和改变、参与者对新知识新技能的使用以及学生的学习效果。在每个方面,古斯基都提出了需要解决的问题、数据收集方法、应该测量什么以及如何运用从各个方面收集来的数据。表18.1是古斯基系统的简单总结。

 视频案例

　　观看视频时,请思考视频中描绘的职业发展的非正式评价如何补充本章中介绍的职业评价工具。

教师作为职业发展的目标或主体

一位教育主管曾经说道,他以前出席某场全国性大会的时候,曾参加过一场以"有效教育的要素"为题的演讲活动。他觉得这就是老师们亟须的东西。于是,整个学区抛弃了先前的教学规划,在接下来的三年中一直致力于以"要素"的方式培训校长和教师。他们以高价请来了一些全国知名的顾问,部分员工经安排参加了高级培训,在暑期去了很远的地方出差,几乎所有合同规定的工作时间和学校督导活动都用于"要素"培养了。

　　不久便有了新的评估工具,用来检查教师利用有效教学培训资源的方式是否

与要求相符。三年来,学区投入经费逾30万美元,这还不包括投入的工作时间。结果又如何呢? 学生成绩没有值得一提的进步,一小群行为出格的教师搞得大家怨声载道,那些经选接受特殊训练并获得补贴的教师热情高涨,而教育主管信誓旦旦地说:"现在,我们已经根据科学得出的标准聚焦于长期职业发展,我们的教学是卓有成效的。"

近年来,教育界诸如"有效教学"、"高效校园"、"有效督导"和"有效纪律"的项目如雨后春笋般涌现。它们都声称自己基于科学研究,有成功先例,都运用了传统职业发展项目中稀缺的训练迁移的要素和程序。这些项目都可以为解释说明、示范展示、角色扮演、技能练习和辅导工作做准备。它们不是毕其功于一役的项目,都重点清晰、基于课堂。

唯一的问题在于,那些认为培训项目值得付出人力物力的人,恰恰是那些对项目有巨大的个人投入和责任感的人。如果项目不如预期的成功,决策者也不会怪罪项目本身,而是会归咎于缺少训练,这样教师才不会"犯错"。引入这些项目的学校、社区和州大错特错地总结道,它们需要加强训练、需要增加资金、需要加强执行,这样才能让所有教师更迅速、更准确地如项目描述的一般学会教学。决策者对项目给老师造成的影响视而不见,竟然认为他们最初的决定是对的,实在让人难以置信。

这一点显示出,承诺是基于两个维度的:一是选择,二是在工作上根据丰富的知识做出决策的责任。正因如此,教育主管才如此迫切地想看到这个"有效要素"项目取得成功。教学主管选择了它,并为选择负责。被选中的教师团体也想看到项目成功,因为在训练方式的决策过程中,他们拥有选择权,也承担着责任。然而,大多教师和校长在这些关系到他们的学生和他们自身的决策中,都既没有选择权也没有承担责任,他们被当成了被动的对象,而不是职业发展的行动主体,他们为学生的利益和教学的改善做出明智决定的能力没有得到足够的尊重。他们别无选择,也没有责任为他们的工作做知情决定,对属于他人的项目自然就缺乏动力和承诺了。

如果要用好职业发展的特征、形式和阶段的相关知识,却意识不到要让教师真正参与到职业发展决策中来,注定不会取得进展。我们会越来越娴熟地劝说教师们参加别人的项目,但却发现教师们很少有责任感,也没有太多动力去提高教师们能带来长久改变的合作和批判能力。

为规划未来的职业发展项目，我们需要您的反馈。请圈出每一项后最能描述您同意程度的数字，并在空余区域写下您的评价。如果空间不够，可以写在背面。

职业发展主题：_____

日期：_____

本次活动：	强烈反对	反对	同意	强烈同意
1.组织有序	1	2	3	4

_____
_____

2.与我的工作相关　　　　　　1　　　2　　　3　　　4

_____
_____

3.与学校提升目标一致　　　　1　　　2　　　3　　　4

_____
_____

4.对职业发展项目起到了推动作用　　1　　2　　3　　4

_____
_____

5.为积极参与提供了条件　　　1　　　2　　　3　　　4

_____
_____

6.为协同合作提供了机遇　　　1　　　2　　　3　　　4

_____
_____

7.促进了反思　　　　　　　　1　　　2　　　3　　　4

_____
_____

8.为继续学习提供了计划　　　1　　　2　　　3　　　4

_____
_____

9.提升了我的领导力　　　　　1　　　2　　　3　　　4

_____
_____

10.很有可能最终提高学生的学习能力　　1　　2　　3　　4

_____
_____
_____

对后续会议的建议
_____
_____

图18.1 职业发展活动评估

表18.1 职业发展评估的五个不同层次

评价等级	解决了哪些问题？
1.参与者的反应	他们喜欢职业发展项目吗？
	他们投入的时间有效利用了吗？
	材料合理吗？
	项目有用吗？
	领导博学多识吗？有帮助吗？
	饮料小食甜美可口吗？
	室温合适吗？
	椅子舒服吗？
2.参与者的学习	参与者学到了预期的知识技能吗？
3.组织支持与调整	实施得到支持和帮助了吗？
	支持是公开的吗？
	问题得到及时有效处理了吗？
	资源充足吗？
	成功之处得到认可和分享了吗？
	对组织产生了怎样的影响？
	对组织的环境和工作程序有影响吗？
4.参与者新知识技能的使用	参与者能将知识技能有效运用吗？
5.学生学习成果	对学生有哪些影响？
	对学生的表现和成绩有影响吗？
	对学生的身心健康有影响吗？
	作为学习者的学生更加自信了吗？
	学生出勤状况有改善吗？
	学生辍学率有下降吗？

如何收集信息？	评估了哪些内容？	信息如何使用？
在活动结束时下发问卷	活动的初期满意度	改善项目设计和实施
纸笔	参与者的新知识、新技能	优化项目内容、形式
模仿		和组织架构
示范		
参与者反馈（口头或书面）		
参与者档案		
社区和学校记录	组织机构的倡导、支持、	记录并优化组织支持，
后续会议的会议记录	帮助、协调、推进和认可	为未来改革行动提供
问卷		信息资料

如何收集信息？	评估了哪些内容？	信息如何使用？
问卷 与参与者、社区或学校管理层开展的结构化访谈 参与者档案		
问卷 与参与者和督导者开展的结构化访谈 参与者反思（口头或书面） 参与者档案 直接观察结果 音频视频资料	实施的程度和质量	记录并优化项目内容实施
学生记录 学校记录 问卷 与学生、家长、教师和/或校领导开展的结构化访谈 参与者档案	学生学习成果： 认知（表现与成绩） 情感（态度与性格） 精神心理（技能与行为）	着重改善项目设计、实施和后续活动 呈现职业发展项目的总体影响

来源：托马斯·R. 古斯基（Thomas R. Guskey）. (2002). 文章"Does It Make a Difference? Evaluating Professional Development." *Educational Leadership*, 59（6），48—49. 版权所有：2002，托马斯·R. 古斯基。已获作者授权。

 视频案例

观看视频，思考校长开展职业发展工作的方式从头到尾经历了什么变化？教师对这种变化作何反应？

思考题

巩固练习 18.0

检查你对本章关键概念的掌握情况。

反思练习 18.0

请回忆某个你近期参与的职业发展活动，并完成图 18.1 中的评级表以评价该项目。假设你被要求对这一项目进行调整以用于在另一个小组的实施，为促进职业发展的优化，你会对其中评分较低的方面做哪些改革？

第十九章　课程建设

本章学习目标

阅读本章后,你应当能够:

1. 有人认为教师在课程建设中不必拥有话语权,因为他们制定课堂教学计划的时候能用专业技能和创造力解决问题。你可以总结本书作者对这种看法的回应。

2. 列举出五个有待解决的关系到教师参与课程建设的问题。

3. 定义将多文化多民族内容融入课程中的转型方法。

4. 解释作者在课程地图使用方式上的意见。

5. 列举威金斯(Wiggins)和麦克泰(McTighe)提出的理解的六个方面。

请阅读本章,并思考以下问题:

1. 本章介绍了课程建设的五种来源。请用 1 到 5 为它们对中小学教育影响打分,其中 1 影响最大,5 影响最小。然后,再根据你自己的观点按影响力大小为五种来源打分。这两种打分结果有差别吗? 如有,你认为是什么造成了这种差别? 如果差别存在,且以你选定的影响因素为准,那么课程、教学和学习会发生哪些变化?

2. 你更赞同本章中描述的三种课程元取向的哪一种? 为什么?

3. 你认为教师在课程上应有多少自由选择的空间? 请在图 19.5 中没有选择空间和"完全自由"间选择,并陈述你的依据。

4. 你能举出跨文化课程改革的转型方式的学习活动案例吗? 你又是否能举出代表社会行动方式的例子呢?

5. 教师参与本章所述的课程地图活动前需要哪些准备工作?

6. 请对比威金斯和麦克泰提出的重视理解能力培养的课程设计和你熟悉的某所学校的实际情况。你是否想把重视理解力的课程设置的一些要素应用在这所学校的课程设置中？如有，是哪些要素？或者，这所学校是否已经在运用、实施部分要素了呢？

"除开学生关系，教学还是一种道德的活动。因为在课程设计中，教师会选定目标，把一部分教学内容置于比其他内容更重要的位置，因为教师想要改变学生的行为习惯，实现预期中的教学目标。"（Johnson，2010：97）。道德活动在学校的课程设置中是明确的。如果学校的教职员工首先都不知道什么是一所好学校，不知道学生要接受高素质教育需要学些什么的话，那么即便成为效率高、业绩好的学校也没有意义。于是，教学工作的任务就成了有效地提供那种好的教育。萨乔万尼（1987）曾经说道："只有我们首先做对了事情，正确的方式才会显得重要！"课程设置就是学生要学习的"对"的道德考量。

究竟什么是好的学校、合适的课程？学生的需求是什么？这些问题最终应该由学生身边关系最密切的人来决定。在考虑过专家意见、研究成果、查阅参考资料后，结合一些明确的冲突矛盾，应该由学校、街区和当地社区的人最终决定哪些内容值得教授。然而，由于有人不履行义务、压力巨大、推卸责任，课程决策通常都是由那些距离课堂最远的人做出的。

课程建设可以在很多不同层次进行，可以由校外专家、学区内专家、学校课程团队或教师自己独立完成。在国家层次上，诸如教材、学习工具箱、音频视频材料之类的商业材料主要都是由外部专家开发的。本世纪早期，"有教无类"（No Child Left Behind，NCLB）和"力争上游"（Race to the Top，RTTP）运动将前所未有的中小学联邦管控引入了 50 个州。尽管共同核心课程标准（Common Core Sate Standard，CCSS）是在不同的州之间陆续实行的，但执行该标准却可以让州享受数百万美元的联邦拨款。在州这一层次上，教育部门越来越热衷于课程建设。州为学生升学、毕业设计了针对全州的能力测试，为当地学校制定了全州的课程指南，以确保教学能覆盖要测试的能力。在当地层次上，许多学校系统为协调各个年级的教学制定了自己的课程指南。他们要么请当地的课程专家独立完成课程指南的撰写，要么请专家和教师代表（也可能是社区和学生代表）一道完成。

我们可以通过图19.1思考课程建设的来源(Olivia,2008)。许多课程都是在州、联邦和商业层次上进行开发的。换句话说,大多数课程的设计过程都离当地的教师和学校很遥远。

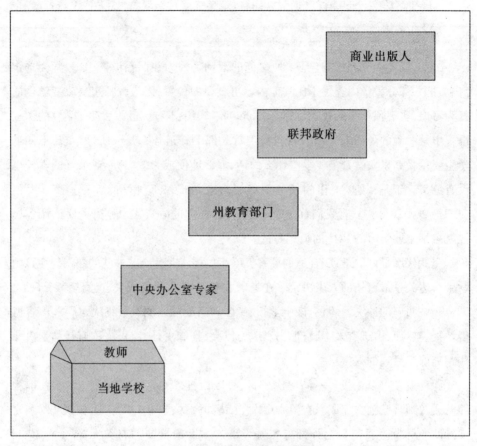

图19.1 课程建设来源示意图

法律规定的课业

大多数教师认为课程是他们必须接受并照章执行的东西,这实在是一大憾事。课程为什么不再是学校自主探索、自觉行动的领域,而变成了唯外部规定马首是瞻的差事了呢? 原因在于,在法律规定的课业里,教师和学校领导都被视作不知道应该如何确定教学内容(Fitzharris,2005)。

州规定课程

截至 2010 年,绝大多数州已经采用了共同核心标准。但近年来,有几个州已经不再支持该课程(Crowder, 2014)。共同核心标准的批评者指出,该课程体系的全部目的,就是让学生准备升入大学或者就业;课程在实施前缺乏实地测试;课程的内容企图放之四海皆准;课程系统和相应的高风险成就测试在当地决策上造成的限制(Crowder, 2014;Eppley, 2015;Kern, 2014;Knoester & Parkison, 2015)。一项墨菲和托尔夫(Murphy & Torff, 2016)的研究结论支持了批评者的观点,参与一项针对核心标准的调查的教师也认为核心标准削弱了他们进行有效教学的能力。

大多数的州无论是否坚持使用核心标准,都仍然采用州立标准和高风险成就测试相结合的方式提高标准,控制着公立中小学的教学内容。强制规定课程内容的目的,是教授那些州立法机关和教育部门看重的知识技能。这种课程通常是一系列每个年级各个学科(至少是学科大类)的预期目标,目标通常处在布鲁姆分类法的低端,即知识和理解层次(见本章后文中表 19.1)。不同领域的目标之间往往没有什么关联,即便是同一领域内的目标也通常是离散的。简而言之,州规定执行的课程标准无论在目标、内容、组织结构和形式方面都处在课程建设的最底端。因此,这些州的教师很难突破课程建设参与的模仿维护层次(Crocco & Costigan, 2007;全国英语教师理事会, 2014)。

州官员谈到这一状况时经常提出一个观点,即教师不需要参与课程建设,因为他们制定课堂教学计划的时候能用专业技能和创造力解决问题。这些决策者没能理解的是,课程如果得到严格的遵照执行,会极大地影响教师教学。比如,实施某一要求十分详细周密的课程的教师,和那些自主设置了一套课程的教师相比,其教学方式就会大异其趣。简而言之,教什么(课程内容)对怎么教(教学)有着深刻的影响。诺丁斯指出,由"一刀切"的详细外界标准驱动的教学有几大危险:

1. 学习的狭隘化。

2. 无法介绍可能很有趣的话题。

3. 无法确定个别学生不同的学习动机。

4. 错失与其他学科结合的机会。

5. 错过并行学习的机会。

6. 让教师生活变得乏味(2007：54)。

高利害关系测试与课程

联邦政府和州尝试控制课程设置的方式之一，就是用高风险测试来评估课程是否得到有效教学。在那些没有强制规定的课程标准但却有高风险测试的州，测试本身也就成了课程标准。"很多时候，教师们都会在教育观念上妥协，参与诸如应试教育的活动，压缩课程容量，把宝贵的资源投入到准备考试中去，训练学生应付考试的能力。"(Gunzenhauser，2006：244)

我们并不是在暗示学业标准和评估测试本身就是坏的。通过广泛参与制定出来的、周到负责的标准和测试可以解决有关阶层、种族/民族和性别不平等的期待、资源和精准帮助问题。这里的问题在于：应该由谁制定这些标准？评估学习成效的方式都有哪些？对学生、教师和学校应该造成哪些影响？应该交给课堂、学校哪些灵活度、自由和权力并使其负责？毕竟让人负责某个自己没有话语权的事情是很难的(Pace，2015；Valli & Buese，2007)。

课程建设可以促进对教学的集体思考

学区和学校的课程只是州规定课程或测试的翻版，这实在是个悲剧。它让我们失去了能让我们在学区和学校开展更广泛的教学对话的重要工具。这种对话能促进教师个人和集体关于以下问题的反思：究竟什么值得教？我们应该怎样教、怎样评价学生？大多数教师受到信任、有了金钱和时间、得到帮助、选择权和开发课程的责任以后，都能在教学内容方面做出相当全面的决策。他们的决策通常要比中心办公室、州教育部门或者商业出版公司的决定高明得多(Boote，2006)。

参与学校课程计划决策的教师自身对教学的看法也会发生改变。在"学生应该知道什么"这一问题上与同侪探讨、辩论、最终达成一致，是心智上的一次挑战。

教师是否应该参加课程建设这一问题，对学校发展也有影响。戈登和布恩指出，学校发展的能力之一就是"在教育过程的目的方面进行明智的价值选择"(2012：46)。课程建设就是上述价值选择的绝佳案例。学校发展是高度基于环境背景的(Hallinger & Heck，2010；Mongon & Chapman，2012)，需要因地制宜地决策

（Coe，2009；Massel，Goertz，& Barnes，2015）。课程建设是学校发展的重要内容,它也是高度基于当地背景的,需要因地制宜。当地课程决策最好由教授这门课的教师来完成,督导者可以提供帮助,课程专家、学生、家长以及学校服务的社区可以提出建议。

 视频案例

观看视频时,请思考视频中的教师行为有哪些值得褒奖的地方,又有哪些值得忧虑的地方。

显然,学校想要取得成功,教师就必须参与课程研发。这里还有几个等待解决的问题:

1. 课程目的应该是什么?
2. 课程内容应该是什么?
3. 课程应如何组织安排?
4. 课程计划的书写形式是什么?
5. 教师应该参与课程建设设计的哪些环节?

后续章节会一一讨论以上问题。

课程目的应该是什么?

米勒和塞勒(Miller & Seller，1985)将种种课程目标描述为课程取向。他们描述了三种"元取向",或者立场:

• 传输取向。传输取向中,教育的主要目标是向学生传输知识、技能和价值观。这一点尤其强调通过传统教学方法对传统学校学科的把握(1985：5—6)。

• 交互取向。在交互取向中,个体被看作是有理性、有能力智慧地解决问题的。教育是学生和课程间的一次对话,学生在对话进程中重新建构自己的知识结构。交互取向的核心要素是重视能促进解决问题能力的课程策略……在一般的社会背景下和民主过程中对问题解决能力的操练……以及在学科内部开发认知能力(1985：7—8)。

• 转型取向。转型取向聚焦个人和社会的变化,包括……教授学生可以促进个人和社会转型的技能……以及让学生把社会变革看作向和谐环境迈进的过程,而不是企图掌控环境的过程(1985：8)。

如果这三大元取向听起来隐隐约约有些耳熟,那可能是因为我们在第五章探讨过教育理念的缘故。教育的传输取向和教育本质主义有关,交互取向很大程度上是基于实验主义,转型取向的一些方面和存在主义哲学有联系。在第五章中,我们发现教育理念可以改变我们对有效教学和教学改进的定义。类似地,课程取向也驱动着课程建设过程,影响着课程的目的、内容、组织结构和形式。

因此很重要的一点是,在课程建设的早期阶段,开发团队就要仔细审视备选的课程取向并确定该课程的取向。在得到全部利益相关方面的建议后,团队要做的最基本的决策就是课程的目的究竟是传输、交互还是转型,还是将以上几个目的结合在一起。

课程内容应该是什么?

根据本文的目的,课程是教学的内容,也就是在学区、学校和课堂应该有意识地教给学生的东西。课程的要素是顺序性、连续性、广度和平衡(Ornstein & Hunkins,2012)。顺序性是学习经历的排序,连续性是学习经历的长度,广度是学校提供的学习经历的范围,平衡是能充分培养学生的话题、科目和学习经历的程度和数量。开发课程需要决定:(1)学生们应该学什么?(2)学生学习内容应该按怎样的顺序安排?(3)学习成果应如何评估?(Handler,2012；Oliva,2008；Ornstein & Hunkins,2012)。

影响课程内容决策的因素有州政府和联邦政府重视的内容、专业教育家和当地社区的价值观、对学生成长的认知了解和当前的经济状况(Bigham & Riney,2014),以及未来的社会状况。而所有课程内容决策的基础是课程取向(传输取向、交互取向和转型取向),而课程取向归根结底取决于教育理念(本质主义、实验主义还是存在主义)。

本杰明·布鲁姆的学习分类法或许可以指导人们确定不同的内容领域内部和领域之间的学习类型(见表19.1)。布鲁姆体系中的低层次学习——(1)知识和(2)理解——指的是学生回想并展示已知的答案。如果课程目的是知识和理解,可能会让传输目的主导课程。布鲁姆的中等层次学习——(3)实践和(4)分析——的基础,是学生运用逻辑解决问题并反思自己的思考过程。这一阶段的课程目标主要是交互目标。布鲁姆的高层次学习——(5)综合和(6)评估——的基础,是学生将各类知识、实施、技能和逻辑相结合来做出独特的个人判断。这一阶段的课程目标,更多见于转型取向课程。仔细阅读过书面课程计划后,我们便可以确定课程的目的(以及课程建设者潜在的取向)究竟是传输、交互还是转型了。

表 19.1 布鲁姆的分类法

思维层次	描述
知识	学生回忆或识别信息。
理解	学生展示出对信息的理解。
应用	学生用习得的知识解决问题。
分析	学生对信息进行分类或剖析。
综合	做出总结。
评价	学生用所学的知识原创一个新项目。
	学生根据自己的价值观和信念对习得的信息做出判断。

来源:根据本杰明·布鲁姆(1956)的著作《教育目的分类手册第一卷:认知领域》,纽约:David Mckay 出版(Taxonomy of Educational Objectives. Handbook 1:The Cognitive Domain). New York:David Mckay.

课程应如何组织安排?

安排课堂内容的三大主要方式包括基于学科的方式、学科间方式和跨学科方式。雅各布(Jacobs, 1989:14)曾描述过基于学科的课程:

> 基于学科的内容设计通常严格地遵循某单一学科的内容,在校一天的不同时段用于学习不同学科。教师不会尝试学科融合,事实上,学科的融合是应该竭力避免的。教授语言艺术、数学、科学、社会研究、音乐、艺术和体育等学科的传统手段都是司空见惯的。在中学阶段,这些学科和艺术大类才开始分成具体的分支,比如从数学中分出代数,或者从社会研究中分出美国历史。教学模块的设置、教学周和循环的安排会有一些变化。无论如何,还是以泾渭分明的领域呈现,不会刻意地展示不同领域间的联系。

因为基于学科的课程设计重视将学习内容分成彼此独立的传统科目,在固定的时间段分别学习,所以它也是最适合以传输为目的的手段。这种方式很明显是美国最为常见的课程组织形式。

在学科间课程中，一些常见的主题会把传统的学科领域串联起来。比如，交通运输领域某一教学单元的不同方面可以在科学、数学、社会研究、语言艺术、艺术、音乐和体育课程中讲解，或者一些常见的概念和技能（比如科技或解决问题的技能）也可以在一年当中穿缀起不同的学科领域。图19.2所示的就是学科间课程。这类课程安排要求大量的团队协同规划。学科间课程鼓励学生探索学科之间的联系并跨越不同学科进行实际应用，因此学科间方式最适合以交互为目的的学习（Jenkins，2005）。

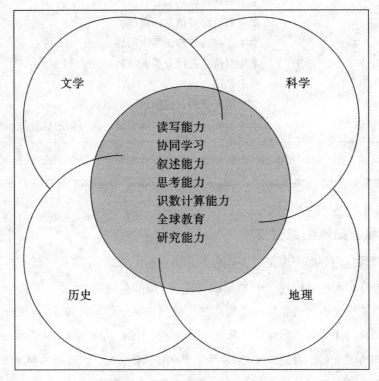

文学　　科学

读写能力
协同学习
叙述能力
思考能力
识数计算能力
全球教育
研究能力

历史　　地理

图19.2　学科间课程示意图

来源：S. M. 德雷克，J. 别兵顿，S. 莱克斯曼，P. 麦基，N. 梅内斯，和L. 韦恩（S. M. Drake，J. Bebbington，S. Laksman，P. Mackie，N. Maynes，& L. Wayne）（1992）.《通过故事模式开发一体化课程》（Developing an Integrated Curriculum Using the Story Model），p. 4. Ontario：安大略教育研究院出版社（The Ontario Institute for Studies in Education Press）出版，经多伦多大学出版社（University of Toronto Press）许可重印。

在学科间课程中，传统的学科分类是不存在的。整个课程围绕常见的主题、技能和问题展开。日常学习活动都是围绕着当下正在学习的主题来进行的,不必墨守学科分类或课堂安排。比如,学习"商业"这一概念时,学生可以把所有时间都用于开发、管理和分析自己的"市场"。学生可以从经济、数学、社会学、传媒、政治、道德、历史和其他学科中选择学习,但前提是这些内容必须和当下学生开发的商业社区有关。

跨学科课程通常是从十分广泛的学习目标开始的。将时事中的重大问题融入课程、学生的兴趣成为持续进行课程设计的一部分。只有老师们愿意重新建构学校课程的概念,这类课程才能成功安排。跨学科课程组织要求学生能综合从不同领域学到的知识技能,鼓励学生创新,自主寻找方向。这种课程组织形式和以转型为目的的教学活动最为相符。

课程计划的撰写形式

本小节将讨论课程计划的不同书写形式:行为—目标模式、网络模式和结果模式。课程计划的形式和课程的内容和结构一样,反映着课程的目标取向。行为—目标模式反映着传输取向,网络模式对应着交互取向,而结果模式则体现着转型取向。

行为—目标模式。先期制定好的知识、事实和技能以线性的因果模式写在课程指南当中。课程建设者决定学习内容,把学习规定为一种行为目标,敲定具体教学活动,在教学过程末尾安排考试,检测教学目标是否完成。

行为目标:到本周末,100%记住并能拼写美国最初的13个殖民地的名字。

活动:
讲解美国的13个殖民地。
学生在地图上填写13个殖民地的名字。
学生通读113—118页,完成第119页的作业。
随机叫学生拼写殖民地的名字。

评价:叫学生回忆地名,并在纸上准确地拼写出13个殖民地名。

图19.3 行为—目标模式

图19.3是为五年级学会研究课程撰写的行为—目标模式课程计划样例。课程设计者把教学单元分解成能涵盖这门学科的最重要的知识技能。他们为每个事实

或技能制定行为目标,在每个行为目标的基础上开展一系列活动和评估。使用这种课程指南的教师需要按照活动的顺序开展教学、主持评估。课程计划中可以设置循环活动,照顾那些没能通过评估的学生。每个行为—目标计划都要紧密地安排衔接,学生完成一项目标后,再进入下一阶段。(比如,学生先学会识别、拼写美国最初的 13 个殖民地的名字,再学习识别、拼写 1776 年至 1810 年间出现的美国州名。)

最近几十年来,大多数学校的课程计划都是以行为—目标模式撰写的。在技能明确、事实清晰的学科领域,如数学和物理(比如,2 加 2 永远等于 4。但战争永远是合理的吗?),这种模式尤为方便。这种方式实在太过常见,以至于很多教师都不知道撰写教学计划还有其他方式了。

网络模式。课程计划的撰写方式也可以展现围绕一个核心主题的活动间的关系。威廉·基尔帕特里克(William Kilpatrick,1925)在他关于工作单元的论述中普及了这种课程计划模式。网络模式不会事先确定知识技能目标,而是先决定主要话题和相关主题,然后再决定可以开展哪些学生活动。

网络模式可以按如下方式撰写:

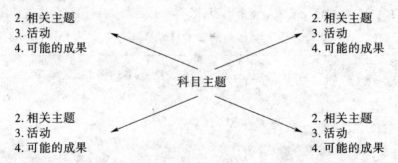

课程建设者写完活动后,再写下可能的学习成果:"学生将可以指出四种主要的环境问题","学生将能够指出每个议题的优势与劣势并提供证据","学生将会在每个问题上提出个人观点"。课程设计者在安排活动时,要考虑多种学习模式,诸如阅读、写作、倾听和建构,然后再在核心议题周围融入许多不同领域的知识。在图 19.4 中,请注意环境问题这一主题是如何将社会学、数学、经济学、历史学、新闻学、物理学和生物学的知识融会贯通的。

网络模式的课程指南包括一个网络蓝图,每个区域留给相关主题、活动、可能的成果和所需资源。请注意,网络模式虽然包括了可能的成果,但也不排除其他成果的可能性。在行为—目标课程计划模式中,活动需要受到事先定好的目标的制约。而在网络模式中,活动会导致可能的、始料未及的学习成果。

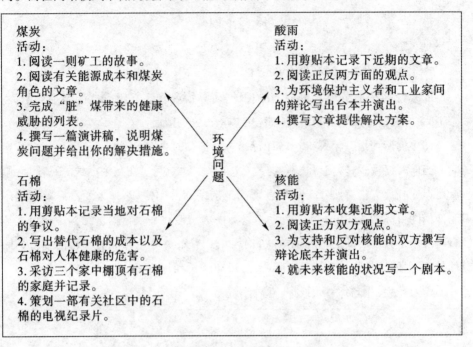

煤炭
活动:
1. 阅读一则矿工的故事。
2. 阅读有关能源成本和煤炭角色的文章。
3. 完成"脏"煤带来的健康威胁的列表。
4. 撰写一篇演讲稿,说明煤炭问题并给出你的解决措施。

酸雨
活动:
1. 用剪贴本记录下近期的文章。
2. 阅读正反两方面的观点。
3. 为环境保护主义者和工业家间的辩论写出台本并演出。
4. 撰写文章提供解决方案。

环境问题

石棉
活动:
1. 用剪贴本记录当地对石棉的争议。
2. 写出替代石棉的成本以及石棉对人体健康的危害。
3. 采访三个家中棚顶有石棉的家庭并记录。
4. 策划一部有关社区中的石棉的电视纪录片。

核能
活动:
1. 用剪贴本收集近期文章。
2. 阅读正方双方观点。
3. 为支持和反对核能的双方撰写辩论底本并演出。
4. 就未来核能的状况写一个剧本。

图 19.4 网络模式

结果模式。课程的结果模式为教师使用教材、开展活动、选取教学方式提供了最广阔的空间。这种课程特别强调的是科目、主题单元或者课程的目标和一般性的学习行为。课程设计需包括检测学习效果的方法。

比如,小学阅读课的结果模式课程计划可能会具体规定以下需要学习的技能:

理解

1. 培养观察力;

2. 根据名字、颜色、形状、大小和位置进行分类;

3. 预测故事的结尾;

4. 区分事实与虚构;

5. 理解针对人物、内容、时间、地点、方式和原因的提问;

6. 回忆一个故事序列;

7. 通过阅读确定文章主旨；

8. 通过阅读得出结论；

9. 对比不同故事。

接下来由老师决定教授这些技能的时间和方式。教师只为结果负责，不为过程负责。

课程计划形式和教师的选择

课程计划的细节规定越少，教师根据实际情况调整教学方式的余地就越大。图19.5便展示了课程计划给教师带来选择余地的拓展。

图中的课程是一个圆锥体。在行为—目标模式的一段，教师几乎没有自主空间。当向网络模式转移时，教师就有了放开手脚的空间。在结果模式的一段，教师就可以充分地大施拳脚。如果教师能走出课程的圆锥体，那也便没有条件能限制他们的目标和行为方式了。行动—目标模式已经在一个松散的结构中尽可能地事先确定了教学活动的内容和方式，网络模式着重关注主题和教师可能的行为间的关系，但能让教师自主选择实际行动、行动时长和评价手段。结果模式看重一般性的学习行为，让老师有余地按心愿行事。

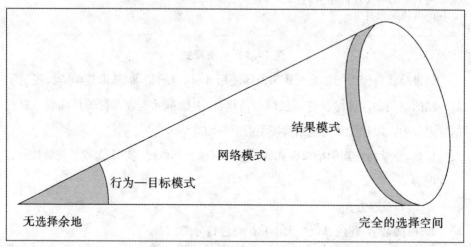

图19.5 课程计划可以反映教师的选择余地：课程圆锥

把教师发展阶段同课程计划联系在一起看似比较简单，但也不是那么容易。进一步审视课程建设参与的类型和深度还是必要的。

学校决定采用行动—目标模式，并不意味着课堂上的教师在教学方法上没有选择权。可能教师已决意要使用这一模式,可能是他们自己制订了课程计划。同样,也可以为教师提供一份事无巨细的行动—目标模式课程以供参考。单纯地了解课程计划并不能告诉我们教师拥有多大的自主权。尽管行动—目标模式经常用来为教学提供建议,并且和选择余地有限画上等号,但实际上也并非总是如此。因此,在课程计划和教师选择余地得以确定之前,有必要思考课程是如何开发、解读和实施的。

课程目的、内容、组织和形式的关系

前几节中我们提出了课程目的、内容、组织和形式的逻辑关联。现在简单回顾一下:以传输为目的的课程在学习内容上和知识、理解相关,适用于基于学科的内容组织形式,对应行为—目标形式。以交互为目的的课程适合学习内容分类中的应用与分析,对应着学科间课程组织形式和网络模式。以转型为目的的课程则在学习内容上强调综合与评估,适用于跨学科课程组织形式和结果模式。表 19.2 展示了课程目的、内容、组织和形式间的关系。

表 19.2　课程目的、内容、组织和形式间的逻辑关系

课程目的	传输	交互	转型
课程内容	知识与理解	应用与分析	综合与评估
课程组织	基于学科	学科间	跨学科
课程形式	行动—目标模式	网络模式	结果模式

我们列举出的自然联系当然不会在所有的课程中都出现。比如,并不是所有网络模式都应用于学科间课程。再如,表 19.4 中的网络模式也可用在基于学科的科学课程中。再举一例,某个结果模式的课程既可以把重点放在布鲁姆分类法的低级、中级阶段,也可以放在高级阶段,可以用于基于学科的课程,也能用于学科间课程。总体而言,我们认为中小学教育中大多数学校的教学实际还是符合表 19.2 的逻辑关系。

教师在课程建设中的参与度

坦纳和坦纳(Tanner & Tanner, 2007)认为,教师和当地学校参与课程建设的阶段是以下三者之一:(1)模仿维护阶段;(2)中介阶段;(3)创造与发展阶段。阶段 1 的教师关注的是维护、遵循现有的课程设计,阶段 2 的教师则会改进现有课程安排,阶段 3 的教师则会根据学习与社会状况方面最前沿的知识改进课程。坦纳和坦纳

对上述三个阶段做了如下解释：

阶段1：模仿维护。这一阶段每个学科的教师都会依赖课本、练习册和常规活动。教师认为技术是行不通的，没有把技术当作深化学习的途径。现成的材料未经严格审核便加以使用，导致孤立的技能培养活动越来越多，原本已经支离破碎的课程计划越发零散不堪。教师不会想到维护现状以外的问题，不愿思考自己在课程优化方面享受到的自由空间是不是比实际拥有的要小。在中学阶段，对课程建设的顾虑主要局限在各个部门内部。

改变会发生在方案采纳环节，但不会因地制宜。这一阶段的课程建设会在现有的课程中强行加入一揽子措施，毫不在意此举会导致哪些后果。这一阶段的教师经常孤立无援地、艰难地应付着上级交予的创新任务。学校发展开始向内收缩，校长成为课堂支持的唯一来源。

阶段2：中介阶段。这一阶段的教师意识到有必要整合课程内容，处理亟待解决的问题。（亟待解决的问题诸如能源危机等社会问题，以及孩子们提出的他们感兴趣、关切的问题。）尽管这一阶段的教师对课程有整体性的把握，但课程的实施却不会超越学科间偶尔的互相联系。课程的重点仍然是分散的，理论与实践仍旧脱节，课程优化还是停留在改善现有教学实践的层次上。

不过，这一阶段的课程建设已经不会再盲目地在现有课程中强行安插创新计划和课程计划了。必要的改变、适应和调整后会进行，并且会为优化课程投资诸多资源，比如学生、家长和同侪。同时，校外资源也会得到使用。教师可以阅读专业文献了解可行的活动，通过在职课程利用大学资源。中级层次意味着一定的意识水平和适应能力。教师会被新想法吸引，也能够阐述新想法，但由于缺少必要的重建工作，无法有效地解决问题，因此优化课程的尝试也会受到影响。

阶段3：创造与发展。这一阶段的教师可以以整体的视角看待课程建设。在理想情况下，教师和全校教职员工要审查课程整体情况，要询问课程的重点和关系。虽然教师个体可以也必须要达到创造与发展阶段，但宏观课程方法要求为纵向和横向阐释进行合作规划。

个体教师通常无法为全校制定新课程计划，但还是可以独立或与其他教师一道确定自己教学活动的承续关系。这一阶段的教师可以把归纳的方法和问题作为课程设计的核心。他们着眼于各个具体学科之间共通的宽泛概念，能使用并开发交叉不同学科领域的新课程。这些都是综合性的处理方法。

这一阶段的课程建设过程中，教师会反思现有工作，尝试探索更加高效的工作方式。他们能判断问题所在并提出几种解决方案。他们在课堂开展试验，和其他同侪交流看法。

这一阶段的教师会吸纳科研成果，同时也在学校和课堂的课程决策中积极承担更大的责任。在选择课程材料并根据具体情况加以调整的过程中，他们可以独立做出判断。他们把自己看作专业人士，一直投身于解决和学习相关的决策问题。为此，他们的注意力始终关注着外界的资源。＊

课程形式、开发者和发展阶段的结合

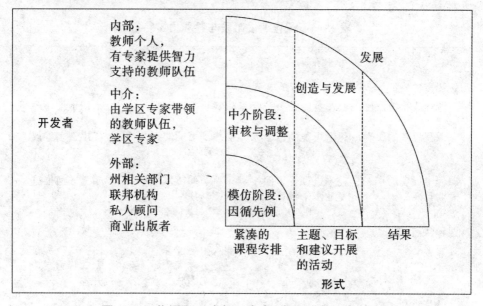

图 19.6　将课程形式与开发者、发展阶段结合起来

如果要将我们前文探讨过的课程形式、开发者和发展阶段的相关内容结合起来，请参考图 19.6。如果开发者既不来自校外，也不来自社区，且课程形式衔接紧密的话，那么课程建设会以模仿为主，教师会因循固有的学习模式。当一支中级教

＊节选自丹尼尔·坦纳和劳雷尔·N. 坦纳的《课程建设：从理论到实践》，第 4 版，第 413—414 页。版权ⓒ2007 新泽西州培生公司（Pearson）普伦帝斯·霍尔（Prentice Hall）。受权重印。

师队伍在社区专家的带领下担任开发者时,课程计划中就会有目标和建议开展的活动,课程建设会更趋于中介性质,教师会重新评估课程方案并根据实际情况做出调整。当课程建设者是一个有专家提供智力支持的教师团队时,或者是某个采用结果式课程模式、明确知晓学生应该学习什么并拥有较大自由度的教师个体时,课程建设就成了创造和发展,拥有源源不竭的创新能力。

将课程建设和教师发展结合起来

课程与教师发展递进式进程如表 19.3 所示。督导者可以从责任感、思想和当前为课程贡献的专业技能的角度考察自己的教职员工,然后再判断当前课程是否适合教师实施课程计划的水平。如果当前课程不适合教师发展,需要计划重新调整课程方案。

表 19.3 课程建设阶段与教职员工特征

	第一阶段	第二阶段	第三阶段
教职员工特征			
对课程改革的意愿	改革意愿较少	乐意进行改革	迫切地期待改革
对课程思考的层次	思考可能的改革方案的能力较差	能想到可能的改革措施	提出许多建议
课程中展现的专业技能	在推进课程方面专业水平较低	不清楚如何撰写课程计划	知道如何推进
课程特点			
开发者	校外开发者	课程由外部开发,但经过专家领导的教学团队大幅修订	由校内教师在专家的智力支持下开发
形式	行为—目标模式,高度结构化	形式折衷,采用行为—目标模式和网络模式	目标模式,提供活动建议
课程建设	模仿的,有权进行微调	可以相互适应	持续进行讨论和变更

课程教学效果较差的教职员工缺乏改善工作的意愿,不具备提出改善方案的能力,课程技能也有所欠缺。在初期阶段,这些教师应搭配校外人士开发的、行为—

目标模式的模仿式课程。在实际教学中,他们应该获准对课程安排做细微调整。另一方面,教学技能处在中等水平的教师有改革欲望,有能力思考改革方案但缺乏撰写课程计划的能力。他们可以搭配由校外专家设计、由校内教师团队在课程专家带领下大规模修订过的课程安排。课程计划形式在行为目标和网络模式的使用上可以做到兼容并蓄。在发展和实施阶段,教师应召开以解决问题为主要内容的会议。最后,课程实施能力水平较高的教师能提出、发起改革措施,知道如何推进课程设计,最好搭配校内开发的课程。形式上强调结果,只附上建议开展的活动,并应该持续接受审核。

督导者应该将这一问题铭记于心:如何增加教师对课程设计的控制? 如果教师和课程结合得当,比如表现欠佳的教师搭配模仿型课程,并取得了成功的实施效果,那么督导者就要规划下一个周期的课程建设,让教师进入决策团队,在课程专家指导下任职,赋予教师额外的责任。这样一来,就会产生更多可以互相适应的课程,同时继续激励教师做出承诺、促进教师发展和专业能力的进步。

那些希望促进课程目标、内容、结构和形式变革的督导者必须记得,成功变革的基础一定是教师愿意改变自己对课程的看法、愿意提高自己在课程建设中的参与度。教师和课程的发展只有在循序渐进的优化中才能成功。比如,与其宣称学校将告别基于学科的课程组织,发展学科间课程组织,不如督导者先鼓励教师小组以中高程度的课程建设水平、专业技能和意愿开展工作,在一些年内进行几个学科间单元的教学。

另一所学校可能已经到中级水平,如果想转向跨学科课程,就需要一组教师以高度的发展水平、专业技能和意愿开展工作,形成一门"广域课程"。广域课程由两门或多个独立学科综合形成,名字里有"人文"、"社科"和"自然科学"的课程或科目(而不是部门)通常都具备广域的特征。形成一个或多个关系到一组教师和学科的广域课程,并不代表着形成了一门完全意义上的跨学科课程,但它是向跨学科课程建设路上的一大步。

在课程内容、架构和形式方面,大规模的、由教师推动的改革只有在教师改变课程取向或改变了关于课程目的的观点时才可能出现。然而,如果教师对参与课程建设的理解水平没有逐渐提高,教师也不太可能会改变课程取向。督导者的开诚布公、信任建设、课程设计中的教职工发展、时间、支持以及对教师参与的奖励都能推进教师和课程的发展。督导者在课程建设过程的始终都必须牢记,如果自己有某种课程取向,或者青睐某种与众不同的课程内容、结构和形式,此时他未必一定是正确的,教师未必一定是错误的。决定课程应朝哪个方向发展、以什么样的速度发展时,政府授权、社区、学校使命与文化、父母、教师和学生的意见都必须考虑在内。

课程与文化多样性

课程应该尊重文化多样性,这一点有诸多原因支持。首先,如果自己的文化在课程中没受到重视,来自非主导文化国家的学生不太可能完全发挥他们的学习潜能。第二,一个社会如果没有体验、理解和尊重组成它的各种文化,就无法为全民提供民主、平等机会和正义(Ford, 2014)。第三,当社区和社会认识到文化多样性的价值、能邀请来自其他文化背景的民众加入他们的发展中时,在教育、经济和社会领域会取得更大的成绩,全民生活质量将得到提升(Bloemraad & Wright, 2014)。因此,文化多样的课程会让全体学生获益,同时惠及社区和社会(Ukpokodu, 2010)。

学校应如何将多文化、多民族内容融入课程呢? 詹姆斯·班克(James Banks, 2014)描述了四种融入方式。班克将这四种方式列为四个不同等级,第一级有效性最差,第四级最为有效。

- 第一级,贡献方法。在课程中除了介绍主流文化内容以外,还要介绍少数民族的英雄人物、节假日和饮食、舞蹈、音乐、艺术等元素。这是最简单的一种方式,但课程本身也基本没有变化。

- 第二级,添加方法。在不改变课程基本结构的同时,在课程中添加其他文化的概念和观点。这种方法可能会包括加入少数文化的作者的书籍、几单元的教学或者一门单独的课程。

- 第三级,转化方法。让学生思考几种其他不同文化的概念、事件和问题,而不是将视野局限于主流文化,从而转变课程的基本结构。

- 第四级,社会行动方法。这种方法囊括了转化方法的各个方面,但也要求学生参加文化问题的批判性探索,为社会发展进步采取行动。

图 19.7 总结了上述的四种方法。

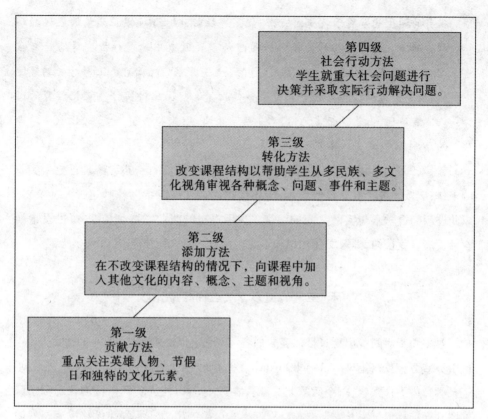

图 19.7　班克提出的多文化课程改革方法

来源:征得原作者同意后,复印自:詹姆斯 A. 班克斯(James A. Banks),《跨文化教育导论》(第五版)(An Introducticon to Multicultural Education),(5th edition)。波士顿:培生公司,2014,第 54 页。

不幸的是,许多学校课程甚至都没有突破第一级。多文化课程的理论与实践之间为什么会存在一道鸿沟呢? 日内瓦·盖伊(Gevena Gay, 2005)提供了一种解释:

> 大多数学校的教师和校领导都是带着良好的初衷去实施由多文化教育方面的专家学者提出的想法和建议的。不幸的是,很多人并没有知识基础,也缺乏教学技术。其他人还在努力地解决他们眼中的那种与生俱来的紧张关系,也就是美国在"合众为一"中展现的民族主义理想和任何接受、推进学校与社会中的多样性间的矛盾。在追求教育多样、公平和卓越的呼声中,仍有大量的困惑情绪。许多教师仍然相信,用不同的方式对待不同文化渊源、民族背景和

出身的学生就等同于歧视，促进文化多样性就意味着折损高质量的表现和卓越的标准。这种困惑的情绪让一些教师质疑教育中的多样性究竟有什么益处，把多样性看成是低效率的分裂行为，并且用那些能让自己重新感受到舒适的、服务一己私利的方式重新定义多样性。这些反应对实施多文化教育的影响各有不同，但总体而言，它们都导致了歪曲、模糊和误解，和多文化教育学者的思考、研究和著述不符。

盖伊（2005）曾提出，我们应该开发明确清晰的工作指南，指导将理论投入实践的工作；应该为教师确立绩效标准；应该提供职业发展以帮助教师达到标准要求，以此逐渐弥合学术与实践之间的鸿沟。盖伊提出的职业发展是长期的，可以帮助教师发展自我认知，学习文化知识和多文化背景下的教育技能。

课程地图及其重新规划

过去几十年间曾出现过目的各异的各类课程地图。课程地图是20世纪80年代由芬威客·英格里许（Fenwick English，1980）开发的，是一种课程审核方式，用于记录教师讲了什么、在每个话题上花费了多少时间，以便将实际讲授的课程和学区的课程标准和考试系统对照。英格里许当时提出的模型和课程建设并没有强烈的直接联系。他曾说道，"课程地图不会创造出'新'课程。它的目的是描述现有的课程"（1980：559）。英格里许认为，课程审核之后，课程建设者可以选择采用课程地图，让课程实施与课程计划更为一致。

20世纪90年代，海蒂·海耶斯·雅格布（Heidi Hayes Jacobs，1997）引入了另一种课程地图。这种地图能让教师全程参与，地图中不仅包括了教师讲授的知识技能，还有由教师进行的评估。他的模型也让教师间互相审阅彼此的课程地图，并就此一起审议总体课程计划。在先前的责任制时代，许多学区都不再使用雅格布的参与模式课程地图，退回作为审核方式的课程地图，记录教师的教学行为，以保证其满足州立标准和成绩测试的要求（Shilling，2013）。

我们认为，课程地图的目的不应该是课程审核，而是让教师参与到教学内容与教学方式的反思和由教师推动的课程建设中来。我们也相信，课程地图应该涵盖课程内容、教学和评价的分析与优化。我们这里介绍的课程地图适用于学校层面。

课程地图使用的模型既可以是纵向的,也可以是横向的。比如,小学教师可以用同一模型完成同样内容、同一年级、不同组别学生的教学,也可以完成不同年级(如4、5、6年级)的教学。中学教师可以完成统一课程的不同阶段,或一系列课程(如英语1、英语2、英语3)的教学。

表19.4是该模型第一阶段的样例。对于每个课程单元,教师都要记录该单元内具体的教学内容。比如,介绍美国总统大选中有关公民的教学单元时,具体内容可以包括竞选筹资、初选过程、党派大会、总统选举中的大辩论、选举夜和选举团。对单元内每项具体内容,教师不仅要总结教学内容,还要记录教学时间、教学方法和检测方法。对中小学来说,单个课程地图为期一年。在高中,一门课程的课程地图可以在一学期内完成,但如果由一组教师共同制定一系列课程的地图,那么每个单项课程耗费的时间可能要更长一些。

表19.4　个体教师课程日志

教师:＿＿＿＿＿＿＿＿＿＿＿
年级/内容或课程:＿＿＿＿＿＿＿＿＿＿＿

单元话题	具体教学内容	具体内容教学日期	教学方法	评估方法

该课程地图模式的下一阶段内容,就是用参与教师的课程地图进行反思和对比。初期的反思与对比可以在学期或学年期间进行,但全面反思必须留待学期、学年或系列课程结束后。参与课程地图活动的教师互相分享地图,审阅全员的课程地图,然后召开大会,开发对比地图。对比地图的简单样例可以参考表19.5。除了表19.5所示的每个单元的话题、具体内容和日期外,还可以设计更复杂的地图,用以对比教学方法、评估方法等教师希望对比的内容。当然,对比地图中应设有"教师"一栏,记录组内每位教过参与对比的某一班级、年级或课程的教师。

表 19.5　课程对比地图

教师：_____ 年级/内容 或课程：_____			教师：_____ 年级/内容 或课程：_____			教师：_____ 年级/内容 或课程：_____		
单元 话题	具体 内容	具体内容 讲授日期	单元 话题	具体 内容	具体内容 讲授日期	单元 话题	具体 内容	具体内容 讲授日期

表 19.6　个体评审与小组讨论信息提示

与州课程标 准间的差别：	与社区课程 间的差别：	与专业协会推荐课 程标准间的差别：	与当地特殊需 求间的差别：
冗赘部分：	课程大纲 范围问题：	课程顺序问题：	单元或具体内容 教学时长问题：
具体内容 难度问题：	教学方法问题：	测试方法问题：	资源问题：

　　教师建立对比地图以后，就应回顾反思表 19.6 中的提示信息。首先，教师单独审阅对比地图，思考地图中显示出的问题，准备提问或讨论意见。然后，教师召开会

议讨论上述问题,并可对课程方案做出调整。教师需要考虑课程间的空档和衔接问题。有没有州立标准要求掌握但并未讲授的内容? 如果有需要执行的社区课程标准,那么实际授课和社区标准间是否存在差别? 许多国家级别的教育协会都推荐不同学科领域的课程设置方式,这些课程设置通常比政策制定者规定的课程层次更高、整体性更强,因此考虑相关机构的推荐建议也是十分重要的。

　　教师也需要以消除不必要的、重复的内容为目的审视课程中冗赘的内容。有些内容可能超出了课程标准的范围,即它和任何学校课程目标都不相干。超纲内容应从课程中剔除,为更多必要的内容留下空间。内容的顺序(无论是个别科目还是整体课程)都需要仔细检视,以确保学习内容循序渐进。评估某一具体内容上耗费的教学时长是很重要的,因为教授同一年级或同一门课程的教师间需要保持进度的基本一致。

　　每项具体内容的难度也需要加以分析,以确定是否适合所教学生的发展阶段。同样的内容经常可以在不同的难度进行讲解,一旦发现某些内容难度过高或过低,教师可以讨论将该内容移动到课程的另一部分,或在调整难度后将该内容仍保留在原有位置。课程安排不可以脱离教学实践,因此课程地图的评审也应分析不同种类内容对应的教学方法。探讨不同教师运用的教学法可以让小组明确哪些教学方法取得了成效,哪些却没有。这并不是要找出一种最好的教学方法。不同的教师用不同的方式讲同样的内容,都有可能取得成功,成功的教学法也可以放在新课程地图中供教师备选。当然,教师开会讨论永远都有可能产生一些激动人心的新方法,可将其加入课程应用中。地图中列出的评估方式也应接受评估,以选出最有效的评估方式供教师选择。教师讨论中也可能产生新的评估方法。最后,表19.6中提到的"资源"也可以使得教师重新审视现有的教学资源,来决定哪些应该加入新课程地图以及小组需要哪些新资源。资源采购完成后,就应添加在地图中。

　　完成个体地图的制作和讨论、共同制作对比地图、采用表19.6中的提示信息分析对比地图并考虑可以做哪些调整后,教师便准备好开发清晰版地图了。地图标题可以参考表19.7。教师可以调整每个年级/科目内容或课程的话题(第一栏),每单元的具体内容(第二栏),每单元内各个部分的教学时长(第三栏)。教师可以简单记录每个单元需要达到哪些州和社区标准(第四栏、第五栏),单元中的每部分和专业组织的课程指南有何关联(第六栏)。可以采用的教学方法和测试方法也要列出（第七栏、第八栏），可用的教学资源也要说明（第九栏）。

表 19.7　新课程地图

年级/内容或课程：								
1	2	3	4	5	6	7	8	9
单元话题	具体内容	具体内容教学时长	需满足的州立要求	需满足的社区要求	需满足的测试要求	可用的教学方式	可用的评价方式	可用的资源

设计课程单元：通过设计促进理解

另一种课程建设模式，即通过设计促进理解（Understanding by Design，UbD），是格兰特·威金斯和乔伊·麦克泰（Grant Wiggins & Joy McTighe，2005，2011）提出的。该模式的两大目标是帮助学生实现有意义的理解，并将所学投入到新环境中去。"当学生自发地通过自主的活动弄清、迁移知识的时候，就有了理解。理解的六个方面——即解释能力、解读能力、应用能力、换位思考能力、共情能力和自我评价能力——都是理解的指示器"（2011：4）。UbD 使用反向设计，其中开发者（1）制定预期目标，（2）确定哪些迹象表明学生达到了预期目标，以及（3）为学生制定学习计划。威金斯和麦克泰认为，反向设计可以杜绝两种常见的低效率的课程建设：围绕参与活动规划课程以及围绕诸如教材的外部资料规划课程。该模式不事先制定具体内容，它更像是一个框架，首先用于规划课程单元，再进一步制定每日教学计划。让我们详细看看威金斯和麦克泰（2005，2011）提出的 UbD 模式的三个阶段：

第一阶段：提出预期目标。课程建设者应确定预期目标，包括意义目标（理解"主旨大意"）和迁移目标（将自己的理解用于新环境中）。开发者需要拟定核心问题，让学生在单元学习中从始至终保持思考，紧扣意义目标，也要确定短期目标（亦作习得目标），即意义目标和迁移目标所涉及的应掌握的知识技能。和预期目标相关的、在州和社区等规定下已确立的标准和目标已经列入第一阶段文件,提醒教师注意已确立的标准和目标与课程单元的预期目标之间的关系。

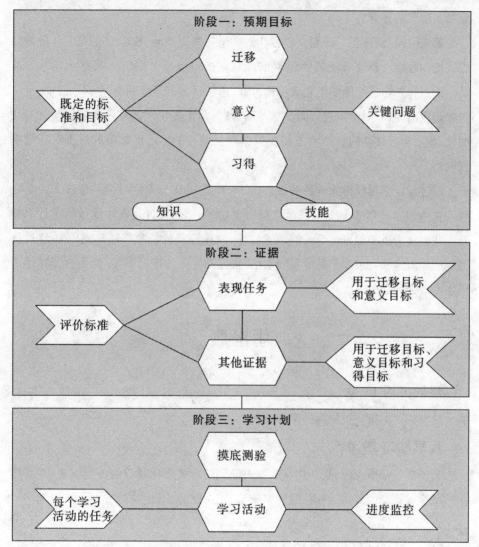

图19.8　威金斯和麦克泰的通过设计促进理解模式

第二阶段:寻找证据。课程建设者需要寻找两大类证据来判断预期目标是否完成,即表现任务和其他证据。表现任务用来评价学生所有针对意义目标和迁移目标的学习行为,可以是实际任务,也可以是虚拟任务。其他证据则可以用来判断学生是否完成了习得目标(即短期的知识技能)。此类证据包括了更多的传统测试手段，比如展示具体某项技能、小测验、考试等。用以区分不同学习水平的评价标准也要出台，用于不同种类的表现和其他证据。学生应得到多次机会展示自己已完成第一阶段的目标。

第三阶段：制订学习计划。学习计划应包括摸底测验，检验学生先期具备的知识技能和理解。教师可能需要根据测试结果为班级或个别学生调整单元学习活动。学习计划包括帮助学生完成习得目标、意义目标和迁移目标的学习活动，也应包含进度监控，如对学生进行同步学习测验、为学生提供反馈等。和摸底测试类似的是，使用学习计划的教师可能需要根据通过监控学生进度收集的信息对计划进行调整。

通过设计学习取得成功的关键。图 19.8 是 UbD 三大阶段的示意图。威金斯和麦克泰（2005，2011）强调，三个阶段需要协调一致，设计过程才能按原定计划展开。我们认为成功的另一个关键因素在于，实施课程的教师必须是使用 UbD 设计课程的原班人马。根据教师的发展水平、意愿和专业技能的不同，要为教师提供不同水平的督导帮助。

思考题

巩固练习 19.0

检查你对本章关键概念的掌握情况。

反思练习 19.0

请绘制一幅概念图，展示你从本章中学到的有关课程建设的关键概念，并在图中标明这些概念的关系。和你的同事分享、探讨你的概念图。

第二十章　行动研究：以学校为研究中心

本章学习目标

阅读本章后，你应当能够：

1. 列出传统行动研究的五个阶段。

2. 描述成功的全校行动研究的一般结果。

3. 列举欣赏式探询的四个阶段。

4. 阐述教学改进的共治原则。

5. 总结作者关于协助行动研究的建议。

请阅读本章，并思考以下问题：

1. 你会如何与一位持怀疑态度的老师讨论行动研究？

2. 你为什么认为作者将行动研究作为"相关督导活动的核心"？

3. 哪一种类型的行为研究最吸引你？传统的（基于问题的）、解释性的、批判性的，还是欣赏性的？为什么？

4. 本章讨论行动研究和民主治理。为什么这两个主题自然地相互关联？

5. 假设你熟悉的一所学校决定为行动研究建立共同治理。本章作者提出的共同治理模型可以通过哪些方式进行修改，以使模型适应你心目中的学校？

　　为什么学校不该配备学者型教师？他们掌握各自课堂中学习过程所需的调查概念工具和方法。为什么学校不该培养这些学者型教师的持续智慧和力量呢？

（Schaefer，1967：5）

著名的社会科学家库尔特·勒温（Kurt Lewin）致力于研究民主和群体中个人之间的关系。他开创了格式塔心理学学派、群体动力学和行动研究的概念。他认为，社会变革应建立在群体为改善自身状况而采取的行动的基础之上。社会研究不应侧重于脱离实际情况的对照实验。当人们计划改变并从事实际活动时，事实的发现才能决定成功与否，以及是否需要进一步的计划和行动（Lewin, 1948：206）。

斯蒂芬·科里（Stephen Corey, 1953）将勒温的行动研究概念应用于教育。他认为传统的研究主要是由公立学校以外的研究人员进行的，对学校的实践几乎没有影响。科里认为：

> 当一个人试图改善一个对他有影响的环境时，那些从本质上改变行为的学习最有可能发生。当他自己发现问题、做出有益的假设、付诸行动、研究结果并进行总结时，他更能内化这些经验。反之，如果这些都是由他人替他完成，他自己仅仅只是阅读，效果则大不同。行动研究的价值就在于，它是由实实在在参与研究的人的实践中结果导致进步的程度来决定的。（1953：9）

因此，教育中的行动研究是由同事们在学校环境中进行的研究，其结果是通过他们的活动来改进教学。虽然个别教师也可以进行行动研究，但在大多数情况下，最好还是教师们合作努力，以试图改善共同的教学问题（Allen & Calhoun, 2009；Calhoun, 2009；Castro Garcés & Granada, 2016；Clauset, Lick, & Murphy, 2008；Gordon, 2008；Kapachtsi & Kakana, 2012；Pine, 2009；Sagor, 2009）。

查理德·佐合（Richard Sago）认为："通过转向合作行动研究……我们可以重申我们对优质教学的承诺，并开始发展一个积极的专业人士社区。"（1993：10）行动研究意味着实践者就是研究者。研究方法的客观性和严谨性可能会受到古典研究者的质疑，但这一过程对学生和教师的好处似乎大于实验纯洁性的丧失（López-Pastor, Monjas, & Manrique, 2011）。

在谈到教师主导的研究的力量时，哈伯德和鲍尔（Hubbard and Power）写道："世界各地的教师正通过成为教师—研究人员而职业化地发展，这是一种新型的'驻地艺术家'。我们将自己的课堂当作实验室，把学生当作合作者，通过研究系统地审视我们的课堂，我们正在改变与学生合作的方式。"派因（1993：xiii）曾认为：

> 教师在行动研究的过程中可以获得知识，从而体验到"知识就是力量"。在不断变化的实践中，知识和行动相结合，越来越多的人认识到，教师有能力从

内部改变和改革教育,而非自上而下地进行改变和改革。(2009:31)

表20.1对传统研究和行动研究进行了比较。

 视频案例

　　视频中的老师正在讨论她所进行的基于课堂的行动研究。全校行动研究与课堂行动研究有何相似之处? 全校范围内的行动研究将会面临哪些课堂行动研究所没有的挑战? 全校行动研究有哪些优势是基于课堂的行动研究所没有的? 基于课堂的行动研究如何能与全校的行动研究相辅相成呢?

表 20.1　传统研究和行动研究的对比

	传统研究	行动研究
主导	外部专家	实践者
目的	发展新知识	解决世界问题，改进实践
数据收集方式	定量或定性	定量或定性
数据收集和分析的目的	更好地理解现象，验证假设	解决实际问题，指导行为计划，评估结果
质量研究标准	对方法和结果进行同行评审	预期变化的研究结果
主要受众	其他研究者，专家，政府或私人机构	学校社区成员

如何开展行动研究

　　在行动研究的第一阶段,选择一个重点领域————一个需要改进的教学领域。第二,需求评估收集重点领域的数据。在此阶段收集数据的目的是了解问题以及如何解决问题,并收集基线数据以帮助评估改进工作。行动研究的第三阶段是设计解决问题的行动计划。该计划包括评价改进工作是否成功的活动。第四阶段是计划的实施。行动研究的第五阶段是评价阶段:收集和分析行动计划效果的数据。根据评价结果,确定行动计划的目标和活动是继续进行、扩展、修订还是取消。

　　如果这五个阶段听起来与第十五章(直接帮助)中个别教师制订行动计划的过程有可疑的相似之处,那么你就赢得了督导集中游戏的第一轮。直接帮助教师的目的是促进个别教师的思想、选择和责任的增加。行动研究可以提升个体、小组,或学校层面的反思、选择和责任意识，主管的角色是根据对教师的发展水平在行动研究的重点区域确定教师需要什么类型的援助(指令信息的、合作的，或非指令性的)。图20.1描述了行动研究的五个阶段。

第一阶段 选择重点领域
第二阶段 发展评估需求
第三阶段 设计行动计划
第四阶段 实施行动计划
第五阶段 评价和检查行动计划

图20.1 行动研究的五个阶段

集体行动研究可以将直接援助、评价教学群体发展、职业发展和课程建设结合起来。首先，团队对教员进行需求评估，并收集基线数据，以确定改进教学的共同目标。观察可作为需求评估的一部分，可选择以下任何一种类型的观察：

- 分类频率工具；
- 行为指标；
- 可视图表；
- 逐字记录或选择性记录；
- 独立的开放式叙述；
- 参与者开放式观察；
- 焦点问卷调查；
- 定制观察系统；
- 全校课堂观察。

以上观察类型的使用详见第十二章。

可以从以下列表中选择更广泛的需求评估技术:

- 观察和倾听;

- 正式记录;

- 审查教师和学生工作成果;

- 第三方审查;

- 多项选择调查;

- 书面开放式调查;

- 排名调查;

- 德尔菲技术;

- 名义小组技术;

- 因果分析图;

- 流程图;

- 帕累托图。

以上有关评估技术的解释详见第十三章。

第二,团队以头脑风暴的方式,思考督导任务全过程中需要开展哪些活动。团队可以回答与技术督导任务相对应的以下五个问题:

1. 为了达到我们的教学目标,必须向教师提供何种类型的直接援助? 频率是多少?

2. 行动计划中应包括哪些类型的教学形成性评价?

3. 需要安排哪些会议和讨论,让教师作为团队发展的一部分,分享和实现我们的教学目标?

4. 为了达到教学目标,教师需要获得哪些职业发展机会,例如讲座、工作坊、示范、课程及参观等?

5. 在课程内容、课程指南、教案、教材等方面,要达到教学目标,有哪些必要的课程建设?

以上有关技术督导任务的解释详见第十五、十六、十七、十八和十九章。

第三,团队制定与目标相关的活动计划。撰写计划的技巧如下:

- 亲和图;

- 流程决策程序图;

- 甘特图；

- 力场分析。

各规划设计的描述详见第十三章。

第四，团队实施该计划，完成第十四章中讨论的准备、就位、启动、全面运行以及持续和革新阶段。在实施的同时，该小组还对行动研究及其效果进行持续的形成性评价，从第十二章中选择观察结果，从第十四章中选择形成性评价方法进行评估。在形成性评价的基础上，酌情对行动研究进行持续修改。

第五，团队选择一个总结计划评估设计，使他们能够分析数据，确定目标是否已经实现，并决定需要采取哪些进一步的行动。总结评价往往是在学年将要结束时进行。设计可以是定量的、定性的，也可以是两者的结合。评价中需要提出的问题包括：

- 评估的目的是什么？

- 谁来评估？

- 需要回答哪些问题？

- 将收集哪些数据以及如何收集？

- 如何分析数据？

- 评估报告将采取何种形式？

要了解总结性方案评估的组成部分，请参阅第十四章。

与需求评估和形成性评价一样，第十二章中的观察工具可以用来收集一些终结性评价数据。

以往对督导的每一项技术任务(直接帮助、教学评估、小组发展、职业发展、课程建设)都是单独讨论的。实际上，任何为提升教学所作的努力都必须将每个任务联系起来。现在是时候模糊任务间的界限，并展示行动研究如何成为集成任务的工具了。

行动研究的重点是改进教学的必要性，正如教师们所认为的那样。教学优化措施敲定后，教师和督导人员要规划每个督导技术任务中需实施的相关活动(见图20.2)。

把行动研究想象成一颗巨大的流星落在督导海洋的中央。当它来袭时，它会激起涟漪，激活直接帮助、职业发展、课程建设和团队开发的四个海洋。波浪的力量继续增加，直到一股巨浪汇集并冲击所有的教学海岸，冲走过去教学失败的旧沙，代之以教学改进的新沙。离开海滩，让我们看看成功的行动研究的特点。

图20.2　作为相关督导活动核心的行动研究

成功的行为研究的特点

　　并非所有的行动研究都是成功的。有时行动研究根本不会开始，因为教师没有意识到工作量多么庞大，从不完全投入到这一过程，或者由于缺乏时间、资源或督导支持而无法组织行动研究。一些学校在行动研究方面开局顺利，但在一年左右的时间后就停止了行动研究，因为关键参与者离开了学校，其他优先事项和项目取代了行动研究，或者行动研究被视为一个短期项目、一个学期项目，而不是反思调查和教学改进的持续过程。戈登、施蒂格尔鲍尔和迪尔（2008）的一项研究比较了成功行动研究项目，发现更成功的行动研究具有某些不太成功的项目中没有的特点。在更成功的项目中：

　　●督导者在全校为行动研究分配领导。校长要求教师加入行动研究小组、规划小组、评估小组等，并邀请教师担任课程建设人员、示范教师、同行教练等领导角色。当督导者与老师会面讨论行动研究时，他们与教师的地位应该是平等的。

• 尽管有其他事情需要领导，但督导者还是积极参与行动研究，在教职员工会议上讨论研究，参加行动研究小组的正式会议，并进行关于这项研究的个人非正式对话。督导者需要明确表示，行动研究是优先事项。

• 行动研究以数据收集和分析为基础。收集数据是为了帮助教师决定行动研究的重点领域，更多地了解重点领域，设计行动计划并评价结果。通过调查、访谈、头脑风暴会议、课堂观察、自我评估和学生成绩记录审查收集数据，教师们不仅分析了数据，而且还参加了关于数据含义的反思性讨论。持续的数据收集和分析使得比较成功的学校能够在必要时修改行动研究。

• 在整个行动研究的需求评估、计划、执行和评估阶段，教师要在小组会议和全校会议之间就如何组织和协调他们正在进行的行动研究阶段进行循环。

• 与不太成功的学校不同，比较成功的学校为其研究制订了相当详细的书面行动计划，并保存了执行和评价活动的书面记录。这些持续更新的文件可能是行动研究更有组织方法的一个指标。

• 在比较成功的学校存在广泛的合作。校长、行动研究领导小组成员以及全校参与行动研究的教师都表示彼此之间有广泛的合作。合作增加了学校社区成员之间的信任和尊重，这反过来又增加了合作。

• 较成功的学校为从事行动研究的教师提供广泛的支援，包括实地职业发展、会议及工作坊旅费、教学资料，以及最重要的参与行动研究的时间。成功的学校也充分利用外部资源，如大学专家的帮助、小额赠款来资助行动研究，以及利用学校外社区的诤友定期到学校参观而提供技术援助和分享反馈。

• 行动研究较为成功的学校采取循序渐进、稳步推进的方式进行行动研究，逐步扩大改进活动，增加参与行动研究的教师人数。不太成功的学校要么在行动研究的承诺上反反复复——有时在研究停止之前会重启几次——要么第一年在行动研究上花费大量的时间和精力，结果第二年的承诺和活动就急剧减少。

• 行动研究较成功的学校，不仅达到了教学优化目标，还取得了其他不太成功的学校没有报告的积极成果。较成功学校的教师报告说，由于参与行动研究，合作程度提高，实验精神和冒险意识增强，教学得到改善。较成功的学校的教师也报告说，行动研究使反思性调查成为学校文化的一部分。

扩大边界：行动研究的替代方法

本书中强调的行动研究方法，以及大多数学校采用的行动研究方法，都是解决问题的方法。发现了一个问题，抱着深入了解问题的目的收集了需求评估数据，设计了一项行动计划来解决问题，实施了该计划，并收集了评价数据以确定取得了哪些进展，以及需要对行动纲领进行哪些修订。学校不妨考虑采取其他行动研究办法。三种替代方案包括解释性行动研究、批判性行动研究和欣赏式探询。

解释性行动研究

从事解释性研究的教师试图理解学校中的现象以及参与者对这些现象的理解。可以研究的现象包括学校的文化，新课程在课堂上的实施，教师和学生在课堂上讨论有争议的问题时的互动（Shapiro，2014）。

举一个更详细的例子，让我们假设一群老师决定对一个新的基于探究的科学项目的使用进行解释性研究。研究问题可能包括以下内容：

1. 教师在探究学习中经历了什么？
2. 学生在探究学习中经历了什么？
3. 教师如何描述从探究学习中获得的知识？
4. 学生如何描述从探究学习中获得的知识？

为了收集关于这些问题的数据，解释性研究人员可能会观察探究课，并就课堂活动、师生之间和学生之间的互动等进行大量的实地记录，此外，教师—研究人员可能会与教师和学生面谈，了解他们的探究学习经验以及他们对探究课程学习成果的解释。研究人员可能会发现，不同的参与者会在相同的学习经历中收获不同的体验，并对研究性学习进行不同的解释。通过就行动研究中确定的其他观点和解释进行对话，教师可以对正在研究的现象有更全面的了解。对话和加强对结果的理解可以成为改进做法的基础。例如，根据他们的解释研究结果，探究学习示例中的教师可能会改变向学生提出科学问题的方式。

批判性行动研究

批判性研究观察并挑战现有理所当然地支持不公平的行为方式，着眼于改变方式以促进公平(Hadfield，2012；Keen Wong，2014)。特别需要指出的是，批判性研究考察了导致不平等的权利关系，还审查了造成不平等的外部社会、经济和政治力量，并考虑了克服这些力量负面影响的方法。批判性研究人员使用的一个重要过程是实践，它表示实践和理论建设的互动循环。在批判性行动研究中，练习采取持续行动和反思周期的形式，目的是使群体和个人摆脱不公平待遇。

对高中追踪系统进行批判性行动研究的教师可以通过拟定一组批判性问题开始研究，例如：

- 追踪系统的存在符合谁的利益？
- 追踪系统强化了什么文化价值？什么文化价值将失去法律效力？
- 目前的跟踪系统有哪些权力关系？
- 追踪系统如何反映学校服务社区的社会经济现实？
- 追踪系统如何反映社会上的种族问题？
- 谁来决定学生的安排？
- 追踪系统对谁有利？谁处于劣势？

从事批判性行动研究的教师通过重复的数据收集周期和对数据意义的对话，找到这些问题的答案。最终，研究人员开始关注一系列关于改变制度以增加公平性的问题：

- 我们如何让家长和学生参与决定如何最好地满足学生的学习需求？
- 如何以自由解放的方式满足学生多样化的学习需要？
- 怎样给学生分组才能顾及最弱势群体学生？
- 学生分组如何促进民主和社会公正？
- 如何让所有学生的成长和发展成为学校决策过程的中心？

同样，教师们也会通过反复的数据收集和多轮谈话来寻找这些问题的答案。随着时间的推移，教师和学校社区的其他成员将把研究结果作为决策、学生分组、课程和教学变化的基础。对批判性行动研究有效性的检验是，公平性是否以一种有意义的方式得到了提高。

欣赏式探询

欣赏式探询作为一种行动研究方式，最初诞生于教育领域以外。它正成为基础教育(学前至高三)强有力的实践性研究方式。最初的开发者库珀里德(Cooper-rider)和斯里瓦斯特娃(Srivastva)(1987)提出了欣赏式探询模式,以期替代传统的解决方案。他们认为,如果一个团队或组织建立在对该团队或组织已经有积极意义的方面,而不是停留在现有的问题上,那么它更有可能向前发展。欣赏式探询离开传统模型的行动研究,专注于"人们的思考方式,而不是行为方式",承诺"在计划的改变中放开控制,在行动阶段培养即兴方式"(Bushe & Kassam, 2005: 176)。欣赏式探询基于五个基本原则,分为五个阶段。我们将首先讨论这些原则,并将它们应用到学校。这种方法也可以被学校内具有共同责任的一小部分教育者使用。

建构主义原则:学校社区成员以社会建构的方式建构学校生活的现实性,共同建构未来更美好的现实性。

同时性原则:对学校情况的探究不能与干预真正分开——探究和干预实际上是一枚硬币的两面。

诗意原则:透过回忆和讲述学校正面的故事,学校社群的成员才能最欣赏学校正面的一面。这些积极的故事可以成为未来增长的基础。

预期原则:当一个学校社区的成员共同构建了一个对未来的积极愿景,生动地描述了未来的细节,并相信他们能够实现这个愿景,他们就会自然而然地朝着这个愿景前进。

积极原则:过去、现在和未来的积极愿景中伴随着希望和信心、进程中达成目标的庆祝、推动学校走向正能量的愿景。

最初的欣赏式探询模式包括四个阶段——发现、畅想、设计和未来(Ludema, Cooperrider & Barrett, 2001)。新的模型在开始流程的定义添加了"第五个阶段"(Tschannen-Moran & Tschannen-Moran, 2011)。让我们简单描述一下 5 – D 周期中的五个阶段。

定义:一个符合欣赏式探询原则的研究主题是由积极的术语陈述的。对于以前未使用过欣赏式探询的学校小组,在选择主题之前,介绍性练习和讨论可能是必要的,以使参与者从传统的解决问题的思维模式转向欣赏的方法。

发现:教育者讨论他们的学校、工作和同事最看重的是什么。通常情况下,教育工作者分成两组,互相采访,然后向整个小组报告采访结果,然后由小组确定贯穿于跨视图数据的积极主题。这些积极的主题成为畅想阶段的基础。

畅想(Dream)：在畅想阶段，教育工作者专注于研究课题，在课题领域展望更美好的未来。畅想的一部分是关于如何利用在发现阶段描述的学校积极方面来解决研究课题，另一部分是相对于研究主题展望一个更好的未来。教育工作者在研究结束时对自己想要达到的目标形成了一个丰富而详细的印象。

设计(Design)：在设计阶段，教育工作者就如何实现上一阶段所阐述的畅想制定一个初步的计划。这个阶段开始于头脑风暴使畅想成为现实的可能方法；这里的重点是产生创造性的想法，而不是判断这些想法的价值。经过头脑风暴，教育者就最符合学校的积极属性和最让他们兴奋的想法达成共识，然后将这些策略整合到一个行动计划中。设计过程包括教育工作者承诺协助执行商定的战略。

实施(Destiny)：在实施阶段，教育者通过实施在设计阶段确定的策略来构建畅想阶段设想的新现实。这个阶段更多的是关于持续性探索，而不是典型的程序实施。实施阶段的特点是具有很大的灵活性，在设计阶段制定的策略将根据其效果和变化的条件进行必要的修改。并不是学校里的每一个教育者都参与了之前的阶段，但是在实施阶段，越来越多的学校社区成员被邀请加入这个过程中来，并因其欣赏立场和积极作用而被吸引到这个研究中来。

欣赏式探询是周期性的。例如，一所学校可能会在一学年中经历所有五个阶段，然后在下一年开始一个新的周期，其中要么是修订的研究主题，要么是新的研究主题。虽然在基础教育中还没有广泛使用欣赏式探询法，但在本书作者在学校促进或观察到它的案例中，教师的反应非常积极。唯一的困难是要从主导教育的解决问题的观点过渡到欣赏的观点所需要的"思维转变"。然而，一旦这种转变发生，我们就会发现教育者乐于接受并成功地运用欣赏式探询。

行动研究的共同治理

教师行动研究作为一种合作式、参与式和民主式探询的范式，怀抱知识民主，是智力和情感的心脏与灵魂。

（Pine，2009：27）

早期关于学校改进和行动研究的不足之处在于，缺乏对个别学校或地区改革过程的描述。在为学生追求合作和集体教学目标的过程中实现"超越个人的事业"

听起来令人钦佩,但导师如何发起和维持这种努力呢?

下面是一种解释,使用的是来自职业学校联盟的公立学校的案例研究(Allen & Calhoun, 2009)。在佐治亚州、南卡罗来纳州、佛蒙特州、密歇根州的中小学和欧洲的美国国防部附属学校,共同治理和全校教学变革的模式已经得到了调整和应用。

小组练习 20.1

策划全校性的行动研究计划

小组首先描述一个学校的背景,然后为全校的行动研究项目制定一个框架行动计划。行动研究的重点应该是所有小组成员共同关心的问题之一。行动计划将在行动研究的第一年实施。

1. 学校的信息

• 学校级别是什么(高中、初中、小学)?

• 学校服务的社区类型是什么(城市、郊区还是农村)?

• 这所学校学生人数多少?

• 该校学生的种族/种族及社会经济地位怎么样?

2. 行动研究的一般性重点是什么?(假设通过全校性的需求评估,确定了重点领域)

3. 行动研究的具体目标是什么?

4. 参与行动研究的不同群体有哪些?

5. 将提供哪些专业发展活动来帮助教师向行动研究目标迈进?

6. 什么样的课程建设将会帮助学校实现行动研究的目标?

7. 将向个别教师提供何种直接援助,以协助他们实施行动研究?

8. 什么样的形成性教师评价有助于行动研究?

9. 如何评估行动研究?

• 形成性评价(以保证行动计划按计划实施并在实施进程中改进行动研究)由什么组成?

• 终结性评价(评估行动研究第一年的水平并对第二年提出必要修改)由什么组成?

前提

共同治理事先声明的三个前提:

1. 学校里每一位有意愿的专业人员都可以参与到全校教学改进的决策中来。

2. 学校里任何不愿意参与的专业人员都没有义务参与全校教学改进的决策。

3. 一旦作出关于全校教学改进的决定,所有工作人员都必须执行该决定。

因此,个人可以选择成为或不成为决策过程的一部分。然而,一旦作出决定,所有个人都必须执行所商定的行动。这些前提使学校能够与有兴趣参与的人一起前进,而不会使得任何对此不感兴趣的人为难。随后,不愿参与决策的人就没有理由对有关全校教学行动的决策提出抱怨。也许当下一个问题、关注或话题被提上全校范围的行动时,那些对以前的决定不满的非参与者将会重新对参与感兴趣。

原则

为教学改进而实行共同治理的原则如下:

1. 一人一票。每个代表都享有与任何其他代表相同的权利、责任和表决权。每位在全校有代表性的委员会任职的教师都与校长或任何其他行政人员或正式主管有相同的投票权。

2. 决定仅限于全校教学领域中的学校控制和责任。行动研究和共同治理涉及学校存在的核心：课程、教学和学习。决策领域应该是全校的教学领域。日常管理、合同、学校董事会政策、其他学校和人员等问题并不是全校行动研究共同治理的问题。审议、决定和行动的关切范围始终基于一个问题：我们和学校一起,现下应该为提高学生学习做什么？

3. 反馈真实情况,需要小组参与。大型会议的结果来自最自信、声音最强、最有权势的人——他们不一定是最聪明、最有见地或最感兴趣的人。一个真正的知识话语论坛是一个小群体（理想的情况是 7 至 11 名成员）,因此大型学校的共同治理必须包括小团体。

操作模式

施穆科（Schmuck）和郎克尔（Runkel, 1994）的工作为共同治理、行动研究和学校改进的业务模式提供了基础,这种模式以所有人参与和实施的个人选择为前提,并遵循一人一票的原则,关注教学和小群体。这里讨论的模型是职业学校联盟中学校使用的各种模型的汇编（Allen & Calhoun, 2009）。许多学校使用类似的运营模式,并有自己的具体版本。其目标不是提倡一种特定的共同治理模型,而是实现共同治理和行动研究的前提和原则,从而建设目标明确、整齐划一和深思熟虑的学校,一所以探究为中心的学校。

正式小组：此模型中的共同治理所涉及三个小组（参见图 20.3）。执行委员会由 7 至 11 人组成,大多为教师和行政人员。家长和学生代表也可以参加。（关于其他群体的代表性的更多细节,见 Glickman,1993。）教师可由联络小组（下段所述）或从年级主任、组长、系主任和工会代表中民主选出。教师可以采用投票的方式选出来，也可以采用选举和任命相结合的办法。任期至少为三年，并分批次离开委员会。教师担任执行委员会主席及联席主席。委托人是委员会的成员，与其他成员具有同等的权利和责任。执行委员会的职责只是就全校的教学改善建议采取行动和监察。委员会不提出建议，这是一个批准委员会。建议必须来自学校执行委员会内的专责小组，不涉及行政事宜、社区关系、校董会政策、人事或部门性质的事宜。它对教师有法律权力执行的教学改进建议起作用。教学责任和行政责任之间的区分有助于避免深入学校控制外事情所导致的问题。

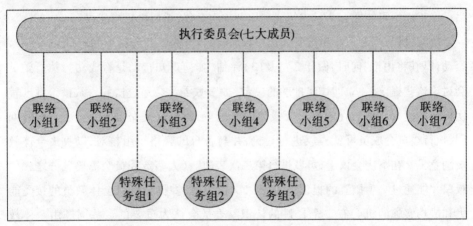

图 20.3　行动研究中共同治理的相关小组

联络小组是学院与执行委员会就全校教学的需要、反应、意见及想法而成立的正式联络小组。联络小组是一个重要的单位，负责考虑教职员对评估教学目标和回应建议的意见。例如，在一所有 50 名教师的学校，可以有 7 个联络小组，每个小组大约由 7 名教员组成。名单上所有教职工名字按字母顺序排列，每个人会分到一个 1 与 7 之间的数字。所有的 1 分到联络组 1，所有的 2 分到联络组 2，以此类推。这个分配程序确保每个联络小组的成员来自不同的部门和职系。每一个联络组都是全校的缩影。每个小组选举一名理事会代表。执行委员会成员可（a）不时召集联络小组，举行简短会议，检讨行政委员会审议的某项建议，（b）就某项建议收集书面意见，或（c）只是顺道拜访各联络小组成员，与他们交谈。

特殊任务组是图 20.3 所示的最后一种类型的小组。执行委员会在征询各联络小组对全校教学需求的意见及回顾全校教学的现有资料后，成立了这些志愿专责小组。然后，执行委员会制定未来一到三年的优先教学领域的目标。全校的优先事项可能是增加教学时间、协调课程、改进学生态度、教授更高层次的思想、促进学生成才、改进学校纪律、改进学校和课堂气氛、提高学生的反馈质量或提升考试成绩。

一旦执行委员会选定了需要改进的事项，就会通过征聘对某一专题感兴趣并对其做出承诺的志愿人员组成特设工作队小组。每个专责小组至少有一名执行委员会成员，但该成员通常不担任专责小组主席。专责小组的义工会面、检讨他们的工作、选择自己的主席、安排会议，并为向执行委员会提出全校行动的最后建议订时间表。根据不同的主题，一个工作组可能在三周内每周开一次会议提出建议，而另一个工作组可能在五个月内每隔一周开一次会议，然后再提出建议。

决策过程：当专责小组准备提出提议时，报告分为三部分：（1）目标和目的，（2）行动计划（将由谁、何时、做什么？）及（3）评估（如何得知行动是否成功？）执行委员会讨论这些提议，并立即作出批准的决定（大多数委员会通过协商一致投票批准首次提出的提议），或者在没有必要投票的情况下，将提议提交至下次会议。在此期间，执行委员会成员可就提议进行讨论，并与各自的联络小组核对，以收集全体教员的意见。在下次会议上，可以进行第二次表决。（大多数委员会需要三分之二的投票才能通过一项搁置的提议。）在第二次投票前，委员会将对全体教员的接受能力和成功实施的机会有一个良好的认识。委员会认为重要的一些问题由全体教师、家长和学生共同做出最终的决定。

实施：在做出决定后，执行委员会（连同专责小组）向学校公布批准的计划。然后，工作组解散，执行委员会执行该计划。执行委员会（包括校长）有责任执行全校的决定，并督导监察和评估结果的行动研究。

协助行动研究的建议

我们与使用行动研究的学校合作，为提高教师研究的质量提出了更多建议。首先，教师在收集和分析数据时要做好基本的准备。在这里，我们并不是说要让每位教师都成为研究设计和统计分析方面的专家。相反，应该向教师介绍各种简单的数据收集方法，包括定量的和定性的。此外，教师需要学习简单的方法来回顾和总结数据，得出基于数据的结论。

其次,为了确保老师或学生均未被置于学术、社会或情感风险中,学校管理主体应当为行动研究设置一系列的伦理准则,且设置回顾研究计划的流程以确保其符合准则。

第三,需要为行动研究小组提供资源。教师研究者所需要的最重要的资源是计划行动研究、收集和分析数据以及实施行动计划的时间。

最后,应该为教师提供与学校社区,甚至与其他学校的教师分享行动研究的机会。共享行动研究给予教师研究者认可,作为教师之间反思对话的基础,并为其他教师提供改进自身课堂和学校教学的思路(Congreve,2015)。

督导为教师参与教学的对话、辩论、研究、决策和行动提供了焦点、结构和时间。没有焦点,教师就不会讨论教学,因为在大多数学校,这并不是一个被接受的常规。没有结构,就没有关于决策如何制定和执行的明确的工具、程序和规则。没有时间,就不会出现类似教师有能力代表学生做出集体而明智的教学决定这样的情况。

思考题

巩固练习20.0
检查你对本章关键概念的掌握情况。

反思练习20.0
本章提供的批判性行动研究的例子集中在一所学校的跟踪系统上。在你熟悉的学校里找出一个值得进行批判性行动研究的情况。拟定一系列研究中需要解决的关键问题。对于你拟定的每个问题,可以通过收集哪些类型的数据来回答?

第六部分　督导的文化任务

　　第六部分的章节讨论了督导的文化任务。文化任务超越技术任务,也利用技术任务。第二十一章探讨了变革的其他理论,描述了持续改进的学校文化,并建议改变教学条件。第二十二章讨论了造成不平等的不同群体之间的成就差距、社会问题和文化冲突,以及文化上有回应的学校和教学如何能够增进不同社会经济、种族和民族群体的公平;女性、性少数群体、还有残疾学生的平等权益。最后,第二十三章比较了学校作为组织和社区,描述了真实学校社区的属性,并敦促学校与所服务的社区建立联系。

第二十一章　助力改变

本章学习目标

阅读本章后，你应该能够：

1. 总结混沌理论的重点。

2. 解释元叙事和后现代理论在元结构方面的地位。

3. 列举教育变革理论中的八个关键概念。

4. 陈述混沌理论、后现代理论和教育变革理论在复杂系统中变化的可预测性方面有什么共同之处。

5. 总结改变教学条件时作者所要坚持的政策类型。

请阅读本章，并思考以下问题：

1. 反思一下你熟悉的学校里失败的变革，然后反思一下成功的变革，导致其中一次失败而另一次成功的两种变革有什么不同？

2. 作者讨论了混沌理论的七个方面，他们认为混沌理论可以应用于学校变革。当你阅读每一个方面的时候，反思一下你是否观察到了它在学校的存在。

3. 你同意本章中描述的后现代理论的哪些信仰？不同意哪些？你需要进一步反思哪些后现代信仰？

4. 反思一下你所熟悉的学校，在这十二种持续改进的文化规范中，学校里存在着哪一种？你认为每个规范的存在或缺失会产生什么影响？

5. 在本章的最后一节中，作者建议对教师的条件作七处修改。你同意其中的哪些建议，为什么？你不同意其中的哪些建议，为什么？

　　教育改革激起的想象更多的是关于希望和善意,而不是其他。通往地狱的道路确实是用良好的意愿铺就的,这是一句相当适合教育改革历史的格言。

(Sarason, 1990: 129)

　　显而易见,教育改革势在必行,正如我们所处的世界在不断地变化——瞬息万变。美国人口、文化、环境、科学、技术和经济的变化意味着,我们的学校如果要让学生成为成功的、对社会有贡献的成员,社会如果要保障所有公民的生命、自由和对幸福的追求,则必须改变。不幸的是,大多数学校变革的尝试都没能改善学校或学生的学习,其中很多都让事情变得更糟。为什么我们继续经历沙拉森(Sarason,1990)所说的"教育改革可预见的失败"? 沙拉森认为,原因之一是那些试图带来变革的人(包括学校内外的人)对学校文化,包括学校文化中的权力关系,只有肤浅的理解。富兰(1997: 33)认为,教育变革的复杂性是其困难的主要原因:

　　　　选取任意教育政策或教育问题,列出解决方案中可能涉及的所有力量,这些力量受到影响才能实现卓有成效的变化。要知道,意外情况是难免的,比如政府政策的改变或不断被重新定义,关键领导人离开,重要联系人被转移到另一个角色,新技术被发明,移民增加,经济衰退使可用资源减少,激烈冲突爆发等等。最后,要意识到,每一个进入等式的新变量——那些不可预测但不可避免的噪声因素——都会产生另外十个分支,而这十个分支又会产生几十个其他的反应,如此往复。

　　埃文斯(Evans,1996)提出学校中大多数变革努力所使用的传统模型,即理性结构模型,是大多数变革努力失败的原因。这个模型假设组织和周围的环境是稳定的和可预测的,并且对变更的规划是一个理性的、客观的、线性的过程,它形成了改变的详细蓝图。正如埃文斯所描述的:

　　　　无论蓝图要求新的产出,还是要求提高现有产出的效率,它都侧重于组织结构及其任务、角色和规则的变化。创新的方法几乎完全是自上而下的,是传播和压力的结合。"参与"可能只是嘴上说说,但这通常意味着让人们"附和"、有"主人翁意识"。目标实施是让员工按原样采用专家计划。这需要解释、说服、培训和激励。如果不能产生适当的结果,就需要授权、要求和政策。

(1996: 8)

　　埃文斯认为基于理性结构模型的变革努力有很高的失败率。埃文斯指出,教师通常会被指责为失败的罪魁祸首,而实际上,他们所使用的设计人员和变更模型才是罪魁祸首。反复的失败会严重地降低学校在未来做出改变的能力。埃文斯认为:

> 在教育方面,大多数集体变革的尝试似乎都失败了,而失败意味着挫折、浪费时间、感到无能和缺乏支持,以及幻灭……教师或其他人在学区或其他地方以前的实施尝试中有过不良的负面经验,他们对下一个提出的改变就会变得更加愤世嫉俗或无动于衷,而不管新想法或提议的价值。(1996:73—74)

反复的失败会产生一种对改变的反射性抵制,教师和其他人在他们的早期阶段就破坏了新的改变努力。

考虑到这样的事实:(1)学校如果要满足今天学生和社会的需要,就需要改变;(2)大多数改变的努力失败了,我们该怎么办? 多年来,变革专家一直敦促我们考虑超越理性—结构方法的其他变革理论。沙拉森警告说:"如果你从接受目前的结构开始,如果你坚持要求那些寻求改变它的人必须提前保证它会起作用,你就保证了一件事:什么也不会改变"(1990:173)。富兰认为:"控制策略不起作用的根本原因是……解决办法在于以更好的方式思考和处理固有的不可预测的过程。"(1997:33)在本章接下来的三个部分中,我们将介绍思考变革的新方法。我们将讨论混沌理论和后现代理论以及一些教育领域内的创新变革理论。

视频案例

观看以下关于芬威高中的视频,思考这所学校与传统学校有什么不同。

混沌理论

混沌理论涉及许多学科,如生物学、化学、数学、气象学和物理学。混沌作为一门"新科学"有两个重点:(1)探索混沌系统中存在的隐藏秩序;(2)研究自组织是如何从混沌中产生的(Akmansoy & Kartal, 2014; Hayles, 1990; Larsson & Dahlin, 2012; Mason, 2008; Murphy, 2011; Reigeluth, 2004)。混沌理论涉及许多相关的概念,并非所有的概念都与学校和课堂的变化相关。本文回顾了混沌理论与教育变革相关的各个方面,以及混沌理论在学校变革中的潜在应用。

非线性

在线性系统中,存在简单的因果关系:A 导致 B, B 导致 C,以此类推。线性系统类似于多米诺骨牌。当第一块多米诺骨牌倒下时,第二块也倒下了,第二块又推倒了第三块,以此类推。

混沌系统是非线性的(Krishnamurthy, 2015),类似于保龄球。当球滚向一组球时,无数的变量开始发挥作用并相互作用。保龄球释放方式的最微小变化可能导致在一轮中全中,在下一轮中出现分瓶或落沟球。

传统上,学校的改进工作将变更过程视为线性的,变更工作中的每一步都以简单的因果关系影响下一步。但是尽管有线性的组织结构图和改进计划,学校却不是线性系统,它们是非线性混沌系统,这一现实的含义是,变革工作应该被视为一个有机的过程,而不是一个要绘制和遵循的蓝图:

> 这里对变化的隐喻是复杂有机体(例如人类)的生长和发展,而不是简单机器的操作。一个复杂的生物体,其生命从一个相对较小的阶段开始。它的发展不是完全可以预测的。它的健康需要各个子系统之间的相互依赖、一致性和平衡。最后,繁荣的生物往往能适应不断变化的环境。事实上,他们自己也处于不断变化的状态。(Gordon, 1992:73)

学校是非线性系统这一事实意味着变化不能自上而下地得到控制。它只能通过促进变革的文化来培养。试图培养这种文化的主管需要记住富兰(2009)的忠告,不要认为督导者设想的改变是应该甚至可以实现的。相反,是督导者关于变革的想法和学校这区其他成员想法的交流,及变革进程和学校文化中许多其他变量的相互作用,决定了变革的方向。

复杂性

混沌系统具有复杂的形式,测量即便可能,也十分困难,很难进行精确测量(Gleick, 2008)。

学校的复杂性意味着改进需要和改进工作的成功程度不能仅仅通过对有效学校的外部研究、立法标准或标准化成绩测试结果来精确衡量。基迪(Keedy)和阿吉克斯(Achilles, 1997:116)认为,重点教育工作者必须提出以下问题:

1. 他们想要改变的原因;

2. 他们想要达到的目标；

3. 如何进行变革过程。

我们认为,地方教育工作者也需要问第四个问题:成功该如何判定?基迪和阿吉克斯建议,管理者和教师应该通过对变革过程的了解,通过协作和批判性的探究,就这些问题的答案达成共识。

蝴蝶效应

理论气象学家爱德华·洛伦兹(Edward Lorenz)提出,今天在北京扇动翅膀的蝴蝶,下个月可能会在纽约引发强大的风暴,这一观点让"蝴蝶效应"一词广为人知。从技术上讲,这种现象称为对初始条件的敏感依赖。它意味着系统的一个部分中的一个看似无关的小事件可以对系统的其他部分产生巨大的影响。

对初始条件的敏感依赖的一个含义是预测未来较长一段时间内的混沌系统是不可能的。在这方面,蝴蝶效应适用于学校的变化:不可能预测学校改进努力的长期效果。这并不意味着不应该为学校的改变做正式的计划。相反,需要一种不同类型的规划。在学校这样一个混乱的系统中,规划应该是中期的(1—2年),而不是长期的(5—10年)。它应该强调一般的目标、广泛的指导方针和内在的灵活性(Gordon,1992)。在一个不可预测的系统中,正式的计划需要关注过程而不是产品,其目标是产生"一系列旨在实现组织使命的明智决策"(Patterson, Purkey & Parker,1986:19)。

分形(Fractals)

分形是在不同尺度上与自身相似的几何形状(Ambika, 2015; Gleick, 2008)。中等大小的树枝在形状上与较大的树枝非常相似。同样,小的树枝和它们的起源的中等大小的树枝形状相同等等。其他分形的例子包括海岸线、山脉、云、河流、天气模式和人类血管系统。复杂的社会系统也可以在不同程度上显示出自相似性(self-similarity):在系统的每个层次上,特定的组织和文化模式都会重新出现。

就像自然界的分形一样,学校在不同程度上表现出了自相似性。例如,全校员工发展日、部门会议、课堂课程以及师生之间的走廊互动都可能揭示相同的文化特征。因此,在学校、团队、教室和个人层面的反思探究可以帮助教育者更好地理解他们的学校文化、需要的改变和改进的途径。

反馈机制

混沌系统包含反馈回路,允许输出反馈到系统作为输入(Chatterjee,2013)。反馈可以给系统带来稳定性或动荡。例如,恒温器是一种引起温度稳定的反馈机制。相反,当扬声器的声音通过麦克风反馈回来时,它会迅速放大,产生一种震耳欲聋的尖锐响声(Gleick,2008)。反馈还会导致系统向更复杂的层次发展。例如,物理学家约瑟夫·福特(Joseph Ford)曾将进化称为"有反馈的混沌"(引自Gleick,1987:314)。

一旦学校改进工作开始,反馈对于监测和评估变化就变得至关重要(Beabout,2010)。需要创建和维护反馈机制。反馈可以采取学生成绩数据、调查结果、质量管理小组、第三方评论等等形式,重要的是将有关变革努力结果的有意义数据提供给老师,使其有机会反思数据,从而相应调整其变革努力的方向。

动荡

动荡可以由系统内部或外部的扰动引起。想象一条河,它流得很顺,直到穿过岩石的河床,水受到扰动,变得不稳定。暴雨大大增加了流经河床的水量,也可能会引起湍急的水流。一个系统越复杂,就越容易受到湍流的不稳定影响。如果不稳定性足够大,则达到阶段转变点,突然的、彻底的变化发生,导致重组或解体。

所有复杂的系统都经历过动荡,但为改变所做的努力往往会增加它的频率和强度。然而,动荡并不总是负面的。如果没有干扰,系统将保持稳定状态,是不可能改进的(Gleick,2008)。然而,过多的动荡(来自学校内外)会导致学校改进改革措施的失败(Johnson,2013)。基迪和阿咯琉斯(1997:115)认为,管理者和教师应该建立一种规范共识,即在动荡时期能够坚持的学校基本规范的"一种集体的、经过严格审查的、基于上下文的共识"。作者坚持认为,正是这种规范性共识(在本文前面被称为"超越个人的事业")能够在变革过程中把一所学校凝聚在一起。

奇异吸引子(strange attractors)

混沌系统并不是真正随机的。相反,它们拥有极其复杂和不可预测的模式,但是这些模式保持在特定的参数之内(Gleick,2008)。奇异吸引子是混沌系统中的"深层编码结构"。黑尔斯(Hayles)认为:

> 混沌具有有序的深层结构,这一发现因为展示这种行为的系统范围之广

尤其引人注目。从山猫毛皮的回归到麻疹流行的爆发，从尼罗河的涨落到精神分裂症患者的眼球运动，凡此种种，不一而足（1990：10）。

混沌理论告诉我们秩序和混沌不是对立的。相反，用惠特利的话来说，它们彼此互相鉴照，互相包含（1992：11）。

管理者和教师是否有可能在学校内部创造出奇异吸引子的东西，以一种不可预知的方式创造出永久的模式来改善学校？政策制定者试图通过要求建立基于站点的管理、共享决策和家长选择等结构来做到这一点。然而，这些外部任务都未能导致改进的模式。基迪（Keedy，1995）认为，应该嵌入整个社会学校结构的设计——对于我们来说，就是奇异吸引子——是以学生为中心的学习。

后现代理论

后现代主义是一种广泛的理论，它跨越了哲学、认识论、神学、语言研究、心理学、伦理学、艺术、建筑和女权主义研究等多个领域。阿特金森（Atkinson）总结了后现代主义的特点如下：

- 对确定性和决心的抗拒；
- 排斥对现实、知识或方法的固定观念；
- 接受复杂性、缺乏明确性和多样性；
- 承认主观性、矛盾性和反讽性；
- 对哲学传统或道德传统的轻蔑；
- 故意扰乱假设和假设的意图；
- 拒绝接受思维方式上的界限或等级；
- 对非此即彼的二元对立思维模式的挑战（2002：74）。

在这篇综述中，让我们更深入地探讨后现代主义的含义及其对学校变革的影响。

后现代主义理论也许最好通过讨论它的危害来理解。首先也是最重要的，它反对元叙述。哈特（Hart，2004：2）将元叙述定义为"支配并寻求引导所有的人类活动东西：人类意识的自然优先地位、财富在社会中的公平分配以及道德进步的稳步推进"。后现代主义是反现代主义，这意味着它反对许多"主义"，这些范畴是这一广泛范畴的一部分。后现代主义包括以下方面：

- 反本质主义，认为没有与生俱来的人性，我们所存在的一切都是由我们的历史和文化形成的。

- 反现实主义，这意味着现实无外乎人类的头脑所认识的外在。人类语言并不代表现实。

- 反原教旨主义，它认为没有任何基本的知识或信仰是不能挑战的。

- 反还原论，认为整体不能通过分析其部分来理解或解释。

后现代主义认为，虽然所属群体的文化对个人和群体的影响很大，但文化并不同质。相反，特定文化中的个人和群体有不同的观点、信仰、价值观、兴趣和需求。在特定文化中泛泛而谈没有什么价值，更不用说跨文化。个人和群体之间的差异必须得到承认和尊重。后现代主义认为，知识是在特定时间的特定语境中构建的。因此，知识随着时间推移，随着语境的变化而变化。由于个人和群体存在于不同的视角中，任何复杂的现象都没有单一的真理；相反，有多个真理。与知识一样，真理也会随着条件的变化而改变(Uzun，2014)。利亚斯(Cilliers，1998)警告我们，所有这些并不意味着个人和群体完全孤立，没有任何共同点，而是作为社会存在的个人和群体组成社会网络并进行对话，因此确实存在广泛的共同点，虽然这些共性可能以不同的方式表达，并可能随着时间的推移而改变。

权力是后现代主义者关注的另一个概念。文化中的权力关系非常重要。重大变革努力可能会挑战现有的权力关系，因此必须承认和处理这些关系。除了表面上看起来的样子，权力并不是由任何个人或团体真正拥有的。一种文化的任何成员都可以行使权力。

后现代主义认为，有多种方法来构建问题和开发解决方案。解决问题的过程应该尊重不同的观点，采取折中的方法，综合不同群体和个人的想法，后现代主义拒绝内部或外部专家识别和解决问题的概念。在不同的文化中，甚至在同一文化中的不同情况中，背景、参与者和环境都有很大的不同。因此，构建和解决问题所需的专业知识是特定文化和情况所特有的。

后现代主义者认为，个人或合作都不是改变的最佳途径。相反，个人和合作的共同努力最有可能带来改变。然而，变化总是不可预测的，它可能会也可能不会带来真正的进步。当它确实发生时，进展将是在当地的层次上，不能推广到其他文化，甚至不能推广到当地文化今后的改变方向。此外,变革的价值总是相对的。在一种文化中被视为进步的变化,在另一种文化中可能不会被视为进步。事实上,在同一种文化中对变革的看法都可能因人而异。

许多后现代主义的批评者认为它定义不清,过于愤世嫉俗,有时还自相矛盾。也有人认为这是对过度现代性的一种自然和真实的反应。我们并不是支持以后现代主义为名的一切观点(大多数后现代主义者也是如此),但我们确实相信,许多后现代的观察可以应用于教育变革,例如,后现代主义质疑长久以来与教育变革搅和在一起的元叙述,比如本章前面讨论的理性—结构方法。后现代主义警告我们,改善学校的宏伟计划(有教无类运动,纠定必修课程,流行的商业项目)本身不可能带来预期的变化。

在后现代的观点下,学校变革的努力在很大程度上受到当地环境的影响,包括学校服务的社区、学校文化以及这种文化中的各种观点。因此,变革进程的早期部分可能涉及合作研究社区和学校文化,包括现有的权力关系及其影响。要做到这一点,就需要收集和分析关于学校和社区的数据,并就学校变革的影响进行反思性对话。

后现代主义提醒教育工作者,从自学中获得的知识是社会建构的知识,最好通过吸引和综合多种视角、价值观和经验来发展。后现代主义观点认为,即使就所需的变革达成了普遍共识,学校内的不同群体和个人也会以不同的方式将这一变化概念化。因此,需要不断进行对话,从不同视角分析变化进程。督导者和其他变革领导人应认识到,不同的群体和个人在执行过程中需要不同类型的援助,执行工作将在不同的教室以不同的方式进行。变革努力的进展和影响将是不可预测的,因此需要教师和其他人不断提供反馈,并很有可能不断修改变革进程。

教育变革理论

在过去的几年里,教育文献中涌现了越来越多有关学校变革的新理论(如Bain, 2007; Day, Gu, & Sammons, 2016; Evans, 1996; Fullan, 1997, 2002, 2003, 2005, 2006, 2007, 2009; Gordon, 2008; Hall & Hord, 2006; Hargreaves & Goodson, 2006; Hargreaves, Lieberman, Fullan, & Hopkins, 1998; Hopkins, 2007; Levin & Fullan,2008；Senge etal.，2000；Zmuda，Kuklis，& Kline，2004）。最近的许多理论都是基于对学校变革的实际努力的研究。正如人们所料，提出学校变革理论的专家们意见不一，但在关键问题上，意见大体一致。我们将在下面的部分中介绍其中的几个概念。当你回顾这些理论的时候，请注意这个新兴变革理论和传统的关于如何改变学校的理论有很大不同。同时将近代教育变革理论与之前的混沌理论和后现代理论进行比较，你也许会发现，这些理论大多殊途同归。

能力

许多学校缺乏无法在合理的成功机会下启动重大的改进工作的能力。沟通不畅、信任水平低以及缺乏协作都是导致准备不足的典型原因。所有这些问题都是学校文化的一部分，这是一个包括关系、规范、实践、信仰和假设的复杂系统。

提高学校变革能力的第一步是让学校社区的成员学习和批评他们自己的学校文化。学校通常的教学方法是什么？这些实践的基础是怎样的信念、价值观和假设？这些实践对师生产生了怎样的影响？

自学的另一个重点是过去或现在的变革如何与学校文化的各个方面相互作用。确定这一点将有助于教育工作者了解学校变革的复杂性。正如施蒂格尔鲍尔（2008：122）指出的那样："实践中的改变需要人们在行为、技能、态度、信念以及通常的工作方式上的改变。每一种变化本身都是一种创新，也是变化总是复杂的原因。"博伊德（Boyd,1992：1）认为任何重大变化都会影响整个学校：

> 学校是一个复杂的有机体。它不仅仅是一座有人的建筑。为了改变学校，有必要考虑变化对有机体各部分的影响。每个部分都依赖于其他部分，所有部分都对任何其他部分中的变化作出反应。

施蒂格尔鲍尔和博伊德所描述的变革的复杂性，在教师对自身学校的变革和文化的互动效应进行反思探究和对话时，才能更好地被理解。

除了更好地理解学校文化和变革努力的复杂性之外，学校还可以通过多种方式增强变革能力。一个关键的过程是建立信任。艾伦和格里克曼（Glickman,1998：514）提醒我们"信任是建立在行动而不是语言之上的"。当教师被允许参与有关变革的决策时，当他们的意见受到尊重时，当对他们做出的承诺得到持续的遵守时，当他们在变革过程中得到支持时，他们才会信任督导者。督导者相信教师"如有足够的信息和相互交流的机会,他们观察到,教师能够做出反映学校全局观点和对有关所有儿童的决定"(Allen & Glickman,1998：514)。

另一种培养准备的方法是在整个学校社区创造定期对话的机会。戈登、斯蒂格尔布埃特(Stiegelbauet)和迪(Day,2008)发现,具有高变革能力的学校为小组和全校周期性对话提供了条件。在小组一级,对话在各种小组中进行:领导、年级、内容领域、工作队等。在全校一级,小团体对话向大团体汇报,大团体举办全体讨论小团体的信息和观点如何在全校变革中整合。贝恩(Bain,2007：55)建议学校建立沟通网络:

> 网络使协作成为可能。它们分散了自组织学校的控制权,因为它们允许随时向学校各个层次反馈……(在网络的不同领域)教师在教学团队中工作,而不是单独工作。团队使教师个人能够进行持续的正式和非正式的专业交流,激发了小范围合作的潜力。

传统的变革模型要求组织在进行变更之前制定愿景。然而,富兰(1997：42)认为,尽管共同的愿景是成功的必要条件,但不应该在开始变革之前就建立愿景。"愿景产生于行动而不是先于行动。"富兰发表这一观点的理由是,随着领导人和教师参与变革过程的时间推移,他们的共同努力必须产生真正的共同愿景。富兰还认为,由于学校和变革的复杂性,即使在学校愿景出现之后,也必须随着时间的推移重新定义它,以适应不断变化的环境。

在开始变革之前创建愿景的另一种选择是,让学校社区制定一套指导变革过程的广泛原则。商定原则如下:

- 变革将是学校所服务的社区的领导人、教师和代表共同努力的结果。
- 改变将由外部研究和在学校和社区内收集的数据提供信息。
- 变革将在民主治理的框架内进行。
- 变革的努力将考虑到学校社区中学生和成人的多样性。
- 变革努力将考虑减少不同学生群体之间的成就差距的必要性。

当然,每个学校都需要制定自己的一套变革原则,即使是对刚刚列出的这些宽泛原则达成共识,也需要大量的研究、反思和对话。然而,原则一旦确定,就应该深深嵌入未来的变革行为中。

研究学校的文化和变革过程,建立信任、参与对话、建立变革原则都可以帮助学校培养发起变革的能力。然而，发展这种能力只是变革进程的开始。

 视频案例

观看视频并评估校长在她最近担任领导的学校为建设能力所做的努力。你觉得她的策略怎么样？

决心

教师如何坚定变革的决心？一方面，单纯官方强制的变革难以见效。另一方面，教师无法在变革一开始时就主导变革——他们还未长时间投入变革的工作，还未理解变革的全部含义，并且也还未见到变革的积极成果（Fullan, 2007；Lukacs, 2015）。诺兰（Nolan）认为有一种方式可以坚定教师对变革的决心，即让教师反思现状。

应该以质疑我们做事的方式和策略的有效性为起点。行动研究与数据驱动决策对于提出关于现状的问题以及检验当前政策与程序的有效性是强大的工具。（2007：6）

埃文斯赞同诺兰的观点，并指出："甚至，人们要接纳变革，首先就得在某些方面对现状不满，然后寻求与问题相关的变革。"（1996：80）

富兰认为理解教师的道德目标是坚定其决心的一种方式："在教育中，道德目标涉及努力提高标准、缩小学生成绩的差距——例如，提高所有人的读写能力，特别关注最困难的学生。"（2005：54）诺兰建议道："不要让教师投入到改革本身，而是让他们专注于变革会给学生带来的潜在影响。"（2007：5）

尽管教师无法预知改革发展如何，或者是否会成功，但是他们在尽可能了解改革上可以得到帮助，包括其中的理论、教师需要承担的责任以及改革为学生带来的潜在好处。最后，如果教师决心参与变革，他们必须看到变革的可行性。埃文斯认为：

教师不能只想实施变革，他们必须感觉到自己可以实现变革。他们需要看到变革不仅适合学生，也将改善学生学习状况，并且变革也是可行的，教师与学校能够完成。（1996：85）

增强决心的方式包括许多与培养能力相同的过程：调查、反思与对话。通过这些过程，可以更好地理解所提出的变革并判断其是否符合学校的最佳利益。

领导力

在学校变革方面,传统的自上而下的领导会导致失败。"领导力要起作用,就必须遍布组织。"(Fullan,2005:57)分配变革领导力的方式之一是组织一支包括大部分教师的核心领导队伍,这支队伍可以协调变革工作,其成员也可以联系其他教师(Gordon,2008)。时间久了,学校里的其他教师可以在变革中担任不同的领导角色。教师可以领导行动研究队伍、学习小组、课程建设团队、教学支持队伍以及社区关系团队等等,所有这些领导角色都与变革工作相关。

成功的变革领导者不断地寻找愿意负责领导的教师,以此给这些教师分配领导角色(Gordon,2008)。艾伦与格里克曼称,他们的同事、变革工作的领导者"渐渐意识到决策过程的核心不在于领导队伍,而是决策过程中每个人参与的质量"(1998:519)。在艾伦与格里克曼所研究的取得变革成功的学校中:

> 领导队伍的成员不再将自己定义为决策者,而是全员参与的协调者……无论是正式还是临时的小团队,让任何有意愿的人参与到对问题的界定、行动方案的安排以及结果的督导中。(1998:520)

 视频案例

观看视频,视频中的领导力在哪些方面与此节对领导力的讨论相同? 校长与教师领导可以采取哪些"下一步工作"来深化领导力分配?

发展的规划

富兰(1997)告诫道,变革是个过程,不是停留在纸上的计划。这个观点适用于这里。巨大的变革是一个漫长的历程,道路蜿蜒崎岖,一路上都有无法避免、无法预测的障碍。学校的复杂性以及变革的非线性特征要求规划要不断发展。发展的规划必不可少的一个部分是反馈——反馈对改革的理解程度、参与变革工作的人数、实施的水平、对学生的影响等等。学校的管理层与教师开展合作,在变革的每一个阶段做出明智的决策,在这一过程中不断数据收集、反思与对话都十分重要。

发展的规划需要大量合作,但也要求教师个人就如何在教学中运用改革不断做出决策。教师个人需要知道学校范围内什么样的变革会对他们和学生有意义

（Fullan，2007）；他们需要将自己的实践、理念、教学风格与改革进行整合。教师也要收集关于改革对学生的影响的数据，思考并作出适当调整。相应地，教师负责教学层面的发展规划，管理者要抱着开明的心态并予以帮助。

解决问题

学校变革非常复杂，难以预测，因此问题也随之而来。富兰告诉我们"问题是我们的朋友"：

> 将问题比作我们的朋友似乎有悖常情，但是只有积极寻找并直面现实的、实际上很难解决的问题，我们才能对复杂的情况做出有效的回应。问题是我们的朋友，因为只有全身心投入到问题之中我们才能提出创造性的解决办法。解决问题能够带来更深层次的变化、更强烈的满足感。在这个意义上，高效的组织会"拥抱问题"，不会回避问题。（1997：40）

如同问题一样，冲突对于取得变革的成功也是必要的。事实上，管理者应该担心没有冲突，因为没有冲突可能表示人们对改革无动于衷，或有反对者暗中破坏改革。正如我们在第十七章说到的，冲突产生信息、想法与新的选择，这些都能带来更好的决策。

我们通常将对变革的抵制看成一个要解决的问题；然而，富兰（2002）主张变革的领导者要"重新定义抵制"。抵制者有时会提出重要的问题，而解决这些问题可以完善改革。

明智的变革领导者会鼓励抵制者公开他们的反对意见，也会认真处理已经发现的潜在的反对意见。一旦发现缺陷或者无意的反对意见，可能就要重新思考变革或设法使潜在问题最小化。使反对者的工作对自己有利，可以为解决潜在的问题带来有创意的方法。（Nolan，2007：7）

支持

教育变革理论说明了外部与内部支持的重要性。参与到变革工作的学校关系网通常由大学赞助，可以提供多种外部支持（Gordon，2008）。这样的外部支持可能包括：

- 地区职业发展与规划会议；
- 提供现场帮助的校外诤友；

- 独立学校无法获得的物质资料；

- 数据收集与分析上的帮助；

- 教师间分享理念、数据、成功、问题与解决措施的机会；

- 经验丰富的教育者与变革工作专家辅导外校缺乏经验教育者的机会；

- 电子信息检索与网络系统；

- 关系网内的学校与外界学校分享变革工作与成果的地区会议。

内部的支持包括为学校社区内所有成员提供充分的改革信息。教育者几乎总是需要资源来实现变革，在大多数情况下，最关键的资源就是变革工作的时间。变革工作经历不同的阶段——准备期、启动期、初始期、全盛期以及延续期——每个阶段都需要不同类型的支持。

据施蒂格尔鲍尔，最有力的支持来自变革过程中发展起来的学习关系："实施变革的全部过程都需要模范、教师、教练、导师以及评估人员。而且，这些人要能够发挥自己的优势，积极合作。"（2008：127）

变革理论告诉我们，即使当教育者投身改革，变革的支持工作也会伴有一定的压力（Fullan，2007）。纳尔逊（Nelson，2008）发现压力与支持同时具备时，对变革的促进作用最大。

条理性

条理清楚的变革有两个敌人，即超负荷与碎片化。超负荷指一个学校开展了太多的变革新方案。碎片化是指不同的变革方案相互脱节，甚至背道而驰（Fullan，2002）。获得条理性的方法包括控制变革工作的数量、确保其目的的一致性。贝恩（2007）提出了一些提高条理性的策略：

1. 校级计划。这是改革知识、理念与策略的主体，包括学校社区内所有熟知改革的理论基础与研究、熟练使用一门通用语言的成员。例如，如果提倡合作学习，所有的教师要能够讨论积极互赖、个体责任以及成组处理这些概念。

2. 嵌入式设计。改革的设计特点体现在学校组织的每个主要的子系统：职业发展、学校支持系统、课程、教学、评估、技术等。以合作学习为例子，职业发展与合作学习相关，采用合作学习的策略，课程也促进合作学习，学生评价也会包括对合作技能的评估等等。

3. 相似尺度。校级改革计划运用到组织的每一层。例如,正如学生会利用合作学习的原理解决作业中的问题,教师也会用相同的原理解决年级和系级的问题,学校的领导队伍亦会利用这些原理处理校级的问题。

贝恩(2007)的策略大多强度高、时间长,印证了"学校应该谨慎控制变革工作的数量,而不是支持所有貌似有趣的改革"这一建议。

不断改进的规范

施蒂格尔鲍尔提醒我们"变革的一个更大的议题是发展组织能力以适应变革的需要与条件……目标不是完成一个单一的改革,而是不断地学习并发展合作的工作文化"(2008：125)。施蒂格尔鲍尔提到的学校所到达的文化阶段,不同变革理论家给出不同的名称:"自我更新的学校""学习的学校""自我组织学校"等等。不管我们如何称呼这些学校,我们都应该意识到它们都发展了自己的能力,不断根据变化的外在与内在条件评估自己、寻求必要的变革并向之前进。这些学校并没有达到一种完美的状态。借用亚伯拉罕·马斯洛(Abraham Maslow)用来表述高效率个体的方式,这些是"自我实现中"(但绝不是"自我实现过")的学校。

许多变革理论家认同不断变革的学校所提出的文化规范(例如 Barnett & O'Mahony, 2006；Eilers & Camacho, 2007；Gordon et al, 2008；Louis, 2007；Mitchell, 1995；Saphier & King, 1985；Senge et al, 2000)。图21.1列出不断改进的文化规范。

1. 分布式支持性领导力:领导参与到整个学校社区的决策之中,促进教师领导力,提供直接帮助并且协调外部与内部的支持。变革的不同阶段提供不同类型的支持。 2. 职业对话:坦诚开放地沟通、共享信息、必要时提出敏感问题,并且尝试理解他人的观点。 3. 信任与自信:个人尽职尽责,并信任他人也如此,互相尊重劳动成果。积累信任与互相尊重带来对自己与他人的信心。 4. 批判:批判分析当前的实践、理念、价值观与责任。批判权力关系与不公平。发现	并处理文化偏见问题。 5. 反思性探究:探索外部知识库。收集、分析并讨论校园文化的内部数据与学生学习数据。个人、团队与学校都采用行动到反思的循环。 6. 有益的冲突:对冲突做出预期、承认冲突,并利用冲突改善变革过程,通过沟通、询问以及解决问题化解冲突。 7. 目标统一:学校社区的成员包括学校内所有学生。教育者共同关注变革以及变革过程中遵循的原则,使变革工作协调连贯。

（续）

8. 渐进的方法：学校社区"大处着眼，小处着手"，采取渐进式措施完成长期任务。利用发展规划使变革适应不断变化的情况。将改变视作一个持续进行、永无止境的过程。 9. 职业发展：采用多种协调的职业发展形式以协助变革工作——学习小组、技能培训、导师指导、同侪辅导、机构培训等。 10. 共事与合作：教学不是私人的活动，教师应当分享策略、教学材料、问题以及可行的解决方法。教师互相观察学习新的教学方法，收集教学数据并提供反馈。共事小组分析普遍的问题，规划解决方式并评估改进工作的结果。职场关系是变革支持的	强大来源。 11. 试验与冒险：教师对新的教学方法持欢迎态度，通过新的实践活动进行实验，如果实验失败也能得到支持。课堂教学以及改善校园环境、课程设计、教学大纲等的小组工作应鼓励冒险精神。鼓励教师参与新形式的职业发展与新的领导角色。 12. 认可、分担与赞誉：教师与其他人的参与成果都得到认可。教师与小组分担变革工作，学校与家长、社区以及外界的教育家分担变革工作。学校通过特殊活动与典礼纪念变革的进程，建立与新实践一致的新传统。

图 21.1 不断改进的校园文化中的规范

 视频案例

观看视频，视频中全体教师会议上能看到十二条不断改进的文化规范中的哪几条？哪几条看不到？

创造联系

混沌理论、后现代主义理论与教育变革理论都是在完全不同的学科中、因为完全不同的原因发展起来的，然而很难忽略三个理论中共同的模式。尽管这些模式显然不能交换使用，但是三个领域的研究都对教育界有启示意义，并且在很多地方都能彼此提供佐证。表 21.1 回顾了每个理论中的一些要素，读表 21.1 时注意每行之间要素的相似点。会存在比任一领域的研究都要更深刻的现实吗？这些现实适用于世界上所有的变革过程吗？我们想让读者思考这个问题，做出自己的判断。

表 21.1　混乱理论、后现代主义理论与教育变革理论比较

混沌理论	后现代主义理论	教育变革理论
非线性：变革是演进的；无法自上而下进行控制；多重互动影响变革；变革对系统的影响不可预测	反对界限与等级；宏大、宽泛的规划不起作用；反对"专家"的解决方式；有多种方式发现、解决问题；变革受当地环境影响；反对理性—结构方法	发展的规划；变革是过程；渐进的方法；多种职业发展选择；试验与冒险；变革受学校与社区环境影响
复杂性：测量复杂的系统很困难；外部测量标准不充足	反对确定性；认可多样性与不明确性；不同场景里的背景、参与者与环境有很大的出入；无法通过分析局部了解整体；泛泛之论毫无价值	通过探索学校文化的复杂性与独特性加深理解；通过对话、建立互相信任、发展指导原则提高处理学校复杂问题的能力
蝴蝶效应：复杂的系统有很强的依赖性，很难长期预测	变革无法预测	发展的规划；学习关系；渐进的方法；连续且明智的决策；变革工作的结果无法完全预测
分形：不同规模具有自我相似性	网络化与对话带来广泛的共性，但组内与组际有许多变化；人人都有权力	分散的领导力与责任；条理性（校级计划与嵌入式设计）；团体与个人能灵活适应
反馈机制：反馈回路带来稳定性或失调；对保持平衡与增加复杂性很来说是必要的	呈现多种角度、价值观与经历；需要从多种观点出发分析变革过程；变革过程与效果无法预测，需要不断的反馈与调整	发展的规划与实施；以数据为根据的反省性探究和解决问题、反对与冲突的专业对话
动荡：来自系统内部与外部的失调；复杂的系统因为动荡更容易不稳定；系统发展需要一些动荡；动荡太多导致分裂	有意通过质疑假设、挑战二元对立的思维模式、与现存权力结构对抗来制造动荡	让教育者接受道德目标；挑战现状；批判当前做法、理念、价值观与假设；支持有成效的冲突；领导力平衡变革的压力与支持
奇异吸引子：深度编码结构；在某一范围内复杂且不可预测的模式	引导团体与个人的提出想法；综合多种观点、价值观与经历	不断关注学生学习；信任与信心；目标统一（超越个人的事业）；共事与合作；认可、分担与庆祝

改变教学条件

如果不涉及过去几年全国教学条件,任何对教育变革的讨论都是不完整的。至少可以说,过去的教学条件不是最理想的。现在的变革研究中,如果学校内部与外部的改进工作不以对教学条件的改变为中心,那么就毫无价值。

- 需要变革来将以下情况——将教师当做传授当局开发的课程的技师、使用商业利益体公开的填鸭式方法、采用政策制定者命令的一刀切式测试衡量学生的学习成绩,变为把教师当做专业人士,就课程、教学与学生评价给出专业的建议。

- 需要变革来将以下情况——给教师太多的负担,以至于教师无法发展师生关系、投入反思性规划、完成有效教学所需要的批判性自我评估,变为控制课堂与学生数量,保证教学质量。

- 需要变革来改变过时的学校结构与个人主义规范导致生理与心理的隔离,变为培养能促进职业交流与合作的构架和规范。

- 需要变革来改变官僚机构内教师被制度与文书压垮,甚至遭受权力机构虐待的现状。这些权力机构与其说是现代民主,不如说是旧式的独裁统治。将学校变为建设民主的学校社区,管理者推动共同决策、联合领导,培养教师领导力。

- 需要变革来将认为教师是问题之一、教育在资源分配中不重要的政策,变为重视教师在解决问题中的重要作用、提供教师改善学校所需的人力与物力资源、为学生提供品质教育的政策。

- 需要变革来将把教学看作是一个原始的、成就感低的职业这一观点,变为教学是一份正式的工作,为教师提供新的责任、适当的支持和高度认可,以及随教龄增加显著提高的薪资水平。

- 需要变革来将多样性即不同肤色和符号体组合的陈旧观点,变为重视并以尊重、尊严以及共享权力与决策为荣的做法。

今天很多教师都面临不利的条件,但也涌现了许多改进教学条件的举措。许多商界人士关心民众,政策制定者也致力于改善外界条件,也有许多管理者从内部开始将学校变为民主、探究与对话的中心。改善内部与外部条件的大门永远不会关闭,问题就在于我们是否愿意做出改变。

思考题

巩固练习 21.0

检查你对本章核心概念的掌握情况。

反思练习 21.0

画一张概念图（网）并标注三个主要节点："混沌理论""后现代主义"与"教育变革研究"。写下你心目中的关键要素，用线段连接每个节点与要素。再多画几条线段代表三个理论不同要素之间的联系。准备好向同事解释你的概念图。

第二十二章 处理多元化问题

　　单一民族国家面对的主要问题是,如何认可差异、使差异合法化,以及如何构建一个融合其内部不同群体的意见、经历与希望的国家形象。哪些群体会参与构建新的国家形象,会用哪些因素促进强大的群体与边缘群体共享权力,这些也是要解决的问题。权力分享是单一国家的重要特征,反映其多元化人口的文化。

(Banks, 2000:28)

　　多元化在美国不断发展,不同群体的学生之间成绩差距持续扩大,处理学校里的多元化问题愈发重要。人们并非生来就有造成成绩差异的歧视与偏见。这些成见是学来的,学校可以教授将来的公民对不同文化的人持有不同的态度。并且,来自非主流文化的学生表现不好,并不是因为不如主流文化的学生聪明,也不是不如他们对学习感兴趣,而是因为他们自身文化与美国社会传统学校不兼容。如果我们要通过变革学校、改变教学方式来缩小成绩差距,解决多元化带来的问题就是教学管理的任务。

　　本章将探究关于边缘经济、族裔与民族群体、性少数群体以及残疾学生的教学。我们将研究传统的学校文化与教学实践如何阻碍非主流文化的学生学习,并且我们也会讨论让学校与教学更加适应多元文化的策略。

不同经济、种族与民族群体的成绩差距

　　尽管美国支持并致力于为每个人提供平等的机遇,但在不同的经济、种族与民族群体之间的教育成果方面,却存在着巨大的差别。美国全国教育进展评价体系(NAEP)规定了阅读、写作、数学与科学的基础能力,表 22.1 展示了受测的不同经济、种族与民族群体的学生基础能力达标率。相比于贫困线下的学生,有更多贫困线上的各年级学生,在不同学科中表现出基础能力。白人学生基础能力合格率远高于非裔美籍学生和拉美裔学生(美国国家教育统计中心,未标明日期)。

　　重度贫困地区的高中生毕业率低于 60%,而低度贫困地区超过 75%(Swanson,2004a,2004b)。70% 到 80% 的白人高中生在四年内毕业,而非裔美籍学生和拉美裔学生的比率是 50% 到 60%(Amos,2008;Hoff,2008;Swanson,2004a,2004b)。在美国没有完成高中学业的后果很严重,高中辍学生不仅收入水平不及毕业生,而且更有可能生活贫困,涉及犯罪(Boisjoly,Harris,& Duncan,1998;Kim,Chang,Singh,& Allen,2015;Neild,Balfanz,& Herzog,2007)。

我们都应该对现实进行思考,是我们的社会、制度与学校让如此之多的社会经济地位低下的学生和少数族裔与民族的学生失望了——没能满足众多聪明、潜力无限的年轻人的学习需要——很大一部分原因在于他们的家庭收入、他们的民族与种族,或者他们的母语。这是国家的耻辱。我们不应放任耻辱,而应将耻辱化为势在必行的道德责任,改变我们对低收入、少数族裔与民族学生的教育方式。

表 22.1　受测学生群体基础能力合格率

科目	测试年份	年级	学生总数	超过贫困线的学生人数	低于贫困线的学生人数	白人人数	非裔美籍人数	拉美裔人数
阅读	2015	4	69	83	56	79	52	55
	2015	8	76	87	64	85	58	66
	2013	12	75	NA	NA	83	56	64
写作	2011	8	80	90	68	87	65	69
	2011	12	79	NA	NA	87	61	65
数学	2015	4	82	92	72	90	65	73
	2015	8	71	84	58	82	48	60
	2013	12	65	NA	NA	75	38	50
科学	2009	4	72	86	56	87	47	53
	2011	8	65	80	48	80	37	48
	2009	12	60	68	39	72	29	42

NA=数据缺失

来源:美国国家教育统计中心(NAERP)数据浏览器 http://nces. ed. gove/nationsreport/NDE

随着社会上教育与经济的差距逐渐增加,美国多样化程度不断加深。人口统计学家预测,到2050年,非拉美裔的白人会成为美国的少数群体,占总人口的47%(Passel & Cohn,2008)。基尔希和同事(2007)警告,我们的国家的多元化、不同群组不断拉大的能力水平以及因为技术和全球化带来的经济变革合力造成了我们所说的"极端风暴"(the perfect storm)。

我们正处在极端风暴之中,三股强大的力量结合起来,带起了惊涛骇浪,我们的国家早已因此而损伤惨重。不像塞巴斯蒂安·云格尔(Sebastian

Junger)的小说中描绘的缓慢形成的极端天气，这些风暴之后的力量不断增强，平静的海面不复存在。我们不能期待安然无事。如果我们继续当前的航向，不采取有效措施，风暴会给后代带来众多预料之内的惨重影响。后果不仅影响到经济领域，也蔓延到我们的社会风气（Kirsch et al, 2007：7）。

前文提到的改变教育不公平现象的道德要求，应当成为管理者与教师在缩短学生群体之间成绩差距的工作中回应多元化的主要理由。海平面上的风暴推动了多元化问题的解决，我们已经感受到呼啸而来的狂风。

是社会问题，还是校园问题？

阶级歧视与种族歧视对美国很多贫困人口和少数族裔与民族的生活品质造成了消极影响，这些影响延伸到他们的教育质量。罗斯坦（Rothstein, 2004）说明了低廉的报酬、糟糕的住房以及落后的医疗创造的生活条件使得许多贫困、少数族裔与民族学生自接受教育起就落后了。而且许多社会经济地位低下的孩子相比中层和上层社会的孩子接受课外教育的机会更少。例如，中上层社会的孩子更有可能接触到各种书籍，参加夏令营，家族出游，参观博物馆和动物园，上舞蹈和音乐课等。罗斯坦（2014）指出，造成经济社会地位低下的孩子和其他孩子成绩差距的原因多半在于校外因素，例如家庭收入、住房条件、医疗和课后教育机会。

美国的教育政策，无论是联邦的、州的还是地方的政策，普遍加剧了当下的不公平问题。比如，联邦法庭终止了美国许多非常成功的消除种族隔离的计划（Goldring, Cohen-Vogel, Smrekar, & Taylor, 2006；Wells, Duran, & White, 2008）。现在美国也有许多公立学校几乎百分之百的学生来自少数族裔或民族（Frankenberg, Lee, & Orfield, 2003；Orfield & Frankenberg, 2014）。全国范围内平均来看，综合考虑地方和州的支出，国家对贫困地区的投入少于对富庶地区的投入（Adamson & Darling-Hammond, 2012；Wiener & Pristoop, 2006）。在联邦层面，也存在资金不公平。由于州政府对每个学生的支出要考虑联邦政府的"一号法案"（Title I），支出多的州每一位贫困儿童获得的钱多于支出低的州。"实际结果是，一号条款并没有减轻各州之间的不公平，反而加剧了不公"（Liu, 2006：2）。而且，贫困学生和少数族裔或民族学生多的学校，行外教师（out-of-field teachers，即没有所教授科目的主修或辅修学位的教师）的比率更高，并且也更容易分配到新人教师，相比学生更富有或少数族裔与民族学生较少的学校,教师工资更低(Peske & Haycock,2006)。

教育政策反映了美国社会的制度性问题,这些问题让贫困以及少数族裔和民族的孩子们处于劣势。教育者该如何应对呢? 一些分析人士认为,除非我们的社会解决住房紧张、医疗保健落后、种族隔离以及教育资金不公等问题,否则学校绝对无法缩小成绩上的差距。这些专家承认学校可以做出一些改变,但是他们坚决主张许多造成差距的条件超出学校的控制范围。另一些分析人士相信学校可以缩小成绩差距。他们实施有效的学校与校园改善研究,认为既然一些招收贫困学生与少数族裔与民族学生的学校能做到,那么所有的学校都能做到。这些专家让教育者忘记他们所不能控制的社会条件,专注于提高贫困学生与少数族裔与民族学生的成绩,让他们准备好克服当下美国社会中贫困、阶层分化与种族主义的问题。

我们认为,基础教育(学前至高三)的教育者应当采取双重举措解决多元化学生群体的不平等问题。首先,管理者与教师需要研究自己的文化特征,提高与来自其他文化背景的人共事的能力,创造文化回应型课堂与学校。其次,管理者与教师应当直接参与针对贫困以及少数族裔和民族学生的公共政策的变革工作。基础教育(学前至高三)的教育者应当参与到当地以及国家确保所有的家庭都有生活工资、足够的住房以及基础医疗保障的工作中。而且,管理者与教师需要终止种族隔离、住房紧张问题以及伤害到贫困以及少数族裔和民族学生的国家和州级教育政策。管理者与教师无法靠自己来完成,相反,他们需要结成一个同盟,包括基础教育(学前至高三)的教育者、大学教育者、家长、商户以及意识到变革势在必行的政策制定者。同盟的成员需要帮忙对公众、商界以及政治家进行教育,宣传变革以及推动各个州与联邦新立法的重要性。

既然我们已经从多个方面考虑了公正的问题,本章接下来的部分将聚焦到课堂与学校,包括导致不公正对待学生的文化冲突以及文化回应型教师与学校如何处理多元化。

文化冲突

贫困以及少数族裔学生通常学业成绩较差,原因在于他们的文化与主流文化在价值观与利益上存在冲突。大多数学校的组织结构、规范、价值观、课程、教学策略以及学生成绩评定方法都支持主流文化。而且,尽管来自不同文化背景的学生越来越多,白人教师与校长的比例却居高不下（Chamberlain,2005;Saifer & Barton,2007）。

部分问题是由对贫困以及少数族裔和民族学生公然的刻板印象导致的：这些学生"成绩不好"，"学习积极性较差"，家长"不关心"孩子的教育（Castro,2014;Kumar & Hammer,2013）。然而，大部分对贫困以及少数族裔学生的伤害更为不易察觉，通常是善意的教师无意中造成的（Carlisle,Jackson,& George,2006）。真正的问题常常在于教育者不理解一个群体的文化规范。例如，瓦伦苏埃拉（Valenzuela）指出，教育的理念是墨西哥裔美国人文化的一个重要部分：

> 教育比其英语同源词涵盖更广的概念，指的是家庭在教育孩子道德、社会与个人责任感中的作用，是所有其他学习的基础。除了正式的学术训练，教育也指社会中的能力，对他人尊严和个性表示尊重的能力。（1999：23）

对于教育墨西哥裔美籍学生，教育的含义之一是教师需要发展与学生的关怀、互惠关系并在学生之间加深这样的关系。如果教师与墨西哥裔美籍学生保持距离，将他们分离开来，强调学习上的竞争，这样做会伤害他们。瓦伦苏埃拉（Valenzuela）认为：

> 教师不给学生培养互惠关系的机会，也就否定了大部分这些年轻人接受的对教育的定义。既然这种定义在墨西哥文化中根深蒂固，那么对其的否定也构成了对墨西哥文化的摒弃。（1999：23）

德尔皮（Delpit,2006：169）举了另一个说明教师不理解学生文化的例子。一位二年级非裔美籍学生马蒂写了一个故事并大声念了出来，白人教师有这样的反应：

马蒂："从前有一位老太太，她没有感觉。"（there was an old lady, and this old lady ain't had no sense.）

教师（打断）："马蒂，虽然听起来像是一个精彩故事的开头，但是你能告诉我用标准英语怎么说吗？"

马蒂（低着头，想了一会，小声地说）："有个老太太没有知觉。"（There was an old lady who didn't have any sense.）

马蒂（手叉腰，提高音量）："但是这个老太太没得感觉！"（But this lady had no sense!）

故事里的教师没有意识到二年级的学生虽然理解标准英语，但是想避开这种形式来更清楚地表达他们的意思。不理解文化规范可能会导致教师低估贫困以及少数族裔和民族学生的能力,因此教他们"简单的内容",集中在基础能力、训练与练习,剥夺学生发展高级能力的机会,如果给他们机会,他们一定能学会(Bae, Halloway, Li, & Bempechat, 2008)。

另一类型的文化冲突包括主流文化对贫困以及少数族裔学生行为的误解。人们通常认为,来自社会经济地位低下和少数群体家庭的学生通常不重视教育(Amatea, Cholewa, & Mixon, 2012)。但是瓦伦苏埃拉(1999)认为学校向这些学生传递他们的文化毫无价值的讯息,让学生拒绝自己的文化、用主流文化取代自己的文化。瓦伦苏埃拉指出,许多少数群体的学生并不是不喜欢教育,而是不喜欢学校教育的形式。因此,贫困和少数族裔与民族学生的行为可以看作是他们处理自己受到的待遇的方式(Bensimon, 2007;Garcia & Dominguez,1997),或者是他们对主流文化破坏自己文化的抵制(Valenzuela,1999)。

不同的交流方式通常也导致文化冲突。高语境文化背景的学生往往用故事的形式描述一件事情的语境。而主流文化背景的教师,往往来自低语境文化,更喜欢直截了当的信息,经常认为高语境的信息含糊不清。高语境背景的学生也许会被教师纠正,导致他们认为自己的交流方式低级,因此逃避课堂互动(Chamberlain, 2005;Milner & Ford,2007)。相比其他文字形式,欧洲裔美国人更重视书面沟通,而许多其他文化背景的人注重口头形式的沟通。而且,欧洲裔美国人偏向主题明确的线性叙述,少数群体文化背景的人喜欢在场景间切换的非线性片段式叙述(Chamberlain, 2005;Delpit, 2006)。欧洲裔美国教师认为片段式叙述不如他们自己的主题中心式叙述好,这就引发了问题。

文化差异也导致错误地将许多贫困和少数族裔学生判定为特殊教育学生,使得他们参加过多的特殊项目。反过来说,教师没有认识到贫困和少数族裔学生的才能,也让他们错过才能培养项目(De Valenzuela, Copeland, Qi, & Park, 2006;Fiedler et al., 2008;Milner & Ford, 2007;Tyson, 2011)。班克斯(Banks)认为特殊教育定位中的一些概念是由主流文化社会建构的:"在给种族、智力缺陷和天赋分类时,是有权力的个人与群体提出分类与特征,并分配奖励与特权,给当前的统治集团带来好处"(2000:38)。班克斯(2000)也宣称,在自己的文化背景与社区内被评定为没有能力的个人通常在学校里也被贴上智力缺陷的标签,而且在才能培养项目中贫困和少数族裔学生的发言权很小。

班克斯（2000）指出，中产阶级的白人家长利用对制度的了解以及政治权力，帮助自己的孩子进入提优项目，而这些项目通常师资更优、班级规模更小、教授更多的知识。同时，许多贫困和少数民族/种族学生不得不参加缺少知识培养的补差项目。班克斯描述道："低等级的学生上的课往往包括低等级教学、训练与练习，缺少高等级的知识。"（2000：37）

张伯伦（Chamberlain，2005）认为，许多来自主流文化的教师分不清由智力障碍导致的成绩不佳和由文化冲突导致的成绩不佳。张伯伦也描述了教育诊断专家如何因为测试不公正、学生没有足够的机会学习测试材料、应试能力差、测试文化规范不当、数据不充分与理解错误而错误地将多元背景的学生送进特殊教育项目和补差项目。

许多学校的课程因为主要以欧洲为中心，面向中产阶级学生，与多元文化产生冲突。如果课程没有涵盖其他的文化，那么非主流文化背景的学生要取得成功就必须忽略自己的文化，学习欧洲中心的内容。

被迫学习欧洲中心的课程，必然引起文化冲突，对其他文化的学生相当不利。贫困和少数族裔学生带着自身文化中的大量知识去学校，他们与其他人交流、从文化内支持性关系网取得资源，以此来获得这些知识（Dworin，2006；Moll，Amanti，Neff，& González，1992；Rios-Aguila，2010；Risko & Walker-Dalhousie，2007；Stritikus，2006）。然而，如果唯一要学的课程是以欧洲为中心的，那么学生的文化背景内的知识就和他/她在学校内的学习无关。而且，在设置欧洲中心课程的学校，课堂上像是来自非欧洲文化的个人与群体会缺席或者被误解。瓦伦苏埃拉（1999）曾认为"现存的课程未能基于学生能力、知识和社会背景设计"（1999：175）。

我们讨论的一切——刻板印象、对文化规范的误解、对学生行为的曲解、不同的交流风格、过多误判以及欧洲中心的中产阶级课程导致了一个教育贫困和少数族裔学生的缺陷模型。主流文化将贫困和少数族裔学生视作需克服的缺陷，而不是可建构的资本。许多学校因此开展瓦伦苏埃拉（1999）所说的"减法式教育"，他们忽视贫困和少数族裔学生的文化以及这些文化中的社会资本。

举一个减法式教育的例子，许多学校不是计划将英语为第二语言的学生（ESL）转变为双语学生，而是转变成说英语的学生。这些学生被归类为英语熟练程度有

限,在学校看来,他们的西班牙语是有缺陷的,要用英语来取代(Chigeza,2011;Stri-
tikus,2006)。另一个减法式教育的例子是,将贫困和少数族裔或民族学生分到不同
的班级或小组。成绩更好的贫困和少数族裔或民族学生与成绩较差的这类学生共
享文化资本与学习策略。然而,如果将学生按照成绩分班或分成小组,就无法建立
同伴关系,也无法分享社会资本了。

为什么这么多主流文化的教育者没能深刻了解贫困和少数族裔或民族学生,
没能学会如何适应文化?原因之一在于,大多数的教师与领导力准备项目,以及在
职职业发展项目没有完全地解决文化理解问题(Batt,2008)。另一个原因是,主流
文化的教师与贫困和少数族裔学生家庭互动很少。主流文化的教师通常不和这些
学生住在同一个社区,也不进行家访。边缘群体孩子的教师一般只有因为恶劣行
径或学习问题才与这些学生的家长进行沟通。

家长与社区成员在加强学校课程与教学的文化适应性上鲜有合作。尽管教育
者常常指责贫困和少数族裔学生的家长不参与孩子的教育,但实际上学校经常为
家长参与设置障碍,如安排不切实际的会议时间与地点、采取补救措施、利用权术
与术语操控交流。由于这些障碍,贫困和少数族裔学生的家长虽然尝试过参与孩
子的学校教育,但很快大失所望,不再参与(De Gaetano,2007;Garcia & Dominguez,
1997)。

文化回应型教学

成功的多元化学生教学活动具有文化回应性。拉德森·比林斯(Ladson-Bill-
ings)指出,教学的初衷是文化回应型教学:

> 采用文化相关教学方式的教师看待自己与他人的方式较为不同。他们认
> 为教学是一门艺术,而不是技巧。他们相信所有的学生都能取得成功,不相信
> 对一些学生来说注定失败。他们认为自己是社区的一员,通过教学可以回报
> 社区。他们帮助学生在当地、国家、种族、文化与全球身份中建立联系……他们
> 坚信教师与学生可以不断地重建与分享知识。他们批判地看待课程的内容,
> 对此充满热情。(2009:28)

文化回应型教师接纳所有学生原本的文化背景,但是他们也承担帮助所有学
生学习的责任。在这里,学习既指发展基础的知识与能力,又指培养批判性思维与

创造性思维。文化回应型教师帮助学生选择学业上的成功。教师该如何做到这点呢？关键在于以对所有学生真诚的关爱为基础建立关系。关爱带来关切，关切带来发展关系的努力（Howard，2002）。建立关系中的重要一环是对学生个人的关注，包括课堂、学习意外的事务。关系建立也包括将多元背景的学生看做独立个体，以及某一文化的成员（Brown，2004；Brown，2007；Cartledge & Kourea，2008；Delpit，2006；Kidd；Sanchez，& Thorp，2007；Ladson-Billings，2009；Richards，Brown，& Forde，2007）。

文化回应型教师的课堂融合了多元文化。接受语言多元化，并将其融入课堂，同时也教授主流文化使用的语言规则（Bernhard，Diaz & Allgood，2005）。在学生说除英语外的官方语言的情况下，语言多样性指双语教育，学生一边学习英语，一边用自己的语言学习课程。以培养双语学生为目标，而不是用英语替代学生说的语言。从广义上说，文化回应型教师既认可不被主流文化重视的知识，也教授标准知识；他们努力保持每位学生的文化完整性，同时也培养学术才能（Ladson-Billings，2009）。

文化回应型教师会尽可能了解学生和学生家庭，与他们沟通，并运用在教学中学到的东西（Hudiburg，Mascher，Sagehorn & Stidham，Saifer & Barton，2007；Villegas & Lucas，2007）。这些部分来自与学校社区的成年成员的交流。德尔皮（Delpit）认为：

> 只有和那些与贫困孩子和有色人种孩子有着一样文化背景的成年人沟通，才能给孩子合适的教育。黑人家长、有色人种的教师以及贫困家庭的成员必须有机会充分参与讨论，讨论什么样的教学才最符合孩子的利益。（2006：45）

孩子们分享关于自己、家庭与社区的知识，文化回应型教师也从中学习，然后利用这些知识进入孩子们的世界（Ladson-Billings，2009；Michael & Young，2005）。

文化回应型教师采用优点基础法教授贫困和少数族裔学生——与前文提到的缺陷基础法完全相反。优点基础法把学生已经拥有的优点作为教学的基础，包括他们带到课堂上的知识。许多贫困和少数族裔学生的优点是从自己的文化中获得，教学就要有意识地与该文化融合，学生继承的文化传统与现实生活的经验就成为课程的一部分（Ladson-Billings，2009）。课堂、学校、家庭与社区的学习都与学生的文化相关（Saifer& Barton，2007）。拉德森·比林斯（2009a）描述了一个教师是"驻校艺术家还是手工艺人"的项目，举了一个例子说明相关性，项目旨在突出家长的知识资源，肯定非裔美国人的文化。家长参观了教室，参加他们擅长领域的研讨会。学生做研究跟进这些研讨会,扩展相关知识。

另一部分的优点基础教育是帮助学生意识到他们有获得学术成就的潜力。像对待潜力股一样对待学生,学生就更有可能发挥潜力(Michael & Young,2005)。文化回应型教师需要清楚地表示他们教的是聪明、能干的学生。拉德森·比林斯(2009b)分享了她观察到的文化回应型教师使用的技巧。在一个例子中,教师要求每一位学生确定自己擅长的领域,成为那个领域的"课堂专家",做一次相关的展示或者帮助在那个领域有问题的同学。另一个例子中,教师帮助那些未来希望渺茫的学生(有"不良行为"的记录)成为教室里的意见领袖,让这些学生领导课堂讨论、提问以及对现状的批判,以期停止对贫困和少数族裔学生的贬低,阻止学生认为会失败的想法,给学生机会去选择学业成功(Ladson-Billings,2009)。

另一个文化回应型教学的特点是创造一个友爱、合作的环境,反映学生家庭与社区的信念与价值观(Michael & Young,2005)。文化回应型教师让学生感受到自己属于一个充满关爱的家庭,教师关心学生,并教育学生互相关心(Brown,2004)。这种关爱的环境包含许多合作学习,拉德森·比林斯这样描述道:

> 为了使班级的社会关系团结一致,教师鼓励学生合作学习,互相学习,为他人的好成绩负责。这些合作式的安排不一定与合作学习有相像的结构,教师结合了正式或非正式的同辈合作。教师采用了伙伴制度,每一位学生都有一位伙伴。伙伴之间互相检查作业和课堂任务,为准备考试互相测验,其中一人缺席,另一人就要打电话问原因、帮忙补课。培养这种互惠互利意识的教师认为一个人的成功就是所有人的成功,一个人的失败就是所有人的失败。坚持这个想法的教师举例说明道:"我们是一家人。我们要关心别人,我们的生存依赖于此。"(1995b: 481)

文化回应型教师将自信与广泛支持相结合,与他们的学生合作,制定行为与学习准则,坚决执行这些准则(Saifer & Barton,2007)。学生要负责满足期望,但也受到尊重与尊敬(Howard,2002)。文化回应型教师拒绝参与争论,也拒绝为学生提供"逃跑路线",以此来避免与学生的权力斗争,因此在同辈前也不会尴尬(Brown,2004)。文化回应型教师使用各种技巧让学生选择成功,从不使用关注缺陷的语言。

拉德森·比林斯(1995b)描述了文化回应型教师如何让学生对成功负责:

> 不允许学生在课堂选择失败。文化回应型教师"劝诱""唠叨""纠缠""贿

略"学生参加高智力的活动。不采用学生"关注缺陷"的话语。绝对不以"来自单亲家庭""接受对有子女家庭补助计划（AFDC）补助""需要心理测量"来称呼孩子。相反，教师要讨论自己的缺点与局限，以及他们确保孩子取得成功所要改变的方式。（1995b：479）

最后一个文化回应型教师的特点是教学具有转换性。文化回应型教师并不忽略种族与文化的问题，而是带领学生批判现状、学习如何应对偏见与歧视，努力改变（Codrington，2014；Ladson-Billings，2009）。工作的重点既在课堂内也在课堂外。课堂上，学生与老师一起批判学校的课程、使用的教科书，以及评估学习的方式，然后在一起努力改进课程与教学。课堂之外，教师与学生则一起发现并解决社区内——或者社会上由偏见或歧视引发的问题。使用转换法并不意味着教师忽略主流文化的规则，或是社会当下的权力现实。文化回应型教师知道，贫困和少数族裔学生想要成功，就要了解主流文化的规则与权力关系，才能改变这些现实（Delpit，2006）。

 视频案例

　　观看视频，思考如何向不了解减法式教学与资产基础教育的教师介绍这些概念。

文化回应型学校

在学校里仅仅有一些文化回应型教师为多元化群体服务是远远不够的。目标应该是创立一所文化回应型学校。我们将讨论建立文化回应型学校需要的重要过程：教师发展、学校发展以及家庭与社区合作。

教师发展。建立文化回应型学校的目标之一是培养越来越多的学校社区成员的跨文化敏感度。不能说教师有或没有敏感度，敏感度实际上是分为几个发展阶段的。库什纳（Cushner）、麦克莱兰（McClelland）和萨福德（Safford，2009）描述了跨文化敏感性的六个阶段，它们最初由班尼特（Bennett，1993）提出：

1. 拒绝。否认阶段的人无法看到真实的文化差异，将自己隔绝在自己的文化里，对其他文化抱有刻板印象与歧视，有时认为其他的文化在精神与社会上有缺点。

2. 防御。这个阶段，人们意识到一些文化差异，但是认为差异是其他文化的负面特点。这些人不能处理文化差异,存戒备心,将自己与他人区隔开来,认为自己的文化优于其他文化,贬低其他文化。

3. 极小化。这是"色盲"阶段,大多数教师处在这个阶段。这个阶段的人意识到并接受表层的文化差异,例如传统食物、音乐和娱乐活动,但是他们也相信每个人都是相似的,有相同的基础价值观、需求与动机——就是"我们在生活中希求的东西是一样的"。

4. 接受。这个阶段的人认为不同文化有不同的价值观与行为方式,并不认为与自己不同的价值观与行为不好,相信文化差异是主流文化可行的替代物。这个阶段的人接受其他文化,但仍不具备有效的跨文化工作能力。

5. 适应。这个阶段的人能够在自己文化与其他文化的观念中切换,能够以其他文化的世界观看待人与事,这让他们更理解其他文化背景的人、更好地进行跨文化交流。这个阶段的教师能够调整自己的教学,他们根据文化的不同,对要求、互动与回应做出适当的调整。

6. 融合。这个阶段的人内化了多种观念,掌握两种或多种文化,他们的认同感不限于任何一种文化。对于自己认同的各种文化,他们都轻松应对,也能协调不同的文化群体。达到融合阶段的教师应该参与构建文化桥梁。

文化敏感性的前三个阶段(拒绝、防御与最小化)属于民族中心主义阶段,后三个阶段(接受、适应与融合)属于民族相对主义阶段。我们之前提到,大多数教师属于最小化阶段,因此就属于民族中心主义。因此,教师发展需要让教师进入文化敏感性的民族相对主义阶段。

格拉(Guerra)和纳尔逊(2008)提出了一个培养文化专业教师的四阶段模型。第一阶段,教师分析按种族、民族与社会经济状况分类的数据,包括测试分数、纪律处罚、家长参与大学录取情况。教师的数据分析结果通常反映了不公平模式,说明贫困和少数族裔或民族学生现状堪忧。被分析的数据不会带有师生的姓名,所以教师不必持有戒心。格拉和纳尔逊警告道,教师讨论数据结果反映的模式时会有不同的反应。一些会承认学校教育的不公平导致学生成绩的差距,但是另一些会责备学生与家长。在第一阶段,教师阅读并且讨论文化回应型教师如何解决不公平问题,由此意识到解决问题的策略。有的教师受成功案例的激励,有的不以为意(Guerra & Nelson,2008)。

第二阶段，安排教师参与演示文化影响与冲突的模拟，以此来评估教师对变革的积极性。模拟之后，教师讨论汇报会议的经验。引导者近距离观察教师的表现，判断哪些老师意识到并接受文化差异。根据教师在第一阶段对学生数据与成功案例的反映、第二阶段模拟的结果，邀请为更高级的文化专业工作做好准备的教师加入第三与第四阶段。对于还未准备好的教师，给他们提供额外的第一阶段与第二阶段活动，帮助他们提高积极性并之后参与第三与第四阶段（Guerra & Nelson，2008）。

第三阶段，教师学习他们自己的囊括一套价值观、信念与期望的文化如何反过来影响他们的教学方式。教师也学习学生的文化，了解传统的学校试图灌输给学生主流文化，导致的文化冲突对贫困和少数族裔或民族学生带来消极影响。第三阶段包括学习书本、分析视频、模拟与参与社区活动。这个阶段的重点在于教师的实践，而不是个人参与（Guerra & Nelson，2008）。

第四阶段，教师继续分析第一阶段的学生数据，但是这次，数据除继续根据民族与社会经济状况分类外，还根据个人教师、年级与系部分类。因此，教师就能意识到自己课堂上和教学队伍里的不公正模式。教师也可以调查或采访学生，了解不公正的做法。除数据收集与分析外，教师也继续书本学习与视频分析，以此深入了解文化冲突与缺陷教学给贫困或少数族裔学生带来的消极影响。阶段四的活动常常引起教师的认知失调（详见第六章），这又使得教师重构多元文化观，并且教学从缺陷基础法转为优点基础法（Guerra & Nelson，2008）。

学校发展。文化回应型教师是文化回应型学校的中流砥柱，但是学校作为一个社区，也应在解决多元化问题上发挥重要作用。以下是一些对学校发展的建议：

• 马德森（Madsen）和马博克拉（Mabokela）将处理多元化复杂问题，包括并回应多元文化称作组织认同，学校范围内的文化适应工作需要创造组织认同。这些作者说，"组织认同是组织成员对组织特征的核心的、固定的集体理解"（2005：120）。具有组织认同的文化回应型学校不一定能达到那个状态，但是它向组织内外的每一个人表明，文化适应性是其目标，邀请所有利益相关者批判进程。

• 学校总体要招聘更多的少数族裔教师，特别是有非裔美籍学生的学校的非裔美籍教师、有拉美裔学生的学校的拉美裔教师以及英语为第二语言学校的双语与多语教师。

• 有大量贫困和少数族裔学生的学校,应该招聘更多专业教师和优秀的教师。

• 有贫困和少数族裔学生的学校,学校社区的所有成员都要沉浸在学校的多元文化中,不断了解学生、学生家庭与社区的情况(Michael &Young,2005)。一些成年人形成的网络(管理者、教师、家长和其他社区成员),是多元文化的成员,熟知多元文化,可以协助进行了解。

• 学校应该开发一门融合多门语言与不同文化背景的课程(Chamberlain,2005)。课程应既反映转换法又反映社会行动方法(Banks,2010)。在转换法中,学生从不同群体的角度看待课程内容。社会行动方法中,学生研究、解决与多元化有关社会问题(详见第十九章)。转换与社会行动课内容丰富,结合了基础技能。

• 学校社区的所有成员要致力于营造一个培育人才的环境,成年人与学生的关系以及学生之间的关系都以真诚的关心为基础。培育人才的环境对学生有高期待(Valenzuela,1999)。

• 应当废除分班和按能力分组的做法,所有贫困和少数族裔学生都有机会参加高级学习,而传统的学校并不给差班和小组的学生提供这样的机会。而且,废除分班和按能力分组的做法,可以让表现优异的贫困和少数族裔学生结成关系网,与表现一般的学生分享知识与学习策略。

• 学校要建立基础设施,让不同文化群体的成年人(管理者、教师与家长)定期沟通、合作提高学校的文化适应性。不同群体就学校政策、课程建设、教学实践与评估学生方法可以展开合作。

• 评估学生方法要提高文化回应性。负责评估的教育者需要学习在评估工作中避免偏见,区分残疾导致的表现不佳和文化差异导致的表现不佳,使用多种文化敏感评估方法参照。学生评估要从以诊断—规定为重点变为以学生倡导为重点(Chamberlain,2005)。

• 学校最终的目的应当将文化知识融入学校运营的方方面面。文化回应型应当作为学校文化的部分实现制度化(Lindsey,Roberts,& Campbell Jones,2005)。学校社区的新成员需要参与多元化与文化适应实践。

与家庭、社区合作。支持文化适应学校的第三点是与学生家庭和社区的合作。首先,管理者与教师应当承认,家长是孩子的教育中重要的伙伴。学校应当欢迎家长到访,家长不仅是参观者,更是学校社区的一部分。学校应当进行安排,让管理者与教师能够和家长见面讨论他们的问题。个人见面和小组会议都要制定策略，帮助家长克服与教育者见面的困难，例如工作安排、交通和照看孩子的问题（Griner & Stewart,2013；Lee & Bowen,2006）。在会议上，家长做出了许多贡献，应当受到平等对待。应当尊重家长的交流方式、文化价值观和教育方式。

家长应该成为学校领导力的一部分。可以分配给家长学校领导委员会、重要委员会和特别工作组的职务。担当领导角色的家长可以联络其他家长。也可以根据家长的经验、兴趣和空闲时间邀请家长承担其他不同的教育工作。

以学校为平台的家长中心是一个充满可能性的有趣的概念，由家长来管理，为其他家长、学校与社区谋利益。中心通常由学校提供空间和运营预算，家长志愿负责大部分的工作。中心为家长提供教育课程、家校对话论坛、学生服务以及社区文化活动。家长中心是连接学校、家长与社区的一座桥梁。

多元化学校不仅要与学生的家庭合作，而且也要与社区其他成员合作。不同的社区成员组成学校顾问小组、担任客座教师和学生们的榜样。通过服务学习与社会行动，学生直接参与到社区发展中。学校是社区援助的中心，为社区成员提供多样化的公共服务。除此之外，学校可以与社区机构和项目达成伙伴关系，组成一个更大的教育与人力支持网络（详见第二十三章）。

我们先前讨论了学校发展，探讨了马德森和马博克拉（2005）关于文化回应型学校要建立组织认同的观点。这些作者认为建立组织认同的工作是一个互动性的过程，学校规划要成为什么样的组织，社区提供对学校实际表现的反馈，学校做出相应修改。通过这个过程，学校不断地适应一个多元化的社区。

 视频案例

观看视频，指出视频中校长与教师加强与家庭与社区关系的具体方法。

性别公平

传统的学校往往助长了性别不公问题，女生遭受大量的性骚扰与性别歧视。在许多教材和课程材料中，女性被描述成贫困、消极、依附于男性的形象。在传统的课堂中,教师更多地与男生互动,男生往往主导课堂讨论。女生受到自己不能解决问题的教导,也较少收到有用的反馈。因此,女生常常变成班上的"隐形学生"(Bauer,2000)。大部分的女生都在学校遭受过某种形式的性骚扰,如果举报性骚扰也很难得到帮助(Fry,2003;Ormerod,Collinsworth,& Perry,2008)。

校园女性不公正待遇导致严重后果。格鲁伯(Gruber)和费纳朗(Fineran,2007)发现,性骚扰对初高中女生的主要影响是自卑感增强、心理健康状况不佳、身体健康极差、表现出高度的创伤症状,高中女生每种问题程度更深。在青春期早期,女生的自信心通常大幅减弱(Mullen & Tutten,2004;Kommer,2006)。马伦(Mullen)与塔藤(Tutten)指出"坚韧、乐观、好奇与冒险这些品质似乎骤然消失……这些青年人消极、忸怩、自尊心不强、总想着外表好看却不聪明、没有目标"(2004:294)。更糟的是,传统学校的教师即使想要解决性别不公问题,也会受到同事与家长的反对(Fry,2003)。

虽然遭受性别不公对待的大多为女生,男生也会受到影响。例如,男生更有可能需要补习阅读课、受到纪律管理、被认为是特殊教育学生,停学或开除,或者辍学(Taylor & Lorimer,2003;Kommer,2006)。"男生在各种教育成果中落后于女生,这就是'无声的性别差距'。"(Dee,2007:531)而且,我们渐渐意识到,在自尊方面,尽管男生习惯了隐藏无法胜任的感觉,但是还是和女生有很多一样的问题(Kommer,2006)。男生也受到了传统教学的不公正对待(Kommer,2006)。

解决学校性别问题的目标"不是平等地对待男生与女生,而是通过有意识地解决每一个性别的特殊需求来创造公正"(Kommer,2006:250)。管理者想要开始性别公正化的工作,可以就不公正对学生的影响开展对话。研究和其他性别问题的阅读材料可以为对话提供信息。福莱(Fry,2003)建议学校的性别公平计划要有目标、指导原则与参照。尽管不同学校有不同的计划,但是这样一些不可商议的事情就可以按顺序开展了。例如,所有学校都有一个目标,即杜绝所有形式的性骚扰。

桑德斯(Sanders)和克顿·尼尔逊(Cotton Nelson,2004)描述了一个性别公正工作的过程。这个过程以全天的工作坊开始,给教师展示有关女生表现不佳的数据,接着教师讨论在课堂上观察到的性别相关问题。之后,教师定期参加半天的工作坊,探讨性别刻板印象、教师期待、不同群体的人际交往、课程中的性别偏见等议题。参加工作坊之余,教师也参加各种学习活动,观察公共场所与大众媒体的性别问题,寻找自己学校与课堂内的性别偏见。教师也做性别实验,例如让同事听课来观察是否有偏见,为了使课堂更公平,尝试新的策略。第三次工作坊中,教师带来自己搜集到的数据,分享他们的学习经历。桑德斯和克顿·尼尔逊(2004)发现这个过程可以帮助教师意识到性别偏见在学校和社会中确实存在,甚至自己的课堂上也存在。在工作坊中,教师也学习了性别公正的知识与技能。

科默(2006)提出了教师创造性别公正的其他策略,包括平衡竞争与合作活动、给学生分组时考虑性别、给予学生一样的回答机会,把性别角色模范请到教室,以及创造性别中立的学习环境。教师也可以促进男生与女生之间的对话,探讨性别不公正的问题、对他们和同龄人的影响,以及学生如何与老师一起创造公正的课堂与学校。

视频案例

观看视频,思考教师共同的研究结果如何运用于关于性别公正的职业发展项目。

视频案例

观看视频,思考你熟悉的与性别问题相关的校园欺凌的类型。管理者与教师如何有效地处理这些行为问题以及潜在的性别问题?

性少数群体的公平

思考以下数据:

• 美国大约 10% 的学生是同性恋(Weiler,2003)。

• 80% 以上的男同性恋或女同性恋学生受到过语言的侮辱,90% 听到过反同性恋言论,其中 25% 的言论是学校的教职工说出的(Glimps,2005;Whelan,2006)。

• 20% 的同性恋青少年曾在学校遭到侵犯(Whelan,2006)。

• 超过三分之一的校园同性恋学生性侵事件都有成年人目击,但没有受到帮助(Birkett,Espelage & Koenig,2009;Weiler,2003)。

- 几乎每三位同性恋青少年中就有两位称自己在学校觉得不安全（Birkett et al.，2009；Weiler，2003；Goodenow，Szalacha & Westheimer，2006）。

- 称自己频繁受到性骚扰的学生的绩点比其他学生低 10% 以上（Whelan，2006）。

- 男同性恋与女同性恋青少年自杀的概率是其他青少年的两到三倍（Hansen，2007；van Wormer & McKinney，2003）。

佩恩（Payne，2007）提醒，大多数学校以异性恋为常态，意味着受欢迎程度和群体成员资格等同于异性恋。不符合异性恋期待的青少年就被嘲笑、传谣言、孤立。而且，佩恩指出，"当前学校实践维护学校的异性恋结构，把异性恋奉为规范"（2007：77）。佩恩举了一些学校的仪式来例证对异性恋的大众化与权力的制度支持，如选举啦啦队队长、舞会国王和皇后以及"最可爱的一对"。许多教育者认同学校的异性恋常态化本质，忽视对女同性恋、男同性恋、双性恋和变性学生（LGBT）的性骚扰问题，甚至加入到对这些少数群体的嘲讽中。LGBT 学生被侵害，性少数的教师通常也保持沉默（van Wormer & McKinney，2003）。

性少数群体的学生在学校里的遭遇也使他们陷入了严重的困境：

> 许多学生本能地隐藏自己的身份，这又加深了他们的困惑、孤独感与自我怀疑。另一方面，表明身份的 LGBT 青少年面临暴力、骚扰、偏见、歧视与污名化等问题。（Weiler，2003：11）

巨大的压力和支持的缺乏让很多 LGBT 学生饱受折磨：

> 与隐藏或公布性取向相关的压力让性少数学生更容易患上心理疾病、生理疾病，学习上遇到问题。因为会优先考虑上学，许多 LGBT 学生遇到了学术与学习问题。（Weiler，2003：11）

这些问题包括频繁缺席、极少参与学校活动、成绩不佳、相比异性恋学生辍学率更高（Birkett et al.，2009；Glimps，2005；Hansen，2007；Walls，Kane，& Wisneski，2010；Weiler，2003；Whelan，2006）。

对性少数学生的性侵害导致的问题不仅仅是学习上的。LGBT 学生更可能参与高风险的行为，例如饮酒、吸毒与不安全性行为（Espelage，Aragon，Birkett，& Koenning，2008；Glimps，2005；van Wormer & McKinney，2003）。LGBT 学生不是因为属于性少数群体才参与这些危险行为，而是因为受到了侵害（Glimps，2005）。许多 LGBT

学生无家可归，因为性取向或性别认同被家长赶出家门（Van Wormer & McKinney，2003；Weiler，2003）。前文提到，女同性恋与男同性恋的自杀率远高于异性恋学生（Hansen，2007；Van Wormer & McKinney，2003；Goodenow et al.，2006）。

许多学校对针对 LGBT 学生的偏见与歧视毫无作为，事实上也加重了偏见与歧视，这意味着学校既误导了性少数学生也误导了异性恋学生。

格雷森（Grayson）探讨了这一现实：

学校的工作人员没能为受同龄骚扰与暴力伤害的学生提供保护，反映出只有一部分的伤害是由校内反同者所为。恐同心态阻碍了全校学生的发展，阻碍学生变得宽容、有同情心，成长为和谐、团结的多元社会的一员。接受对同性恋的偏见加强特权群体的权力，批准对其他人的偏见与歧视，强化死板的性别角色行为，沉默与假消息使得人们无法了解准确信息与事实。（1987：136）

学校可以通过制定政策保护、支持 LGBT 学生，推动公平（Goodenow et al.，2006；Hansen，2007；Mayberry，2006；Walls et al.，2010）。政策不仅要阻止对 LGBT 学生的性骚扰，而且也要承认他们受到学校社区尊重的权利。学生、教师、家长和社区都要了解政策，可以通过举办公开会议来实现，会议上分享政策需要的信息、消除关于 LGBT 学生的错误信息。

职业发展促进对其他边缘群体学生的公正，帮助教师开展关于 LGBT 学生的工作，培养自我意识至关重要。范·登·伯格（Van Den Berh）和克里斯普（Crisp，2004）提出一项过程，督导者可通过这项过程帮助教师培养自我意识，这个过程包括五个阶段：

1. 自我反思自己的性取向及其发展、影响与经历。

2. 思考先前与 LGBT 私人或工作上接触的经历。

3. 评估个人对 LGBT 群体的反应，包括积极与消极的经历。

4. 自我评估个人对 LGBT 群体的反应中的认知、情感与行为成分，发展潜在的异性恋或恐同意识。

5. 参与、深入了解 LGBT 群体与文化的私人或专业活动。（p.227）

除个人发展外，督导者与教师也要合作研究学校教育的可能导致不公平的不同层面，包括（1）也许与学校反歧视政策相冲突的政策；（2）校园风气；（3）学生纪律；（4）课程；（5）教学实践；（6）课堂与共同区域的互动；（7）学生成绩。教师可以收集、分析所有这些方面的数据,判断改进工作的重点。

一旦确定了问题区域,就可以采用各种策略促进对待 LGBT 学生的公正。可以根据学校的需要,采用以下的策略推动公正:

- 开展校园安全与反欺凌项目是公立学校的趋势。如果一个学校开展了其中的一个项目,对 LGBT 学生的保护就是主要特点。教师与家长都应参加项目的设计与执行。项目应该教育学生尊重 LGBT 学生,督导学生与成年人针对性少数与变性学生的言行。发生辱骂 LGBT 学生的事情,成年人需要及时干预,开展针对被辱骂学生和辱骂者的工作。

- 改革课程。认为异性恋高人一等、同性恋矮人一截的相关课程需要优化。方法之一是介绍 LGBT 群体的优秀文献。那些在各个领域有重大贡献的 LGBT 群体的工作和生活也可以融进适当的课程主题。偏见和歧视的案例研究可用于批判主流文化对待 LGBT 群体的不公正行为。优化的课程可以侧重于同性恋研究,或是让学生参与到反对侮辱 LGBT 群体的社会活动中。

- 教师可以共同努力改变其教学实践,让课堂更加包容 LGBT 学生群体,做好本职工作,预防出现对这类学生的偏见和歧视。该合作可以包括共同规划包容性课程、观察彼此教学、开展校级对话,讨论如何更好地支持 LGBT 学生群体。

- 学校可以任命一位成人 LGBT 拥护者或团队。该成人拥护者或团队直接为 LGBT 学生群体服务,让这些学生了解到更多的外部信息及支持团队。他们可作为 LGBT 学生群体和学校社区成年人间的纽带,能促进改变相关政策和实践,使 LGBT 学生群体有更好的校园生活体验(Goodenow et al. , 2006)。

- 学校也可以为 LGBT 学生创建校内支持小组。例如,创建男同性恋联盟俱乐部,不仅能为 LGBT 学生提供团体支持,还能促进 LBGT 学生和主流文化学生间的文化理解(Goodenow,2006;Walls,2010)。

平等对待残疾学生

美国公立学校关注残疾儿童教育可追溯到 19 世纪早期,但当代美国对特殊教育的关注是从 1975 年的《残疾儿童教育法案》(EAHCA,公法 94—142)开始的(Spaulding & Prat,2015)。该法案现名为《残疾人教育法》(IDEA,2004 年),要求所有接受联邦资助的学校尽可能在最少限制环境（LRE）下为残疾学生提供免费、适当的公共教育（FAPE）。与 K－12 教育相关的《残疾人教育法》的目的具体如下：

• 确保所有残疾儿童能够接受免费合适的公立教育，设计专门的教育及特殊服务满足残疾儿童的特殊需求，让他们能够继续学习、就业、独立生活。

• 确保残疾儿童及其父母的权利得到保护。

• 协助国家、地方、教育服务机构及联邦机构为所有残疾儿童提供教育。

• 确保教育工作者和家长拥有改善残疾儿童教育的必要工具。

• 评估、确保所有涉及残疾儿童的教育工作认真有效（《2004 年残疾人教育改进法案》第601 节）。

2012—2013 学年间，640 万名学生接受特殊教育，约占美国公立学校学生总数的13%（国家教育统计中心，2015）。图22.1 是13 种残疾类型所占比例。

最高比例
特定残疾（如阅读障碍、书写障碍）　35%
言语或语言障碍　21%
其他健康障碍（如哮喘、癫痫）　12%

中等比例
自闭症　8%
智力障碍　7%
发育迟缓　6%
情绪障碍（如抑郁症、精神分裂症）　6%

最低比例
多重残疾　2%
听力障碍　1%
骨科损伤（如脑瘫引发）　1%
失聪–失明　小于0.5%
视觉损伤　小于0.5%

图22.1　学生各残疾类型所占比例

来源：国家教育统计中心。网址：http://nces. ed. gov/programs/ coe/indicator_cgg. asp

联邦、公立学校每年斥资1000 亿左右美元为残疾学生提供教育（"残疾人教育法资金联盟"，未标注日期），但这些孩子的学习成绩还是落后于同龄人。谢菲尔（Schifier，2011）发现，残疾学生平均需要五年才能读完高中；72.4% 的学生会在八年内读完高中,25%的学生辍学。此外,麦克劳克林(2010)报告称:残疾学生上高等学校的可能性明显低于正常学生。那些接受高等教育的残疾学生更有可能上两年制或职业学校,而非四年制的本科类院校。麦克劳克林还引用研究表明,只有37%的残疾成年人被正常雇佣,22%的人称他们失业是由于缺乏职业培训。此外,残疾人士通常从事兼职、低薪等工作,这些工作几乎不提供医疗保险。

联邦法律规定要平等对待残疾学生,为何他们和普通学生差距还在不断拉大呢? 有些人指责联邦政府未提供足够的资金执行相关法规。有些人认为国家一直缺乏特殊教育合格教师。无论是普通教师还是特殊教育老师,他们都缺少必要的连续培训,无法满足残疾学生的需求(Smith,Robb,West, & Tyler,2010)。有些作者则认为这一差距主要是因为缺乏具体技能,如合作。研究表明,作为特殊关注的领域,对于接受具体技能教育项目培训的老师来说,他们在处理残疾学生复杂教育问题上更加得心应手,这类老师也不太可能离开教育行业。(Hamilton-Jones & Vail,2014)

差距拉大的另一个原因是特殊教育中来自少数民族和种族的学生比例失调,这与我们之前讨论的平等对待少数种族和民族学生有直接联系。例如,被认为有智力障碍和情感障碍的非裔美国人比例失调,小组中英语学习者患有学习障碍和智力障碍的比例也不平衡(Zhang,Katsiyannis,Ju, & Roberts,2014)。斯奇巴等(Skib et al. ,2008:269)指出:"与非判断性或'硬'残疾类别(如听力损伤、视力损伤或骨科损伤)相比,判断性或'软'残疾类别(智力迟钝、情绪障碍、学习障碍)比例失调更为严重。"

我们已经讨论了很多造成失衡的原因——缺乏文化反应、文化冲突、对身份认同的偏见等等。其实,还有个原因:少部分学生被安排在不适当的特殊教育班级后,往往无法得到充分的指导,无法满足其自身需要。比例失调将残疾问题和社会问题混为一谈。如果残疾学生生活中的这一不公平现象能够解决,那么当前许多接受特殊教育服务的学生们会生活得更好。

那么,教师和督导人员应如何解决这个讨论已久的问题,保障残疾学生的平等权利呢? 麦克劳克林总结了四项残疾人权目标,这些目标是《残疾人教育法》的基础,也是《残疾人教育改进法案》的要求:

……残疾学生应受到公平对待,他们是独立的个体,和正常人一样有权接

触生活的方方面面，有权对琐事或重大事件做决定，有权成为独立主体，自我维持生活。（2010：269）

学校如何才能实现这些公平目标呢？麦克莱斯基（McLeskey）和沃尔德伦（Waldron，2002）谈论了许多经验教训，这些经验是在协助教师和督导发展包容性学校获得的。首先，学校中任何一位教育工作者都能发起学校改革，但要想成功，离不开教师和督导者的支持。引发学校不平等的事件类型、严重程度以及条件都是各不相同的，因此每个学校都必须有权建立专门的项目——要知道，根本不存在可以被简单"效仿"的外部通用模式。学校项目中一个层面的变化，甚至是单个班级的变化，都会影响到整个学校，因此为了公平对待残疾学生而做的变化应涉及整个学校，而不仅仅是对学校教学项目的补充。最终，我们关心的是改变学校文化。正如第二十一章详细阐述的那样，改变肯定会遇到阻力，麦克莱斯基和沃尔德伦希望领导们能努力优化项目。职业发展是帮助教师解决不平等问题的关键。该项目的终极目标应上升到麦克莱斯基和沃尔德伦所说的"容忍圈"，即人们越来越能接受之前认定的非正常事件。学校可以通过联合教学、教学辅助者、同侪辅导和差异化教学来实现这一目标。最后，麦克莱斯基和沃尔德伦指出，由于残疾的复杂性及其不确定性，发展包容性学校的项目不可能真正完成，但仍需要不断推进、不断优化。

维拉（Villa）、萨思登（Thousand）、内文（Nevin）、利斯顿（Liston，2005）提出的中学包容性实践（我们认为也适用于小学生）包括：

- 差异化教学；
- 跨学科的课程和教学方法；
- 利用科技增强学生能力，满足学生个人需求；
- 合作学习和同伴帮助；
- 课程修改，如不同的教学材料；对同一学习活动划定不同的期待；将生活或社会技能与学术内容相结合；
- 教导学生承担责任、解决冲突、行使自决权；
- 真实的评价。

在组织层面上，维拉及其同事推荐延时课堂计划、异构学生分组（去跟踪化）以及包括普通教师、特殊教育教师和专业辅助人员的合作型教学。

教师和督导者也需要解决失衡问题。各个学校的比例失调原因十分复杂，各不相同,斯奇巴等(2008)建议各学校从必要的评估着手,确定失调类型及其潜在原因,再解决问题。斯奇巴等还提出了减少失衡现象的一般性建议,包括文化回应式教学的职业发展、文化回应式课堂管理、改进评估技术、分离文化差异与学习障碍、教学注重预防学习困难,遇到困难时要及早干预、社区和家庭参与到评估和干预过程中。最后,斯奇巴等人还建议进行学校财政、国家考试以及教师培训等方面的政策改革。

总体模式

虽然我们对学校中有关(1)经济、种族和少数民族,(2)性别不平等,(3)LGBT群体,(4)残疾学生这四个议题是在不同章节分别讨论的,但彼此之间存在着一些共通的规律。多元群体中学生面临的许多问题都是由自身文化及主流文化间的冲突引起的。反过来,这些文化冲突又是由于缺乏理解或对文化差异的错误回应引起的。

为了向前发展,主流文化成员有必要了解自身文化、其他文化、文化冲突以及文化冲突对多样性群体带来的负面影响。这种学习,尤其是涉及教师的学习,一般会在下面几种情况下发生:面对与其他文化不一致的数据,反思数据、与同事就数据的意义开展对话、致力于改变对待多样性群体的方式。通过经验性学习获取的新知识会形成新的态度,这种态度会促进多样性群体采取行动。

将督导的技术任务与文化回应结合起来

应对文化多样性的讨论让我们有机会认识到:督导的技术任务与文化任务是不能真正分开的。相反,技术任务可以帮助完成文化任务。六项技术任务(直接帮助、教学评估、小组建设、职业发展、课程建设和行动研究)都可以结合起来,共同应对多样性。

行动研究可以作为框架,将督导的其他技术任务整合到完整全面的项目中,解决多样性问题。在行动研究早期,教师可以收集各类数据,如各学生小组间的成绩差距、文化冲突、文化冲突对多样性学生群体带来的负面影响。小组发展任务贯穿于行动研究的各个阶段,但在行动研究初期解决多元化问题尤为重要。在起步阶段,教师们会在以下两方面展开批判性讨论:学校教育对边缘化学生产生的负面影响,维持这一现状教师所扮演的角色。这些小组讨论要求平衡好任务与个人角色之间的关系,解决一些不正常的行为、管理冲突方式、促进小群体或大群体的决策。

一旦教师想要解决多样性问题,并在这一广泛领域内选定一个重点,就可以开始行动规划了。其余的督导技术任务都可以列入行动计划。职业发展可以为老师提供知识、技能和策略,以满足不同学生的需求。课程建设能帮助老师批评现状、开发课程,这是对文化的响应,也预示了社会行动。通过临床督导、同侪指导、示范教学、经验指导等直接帮助,教师们可以实施文化回应式教学。形成性教学评价(比终结性评价更适合此目的)可以为教师个人和教学团队提供反馈,使其在提高文化回应能力方面取得更大进展。

实施行动计划一段时间后,教师可以通过收集数据继续进行行动研究,利用数据评估行动计划对学校及不同群体的影响,规划未来行动,提高学校的文化回应能力。总之,督导的技术任务——改进自身教学的强大过程——也可促进解决更广泛的文化任务,比如处理多元化问题。

思考题

巩固练习 22.0

检查你对本章节核心概念的掌握情况。

反思练习 22.0

请以你熟悉的学校为对象,思考以下问题。学校可以采取哪十大措施,更好地促进解决文化多样性?完成练习后,你可以考虑处理不同的文化类别,包括种族、民族、社会经济地位、性别、性取向、残疾学生等等。这些措施可以涉及颁发政策、建立结构、发展程序、提供职业发展、设计课程、评估学生、给学生分组、改变教学实践、与家长合作、与社区合作等等。请具体阐述你选出的措施。

第二十三章　建立社区

本章学习目标

阅读本章后,你应当能够:

1. 作者认为应将学校建设成民主社区,请总结出三条原因。

2. 回忆诺丁斯"教学关怀"的三项内容。

3. 列举专业学习社区的六大特征。

4. 作者为什么认为在调研性社区学校,教室会成为调研中心?

5. 哪些学习模式能将学生和社区、更大的社会紧密相连? 请列举三个例子具体说明。

6. 请说明社区学校五大特征之间的关系。

请阅读本章,并思考以下问题:

1. 你认为基础教育(学前至高三)学校更像传统的组织还是社区? 如何能让学校更像社区而非组织?

2. 思考"追求民主而进行的教育"和"民主化的教育"之间的差异。

3. 本章节的道德社区部分描述了道德社区的九大原则。如何加强这些原则,以改善基础教育(学前至高三)学校学生们的生活和学习?

4. 全国许多学校都设有专业学习社区(PLCs)。请以你熟悉的该类学校为对象,回答以下问题:你认为该校是否具备 PLCs 的六大特征,相似度有多大? 你是如何评判该校是否具备以上特征的?

5. 阅读本章中"融入更大社区"一节,找出文中所说的三种接触方式(校本和学校相关社区服务、社区发展、社区学习环境)与学生学习之间的联系。

萨乔万尼（1994a,1994b,1999,2004）和其他学者提出：应将学校看作是社区，而非组织。组织具有以下特点："线性交流、高层决策、任务分解、分级监管、各项规章制度"。（Scribner,Cockrell,Cockrell & Valentine,1999：135）在组织中，员工做什么，往往由领导决定。领导会和员工们商讨，给予他们所想以让其服从安排，执行命令，寻求合作。遵循则有奖励，违背就要接受惩罚。因此，个人会因物物交换及自身利益而受约束（Sergiovanni,1999）。传统的组织理论效仿工厂模型，强调效率和生产力。

基于卡内基的等级单位及现代学校系统采用的专业化模式，这种官僚主义理论的应用导致了现代工厂学校的出现。在这样的学校中，为了成为有效劳动力推动经济发展而努力学习的学生们，成了产品。现代工厂学校的问题在于：学生并不是产品，他们不会对强加于身上的文化做出积极的反应，他们并不是流水线上的汽车。在这种工厂模式下，许多学生半途而废，就像流水线上的残次品，或者像流水线上刚出品的产品，与社会脱节。（Martin,MacNeil,2007：para 1）

与组织中存在的关系不同，社区中的关系是基于共同的身份、信仰、价值观以及目标的。社区中的成员互相帮助，共同治理社区（Hord,2008）。萨乔万尼对社区和组织做出以下对比：

组织中和社区中的生活在质量和类型上都是不同的。在社区中，我们与那些和自己有着类似意图的人一起创造社会生活；而在组织中，关系是由他人为我们建立的，他们将其编成一套有关等级、角色和角色期待的系统。当然，社区也存在控制问题。但是，社区并不像组织那样依赖外部控制措施来构建关系，而是更多地依赖规范、目的、价值观、专业社会化、共治以及自然的独立性。（1999：119）

当然，仅仅将学校视为社区而非组织进行管理，并不能解决学校面临的所有问题。首先，社区也有发展好坏之分。社区也可能是孤立的、目光短浅的、存在偏见的。随着时间的推移，可能会爆发内部冲突，丧失其功能，逐渐恶化。谢尔兹和赛茨（Shields & Seltzer）在书中指出："很多学校更像是广泛社会中冲突与差异并存的微观世界，而不是萨乔万尼所说的有关情感和规范关系的例子。"（1997：415）他们认为，致力于社区发展的教育工作者可以解决这一问题。教育工作者们将推动社区发展视为道德层面的举措,他们探索异同,努力创建民主、包容的社区,在多样性中实现统一,以建立萨乔万尼所说的真正的社区。表 23.1 比较了传统组织与真正社区的相关方面,具体如下:

表 23.1　传统组织与真正社区比较

	传统组织	真正社区
领导集体	交易型领导 技术型管理法 管理 等级 自上而下的交流 领导灌输,员工执行模式 官僚 控制 监管 评价	变革型领导 民主 对话 共同发展模式 相互影响 共同决策 平等交流 网络化领导 个体机构
动力	个人主义 竞争 自身利益 外部奖励和处罚	道德准则 共同的信仰、价值观、目标 安全 满足需求 内在奖励 信任 希望
关系	基于既定的角色及责任 合同化关系及义务 讨价还价 物物交换	归属感和接纳感 相互关怀 相互信任 团队合作 积极的相互依赖
优先权	政策、程序、条例 设定的期待值 产出/产品 技巧及能力 衡量	追求共同利益 平衡个人权利和社会责任 多样性的内在统一 整体增长与发展

　　大多数将传统组织比作真正社区的教育者很容易得出这样的结论:他们更愿意在一个类似于真实社区的学校工作。然而,我们也应该考虑到,进入具有真正社区特性的学校学习,学生会受益更多。奥思特曼(Osterman,2000)在报告中指出:如果学生对具备真正社区功能的学校有了归属感和接纳感,他们便会更有动力去学习,更专注于学习,学习效果也会更好。此外,在集体环境中得到老师和其他同学帮助的学生,他们的人际交往能力会有所发展,这将有助于他们在校外以及成年生涯中发展积极的人际关系。奥思特曼总结说,以真正社区为模型发展的学校,有助于

学生们的情感培养和个人发展。

表23.1列举了真正社区的一些特征，但究竟是哪种特征让学校成为真正的社区呢？斯特赖克（Strike）提出了四个一般要求。第一，对人类繁荣要有共同观点（2000：619），即学校如何培养学生与社区中的人们共同生活，追寻充满道德、富有成效、幸福美满的生活？第二，对美好生活的愿景必定引发共同的教育目标，当目标实现时，学生们就能过上期待已久的幸福生活。第三，社区学校的所有成员必须相互合作，共同努力，实现既定的目标。第四，合作及由此产生的教育活动必须创造社区美好品德，如"归属感、忠诚度、信任感、相互依赖及关怀"（2000：619）。

基于对众多学校的合作及对成功学校的调研，我们认为运作良好的社区学校有以下五大特征：（1）民主；（2）道德准则；（3）专业学习；（4）调研；（5）更广泛的社区接触。以下将对这五个特征做详细介绍。

民主社区

将学校建设成民主社区至少有以下三大重要原因。第一，美国公立学校存在的意义在于将学生塑造成有学识、有道德的公民以维持民主（Isac, Maslowski, Creemers & van der Werf, 2014; Martin & Chiodo, 2007; Schultz, 2007）。第二，民主化管理使学校运作良好，且更有可能得到改善。第三，与传统学校相比，民主化的社区学校能让学生取得更好的成绩和成就（Flanagan, Cumsille, Gill, & Gallay, 2007）。

古德莱德（Goodlad）认为，在民主环境下教育学生是维持民主社会的关键。

> 民主国家的学校教育相当重要。其教育与其他社会学校教育有着本质区别。公立学校是唯一适合向年轻人介绍社会和政治民主固有思想及民主起源思想的地方。这就是为什么在建国初期，有思想的前辈们一直重视公立学校，将其视为创建、维持民主共和国的核心力量。（2004：19）

约翰·杜威是古德莱德口中"有思想的前辈"之一。杜威曾在一书中写道："民主不仅仅是一种政府形式，还主要是一种集体生活模式，一种共同交流的生活体验"（1916：93）。也就是说，民主是社区成员间所存在的一种社会关系。公民得了解其他公民的行为是如何影响自己的，自己的行为又是如何影响他人的。在真正的民主社会中，公民会去了解他人的经历、价值观和需求，并且平衡好自己的利益与他人的利益（Bleazby,2006;Rhoads,1998）。杜威认为,学校不仅要为学生的民主生活做好准备,而且还要考虑如何付诸行动,以帮助学生在社区学校中体验民主。

学校要想促进民主,需遵循以下原则:

- 重视、尊重每个人,促进全体成员的福祉;

- 理解、响应、平等对待少数群体;

- 学校成员共同决策（包括教师、学生、家长）,拓宽其决策范围;

- 鼓励双向交流,自由发言,公开讨论有争议的问题;

- 培养学生们对权力关系、学校结构、课程以及教学实践的批判能力,以学生利益为主,接受批评、勇于改变;

- 相互合作,共同领导;

- 自由选择权;

- 鼓励公民参与、服务他人。

民主学校除了能维护社会民主,相比传统学校,也要更加有效、完善。马洛里（Mallory）和雷维斯（Reavis）写道:"民主校园文化对学校的不断改进至关重要"（2007:10）。学校的改善与许多变量有关,包括教师赋权、教师领导、合作、共治、反思性对话以及教师选择（Gordon,Stiegelbauer, & Diehl,2008）。如果仔细考察这些变量,会发现它们更有可能发生在民主社会,而不是由校长或小型领导团队主导的学校。

我们关于民主和社区的概念定义与最近一项研究是一致的,即真正的领导力并非领导人个人做决定的,而是在许多个体之间的关系和互动中产生的,这些个体包括正式及非正式领导（Harris,2008;Scribner,Sawyer,Watson, & Myers, 2007;Spill-ane,2005）。斯克里布纳及其同事认为:"决策来自多个体间的合作对话,应用于相互依存的活动"。（2007:70）这种对领导力的描述很像萨乔万尼所说的社区领导力（1999）和杜威所支持的关系民主（1916）。

民主不仅仅是管理、维持关系的方法,也是关于学生学习方式的一种理论。在实行民主教育的学校,学生会做以下几件事:

- 学习技能、知识时,必须认真努力、积极处理问题、交流思想、消化知识、与他人合作;

- 在老师允许的范围内,无论是个人还是小组,都拥有更广泛的选择权;

- 对同伴、老师、父母、学校负责；有目的地、高效地利用学习时间；

- 与老师、父母、社区成员等分享所学内容；

- 自己决定如何利用所学知识奉献社区；

- 承担保护资源的责任（校外人力和物力资源），申请学校，继续深造；

- 在公开场合展示自己所学内容，接受观众反馈；

- 无论是个人还是团体，都要共同努力，相互学习，赶超他人（Glickman,1998：18）。

一项长期研究发现，在民主社区中接受以上教学方法的学生们——无论自身国家社会经济状况怎样，属于哪个种族，来自哪个民族——在各种考核测量中，他们都要比其他学生表现得更好（Bleazby, 2006; Darling-Hammond, 1997; Flanagan, 2007; Joyce, Wolf, & Calhoun, 1993; Meier, 1995; Newmann, Marks, & Gamoran, 1995）。

道德社区*

道德学校社区致力于促进社区全体成员的福祉、全面成长和发展。道德社区是在道德准则基础上建立的，如果把这些道德准则结合起来，认真对待，那么学校就会得到发展，学生们也能成长为有道德的人，成为建设美好社会的储备军。部分道德准则展示如下：

关怀

在具备"关怀"这一特征的社区学校中，成年人对学生们是非常开放、包容的。他们会和学生私下聊天，主动倾听，了解学生们校内校外的生活。成人还会换位思考，感受学生们的经历、担忧和行为，愿意花费时间和精力去满足学生们的需求，发挥他们最好的一面，引领他们走向成功。然而，"关怀"是相互的。如果学生并没有发现、接受或是回应给出的关怀，那关怀就不完整（Noddings, 2005, 2010）。舒斯勒（Schussler）和柯林斯（Collins, 2006）发现，如果学生们有机会获得成功、受到尊重，如果学生们在积极的师生和同学关系中找到归属感，如果学校用机动灵活的方式

※ 该部分最初发表在斯蒂芬·戈登的《好学校》(The Good School)中。Stephen P. Gordon (2001), "The Good School." *Florida Educational Leadship*, 1(2), 13—15.

对待学生,让他们感受到家的氛围,学生们便会感觉自己得到了关怀。

诺丁斯(2005,2010)提醒我们,教师不仅仅要关心学生,还要培养学生关心他人的能力。首先,学生们要切身体会关怀。教师不能只是口头说教,让学生关心他人,而是要通过人与人之间的相互关心,让学生切实体会。老师还可以通过开放式的双向对话方式教会学生关心他人。参与对话能够培养学生的沟通能力、分享决策能力以及帮助他人解决问题的能力。教师还可以为学生创造关心他人的机会,让学生实战演习,以此培养与关怀相关的技能、端正态度。当然,老师也可以使用确认教会学生们关怀他人。老师要能发现学生们"更好的自我",鼓励他们在他人关爱下将其发展得更好(Noddings,2005,2010)。

老师关心学生并教会学生关心他人是打造关怀型社区学校的关键,但是将这些关怀给予学校每一位成员才是最重要的。在关怀型社区中,学校领导、老师、学生和家长既会关心他人,也会得到他人的关心。

视频案例

观看视频,思考如何在该校继续营造"关怀"文化。请给校长和老师提些建议。

完整

真正关心学生就不会错过学生成长的任何方面。道德社区致力于培养学生的认知能力、促进身心发展、开发创造力、培养社交能力、提高道德修养(Oser, Althof, & Higgins-D'Alessandro,2008)。要想全面发展,就必须在这些方面有所成长;同时,不同领域的进步彼此交叉、互相依赖、相辅相成。完整性准则也应当应用到学校社区中的成年人。例如,学校应该关注教师的教学情况、身心健康、创造力、社交力和道德发展状况。

连通

学校有义务清除所有人为障碍,为学生的生活和学习营造自然和谐关系。例如,教育必须与学生的现在和未来相关,两者需同时兼顾。学校要为学生创造接触不同知识领域的机会。教室这一浓缩的世界必须和校外的生活相联系,包括当地社区、国家社区以及国际社区。（国家服务学习委员会，2002；Simons & Cleary，2006）相连性准则也表明，学校社区成员不该被限定为单一角色（Biag，2016）。行政人员、教师、学生，不管身处何位、身兼何职，都应该参与到领导、教学、学习各个环节中去。

 视频案例

在这段视频中：
- 如何把学生们联系起来？
- 如何把学生的社会发展和学业发展联系起来？
- 如何把老师们联系起来？
- 如何把父母和学校联系起来？

包容

包容是一种道德标准，涵盖了平等和正义两大信念。首先是平等。所有学生，无论是作为社会公民还是社区成员，都应该被平等对待。这一平等的信念引发人们对正义的追求。对于那些在生理、认知、情绪或是社交上有缺陷的人，学校应该提供帮助，必要时采取非常措施，以确保他们继续充当社区的一员，让其顺利实现从学生到成人的成长。道德学校必须接纳所有文化，所有学生——经济落后地区的学生、少数民族的学生、移民、母语非英语的学生、同性恋学生等等（Flanagan et al.，2007；Glanz，2010）。

 视频案例

视频中的老师描述了自己如何匹配学生，让其学会包容。看完视频后，请思考，老师们还能做什么来营造班级的包容性氛围呢？

 视频案例

看完视频后，请思考你所熟悉的学校有设施或社会活动让有缺陷的学生感觉自己受到孤立吗？学校应如何消除这些障碍？

公正

教授学生社会正义、用正义促进教学和学习都属于"公正"这一准则的范畴。公正包含两方面的内容:一是老师负责认真指导;二是学生负责认真学习。但是,在教育环境中,责任制不是简单地对学生进行奖惩,而是指老师要对学生的表现给出反馈,帮助学生提高,在未来获得进步。

公正的核心在于长期以来公平公正地对待学校社区中的所有成员。通过和学生公正相处,教育工作者在一定程度上可以缓解学生在社会上可能面临的不公(Molinari,Speltini,& Passini,2013;Schultz,2008)。这样日复一日的公正可以促进学生在各个领域的学习,最终推动一个更加公正社会的形成。学校社区中的所有教职员工也应该得到公正对待,这样他们才能学会如何更好地公平对待学生。然而,学校往往对教职员工的公平程度要远低于其对学生的公平程度。

和平

学生行为不当是学校督导者和老师反映的主要问题之一。该问题最大的麻烦是损害其他学生学习的权利。更糟糕的是,近年来学生暴力事件急剧增加(Akiba,2008)。也许解决这一问题的办法就是将"纪律型"学校打造成"和平"学校。这一转变,需要校园督导者、老师、学生们加强交流、合作,提高管理冲突的能力;同时也要求他们对自我有全新的认识,要知道,自己不仅仅只是领导、教师或学生,还是治愈者、维和者。有人认为学校无法利用教学时间教授学生如何治愈他人、维护和平。对此,我们想说,考虑到社区和学校中出现的各种不文明现象,我们必须得开始这种能力的学习。

自由

学习和自由是齐头并进的——自由地去幻想、去探索、去冒险,从失败中吸取教训,学会成长。教育工作者需要空间,成长为更专业的人;同样,学生也需要自由的空间去激发所有的潜能(Nash-Ditzel & Brown,2012)。当然,学生和成年的教职员工在发展的不同阶段,他们对自由的控制力自然也就不同。对一些人来说,自由可能需要逐渐引入,最初表现为有限的选择。无论如何,学校的方向性指引才是重要的。学校社区的全体成员在"学习内容、学习方法以及展示所学的方法"这三方面应该有更多的选择自由(Dooner,Mandzuk,& Clifton,2008)。那些把学校改革等同于外部控制的人会觉得这一准则很难接受。

信任

在关怀、完整、连通、包容、公正、和平、自由这些方面的不断努力，会让学校成员们信赖彼此间的关系。信任既是遵守其他原则的产物，也是确保以上准则长久不衰的前提。真正的学习不能只靠传输知识和技能，而要依赖人际关系，"信任"便是这些关系建立的基础（Hord，2008；Huddy，2015）。尽管人际信任很重要，但它并不是好学校拥有的唯一信任。人们也非常信赖学校追寻的道德准则——他们相信，只要遵守这些准则，学校将会给学生带来更好的教育、更充实的生活，会为社会创建更美好的未来。

赋权

作为一项道德准则，赋权最基本的内容就是让社区成员参与到影响自身的事情决策中，当然，道德准则中的赋权内容要远大于此。赋权还意味着调整那些阻碍师生走向自立和自我实现的假设、规范、角色以及关系。它不仅包括邀请人们参与有关领导、教学和学习的决策，还要求以上人员要有足够的知识和技能对所在领域进行有效决策。赋权还包括向教育工作者和学生灌输一种思想，让其推动学校社区中其他成员的授权。

专业学习社区

霍德（Hord）和索默斯（Sommers）将"专业学习社区"（PLCs）定义为："通过不断的集体学习，共同提高学生学习水平的专业人士社区"（2008：ix）关于专业学习社区的特征描述多种多样（Cranston，2011；DuFour，2005；DuFour，Eaker & DuFour，2005；Hipp，Huffman，Pankake，& Olivier，2008；Hord & Sommers，2008；Louis，Kruse & Marks，1996；Servage，2008；Stoll，Bolam，McMahon，Wallace，& Thomas，2006），大部分描述都包含以下六大特征：

1. 共同的信念、价值观和规范。教育工作者对于教学目的、学生及其学习方式、学校领导、师生和家长在学习过程中的作用等一系列问题都达成共识（Hipp et al.，2008）。"明确的共同价值观和规范，在集体环境下会得到加强，这将会提高教

师成功的可能性。"(Louis et al. ,1996：181)

2. 分布式、支持型领导。第二十一章讨论的促进变革所需的领导类型和促进专业学习社区所需类型是一样的,这一点不足为奇。霍德和索默斯(2008)为专业学习社区提出过两种支持方式:(1)结构性支持(见面时间,工作地点,物质资源);(2)关系型支持(培养教育工作者开放、诚实、尊重和关心他人的品格)。督导者、教师以及学校社区的其他成员要分享决策,在全校分配领导权,以此"激发所有成员的潜在领导力"(DuFour et al. ,2005,p. 23)。

3. 集体学习。集体学习的基本原理在于个别教师单独学习新知识和技能不足以提高全校学生的学习水平(Hord, 2008)。集体学习是工作嵌入式的,需要同校所有教育工作者一起学习(DuFour et al. ,2005;Giles & Hargreaves 2006;Hipp et al, 2007)这一过程从教育工作者间交谈有关学生、教学和学习开始。学校社区先找出学校需要改进的地方,讨论决定改进方案,最后安排集体学习,分享经验。集体学习其中一部分是尝试新的技能和策略,讨论新实践的效果,确定如何改进新实践(Hord & Sommers,2008)。

4. 非私人化教学。传统教学规范认为教学是一种私人活动,教师上课的教室是不对其他老师开放的。这种私人化授课使教师们无法互相提供教学援助。在"非私人化"学校中,教师们可以旁听其他教师讲课,原因多种多样,如观察教学、收集数据、提供反馈、获取灵感、团队教学等等。非私人化教学还体现在教师间的开放式谈话:讨论教学方面的问题和担忧,分享解决以上问题的办法。

5. 关注学生学习。杜福尔(DuFour)和李维斯(Reeves,2016)建议专业学习社区重点关注以下四个问题:

- 希望学生学到什么?
- 如何了解学生是否掌握已学内容?
- 学生没有学会怎么办?
- 如何给已掌握学习内容的学生提供更多的学习机会?

专业学习社区应注重学生的心智成长,而不仅仅是技能或是那些看似有趣能吸引学生的活动(Louis et al. ,1996)。专业学习社区学生评估重点是持续的形成性评价,这样可以确定学生的学习需求,提供反馈,方便教师调整教学,实时跟踪学生进度。教师有权查看学生评估报表,也可公开分享,以便教师为学生提供针对性的帮助（DuFour et al. ,2005 ,p. 22）。

6. 合作。本书第二章讨论了那些在仅有一间教室的学校和"鸡蛋箱"结构式的传统学校工作的老师们是如何被教学锁住，与学校其他教育工作者失去联系的。专业学习社区将老师从这种孤立中解救出来，为他们提供同行帮助：分享信息和专业知识，共同开发课程、编写教学材料、评估学生学习、共同解决问题（Giles & Hargreaves,2006 ;Hipp et al. ,2008 ;Louis et al. ,1996 ;Teague & Anfara,2012）。

关于专业学习社区效应研究是非常有用的。韦西奥（Vescio）、罗斯（Ross）和亚当斯（Adams,2008）在回顾研究时发现，专业社区学习能让教师更加以学生为中心、改善教学文化、提高学生成绩。然而，有些研究人员认为，需谨慎对待专业学习社区。例如，斯克里布纳、哈格（Hager）和沃恩（Warne）认为，除了专业学习社区的共享身份之外，教师也有权保留个人身份以及一定程度的职业自主权。相关作者认为："这种自主权并不妨碍教师参与、融入专业化社区。"（2002：70）提出自主权主要是为了兼顾学校社区的目的和教师个人的需求，维持二者间的平衡。

视频案例

观看视频，并指出该校体现了专业社区学校六个特征中的哪几个特征。

社区调研

部分学者将社区调研简单地等同于反思性对话，但我们应从绝大多数人的观点去看问题，如图23.1所示。如果你觉得下图所描述的过程和第二十章描写的行动研究的一般模式很像，你的想法没错。调研周期除了可以应用在行动研究中，还可以有很多其他用法。例如，调研周期可以应用到小规模的临床督导或同侪指导（见第十五章）：参与者可在预备会议期间选择关注点，使用课堂观察中收集的数据，预告会后的反思性对话，提高教学，完善行动计划。调研周期也可运用到较大规模的课程建设中（见第十九章），教师收集课程对学生影响程度的相关数据，参与到关于数据含义的反思性对话中，最终采取行动，设计新的课程方案。督导中的文化任务包含了调研周期，许多项目都利用调研周期促进公平（第二十二章）：教师分析成绩差距相关数据,参与反思性对话,从学校文化及自身教学两个角度,讨论该差距是如何产生的。总之,调研周期不仅适用于行动研究的督导任务,也适用于其他督导的技术或文化任务。

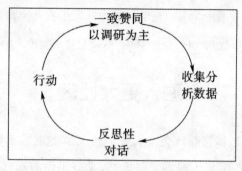

图 23.1　调研周期

收集和分析数据对于系统调研是必不可少的,但是数据这个词引起了很多老师的负面反应。厄尔(Earl)和卡茨鼓励教育工作者要更多地熟练使用数据,将其作为日常提高实践水平的一部分:

> 使用数据不一定是一种机械或技术过程,不会有损老师的直觉、教学理念和个人经验。事实上,明智使用数据是一种人类思维活动,它不仅可以借鉴他人观点,还能以某种更系统的方式抓取、组织各个观点,将信息转化为有意义的行动……数据是分析、洞察、学习新知识和实践中必不可少的环节。(2006:14—15)

厄尔和卡茨也给学校提供了促进使用数据的方法,包括为教师提供使用数据的机会,用数据刺激教师的道德紧迫感,使其改变工作方式,提供调研时间,利用净友的反馈信息,批评也好,支持也罢,改善基于数据的实践。

数据和数据分析是教师间反思性对话的基础:对话包括学生的学习、评估、公平、学校社区关系等等。对话的中心可以是教师间相互帮助评价其教学行为,或是对学校这一学习社区的集体批评。随着时间的推移,反思性活动为学校社区的所有成员创造了一个知识和支持的网络(Gordon,2008;Hipp et al.,2008;Smith-Maddox,1999)。

调研周期最后一阶段是采取行动改善教学。在社区调研中,这一行动是通过收集、分析数据和反思性对话进行的,而行动本身也成为新一轮调研的主体,使用新数据继续进行评估对话,改进工作。

在调研性社区学校,老师向学生介绍调研周期时,教室就成了调研中心。学生遇到问题,会收集分析数据,提出、维护各自的代替方案,倾听融合他人想法,最终采取行动,解决问题(Hord,2008)。调研型社区培养学生的认知和元认知技能(Brown & Campione,1994),并激励学生们在学习成为社区中有社会责任感成员时,要接受和提供帮助(Brown & Campione,1994；Elbers,2003；Garrison & Arbaugh,2007)。

融入更大社区

孩子们带着生理、情感和社会需求来上学,如果这些需求得不到满足,就会影响他们的学习。这些需求有很多是共生的,是孩子们的家庭和社区共同的需求(Anderson-Butcher,Stetler, & Midle,2006)。这有助于学校积极和学生们的家庭和社区合作,实现这些需求。老师也可以利用社区蕴含的有价值的知识和丰富的学习环境让其教学更贴切生活,更有意义。教学督导历来很少关注社区发展、学校发展和学生学习三者间的关系,也很少关注社区学习的巨大潜力。近几年,学校意识到提高教与学需要全校共同的努力,已经把督导范围扩展到课堂以外,该范围还应进一步扩大,要包括学校和社区的共同合作。在此,我们将讨论融入更广泛社区的三方面内容:校本及学校相关社区服务、社区发展及社区学习环境。

校本及相关社区服务

德赖富斯(Dryfoos)将提供全面服务的学校定义为"将教育、医疗、社会或人类服务结合起来,以便满足儿童、青少年和家长在学校或其他常去地方产生的任何需求"(1994：142)。提供的服务可能包括以下内容:

- 欢迎社区新成员,帮助其了解社区生活；
- 免费或低价提供基本需求,如食品、衣物、学校用品；
- 周末、节假日和假期提供餐食；
- 体检以及基本的卫生服务；
- 牙科服务；
- 眼科服务；
- 心理健康服务；

- 药物滥用治疗；

- 给予父母般的关心；

- 成人教育；

- 家长教育；

- 社区赋权项目；

- 社会服务；

- 幼儿或学前教育；

- 儿童保健；

- 家庭支持项目。

劳森(Lawson)提倡广泛服务，就像上面列出的那些一样。但他还认为各社区组织应该和学校合作，共同提供服务："合作是必要的。它既反映相互间的依存关系，又能促进这种关系。学校、社区机构、社区组织以及宗教组织间都相互依存。一方成功，其他组织也会有所进步；一方失败，其他组织也会跟着走下坡路。"(1999：19)劳森认为，各社区组织由于开明的个人利益观念而相互合作，提供社区服务。

社区发展

社区发展源于这样一个想法：学校是更大生态系统中的一部分，而该系统要对所有成员的成长和发展负责(Hiatt-Michael，2006)。学校长期以来受到较大教育环境(社区)中其他成员的影响，而其他社区成员反过来也会影响较大教育环境(社区)，这就要求学校与社区共同努力，帮助生态系统中的所有成员成长和发展。如廷潘(Timpane)和赖希(Reich)所述：

> 社区发展将学校的核心特征从孤立、独立转变成与其他社区机构的相互联系与合作，共同支持学生和学习者的福祉。社区发展号召学校考虑和回应整个社区的学习需求，而不仅仅是学校内学生的需求。(1997：466)

社会的整体健康会影响学校发展和学生学习，所以督导者、老师都应参与社区发展，在很多情况下学生也是可以参与的，这就是所谓的改善"经济、社会、文化或环境状况"的过程(Christenson，Fendley，& Robinson，1989：14)。对学校参与社区发展的两条指导意见是：(1)将社区发展过程直接和学校发展和学生学习挂钩；(2)与其他社区机构和组织合作参与社区发展。

社区学习环境

根据阿灵顿(Arrington)和摩尔(Moore)的研究，"当学校有意识地让学生突破学校围墙，进入社区和世界学习体验时，孩子能获得动力以及相关能力，最终获得成功"。(2001：56)将学生和社区、更大的社会联系起来的学习模式包括服务型学习、实地学习和民主学习。

服务型学习。服务型学习是将课程与社区服务相结合，只有在服务与学术学习相结合的情况下才会发生。在服务型学习模式下，学生们分析社区问题、选择服务项目、策划活动、执行服务，并针对该项目进行个人和集体的反思(Arrington & Moore,2001;Flanagan et al.,2007)。服务型学习可以在任何学科内进行，通常跨学科的情况比较多。

实地学习。实地学习模式将当地的社会、文化和自然环境作为学习环境。史密斯(Smith)分享了一段实战学习快照：

> 环境中学的学生们去了布鲁克赛湿地实地学习……他们在一年时间内收集、整理了大量无脊椎动物的水样和清单，这些内容写进了报告，提交给了波兰环境服务局。该项目让学生们对世界有了直接的体验，而非间接体验。水很冷，泥很滑。两只鹅伸长了脖子威胁那只试图越过无形边界、进入自己领土的第三只鹅，这一幕让同学们都屏住了呼吸，静悄悄地看着。(2007：31)

在实地学习中，学生们是在创造知识而不是消化知识；老师们不再是命令者，而是共同学习者，引导者；学生们解决的是真实世界的问题，而不是虚构问题。

民主学习。民主学习模式要求学生将关心个人、关心大千世界以及维护共同利益结合起来。学生们确定一个主题，通常涉及种族、民族、阶级、性别或其他有关多样性的问题。在该主题下，以小组和个人的形式挖掘问题，启动项目。学生在民主学习中提出的问题往往是严肃性社会问题，如战争与和平、环境、家庭。在学生探索问题的过程中，他们从事的是严谨的学术工作，表现出高水平的认知能力，相互尊重，建立和谐的集体(Beane,2002;Marri,2005)。

一个社区，五大特征

图23.2展示了学校社区五大特征之间的关系。尽管各大特征间不尽相同，但

五大特征间也有重合的地方。我们不妨考虑一下民主这一特征与其他几大特征之间的关系。民主绝不是大多数人统治,而是一种基于基本道德准则(第二特征)的生活方式。如果专业学习(第三特征)得到民主的领导以及民主老师的贯彻,也一定会获得最好的效果。调研(第四特征)要求开放自由的民主环境。而融入学校社区(第五特征),最终也会在参与者民主化决策学校社区发展的情况下得到最好的结果。不管以社区特征中的哪一个为起点,这一过程都是一样的。真正社区的每一特征都会相互地融入与支持。

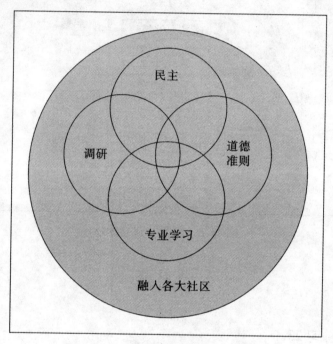

图23.2 真正学校社区的关系特征

结 论

本书是第一本阐释所有学生的目标、希望、成长和发展的书籍。

图23.3回顾了一所想要持续改善教学、有目标的学校所要具备的知识、技能、技术任务和文化任务。

请记住,只具备能力而缺乏明确的目标,会让你的道路变窄;只有目标而缺乏能力，会让你效率低下、灰心丧气。无论在教学领导方面扮演何种角色，我们希望所有读者都能在自己的学校和社区加强学生教育的连贯性和一致性。毕竟，这是我们选择成为教育者的主要原因——将我们的信仰付诸实践。

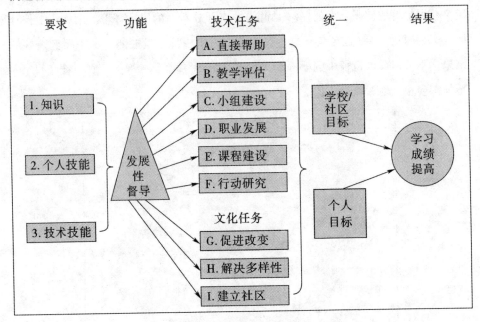

图 23.3　督导与成功学校

思考题

巩固练习 23.0

检查你对本章核心概念的掌握情况。

反思练习 23.0

　　请从本章讨论的真正学校社区五大特征中（民主、道德准则、专业学习、调研、融入更大社区）任选两项，用维恩图记录你对以下问题的想法：(1)这两大特征有什么共同的重要元素？(2)相比第二特征，第一特征的特有元素是什么？(3)相比第一特征，第二特征的特有元素是什么？

附录一 教育哲学 Q 分类

下面 20 个句子描述了公共教育系统,这些句子分为四大类,涉及教育目的、知识本质、教师角色以及课程目的。请对各类别下的句子从 1 到 5 进行排序。5 代表该句与你的信念完全吻合,数字越小越不吻合。完成后,请按评分指南总结你的回答。

目标

___ A. 改善、重构社会,改变教育;

___ B. 促进民主和社会生活,培养创新性的自学能力;

___ C. 培养理性,传授已收集、组织和系统化的有价值的知识,培育人才;

___ D. 培养输出积极公民,提高公民素质、公民参与和政治责任;

___ E. 促进个人智力发展,为人类的利益培养有能力之人。

知识

___ A. 重点学习能发现和解决时代问题的技能和学科;积极关注当代和未来社会;

___ B. 注重过去的经典研究,掌握研究事实及普遍真理;

___ C. 致力于重建有远见的语言和公众哲学,民主和公民权应以平等、自由和人类生活为中心;

___ D. 注重增长和发展,注重实践,主动、互联学习;

___ E. 注重基本技能和学术科目;掌握主题概念及原则。

教师角色

___ A. 教师是为社会转型创建民主场所的关键知识分子,提倡学生质疑知识的产生和传播方式;

___ B. 教师是改革的推动者,帮助学生认识人类面临的问题;

___ C. 教师应使用苏格拉底问答方法和口述法帮助学生理性思考,直接教授传统价值观;

___ D. 教师负责指导学生解决问题、科学调研;

__ E. 教师是自己学科领域的权威人士。

课程

__ A. 课程以传统学科和文献分析为中心，课程要保持连贯性；

__ B. 课程以社会批判和社会变革为中心，致力于自我和社会赋权；

__ C. 课程围绕基本技能(3R)和主要学科(英语、科学、历史、数学和外语)展开；

__ D. 课程以研究社会、经济和政治问题为中心，包括当下和未来，国内和国外；

__ E. 课程以学生兴趣为中心，涉及人类问题的应用，跨学科主题。

教育哲学 Q 分类评分指南

完成 Q 分类后，返回查看每个分类及其陈述。将您的排列编号填入评分指南相应的空白处。把每列数字相加以确定你最赞同哪种教育哲学。这些组合的句子，呈现了每种哲学的主要原则。

	永恒主义	要素主义	进步主义	重建主义	批判理论
目标	C	E	B	A	D
知识	B	E	D	A	C
教师角色	C	E	D	B	A
课程	A	C	E	D	B
总计					

分析评级

下一页的图表可以匹配出与你的信念最接近的哲学取向，很少有评级只与一种哲学取向紧密相连。通常情况下，评级是一或两个评级择优出现后的折衷产物。

取向	哲学	指导目标	知识	教师角色	课程重点	相关课程倾向
永恒主义	现实主义	教育理性之人；开发智力	注重过去经典研究，掌握研究事实及永恒知识	帮助学生理性思考；基于苏格拉底问答方法和口述；直接教授传统价值观	传统科目；文学分析；持续性课程	伟大书籍；全面教育提议（Hutchins, Adler）

要素主义	理想主义；现实主义	促进个人智力成长；培育有能力者	基本技能和学术科目；掌握重点学科相关概念和准则	在其领域是权威人士；直接教授传统价值观	基本技能（3R）以及基本学科（英语、数学、科学、历史、外语）	回归基础；卓越教育（Bagley, Bestor, Bennett）
进步主义	实用主义	促进民主、社会生活	知识促进增长和发展；实践学习过程；注重主动、有趣的学习	教师负责指导学生解决问题、科学调研	基于学生兴趣；涉及人类问题事件应用；跨学科主题；活动和项目	相关课程；人文教育；多选择和自由的教育（Dewey, Beane）
社会重建主义	实用主义	促进、重构社会和教育；促进社会改革	学习相关技能和科目以发现、解决社会问题；主动学习与当下和未来社会相关的知识	教师是改革的推动者；充当项目主管、调研领导，帮助学生认识人类面临的问题	强调社会科学研究；研究社会、经济和政治问题；关注当下和未来趋势	教育平等；文化多元化；国际教育；未来主义（Counts, Grants, & Sleeter）
批判理论	马克思主义	挑战和解构世界、现状、强权压迫者；教导公民采取政治行动，追求社会正义	关注世界是如何为部分人提供特权的；了解种族、阶级、性别、性、政治能力（政治无能）	教师是有良心、有决心之人，在学生中充当世界改革的推动者	教师为批评和行动开放社会规范	一些服务型学习形式：积极参加社会活动、多选的教育项目（Freire, Apple, Giroux）

* 以上教育哲学 Q 分类所有内容均改编自 Bernard Badiali(2005)，Standards for Supervision of Curriculum Development. In S. P. Gordon(Ed.)，*Standards for Instructional Supervision* (pp. 171—190). Larchmont, NY: Eye on Education

附录二　四种督导方法中的人际行为

下页简要总结并比较了发展督导中所采用的四种督导方式。我们建议,在角色扮演中运用以上方法的研究生和实践者需有该文件,以便在实践过程中快速查阅。

指令控制型	指令信息型
1. 提出问题	1. 发现问题
2. 请老师设定问题	2. 请老师设定问题
3. 听老师解读问题	3. 听老师解读问题
4. 在心中想好一种解决方案	4. 在心里想好两到三种解决方案
5. 向老师陈述自己的方案	5. 向老师陈述各个方案
6. 询问老师的解决方案	6. 询问老师对各方案的看法
7. 完善、详细陈述预期操作	7. 完善各方案,确定最终选择
8. 总结预期操作,陈述后续行动	8. 请老师选择其中一个方案
	9. 陈述具体实施方法及后续行动
	10. 总结预期行动方案及后续方案

合作型	非指令型
1. 请老师设定问题	1. 听老师描述问题
2. 听老师解读问题	2. 重述老师的描述
3. 验证老师解读是否到位	3. 挖掘额外信息
4. 如果可能,在老师解读的基础上说出你的解读	4. 鼓励老师全方位反思问题
5. 询问老师自己的解决是否正确	5. 继续重述老师的信息
6. 交流可行的解决方案(让老师先提出方案,在老师的基础上提出其他方案),共同讨论每种方案的结果	6. 请老师思考可能方案
	7. 请老师预想每个方案的结果
	8. 请老师决定方案及具体实施方法
7. 接受可能发生的冲突	9. 请老师设定计划实施时间及标准
8. 协商出双方都接受的方案	10. 总结老师的计划
9. 对采取的具体行动和后续方案达成一致	
10. 总结最终计划	

译 后 记

这部 40 多万字的译著终于付梓,回首整个翻译过程颇为感慨,深味图书翻译工作之不易。我并无教育学背景,对中小学教育更是知之甚少,初看英文书名 *SuperVision and Instructional Leadership: A Developmental Approach* 就十分疑惑:此处的 SuperVision 是什么意思? 是指"监督"、"督导"(supervision)还是"超凡愿景"(super vision)浏览全书后方知此书聚焦教育教学督导,倡导将学校、督导者、教师和学生的目标协调一致,构建民主、宽松、合作式治校环境,使督导成为成功学校的黏合剂。这样一种"督导"理念和方式必将有利于学校"超凡愿景"的实现,遂恍然大悟,顿觉著者用词之妙,也在一定程度上理解了为何此书会成为美国广为畅销的教育学经典著作之一。

本书从开始翻译到付梓为时两年,我的博士生刘超、王璐、谢芮,硕士生张昭、李越儿都实质性地参与了翻译工作,大家一同经历合作翻译的苦与乐,在此一并向他们表示诚挚谢意。由于水平所限,加之书中不少术语在中文里并无现成对应译法,一些说法一词多义,差池或不妥在所难免,敬请读者谅解并指正。

任 文

北京外国语大学高级翻译学院